ABITUR-TRAINING GESCHICHTE

W0290166

Feldmeier • Gigl • Kleber
Musselmann • Rattelsdorfer

Vom Kaiserreich bis zum Zweiten Weltkrieg (1871–1938)
Bayern auf dem Weg zum modernen Staat

Grundkurs K 12

STARK

Umschlagbild: © Bildarchiv preußischer Kulturbesitz

ISBN: 3-89449-166-3

© 1985 by Stark Verlagsgesellschaft mbH & Co. KG
D-85318 Freising · Postfach 1852 · Tel. (08161) 1790
4. aktualisierte Auflage 1993
Nachdruck verboten!

Inhalt

(Fortsetzung nächste Seite)

2 Die Reichsgründung und ihre europäische Bedeutung: das Kaiserreich

Autoren: Franz Feldmeier, Claus J. Gigl, Martin Kleber, Theo Musselmann, Manfred Rattelsdorfer

Vorwort

Liebe Kollegiatin, lieber Kollegiat,

das vorliegende Abitur-Training für die 12. Jahrgangsstufe des Grundkurses Geschichte soll Ihnen bei der **Vorbereitung auf Klausuren** und das **Abitur** sowie als **unterrichtsbegleitende Lektüre** zum besseren Verständnis von geschichtlichen Zusammenhängen dienen und stellt daher eine optimale Ergänzung zu jedem Unterrichtswerk dar.

Dieses Anliegen spiegelt sich auch in seinem Aufbau wider:

- Geschichtliche Ereignisse und Entwicklungen werden in ihrer historischen Bedingtheit erläutert und vor dem Hintergrund ihrer politischen, gesellschaftlichen und geistesgeschichtlichen Entstehungsfaktoren anschaulich dargestellt.
- **Übersichtstafeln** am Anfang jeden Kapitels ermöglichen Ihnen, sich auf einen Blick über die wichtigsten Daten, Fakten und Ereignisse zu informieren.
- **Zusammenfassungen** am Schluss jeden Kapitels bringen wichtige Sachverhalte noch einmal prägnant auf den Punkt.
- **Zeittafeln** am Ende des Buches geben einen zusammenfassenden Überblick über die wichtigsten Ereignisse von 1750 bis 1938, aufgeteilt in die Rubriken „Europäische und Weltgeschichte“, „Politische Geschichte Deutschlands“, „Wirtschafts- und Sozialgeschichte Deutschlands“.

Dass dieser Band Ihnen eine unentbehrliche und wertvolle Hilfe auf dem Weg zum Abitur werde, wünscht Ihnen

Ihr Autorenteam

1 Bayern auf dem Weg zum modernen Staat

1.1 Bayern zur Zeit Napoleons und des Wiener Kongresses

1799–1825	Max IV. Joseph Kurfürst in Bayern (ab 1806: König Max I. Joseph) Minister Montgelas, Beginn der Reformen
1803	Reichsdeputationshauptschluß: Gebietsgewinne durch Säkularisation und Mediatisierung
1805	Bogenhausener Vertrag: Bayern auf der Seite Frankreichs
1806	Bayern Königreich Gründung des Rheinbunds mit Bayern als Mitglied
1808	Konstitution: erste schriftliche Verfassung Bayerns
1813	Vertrag von Ried: Bayern als Gegner Frankreichs
1814/15	Wiener Kongreß: Erwerb von Unterfranken und der Pfalz, Verlust Tirols Bayern als Mitglied im Deutschen Bund

1.1.1 Die territoriale Entwicklung nach 1799

Im Jahre 1799 erbte Prinz Maximilian Joseph von der Linie Pfalz-Zweibrücken-Birkenfeld sämtliche Wittelsbacher Besitzungen, darunter als bedeutendsten Teil das Kurfürstentum Bayern. Er siedelte noch im gleichen Jahr nach München über und trat die Regierung als Kurfürst *Max IV. Joseph* an. Mit ihm sollte für Bayern ein neues Zeitalter beginnen. Die Leitung der Politik legte er in die Hände seines Ministers Montgelas.

Maximilian Graf von Montgelas, in München gebürtig, aber aus savoyischem Geschlecht, folgte den Prinzipien des **Staatsabsolutismus.** Im Zentrum seines Denkens stand der Staat, vor allem sein Ausbau und sein Fortbestehen in einer Zeit der Kriege und des Umbruchs. Alles, was unter Berücksichtigung der gegebenen Verhältnisse diesbezüglich richtig und möglich erschien, sollte geschehen. In diesem Sinne ließ er sich ausschließlich von der Staatsräson leiten.

Ausbau des Staates hieß für Montgelas, innenpolitisch ein durchgehendes und zentralistisch geordnetes Verwaltungssystem zu errichten, aber auch die Kräfte des Volkes zur Entfaltung zu bringen und seinem Wohle dienstbar zu machen. Er dachte an Reformen nach den Ideen der Aufklärung und der Französischen

Revolution, noch bevor Napoleon im Zuge seiner Rheinbundpolitik dazu drängte. Sie sollten jedoch dem Grundsatz des Möglichen Rechnung tragen. So lehnte er vor allem die Mitwirkung der Bürger am Staat ab, weil er sie für politisch unmündig hielt. Reformen setzten allerdings die volle Handlungsfreiheit gegenüber dem Reich voraus, das heißt die Souveränität. An Stärke konnte Bayern aber auch über die Außenpolitik durch Gebietszuwachs gewinnen.

Diese weitgesteckten Ziele glaubte der Minister nur an der Seite Frankreichs verwirklichen zu können. Noch im zweiten Koalitionskrieg, also bis zum Jahr 1801 und zum Frieden von Lunéville, war Bayern mit Österreich verbündet.

Nach der Niederlage schwenkte Montgelas um und suchte die Verbindung mit Napoleon. Wie richtig er dabei die Chancen abschätzte und wie geschickt er sie zu nützen wußte, zeigte sich in den Gebietsgewinnen aus der Erbmasse des Deutschen Reiches. Durch die 1803 im **Reichsdeputationshauptschluß** verfügte **Säkularisation** und **Mediatisierung** und über verschiedene Abmachungen unterschiedlicher Art erzielte Bayern bei ständigem Wechsel von Gewinn und Verlust einen bleibenden Gebietszuwachs, der sein Territorium nahezu verdoppelte. Aus dem kirchlichen Besitz fielen ihm die Bistümer Freising, Passau, Regensburg, Bamberg, Eichstätt, Würzburg und Augsburg zu. Damit wurden die Bischöfe für ihre eigentlichen, die religiösen Aufgaben frei. Weiterhin gingen Gebiete des Deutschen Ordens und eine große Anzahl Klöster mit ihren reichen Waldungen, ihrem umfangreichen landwirtschaftlichen Grund, ihren kunstvollen Kirchen, ihren Brauereien, Mühlen, wissenschaftlichen Dokumenten und Kunstschätzen an den Staat. So lagen zum Beispiel 56 Prozent aller altbayerischen Bauernhöfe auf klösterlichem Grund und Boden, und München als Sammelstelle der wertvollen Handschriften, Urkunden, Akten und Bücher aus den klösterlichen Archiven und Bibliotheken stieg zu einem Zentrum geisteswissenschaftlicher Forschung auf. Doch der Gebietszuwachs bedeutete für Bayern nicht nur Gewinn: Viele kleine Territorien waren stark verschuldet, wie das Fürstbistum Passau, das vor dem wirtschaftlichen Ruin stand.

An weltlichen Erwerbungen kamen in Franken Nürnberg und andere Reichsstädte, die Markgrafschaften Ansbach und Bayreuth und eine Reihe kleiner ehemals reichsunmittelbarer Territorien hinzu, in Schwaben die Herrschaften Fugger und Oettingen nebst Augsburg und weiteren Reichsstädten, in Altbayern die protestantische Grafschaft Ortenburg und die Herrschaft Thurn und Taxis. So griff das bayerische Staatsgebiet nunmehr weit nach Norden und Westen hin aus, rundete sich nach innen ab und nahm in etwa die heutige Gestalt an.

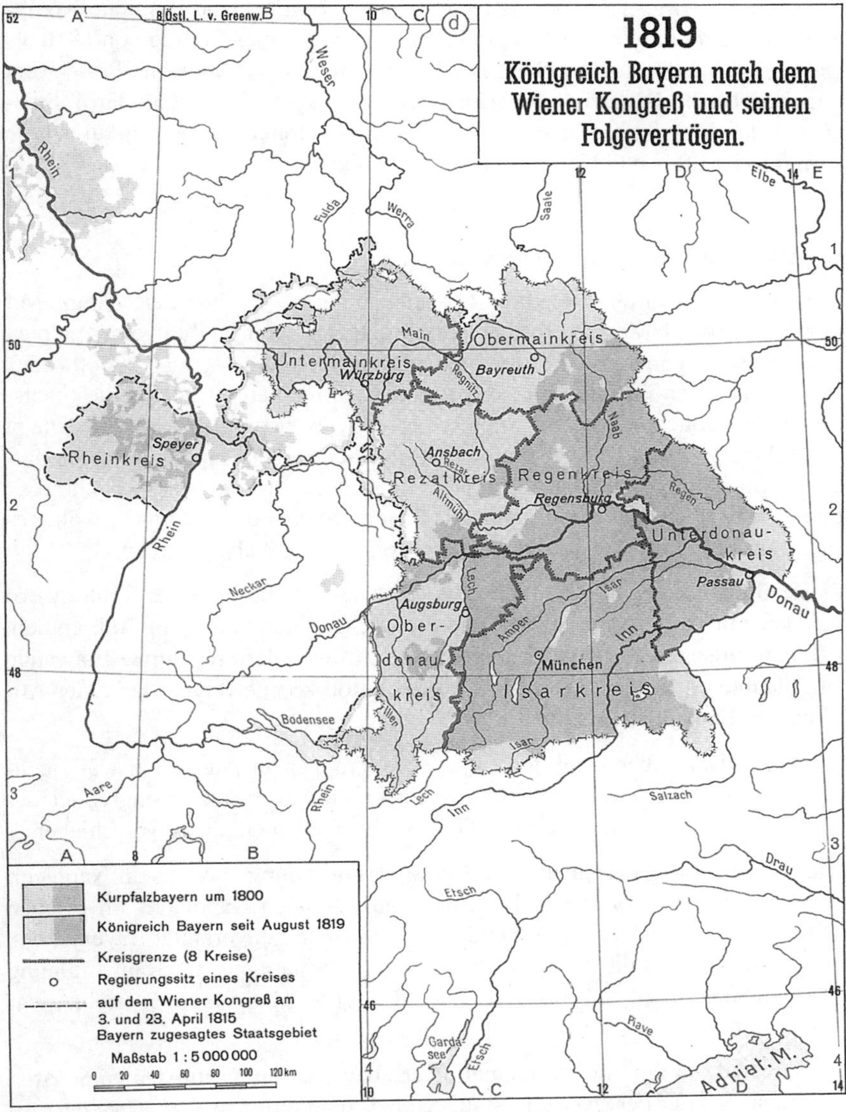

Aus: Bayerischer Geschichtsatlas. Max Spindler (Hrsg.). München: Bayerischer Schulbuchverlag 1969, S. 36.

Durch die im Vertrag von Ried 1813 vollzogene Wende stand das neue Königreich Bayern auf dem Wiener Kongreß (und dem Münchner Vertrag von 1816 als Folgevertrag) wieder auf der Seite der Sieger: Die unter Napoleons Protektorat errungenen Territorialgewinne blieben Bayern weitgehend erhalten; Tirol, Salzburg und das Innviertel mußten an Österreich abgetreten werden, dafür wurde Bayern mit der Pfalz und Unterfranken entschädigt.

1.1.2 Die Erhebung zum Königreich

In den dritten Koalitionskrieg trat Bayern an der Seite Frankreichs ein. Mit Österreich verband Max IV. Joseph und Montgelas wenig: Zum einen schien Österreich Bayern annektieren zu wollen, zum anderen lagen etwa 100000 österreichische Soldaten im Land, die versorgt werden mußten und dabei die Staatskasse ganz erheblich belasteten. Auch sah Montgelas, geprägt von den Gedanken der Aufklärung, im modernen Frankreich, das aber unter Napoleon zur monarchischen Staatsform zurückgekehrt war, diese Ideen besser verwirklicht. Der Bündniswechsel von 1805 war damit für Bayern ein Gebot der Stunde, wollte es nicht als sicherer Verlierer zwischen allen Fronten aufgerieben werden.

In dieser Situation schloß Montgelas am 25. August 1805 in seiner Villa in Bogenhausen mit den Vertretern des napoleonischen Frankreich ein Abkommen, den **Bogenhausener Vertrag,** gegen das Max Joseph allerdings große Einwände erhob; glaubte er doch, der Geruch der Revolution könnte Bayern bei einer Annäherung an Frankreich anhaften.

Schon am 2. Dezember kämpften bayerische Truppen in Austerlitz, was nochmals große Gebietsgewinne einbrachte, die aber auf dem Wiener Kongreß wieder verlorengingen: Bayern konnte seine Grenzen bis an den Gardasee vorschieben.

Neben den territorialen Ergebnissen trug die Hinwendung Bayerns an Napoleon auch politische Früchte. Der Kaiser mußte auf Drängen Napoleons im Frieden von Preßburg die Unabhängigkeit und volle politische Souveränität Bayerns, wie auch Württembergs und wenig später Sachsens bestätigen; die Rangerhöhung vom Kurfürstentum zum Königreich, nach der schon Max Emanuel strebte, war 1806 erreicht.

Am 1. Januar 1806 fand die Proklamation des bayerischen Kurfürsten zum ersten bayerischen König der Neuzeit statt, wobei man ausdrücklich auf das im Schwinden begriffene Gottesgnadentum in der Form des aufgeklärten Absolutismus rekurrierte. Der vormalige Kurfürst nannte sich König Max I. Joseph.

Hilfreich war die Erhebung zum Königreich im Hinblick auf die Autorität Max Josephs: Die säkularisierten und mediatisierten Herren ordneten sich einem König reibungsloser unter als einem Kurfürsten.

Bayern mußte seine Lösung vom Reich jedoch mit dem Eintritt in den **Rheinbund** bezahlen. Napoleon war zur Schwächung Preußens und Österreichs an der Schaffung eines "dritten Deutschlands" gelegen, außerdem gewann er so militärische Verbündete, was sich bezahlt machen sollte, kämpften doch schon 1809 Bayern und Franzosen gemeinsam gegen Österreich.

1.1.3 Reformen der Montgelas-Zeit

Der Gewinn einer Vielzahl von Territorien mit unterschiedlichen Wirtschafts- und Rechtsverhältnissen, Konfessionen und Institutionen, vor allem mit verschieden gearteten Menschen stellte sich Montgelas zunächst vorwiegend als Aufgabe dar: Land und Volk mußten zur staatlichen Einheit zusammengefaßt werden. Hier trafen sich die staatstheoretischen Vorstellungen des Ministers mit den staatspraktischen Notwendigkeiten. Er leitete Reformen ein, die in ihrer Gesamtheit so durchgreifend waren, daß sie die Bezeichnung einer "Revolution von oben" verdienen.

Errichtung einer modernen Verwaltung

Ein besonderes Anliegen war ihm von Anfang an die Errichtung einer modernen, das heißt zentralistisch geordneten und durchgegliederten Verwaltung nach französischem Vorbild. Als Verwaltungsspitze und Zentralbehörde entstand deshalb in der Residenzstadt München ein Gesamtministerium mit Einzelabteilungen für Inneres, Äußeres, Justiz, Finanzen und Krieg. Den Ministern fielen die obersten Sachentscheidungen in ihren Ressorts zu, die dann für das gesamte Staatsgebiet verbindlich waren. Die wichtigsten Ministerien, zunächst die für Inneres und Äußeres und später auch noch das Finanzministerium, nahm Montgelas selbst in die Hand. Als oberste Beamte setzte er in den Ministerien sogenannte "Geheime Referendäre" ein. Er nahm dazu nur erstklassige Fachleute ohne Rücksicht auf Herkunft und Konfession.
Unter der obersten und zentralen Behörde des Gesamtministeriums in der Residenzstadt errichtete er über das Land hinweg ein Netz von abgestuften Verwaltungseinrichtungen. Als Verwaltungsdistrikte auf mittlerer Ebene entstanden unter möglichst weitgehender Berücksichtigung der alten Stammesgrenzen sogenannte Kreise, die Vorläufer der heutigen Regierungsbezirke. Diese "Kreise"

stattete er mit "Generalkommissariaten" und "Appellationsgerichten" als getrennte mittlere Behörden für Verwaltung und Justiz aus. Die Kreise gliederten sich wiederum in "Landgerichte" als Unterbezirke, aus denen später die Landkreise hervorgingen. Hier allerdings verzichtete Montgelas auf die Trennung von Verwaltung und Justiz, nicht zuletzt aus finanziellen Gründen. So nahm der Landrichter nach alter Gepflogenheit die Aufgaben der Verwaltung und der Rechtsprechung in einem wahr. Allerdings wurde das System zentralistischer staatlicher Verwaltung nie vollständig durchgesetzt. Denn dort, wo nach altem Recht die niedere Gerichtsbarkeit als Patrimonialgerichtsbarkeit und die örtliche Polizeigewalt beim grundbesitzenden Adel lagen, veränderte Montgelas in der Praxis nichts. Allerdings übte der Adelige fortan das Amt des Richters im Auftrag des Staaates aus und nicht mehr aus eigener Machtvollkommenheit. Auch die Verwaltung der Städte und Märkte bekam Montgelas nie ganz in den Griff. Er nahm ihnen zwar die Selbstverwaltungsrechte weg, aber die an ihre Stelle gesetzten staatlichen Bestimmungen erwiesen sich als undurchführbar. So war am Ende seiner Amtszeit das Problem immer noch nicht gelöst, und schließlich gab man den Städten und Märkten das Selbstverwaltungsrecht zurück. Dennoch, das Grundgerüst einer modernen Staatsverwaltung stand, es mußte später zwar ergänzt und korrigiert, aber nicht mehr grundlegend verändert werden.
Undenkbar allerdings war ein Funktionieren des neuen Verwaltungssystems ohne geeignete Beamtenschaft. Bisher zählte die Besetzung aller bedeutenden Verwaltungsstellen zu den Privilegien des Adels, andere waren erblich oder käuflich. Die Beamten bezogen ihr Einkommen aus Verwaltungsgebühren, die sie selbst erhoben, was zur Korruption geradezu herausforderte. Jetzt nahmen die staatlichen Stellen in wachsendem Umfang festbesoldete und pensionsberechtigte Berufsbeamte ein, die eine vorgeschriebene Fachausbildung und eine Prüfung hinter sich hatten und mit regelmäßiger dienstlicher Beurteilung und staatlicher Visitation dem Leistungsprinzip unterlagen. Diese Beamten wurden zu einer zuverlässigen Stütze des Staates.

Die Konstitution von 1808

Teil des Reformprogramms von Montgelas war auch, daß Bayern eine Verfassung bekommen sollte, die dem Wortgebrauch der Zeit entsprechend "Konstitution" genannt wurde. Der große Gebietszuwachs durch Säkularisation und Mediatisierung, die Absicht einer Gesellschaftsreform und die Unübersichtlichkeit der bestehenden Einzelgesetze legten Montgelas den Erlaß eines geschlossenen und fortschrittlichen Grundgesetzes nahe. Der frühe Zeitpunkt aber wurde vor allem durch Napoleons Bestrebungen mitbestimmt, dem Rheinbund mehr

staatliche Geschlossenheit zu geben: Montgelas glaubte mit einer Verfassung der Souveränität Bayerns demgegenüber mehr Gewicht verleihen zu können. In der Konstitution von 1808, den dazugehörigen "organischen Edikten" und einigen weiteren Gesetzen faßte Montgelas alle vorangegangenen Reformgesetze zusammen, glich sie untereinander aus und ergänzte sie. Zum Vorbild diente ihm die Verfassung des Königreichs Westfalen, so wie es Napoleon für alle Rheinbundstaaten wünschte, aber er nahm sich die Freiheit, auch den eigenen Vorstellungen und den besonderen Verhältnissen in Bayern Geltung zu verschaffen.
Mit der bedeutendsten politischen Bestimmung der Konstitution schrieb Montgelas die schon früher vollzogene **Trennung von Dynastie und Staat** endgültig fest. Bis dahin hatte in Bayern die alte Vorstellung gegolten, der Staat sei Eigentum des Fürstenhauses. Nun waren sie nach Recht, Besitz und Verständnis zwei verschiedene Dinge. Der Staat stellte sich als selbständiges Ganzes mit eigenem Besitz, eigener Ordnung, eigenem Wesen und eigenen hohen Werten dar. Dem Fürstenhaus verblieb ein erhebliches Privateigentum und die erbliche Herrschergewalt, aber der jeweils erbberechtigte Erste der Wittelsbacher Dynastie war in seiner Eigenschaft als Inhaber des Königsamtes in den Staat eingegliedert. Der Staat diente nicht mehr ihm, sondern er dem Staat.
Die entscheidenden Veränderungen jedoch nahm Montgelas auf dem gesellschaftlichen Sektor vor, denn er folgte grundsätzlich dem Prinzip der bürgerlichen Freiheit und Gleichheit. Gleichheit bedeutete vor allem Beseitigung der ständischen Ordnung durch Abschaffung der ständischen Privilegien. Das hieß im einzelnen Gleichheit aller vor dem Gesetz, Besteuerung nach dem Vermögen und nicht nach dem Stand, gleicher Zugang zu den öffentlichen Ämtern, aber auch gleiche Verpflichtung zum Militärdienst. Volle Verwirklichung fand der Grundsatz der Steuergleichheit. Nach Maßgabe seines Besitzes war jeder steuerpflichtig. Mehr Besitz bedeutete auch mehr Steuerlast. Nicht ganz so konsequent verfuhr Montgelas dagegen mit dem Gleichheitsprinzip bei der Vergabe von Staatsstellen. Die obersten Beamten suchte er sich gerne selber aus, und die höchsten Ränge beim Militär blieben weiterhin dem Adel vorbehalten. Für den Kriegsdienst galt die allgemeine Wehrpflicht, wobei nach der weithin geübten Praxis allerdings Freikauf oder Stellvertretung erlaubt waren. An bürgerlichen Freiheiten gewährte die Konstitution persönliche Freiheit durch die nominelle Abschaffung der Leibeigenschaft, die es freilich in Bayern kaum mehr gab, Gewissensfreiheit in der Form einer gleichberechtigten Anerkennung aller drei christlichen Konfessionen, also auch der Reformierten, und Pressefreiheit, die allerdings auf Druck Napoleons durch Gesetze gegen "Mißbrauch" eingeschränkt werden mußte. Schließlich garantierte der Staat auch die persönliche Sicherheit

und das Eigentum des Bürgers, die Unabsetzbarkeit der Richter und die Unaufhaltsamkeit der Rechtspflege, womit man den ungehinderten Ablauf der Rechtsprechung rein nach dem Gesetz zu bezeichnen pflegte.

1.2 Bayern zur Zeit des Deutschen Bundes (1815–1866)

1818	Verfassung: Bayern wird konstitutionelle Monarchie
1825–1848	König Ludwig I.
1826	Verlegung der Universität nach München
1848–1864	König Maximilian II.
1864–1886	König Ludwig II.
1866	Deutscher Krieg: Abschluß von Schutz- und Trutzbündnissen mit Preußen
1871	Ludwig II. trägt König Wilhelm I. von Preußen die Kaiserkrone an.

1.2.1 Die Verfassung von 1818

Montgelas erkannte bald, daß die Konstitution von 1808 reformbedürftig war. Vor allem die damals immer dringlicher gestellte Frage nach einer Volksvertretung mit ganz handfesten Rechten bei der Gesetzgebung und Steuerbewilligung war darin nicht zufriedenstellend beantwortet. So kam es bereits sechs Jahre nach dem Erlaß der Konstitution zu neuen Verfassungsberatungen. Aber Montgelas war zu größeren politischen Zugeständnissen an die Bürger nicht bereit. Da überholte ihn die Zeit. Der fortschrittlich eingestellte und politisch sehr aktive Kronprinz Ludwig, um den sich ein Kreis oppositioneller Staatsmänner gebildet hatte, bewirkte beim König 1817 die Entlassung des Ministers. Damit war der Weg für die neue Verfassung frei. König Max I. Joseph erließ sie bereits 1818, wiederum unter dem Namen einer Konstitution. Aber diesmal handelte es sich um eine Verfassung im engeren Sinn des Wortes: um ein Dokument, das die Machtverteilung im Staat und die Organisation der staatlichen Gewalt grundsätzlich, verbindlich und zumindest teilweise im Sinne der Gewaltenteilung regelt. Mit ihr verband sich die besondere Hoffnung, daß sie zwischen den drei bayerischen Stämmen verbindend wirken möge.

In dieser Verfassung betonte der König ausdrücklich, daß sie das Werk seines freien und uneingeschränkten Herrscherwillens sei. Er verstand sich weiterhin als Monarch von Gottes Gnaden, der grundsätzlich alle Rechte der Staatsgewalt in sich vereinigte. Aber in der Ausübung dieser Rechte unterlag er fortan jenen Beschränkungen, die er sich durch den Erlaß der Verfassung selbst auferlegt hatte.

Ganz in der Hand des Königs blieb die Exekutive. Er übte sie über seine Minister und den Verwaltungsapparat aus. Diese Minister waren insofern verantwortlich, als sie nunmehr bei vorsätzlicher Verletzung der Verfassung von der Volksvertretung vor dem obersten Gericht des Landes angeklagt werden konnten.

Die Volksvertretung war in zwei Kammern gegliedert. In der Ersten Kammer, der "Kammer der Reichsräte", saßen die volljährigen Prinzen des königlichen Hauses, die obersten Kronbeamten, die beiden Erzbischöfe der Diözesen München-Freising und Bamberg, ein weiterer, vom König ernannter katholischer Bischof, der jeweilige Präsident des Generalkonsistoriums der evangelischen Landeskirche, die Häupter der ehemaligen reichsfürstlichen und reichsgräflichen Familien und eine nicht festgelegte Anzahl vom König erblich oder auf Lebenszeit berufener Männer. Diese Kammer der Reichsräte war als konservativ-mäßigendes Gewicht zu der mehr liberalen Zweiten Kammer gedacht. In der Zweiten Kammer, "Kammer der Abgeordneten" genannt, nahmen ein Achtel der Sitze adelige Grundbesitzer mit Patrimonialgerichtsbarkeit ein. Eine Hälfte war Vertretern der Landeigentümer ohne grundherrliche Gerichtsbarkeit vorbehalten. Ein weiteres Achtel stand Geistlichen aus der katholischen und evangelischen Kirche zu und das letzte Viertel den Städten und Märkten. Außerdem entsandten die drei Universitäten Würzburg, Erlangen und Landshut je einen Vertreter.

Das Wahlrecht zur Zweiten Kammer war an Besitz bzw. an ein bestimmtes Steueraufkommen gebunden, und die Abgeordneten wurden in zwei Etappen über Wahlmänner ermittelt. Es galt also ein indirektes Zensuswahlrecht, was durchaus auch liberalen Vorstellungen entsprach. Die Abgeordneten wurden auf sechs Jahre gewählt. Der König berief die Kammern ein und konnte sie vorzeitig auflösen. Eine Einberufung mußte mindestens alle drei Jahre erfolgen, die Sitzungsdauer sollte zwei Monate nicht überschreiten.

Die Kammern hatten das Recht der Beratung und Beschließung von Gesetzen. Ein Gesetzesentwurf war angenommen, wenn ihn beide Kammern mit einfacher Stimmenmehrheit billigten. Die Zustimmung einer Kammer allein reichte also nicht aus. Die Gesetzesinitiative aber lag ausschließlich beim König. Ohne Vorschlag von seiner Seite konnte kein neues Gesetz entstehen. Damit war neben der Exekutive auch ein entscheidender Einfluß auf die Legislative in seine Hand gegeben. Auch bei Verfassungsänderungen durfte die Initiative nur vom König ausgehen. Ganz bei der Volksvertretung lag hingegen das Steuerbewilligungsrecht. Nicht nur für die Erhebung direkter, sondern auch für die Einführung neuer oder die Veränderung bestehender indirekter Steuern mußte die Regierung die Zustimmung der Kammern einholen, und selbst die Aufnahme neuer Staatsschulden war an deren Votum gebunden. Schließlich gestand die Verfassung den Kammern auch das Petitions- und das Beschwerderecht zu. Ersteres besagt, daß sie Gesuche an die Regierung und damit letztlich auch an den König richten durften. Dabei war vor allem an berechtigte Anliegen gedacht, die das Gesetz nicht abdeckte. Aber dieses Recht wurde bereits bei den ersten Sitzungen der Zweiten Kammer im Jahre 1819 von den liberalen Abgeordneten verfremdet, indem sie über Petitionen Gesetzesanträge einbrachten und sich auf diesem Wege eine Art Gesetzesinitiative zu verschaffen suchten. Beschwerden richteten sich meist gegen die Behörden, im extremen Falle gegen die Minister.

Völlige Unabhängigkeit gewährte die Verfassung der Judikative. Die Richter waren allein dem Gesetz verpflichtet und konnten nicht abgesetzt werden, solange sie nicht gegen Recht und Pflicht verstießen. Im übrigen bestätigte der König seinen Bürgern die bereits 1808 gewährten Grundrechte. Neu hinzu kamen das Recht auf Auswanderung und die Wiederherstellung der gemeindlichen Selbstverwaltung.

Mit der Konstitution von 1818 bekam der bayerische Staat die Herrschaftsform einer **konstitutionellen Monarchie.** Zum Parlamentarismus moderner Prägung fehlten noch der Einfluß der Volksvertretung auf die Bildung und Absetzung der Regierung, die volle Gewaltenteilung, das allgemeine und direkte Wahlrecht, die absolute bürgerliche Gleichheit, nachdem der Adel sowohl in der Gesellschaft als auch bei der Beschickung der beiden Kammern immer noch deutlich bevorzugt war, sowie die volle Verantwortlichkeit der Minister und eine wirkliche Pressefreiheit.

Dennoch fand diese Verfassung, als eine der ersten in Deutschland erlassen, weithin Anerkennung. In Bayern blieb die erhoffte Wirkung nicht aus. Die einheitlichen Gesetze, die Zusammenarbeit in Politik und Verwaltung und vor allem das gemeinsame politische Forum der Kammern bildeten eine immer stärkere Klammer zwischen den verschiedenen Landes- und Bevölkerungsteilen. Und so überdauerte der bayerische Staat selbst die Erschütterungen der Revolutionsjahre von 1848 und 1918/1919. Als der große "Baumeister" dieses neuen Bayerns gilt Montgelas. Er gab ihm nicht nur die territoriale Gestalt, sondern auch eine den Verhältnissen angemessene und dennoch zukunftweisende Grundordnung.

Die Bayerische Verfassung von 1818

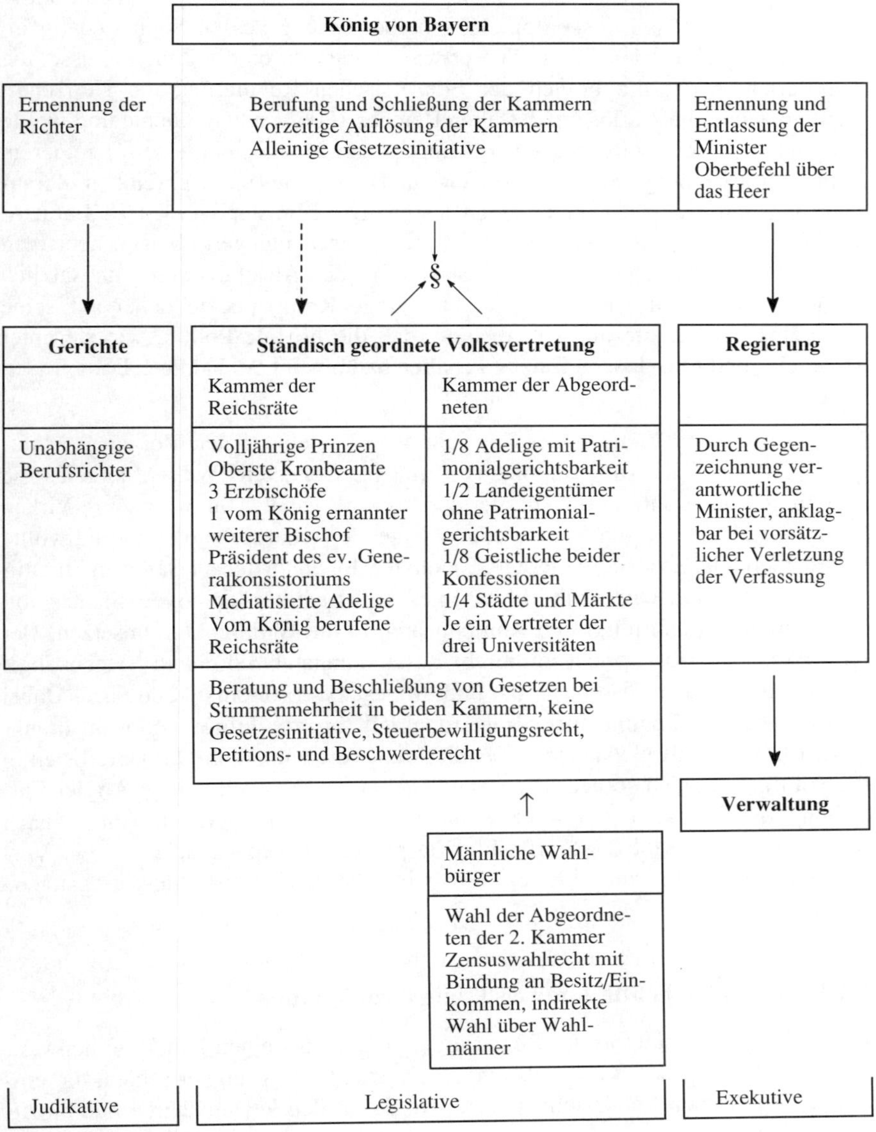

1.2.2 Die Herrschaftsauffassung König Ludwigs I.

Im Jahre 1825 vollzog sich ein grundlegender Wandel in der bayerischen Politik. Nach dem Tod Max I. Joseph am 13. Oktober bestieg dessen Sohn Ludwig im Alter von 39 Jahren den Thron. Dieser war geprägt durch die Zeitereignisse, die er miterlebt hatte: die Folgen der Französischen Revolution, die Herrschaft Napoleons und die Auflösung des alten Reiches 1806. Ludwig konnte und wollte sich nicht wie sein Vater auf einen Minister stützen – er wollte selbst regieren, nicht sich als König, der nur vorgefertigte Dokumente unterschreibt, mißbrauchen und damit de facto entmachten lassen. Die Minister wurden zu Beratern herabgesetzt, die stets angehört wurden, die Entscheidungen oblagen aber dem König. Die Verfassung, die an der Staatsform des Absolutismus grundsätzlich nichts geändert hatte, ließ dies zu. Der junge König pochte dabei auf seine monarchischen Rechte und signalisierte, daß die liberale Politik, wie sie unter Montgelas und Max Joseph Einzug gehalten hatte, wohl ein baldiges Ende finden würde.

Ludwig orientierte sich – anders als sein Vater – nicht an den Vorgaben Montgelas' und am Kaisertum Napoleons. Ganz im Gegenteil: Weil Montgelas die Trennung von Staat und Dynastie durchsetzte, nannte Ludwig sein Wirken "antimonarchisch". Auch Napoleon und seine Herrschaft lehnte er ab und wollte statt dessen – in Landshut von dem Theologen Johann Michael Sailer in christlichem Geist unterrichtet – das Ideal eines christlich-konservativen Staates mit stark nationalen und religiösen Komponenten in die Wirklichkeit umsetzen. Der Historiker Karl Bosl spricht in diesem Zusammenhang von einem "neoabsolutistisch-patrimonialem Herrschafts- und Majestätsverständnis" Ludwigs. Dabei standen aber am Beginn seiner Regierungszeit (bis zur Julirevolution in Frankreich 1830) liberale Gedanken im Vordergrund, die zum Wohl der Untertanen in die Politik einfließen sollten. Die Grundlage dazu war schon gelegt: An der Entstehung der Verfassung von 1818 hatte der Kronprinz großen Anteil, nach seinem Regierungsantritt schaffte Ludwig per Erlaß auch die schon in der Verfassung garantierte, aber bislang für politische Berichterstattung umgangene Pressezensur ab.

1.2.3 Die Kulturpolitik Ludwigs I. und ihre Funktion

Die Kulturpolitik hatte in der Regierungszeit Ludwigs einen hohen Stellenwert, begriff sie der Monarch doch als einigendes Band, das geeignet schien, die einzelnen bayerischen Landesteile – vor allem die in den letzten Jahren neu hinzugekommenen – zu verbinden und den Zusammenhalt zu festigen. So beschränkte Ludwig seine zahlreichen Baumaßnahmen nicht auf München (hier entstanden u. a. die Residenz und das Nationaltheater, Isartor, Staatsbibliothek und Universität, auch die Glyptothek und die alte Pinakothek), sondern er bezog alle Landesteile in sein Kunstprogramm ein: Die Walhalla bei Kelheim, die Denkmäler für den Dichter Wolfram in Eschenbach, für Markgraf Friedrich von Brandenburg in Bayreuth, für Albrecht Dürer in Nürnberg und für Bischof Johann Michael Sailer in Regensburg geben davon Zeugnis.

Auch hatte die **romantisch-konservative Kunstauffassung** Ludwigs kulturpolitische Aspekte, indem er zum einen die Künstler förderte, die er für die Vertreter eines typisch deutschen Kunststils hielt (Moritz von Schwind) und zum anderen entsprechend seinem im Idealismus wurzelnden Kunstverständnis die Förderung der Klassizisten und ihrer Nachahmung vor allem der griechischen Antike betrieb (Befreiungshalle, Glyptothek). Doch Ludwig betätigte sich nicht nur als Bauherr, er zog auch berühmte Künstler seiner Zeit, deren Werke seinen Idealen entsprachen, an den Münchener Hof.

Um das Ansehen der Hauptstadt wie auch das der **Universität** zu stärken, verlegte Ludwig diese von Landshut nach München, wobei sie anfangs (1826–1835/40) in der Neuhauser Straße provisorisch untergebracht war, bis Friedrich von Gärtner das neue Gebäude an der Ludwigstraße vollendet hatte. Der König holte mit Hilfe seines Innenministers Schenk, der die neue Kulturpolitik entscheidend mittrug, bedeutende Gelehrte an die Isar, allen voran die Philosophen *Schelling* und *Franz Baader* und den Historiker *Joseph von Görres*. Ein entscheidendes Kriterium für die Berufung der Professoren war ihre aufgeschlossene, mindestens aber loyale Haltung gegenüber der christlich-konservativ ausgerichteten Kulturpolitik Ludwigs. Aufklärerisch gesinnten Wissenschaftlern war eine Lehr- und Forschungstätigkeit an der Münchener Universität versagt, worin sich auch die deutliche Abkehr von der Regierungsweise Montgelas' und die Angst des Königs vor den Gedanken zeigt, die die Französische Revolution vorbereiteten und von denen er fürchtete, sie könnten auch ihn den Thron kosten.

Ludwig versuchte auch, die **Kirche** in ihre alten Rechte wiedereinzusetzen. Bestehende Klöster wurden wieder besetzt (Metten, Andechs, Schäftlarn), neue gegründet (St. Bonifaz in München). Zu diesem Zweck warb Ludwig Mönche nicht nur in Bayern, sondern auch in Österreich an. Die Klosterrenaissance rief viele Gegner auch aus kirchlichen Kreisen auf den Plan, die sie als unzeitgemäß ablehnten.

Um bei seinen Untertanen das Geschichtsbewußtsein und damit die Anhänglichkeit gegenüber dem Königshaus und das Nationalbewußtsein zu fördern, regte Ludwig die Gründung von historischen Vereinen an, deren Aufgabe die Pflege der Geschichte im weitesten Sinne, konkret aber der historischen Denkmäler sein sollte. In den Jahren 1826/27 wurde der Grundstein für die amtliche **Denkmalpflege** gelegt, Vereinsgründungen in allen bayerischen Landesteilen folgten.

Die von Montgelas stammende Einteilung Bayerns in Kreise machte Ludwig am 29. November 1837 auf dem Verordnungsweg rückgängig: Der Isarkreis wurde in Oberbayern, der Unterdonaukreis in Niederbayern, der Regenkreis in Oberpfalz, der Obermainkreis in Oberfranken, der Rezatkreis in Mittelfranken, der Untermainkreis in Unterfranken (und Aschaffenburg), der Oberdonaukreis in Schwaben (und Neuburg) und der Rheinkreis in Pfalz umbenannt. An der Spitze der Kreisregierung stand dann folgerichtig der Regierungspräsident statt des Generalkommissärs. Auch hier dachte Ludwig historisch, wollte er doch das geschichtliche Werden Bayerns sichtbar machen.

1.2.4 Abkehr von der liberalen Regierungspraxis im Vormärz

Der konservative Charakter der Herrschaft Ludwigs kam 1830 erstmals voll zur Geltung. Hatte Ludwig in den ersten fünf Regierungsjahren seiner Monarchie einen liberalen Anstrich verliehen (etwa durch strikte Einhaltung der 1818 schon verfassungsmäßig garantierten Pressefreiheit), so änderte sich sein Herrschaftsstil unter dem Eindruck der französischen Julirevolution.

Seit dem Sturz Napoleons herrschte Karl X. aus dem Geschlecht der Bourbonen über Frankreich. Als dieser in absolutistischer Manier im Juli 1830 die Verschärfung des Zensuswahlrechts erzwingen wollte, gingen Arbeiter, Studenten, aber auch Bürger auf die Straße. In blutigen Straßenschlachten setzten sie den Rücktritt Karls durch. Die monarchische Gewalt übertrugen sie nun dem liberalen Louis Philippe, der als "Bürgerkönig" herrschte.

Nach 1830 regierte Ludwig konservativ, so wie die meisten Herrscher im Deutschen Bund: Die Pressezensur wurde wieder eingeführt, Vereine überwacht, Professoren gemaßregelt. Das "System Metternich", das seit 1815 die Innenpolitik des Deutschen Bundes bestimmte (etwa durch die Karlsbader Beschlüsse von 1819), hielt nach 1830 auch in Bayern Einzug. Die Kontroverse zwischen Monarchie und Volksvertretung versuchte Ludwig durch die Berufung eines neuen Kabinetts unter der Leitung des Fürsten Oettingen-Wallerstein, der selbst das

Innenministerium innehatte, beizulegen. *Ludwig Fürst zu Oettingen-Wallerstein* wollte einen Kompromiß herbeiführen: Er war um Wahrung der Rechte der Monarchie, wie auch um strikte Einhaltung der Verfassung bemüht. So setzte er sich für erweiterte Mitspracherechte des Parlaments ebenso ein, wie für eine vereinfachte, bürgernahe Verwaltung und Stärkung der unteren Verwaltungsebenen (Gemeinden, Landräte). Oettingen-Wallerstein konnte durch sein taktisch kluges Vorgehen die aufgewühlte Stimmung in München beruhigen, während in der bayerischen Pfalz und in Franken nach 1830 eine andere Entwicklung sichtbar wird. Die Verfassungsfeiern von Hambach und Gaibach bezeugen dies.

König Ludwig zeigte jedoch zunehmend Unzufriedenheit mit der Tätigkeit des Ministeriums Oettingen-Wallerstein, so daß er sich im Herbst 1837 zu einem Ministerwechsel entschloß. Oettingen-Wallerstein mußte *Karl von Abel* weichen, der als konservativ und kirchentreu galt. Die Amtszeit Abels als Ministerpräsident (1837–1847) wurde zum Synonym für eine reaktionäre, allein an den Wünschen der Monarchie ausgerichteten Politik.

1.2.5 Oppositionelle Kräfte im Vormärz

Der Regierungsstil Ludwigs richtete sich nach 1830 vorwiegend gegen jene Bevölkerungsgruppen, von denen er annahm, daß sie seine Herrschaft und damit die bayerische Monarchie schlechthin gefährdeten. Das waren vor allem radikale Demokraten, Liberale und Studenten. Das Bürgertum hatte sich in die biedermeierliche Idylle zurückgezogen und sich mit den scheinbar unabänderlichen politischen Verhältnissen abgefunden. Die Studenten wurden allerdings radikaler: Sie forderten auf dem Frankfurter Burschentag von 1831 alle Mitglieder von Verbindungen zur Teilnahme an Aufständen gegen Monarchen auf, die das liberale System nicht zu ihrem eigenen machten. Um wirksamer agieren zu können, regte man als Nahziel die Gründung einer allgemeinen deutschen Studentenschaft an.
Stärker als im bayerischen Kernland wurde in der Pfalz Kritik an der Monarchie laut. Für den 27. April 1832 lud der Jurist *Philipp Jakob Siebenpfeiffer* zum **Hambacher Fest,** das er selbst zum Nationalfest der Deutschen erklärte, ein. Sollte auf der Veranstaltung ursprünglich der Jahrestag der bayerischen Verfassung gefeiert werden, so trug die Zusammenkunft von ca. 30000 Teilnehmern aus Bayern, Baden, Württemberg und dem Elsaß am Ende doch Züge einer Protestveranstaltung für Republik, Demokratie und Parlamentarismus. Über dem Hambacher Schloß wurde die Fahne mit den Farben der Burschenschaft schwarz-rot-gold aufgezogen, die damit zum Symbol der deutschen Einheit wurde. Zwar

forderten die Hauptredner Wirth und Siebenpfeiffer nicht die gewaltsame Abschaffung der Monarchie (man setzte vielmehr auf Reformen), doch empfanden die Staatsoberhäupter das Treffen als Herausforderung. Veranstaltern und Rednern wurde wegen Hochverrats der Prozeß gemacht, der jedoch für alle Beteiligten mit einem Freispruch endete. Lediglich Siebenpfeiffer und Wirth hatten als Hauptangeklagte eine zweijährige Haftstrafe abzusitzen, der sie sich jedoch durch Flucht entzogen.

1.2.6 Die Revolution von 1848

Die Märzrevolution des Jahres 1848 trat im Gefolge der französischen Februarrevolution auf und war weitgehend auf die Zentren des Landes, Wien (am 13. März) und Berlin (am 19. März), beschränkt. Dort hatten revolutionär gesinnte Bürger versucht, liberales und demokratisches Gedankengut in die Politik einzubringen. Die Märzforderungen (u. a. Pressefreiheit, Schwurgerichte, gleiches Recht für alle, Ministerverantwortlichkeit) sollten verwirklicht werden. So trat am 30. März in Frankfurt das Vorparlament und am 18. Mai 1848 die deutsche Nationalversammlung in der Paulskirche zusammen.

In München waren die Verhältnisse anders: gemäßigter, unpolitischer. Zwar wurden auch hier Märzforderungen erhoben, Liberale wollten den Einfluß des Königs beschränken, doch der Auslöser für die Revolution war die Unzufriedenheit weniger mit der Amtsführung Ludwigs I. als mit seiner Person. Es waren die Vorgänge um *Lola Montez,* die am Thron Ludwigs zu rütteln vermochten.

Lola Montez, die Tochter eines schottischen Offiziers und einer Kreolin, die seit Oktober 1846 in München als Tänzerin auftrat, wurde von Ludwig auffallend und inbrünstig verehrt. Die "dahergelaufene Person", wie der Volksmund sie nannte, benützte den König für ihren gesellschaftlichen Aufstieg, der ihr auch gelang: Ludwig erhob sie zur "Gräfin Landsfeld" in den erblichen Adelsstand. Das erboste die Münchner noch mehr, so daß Ludwig sich aufgrund des öffentlichen Drucks gezwungen sah, sie des Landes zu verweisen. Zu erneuten Unruhen kam es, als in Wien die Revolution ausbrach. Als dann in München das Gerücht umging, Lola Montez sei zurückgekehrt, kam es zum Aufstand. Ludwig wurde gezwungen, die Adelserhebung zurückzunehmen, er – verletzt in seiner königlichen Würde und bedroht vom vollständigen Verlust seiner Autorität – dankte am 18. März 1848 zugunsten seines Sohnes Maximilian II. enttäuscht und gekränkt ab.

71 bayerische Abgeordnete vertraten Bayern im **Frankfurter Bundestag.** Sie bildeten in der Paulskirche aber keine homogene Gruppe, sondern sie schlossen sich den verschiedenen Parteien an. Nur 17 von diesen wählten am 28. März 1849 den preußischen König Friedrich Wilhelm IV. zum deutschen Kaiser, die übrigen, die für ein föderatives Prinzip eintraten, enthielten sich der Stimme, um gegen die kleindeutsche Lösung und den zentralistischen Unitarismus zu protestieren.

1.2.7 Auswirkungen der Revolution bis 1871

Trotz der Unruhen im März 1848 blieb die Monarchie der Wittelsbacher in Bayern bestehen – so wie auch in den anderen Ländern des Deutschen Bundes die revolutionären Unruhen keinen Wechsel der Regierungsform nach sich zogen. In Preußen und Österreich kam es zu Phasen der Reaktion, während es in Bayern dem König selbst gelang, die reaktionären Kräfte aufzuhalten, die auf eine Abkehr vom gerade begonnenen Reformkurs drängten. *Maximilian II.* (1848–1864) verhinderte den Rückschlag, indem er sich für die kulturelle, wirtschaftliche, aber vor allem wissenschaftliche Entwicklung einsetzte. So gewährte er die noch unter Ludwig I. geforderte Ministerverantwortlichkeit, freie Wahlen, Trennung von Verwaltung und Justiz und die Errichtung von Schwurgerichten. Er eröffnete damit eine Epoche des liberalen **Konstitutionalismus.**

1864 folgte (bis 1886) *Ludwig II.* als bayerischer König auf dem Thron nach. Aufgrund des überraschenden Todes seines Vaters war er nicht vorbereitet, das Herrscheramt zu übernehmen. Die Regierung ging damit faktisch auf die Beamtenschaft über und zeigte sich als wenig handlungsfähig. Auch die Berufung des *Freiherrn von der Pfordten* an die Spitze des bayerischen Gesamtkabinetts (1864) änderte daran wenig. Das Ergebnis ist ein politischer Schlingerkurs des Königs, als sich 1866 der Krieg zwischen Österreich und Preußen um die Vorherrschaft in Deutschland anbahnte. Schließlich trat Bayern doch auf der Seite Österreichs in den Krieg ein und mußte als Kriegsverlierer einige nordbayerische Gebiete abtreten. Zudem waren Reparationszahlungen von 30 Millionen Gulden fällig; Bayern mußte sich zum Abschluß eines Schutz- und Trutzbündnisses mit Preußen bereit erklären. Dabei wurde Bayern von Bismarck milde behandelt, da er genau wußte, daß es die Einigung Deutschlands erschweren würde, wenn die süddeutschen Staaten Preußen als verhaßten Gegner ansähen.

1870 trat Bayern an der Seite Preußens in den Krieg gegen Frankreich ein und entschloß sich im November 1870, dem Norddeutschen Bund beizutreten. Angeregt von Bismarck, der eine süddeutsche Opposition gegen ein von Preußen geführtes Deutsches Reich befürchtete, und unterstützt durch die Zahlung einer enormen Summe Geldes, sandte König Ludwig II. 1871 den sog. Kaiserbrief an Wilhelm I. von Preußen. Darin bat er den wichtigsten der Fürsten Deutschlands um die Übernahme der Kaiserwürde. Gerüchten, das Kaisertum könnte zwischen Bayern und Preußen alternieren, war damit der Boden entzogen. Um einen letzten Rest von Eigenständigkeit zu garantieren, beließ man Bayern die Kultur- und Steuerhoheit ebenso wie eine eigene Bahn- und Postverwaltung als "Reservatrechte".

Entstehung der Parteien

Die Bildung politischer Parteien in Bayern begann im Umfeld der Diskussion über die deutsche Frage: Großdeutsch oder kleindeutsch lautete die Alternative. Schon nach 1848/49 spalteten sich die Liberalen in einen gemäßigten und in einen liberal-demokratischen Flügel. Die Zusammensetzung der bayerischen Kammer der Abgeordneten weist für das Jahr 1869 drei Parteien auf: die bayerische "Patriotenpartei", die "Deutsche Fortschrittspartei in Bayern" und die Demokraten.

Die Fortschrittspartei wurde 1861 für ganz Deutschland, 1863 als "Fortschrittspartei in Bayern" gegründet. Sie war kleindeutsch ausgerichtet, ihre Wählerschaft kam aus dem liberal gesinnten Besitz- und Bildungsbürgertum. Die Patrioten waren großdeutsch und antipreußisch eingestellt und konservativ-katholisch ausgerichtet; ihre Wähler entstammten dem niederen Bürgertum und den tradierten Ständen Adel, Klerus, Bauernschaft. Die Gründung der Patriotenpartei 1868 geschah aus einer doppelten Abwehrstellung heraus: gegen die liberale Fortschrittspartei und gegen die seit 1866 zunehmende Orientierung der bayerischen Politik an Preußen. Die Patrioten erreichten bei den Landtagswahlen von 1869 die absolute Mehrheit, die sie bis 1918 fast ununterbrochen behielten, nachdem sie sich 1887 an die Zentrumspartei angeschlossen hatten. Fortan wurden sie als "Bayerisches Zentrum" bezeichnet.

1.3 Wirtschaftspolitik und Wirtschaftsentwicklung in Bayern bis zur Reichsgründung

1828	Gründung des bayerisch-württembergischen Zollvereins
1835	Erste deutsche Eisenbahn zwischen Nürnberg und Fürth
1835	Gründung der Bayerischen Hypotheken- und Wechselbank
1845	Ludwig-Donau-Main-Kanal eröffnet
1868	Einführung der Gewerbefreiheit

1.3.1 Agrarische Grundstruktur

Im 18. Jahrhundert wurden die gesellschaftlichen Verhältnisse in Bayern so wie im übrigen Europa von der mittelalterlichen Ständeordnung bestimmt. Sie wies jedem Menschen einen Stand zu und schränkte die Freiheit aller ein. Weder der Adelige, noch der Bürger, noch der Bauer konnte aus seinem Stand heraustreten. Damit waren sie auch gleichzeitig an einen Beruf oder zumindest an eine Berufsgruppe gebunden, für die wiederum ganz bestimmte Regeln galten. Ja sie durften nicht einmal Grund und Boden von Angehörigen eines anderen Standes erwerben.

Am weitesten gingen die Bindungen bei den Landbewohnern, die noch der Lehens- oder Feudalordnung unterlagen. Die Feudalordnung kannte zwei Formen der Herrschaftsorganisation: die Grundherrschaft und die Gutsherrschaft.

Bei der Grundherrschaft übte der Grundbesitzer das Eigentumsrecht über die landwirtschaftlichen Nutzflächen aus, ohne sie selbst zu bewirtschaften. Er vergab das Nutzungsrecht an Bauern, die ihm dafür Abgaben in Form von Geld oder Naturalien und dazu häufig Frondienste leisteten. Die Frondienste umfaßten in der Regel Hand- und Spanndienste, das heißt, die Bauern mußten sich ihm zu bestimmten Zeiten des Jahres mit ihrer Arbeitskraft oder mit ihrem Fuhrwerk und entsprechendem Arbeitsgerät zur Verfügung halten. Der Besitz eines Grundherrn und damit seine Rechte konnten über viele Dörfer verstreut sein. Umgekehrt war es aber auch möglich, daß die Äcker einer Dorfflur mehreren Grundherrn gehörten und sich mit jedem Acker eine andere Abgabepflicht verband. Der Bauer auf grundherrlichem Hof war im 18. Jahrhundert persönlich frei, das heißt, er durfte jederzeit die Bauernstelle verlassen, wenn er eine andere fand, und unterlag auch sonst in der Regel keinen Beschränkungen persönlicher Art.

Die gutsherrliche Ordnung hatte sich vor allem auf geschlossenem Grundbesitz in Ostelbien, also in den östlichen Provinzen Preußens, herausgebildet. Der Gutsherr übte im Gegensatz zum Grundherrn das Nutzungsrecht über einen Teil seines Landes selber aus, indem er einen Gutshof betrieb. Der andere Teil war an Bauern vergeben, die in Dörfern lebten. Diese Bauern bewirtschafteten nicht nur ihr Lehen und leisteten die daran geknüpften Abgaben, sondern sie mußten als Frondienste auch noch alle Arbeiten auf dem Herrenhof verrichten, während ihre Kinder zum Gesindedienst im Herrschaftshaus herangezogen wurden. So konnte der Gutsherr seinen gesamten Herrensitz ohne weiteres Personal führen. Die gutsherrlichen Bauern waren meist auch in den Persönlichkeitsrechten eingeschränkt. Sie durften ohne Erlaubnis ihres Herrn nicht wegziehen, ja häufig nicht einmal heiraten und ihre Kinder ein anderes Dienstverhältnis nur dann eingehen, wenn die Gutsherrschaft auf ihre Gesindedienste ausdrücklich verzichtete. Somit waren die Gutsuntertanen nicht nur dinglich wie die grundherrlichen Bauern, sondern auch persönlich gebunden und galten als unfrei.

Beim Feudalherrn konnte auch die niedere Gerichtsbarkeit als Patrimonialgerichtsbarkeit und die örtliche Polizeigewalt liegen. So übte er im Extremfall gegenüber dem Bauern und seiner Familie die Rechte des Grundherrn, des Leibherrn, des Gerichtsherrn und der Polizeiobrigkeit aus. Auf den preußischen Adelsgütern östlich der Elbe war das sogar die Regel.

Mit den feudalherrlichen Rechten verband sich auf der anderen Seite die Schutzpflicht. Das heißt, der Grund- oder Gutsherr mußte seinen Bauersleuten im Falle persönlicher oder wirtschaftlicher Not Hilfe leisten: bei Krankheit oder Arbeitsunfähigkeit den Lebensunterhalt sichern, bei Mißernten Nachlaß in den Abgaben gewähren, bei Zahlungsunfähigkeit die Steuern übernehmen. Weiterhin durfte er die Existenzgrundlage seiner Bauern weder durch Erhöhung der Leistungsforderungen schmälern noch durch Einziehen oder Verkauf des Hofes gar vernichten. So stand auf bäuerlicher Seite einer dinglichen und persönlichen Bindung der Schutz vor sozialer Not gegenüber.

Bindungen war der Bauer des 18. Jahrhunderts schließlich auch noch in der Wirtschaftsweise unterworfen. Obwohl man bereits bessere Formen der Ackernutzung kannte, herrschte immer noch die mittelalterliche Dreifelderwirtschaft mit der Fruchtfolge Wintergetreide, Sommergetreide und Brache vor, so daß jeweils ein Drittel des Ackerlandes unbebaut blieb, damit der Boden neue Kraft schöpfen konnte. Dazu kam häufig die Gemengelage der einzelnen Äcker, das heißt eine derartige Verschachtelung innerhalb der dörflichen Flur, daß ein freier Zugang zu allen Äckern nicht möglich war. Also wurde der Flurzwang eingeführt, der die Bauern eines Dorfes in der Feldbestellung auf ein gemeinsames Vorgehen festlegte. Auf einem geschlossenen Drittel des Ackerlandes mußten alle gleichzeitig das Wintergetreide, auf einem zweiten das Sommergetreide anbauen, für das dritte Drittel blieb die Brache. Außerdem war der einzelne Bauer an seine Rechte am gemeinsamen Weideland, der Allmende, gebunden, was ihm Beschränkungen in der Viehhaltung auferlegte. Der Bauer des Feudalzeitalters konnte also weder über den Getreideanbau, noch über die Viehhaltung und damit letztlich weder über die Nutzung des Landes, noch über die Produktionsweise frei entscheiden. Selbst in der Frage der Urbarmachung von gemeinschaftlichem Ödland war er an die Entscheidung aller Betroffenen gebunden.

Das Feudalsystem hatte also in der Wirtschaft zu starken Behinderungen und in der Gesellschaft zur Erstarrung geführt. Beides widersprach der immer weiter um sich greifenden rationalen Denkweise der Aufklärung. Beides war aber auch aus Gründen der Notwendigkeit nicht mehr haltbar, da ein rasches Bevölkerungswachstum als Herausforderung an Staat, Wirtschaft und Gesellschaft herantrat.

1.3.2 Entwicklungsbedingungen der Industrie

Die Entwicklungsbedingungen für den Ausbau der Industrie waren in Bayern nicht die besten. Verschiedene Hemmnisse der Industrialisierung können genannt werden: So sind einmal die naturräumlichen Bedingungen, abseits von großen Flüssen und Meeren, für schnelle und damit billige Rohstoffzufuhren ebenso hinderlich wie für den Abtransport von Fertigprodukten. Zudem lag Bayern im Abseits des kleindeutschen Wirtschaftsraums, die Anbindung an die Mitgliedsländer des Zollvereins war lange Zeit schlecht.

Im Gegensatz zum Ruhrgebiet oder zu Oberschlesien verfügte Bayern auch nicht über große Rohstoff- oder Energievorkommen; Steinkohle gab es in der Pfalz nur bis ins 19. Jahrhundert, Braunkohlevorkommen in Oberbayern oder in der Oberpfalz konnten den industriellen Bedarf bei weitem nicht decken.

Die traditionell agrarisch strukturierte Wirtschaft mit ihren festen Sozialstrukturen setzte weit weniger Arbeitskräfte frei, die dann als Fabrikarbeiter zur Verfügung gestanden wären, auch die Unternehmer waren mit Investitionen in neue Technologien wesentlich vorsichtiger als in anderen Gegenden, was auch auf die späte Einführung der Gewerbefreiheit (1868) zurückzuführen ist.

Die Grundlage für den Ausbau Bayerns zum Industriestaat schuf Montgelas durch seine Reformtätigkeit. Erst durch diese konnte sich das Land zum modernen, zentralistisch verwalteten Staat mit einer einheitlichen Justiz, einheitlichem Steuerwesen und einem geschlossenen Wirtschaftsraum entwickeln. Schon durch die Konstitution von 1808 wurden kleinstaatliche Sonderentwicklungen unterbunden und partikularistische Hemmnisse ebenso wie die Ständeverfassung aus dem Weg geräumt.

1.3.3 Wirtschaftspolitik und infrastrukturelle Maßnahmen

König Ludwig I. setzte die Versuche Montgelas' fort, Rahmenbedingungen für den Ausbau Bayerns zum Industriestaat zu schaffen. 1828 wurde zwischen Bayern und Württemberg ein Zollverein gegründet, da beide Länder erkannten, daß sie zu klein waren, um jeder für sich Wirtschaftspolitik in größerem Stil betreiben zu können. Dieser bayerisch-württembergische Zollverein, der auf Gleichberechtigung der Partner basierte, erleichterte das Zustandekommen des **Deutschen Zollvereins** von 1834. Durch diesen wurde vor allem die nordbayerische und pfälzische Industrie an den norddeutschen Wirtschaftsraum angebunden.

Um auch die finanziellen Möglichkeiten für industrielle Gründungsprojekte bereitzustellen, wurden 1835 die Bayerische Hypotheken- und Wechselbank und 1868 die Bayerische Vereinsbank gegründet.

War die Fahrt der ersten deutsche Eisenbahn, der Ludwigsbahn zwischen Nürnberg und Fürth am 7. Dezember 1835 noch die Frucht privater Investoren, so wurde ab 1842 die Eisenbahn in Bayern systematisch verstaatlicht und das Schienennetz auch in den für die bisher privaten Betreiber unrentablen Regionen ausgebaut. Dies verlangte hohe staatliche Investitionen, die den **Eisenbahnbau** zu einer Schlüsselindustrie, die ihrerseits wieder andere Produktionszweige ankurbelte, werden ließ. Wie auch im übrigen Deutschland und schon vorher in England wurde die Eisenbahn zum Motor der industriellen Entwicklung. Nicht nur technische Innovationen waren die Folge, sondern auch neue wirtschaftliche Zentren, die aufgrund der verbesserten Transportmöglichkeiten entstanden. Rohstoffe konnten in größerer Menge und dazu schneller und billiger transportiert werden, die Gründung aufstrebender neuer Unternehmen folgte rasch: Die Maschinenfabriken Dingler in Zweibrücken (1849) und Cramer-Klett in Nürnberg (1841), die Nähmaschinenfabrik PFAFF in Kaiserslautern (1861) sowie die Badische Anilin- und Sodafabrik (BASF) in Ludwigshafen (1865).

Von Beginn bis Mitte des 19. Jahrhunderts wurde in Bayern auch das Kanalsystem ausgebaut: 1834 begann der Bau des **Ludwig-Donau-Main-Kanals** (1845 wurde dieser mit einer Gesamtlänge von 174 Kilometern und sieben Häfen eröffnet), mit dem der Anschluß an die norddeutschen Schiffahrtswege möglich wurde.

Schließlich führte die Einführung der neuen **Gewerbeordnung** 1868 zur Gewerbefreiheit und vollen Aufhebung des Zunftzwangs, wodurch eine weitere wesentliche Voraussetzung für die Industrialisierung Bayerns erfüllt war.

Zusammenfassung

Mit der Regierung Montgelas', mit ihren Reformen und der territorialen Neuordnung begann für Bayern eine neue Epoche seiner Geschichte. Bayern erfuhr 1806 aufgrund seines taktisch klugen Verhaltens im Umgang mit Napoleon eine Rangerhöhung zum Königreich; die Gebietsgewinne, die aus den Kriegen stammten, die Bayern an der Seite Frankreichs geführt hatte, bleiben im wesentlichen auch nach dem Frontwechsel zu den Gegnern Napoleons erhalten.

Montgelas war es auch, der Bayern schon früh, nämlich im Jahr 1808, zu einer Konstitution verholfen hatte, die in ihren Grundstrukturen dem Gedankengut der Aufklärung verbunden war. 1818 gehörte Bayern (mit Baden und Württemberg) dann zu den Staaten des Deutschen Bundes, in denen das Verfassungsversprechen des Wiener Kongresses am ehesten erfüllt wurde.

Die Revolution von 1848, die vor allem Österreich und Preußen erschüttert hatte, verlief in Bayern ohne größere Ausschreitungen. Zwar mußte König Ludwig I. abdanken, doch war das weniger eine Folge revolutionärer Ereignisse als seiner persönlichen Verstrickung in die Affäre um Lola Montez.

In den Jahren zwischen Revolution und Reichsgründung entstanden in Bayern die ersten Industrieschwerpunkte, die agrarische Grundstruktur des Landes blieb aber (bis 1945) erhalten.

2 Die Reichsgründung und ihre europäische Bedeutung: das Kaiserreich

2.1 Politik und bürgerliche Kräfte bis 1871

Juli 1848	Auflösung des Bundestags in Frankfurt
Nov. 1848	Schwarzenberg Ministerpräsident in Österreich
Dez. 1848	oktroyierte Verfassung in Preußen
März 1849	oktroyierte Verfassung in Österreich Frankfurter Paulskirchenverfassung für ein kleindeutsches Kaiserreich mit unitaristischen Zügen
April 1849	Ablehnung der Kaiserkrone durch Friedrich Wilhelm IV.
Juni 1849	gewaltsame Auflösung des Rumpfparlaments in Stuttgart
nach 1849	'Selbstkritik' der Liberalen
1850	Vertrag von Olmütz: Wiedererrichtung des Deutschen Bundes
1850–1862	Reaktionszeit
ab 1858	'Neue Ära' in Preußen
1859	Heeresreform des preuß. Kriegsministers von Roon
1861	Regierungsantritt König Wilhelms I.
1861	Gründung der liberalen Fortschrittspartei
1862	Berufung Bismarcks zum preußischen Ministerpräsidenten

2.1.1 Restaurative Maßnahmen nach 1849

Nicht nur Preußen, auch andere deutsche Staaten, darunter Österreich und Bayern, versagten dem Frankfurter Verfassungsentwurf ihre Zustimmung. Das zeigt, daß zu diesem Zeitpunkt die alten Mächte die Lähmung bereits überwunden und ihre Position wieder gefestigt hatten.

In **Österreich** war die Gegenrevolution bereits angelaufen, als in Wien der verfassunggebende Reichstag zusammentrat. Entscheidend war hier, daß die Armee loyal hinter der Monarchie stand. Seit Juni kämpfte sie erfolgreich gegen die aufständischen Völker, im Oktober warf sie eine letzte radikale Erhebung in Wien nieder. Damit hatte die Revolution entscheidende Rückschläge erlitten.

Im November ernannte der Kaiser *Fürst Felix von Schwarzenberg* zum Ministerpräsidenten, einen Mann von eisernem Willen. Sein Ziel war die Wiederherstellung des Gesamtstaates als zentralistisch geordnetes Kaiserreich und als Führungsmacht in Mitteleuropa. So trat er sofort allen Plänen der Paulskirche entgegen, Österreich aus Deutschland herauszudrängen oder in einen deutschen und einen nicht-deutschen Teil zu spalten. In gleicher Weise lehnte er die Bestrebungen des österreichischen Reichstages ab, dem Kaiserreich die Form eines konstitutionellen Bundesstaates mit gleichberechtigten Nationen zu geben. Er stand auch hinter dem Thronwechsel im Dezember. An die Stelle Ferdinands I. trat sein unbelasteter achtzehnjähriger Neffe *Franz Joseph I.*, der sich bei den anstehenden schwierigen Entscheidungen eng an seinen Ministerpräsidenten anlehnte. Anfang März 1849 erließ er eine Verfassung, die allerdings nie in Kraft trat. Weiterhin löste er den nunmehr überflüssigen Reichstag auf, und wenige Tage danach richtete er jenen Antrag an die Frankfurter Nationalversammlung, der das Umschwenken der großdeutschen Republikaner und damit die kleindeutsche Entscheidung provozierte. Im Sommer gelang ihm unter Mithilfe eines starken russischen Heeres die Niederwerfung eines letzten Aufstands in Ungarn. Danach stellte er das Habsburgerreich wieder her und stützte es auf die Säulen absolutistischer Macht: auf die Dynastie, durch die Person des jungen Kaisers zu neuem Ansehen gebracht, auf die kaisertreue Armee und auf eine zentralistische, voll durchgegliederte und das gesamte Staatsgebiet überspannende Verwaltung. 1851 vollzog er den letzten konsequenten Schritt: Er hob seine eigene Verfassung wieder auf und kehrte damit zum Absolutismus zurück.

In der Geschichtsschreibung als "Neoabsolutismus" bezeichnet, trug er jedoch andere Züge als das Metternichsche System. Wenn sich die monarchische Herrschaft im Innern nunmehr vor allem auf die zentralistisch straffe Verwaltung stützte, so sollte nach dem drohenden Zerfall vor allem die Einheit und Einheitlichkeit des Staates gesichert werden. Mit dem gleichen Ziel bevorzugte die Regierung das Deutschtum, indem sie die deutsche Kultur überall im Staate förderte, Deutschösterreicher in die führenden Positionen hob und Deutsch als Amtssprache einführte. Die deutsche Nation war damit ausersehen, über die Vielfalt hinweg als prägendes Element und als Klammer zu wirken. Schließlich kamen liberale Wirtschaftsreformen dem Erfolgsstreben des Bürgertums entgegen und banden es so an die Regierung.

In **Preußen** kam es nach den Märzereignissen von 1848 zu keinen großen Unruhen mehr. Hier fand die Revolution ihre Fortsetzung in der verfassunggebenden Nationalversammlung, die radikalere Ziele verfocht als die Paulskirche. Aber als sich im Oktober der endgültige Sieg der Armee in Österreich abzeichnete, wagte auch Friedrich Wilhelm IV. die entscheidenden reaktionären Schritte. Er entließ das liberale Ministerium und ersetzte es durch ein konservatives, beorderte Truppen nach Berlin, löste die Nationalversammlung auf und erließ schließlich im Dezember von sich aus eine Verfassung.

Oktroyierte Verfassungen

Oktroyiert nennt man Verfassungen, die ohne Beteiligung einer Volksvertretung vom Staatsoberhaupt erlassen werden. Oktroyiert waren demnach die Verfassungen Friedrich Wilhelms IV. vom Dezember 1848 und die österreichische vom März 1849. Mit ihnen gelangte die konstitutionelle Bewegung auch in den beiden deutschen Großmächten in gewisser Weise zum Ziel. Aber sie blieben hinter dem, was durch die Revolution an liberalen Errungenschaften erreicht schien, weit zurück und verdankten ihr Entstehen einem Akt des monarchischen Herrscherwillens. Insofern waren sie mehr ein Zeichen der Reaktion und neuer Stärke der alten monarchischen Mächte. Während die österreichische bereits 1851 wieder aufgehoben wurde, blieb die preußische oktroyierte Verfassung in der revidierten Form von 1850 großenteils bis 1918 bestehen.
Die gesamte Exekutivgewalt legte sie in die Hand des Königs. Der übte sie über Minister aus, die er selbst ernannte und entließ. Alle Regierungsakte des Königs bedurften zu ihrer Gültigkeit der Gegenzeichnung eines Ministers, der damit die Verantwortung übernahm. Bei Verstößen gegen das Gesetz konnten die Minister vor dem obersten Gericht des Staates angeklagt werden. Eine politische Verantwortlichkeit gegenüber der Volksvertretung bestand nicht. Der König entschied auch über Krieg und Frieden und führte den Oberbefehl über die bewaffnete Macht des Landes. Er hatte das Recht, die Kammern zu berufen und zu schließen, zu vertagen und vorzeitig aufzulösen. Im Falle der vorzeitigen Auflösung mußten nach spätestens 60 Tagen Neuwahlen erfolgen und nach spätestens 90 Tagen die neuen Kammern berufen werden.
Die Legislative teilte der König mit den beiden Kammern. Jeder der drei Instanzen stand das Recht der Gesetzesinitiative zu. Ein Gesetz mußte zu seiner Gültigkeit die Mehrheit in beiden Kammern und die Zustimmung des Königs finden. In den Bereich der Gesetzgebung fiel neben den allgemeinen Gesetzen auch der Staatshaushalt mit allen Einnahmen und Ausgaben, Steuern und Abgaben. Abgelehnte Gesetze konnten in der laufenden Sitzungsperiode, das heißt innerhalb eines Jahres, nicht wieder vorgelegt werden.
In der Ersten Kammer saßen die volljährigen Prinzen des Königshauses, die Häupter der ehemals reichsunmittelbaren Geschlechter, vom König erblich oder

auf Lebenszeit ernannte Personen, 90 Vertreter der höchsten Steuerklasse und 30 aus den größten Städten des Landes. Insgesamt durften die gewählten Mitglieder in der Zahl von den anderen nicht übertroffen werden. Alle Kammermitglieder hatten sich als Vertreter des ganzen Volkes und nicht eines Standes oder einer anderen Interessengruppe zu verstehen. Die Abgeordneten der Zweiten Kammer wurden nach dem **"Dreiklassenwahlrecht"** ermittelt.
Es handelte sich dabei um ein indirektes Wahlrecht. Sogenannte "Urwähler" bestimmten "Wahlmänner" und diese in einem eigenen Wahlakt erst die Abgeordneten. Weiterhin lag diesem Wahlrecht das Steuerprinzip zugrunde. Urwähler waren alle steuerzahlenden Bürger vom vollendeten fünfundzwanzigsten Lebensjahr an. Jeder Urwähler gehörte einer der "Wählerklassen" an, die je nach einem Drittel des Gesamtsteueraufkommens und nach der Steuerleistung der Einzelbürger gebildet wurden. Wer in die Gruppe jener reichen Bürger fiel, die als stärkste Steuerzahler ein erstes Drittel der staatlichen Steuereinnahmen aufbrachten, gehörte der obersten Wählerklasse an. Nach dem gleichen Prinzip entstand eine zweite und eine dritte Wählerklasse aus Bürgern mittlerer und niedriger Steuerleistung. Weil es für ein Drittel des Steueraufkommens relativ weniger starker, aber vieler schwacher Steuerzahler bedurfte, waren die drei Wählerklassen zahlenmäßig sehr unterschiedlich besetzt. Weil aber andererseits jede Wählerklasse gleich viele Wahlmänner wählte, hatten die Stimmen der preußischen Bürger je nach Besitz ein stark unterschiedliches Gewicht. Das preußische Dreiklassenwahlrecht war also auch ein **Zensuswahlrecht.**
Mit der Unabhängigkeit und Unabsetzbarkeit der Richter folgte die Verfassung den damals bereits allgemein üblichen Rechtsprinzipien. Bei Strafprozessen legte sie aber die Entscheidung über Schuld und Unschuld in das Ermessen von Geschworenen, so daß die staatlichen Richter nur das Strafmaß festsetzten. In den Grundrechten wich sie nur wenig von der Frankfurter Verfassung ab.
So ging die oktroyierte Verfassung Preußens in den freiheitlichen Zugeständnissen über die Konstitutionen des frühen 19. Jahrhunderts hinaus, wie ein Vergleich mit der bayerischen Verfassung von 1818 zeigt. Gemessen am Verfassungsentwurf der Paulskirche jedoch bedeutete sie einen Rückschritt in Richtung **Staatsabsolutismus.**

Das Ende der Nationalversammlung und die Wiederherstellung des Deutschen Bundes

Als der preußische König die Kaiserkrone endgültig abgelehnt hatte, zog Schwarzenberg die österreichischen Abgeordneten aus der Paulskriche zurück. Andere Regierungen folgten, bis schließlich nur noch ein **Rumpfparlament**

übrigblieb, das ganz unter den Einfluß der demokratischen Linken geriet. Diese riefen zum Aufstand auf und verlegten das Parlament nach Stuttgart, wo es im Sommer 1849 durch württembergisches Militär gewaltsam aufgelöst wurde. Erhebungen von Radikalen in Sachsen, Baden und in der Pfalz blieben erfolglos. Damit war der Versuch, den nationalen und liberalen deutschen Gesamtstaat aus der Kraft des Volkes zu schaffen, endgültig gescheitert.
Aber auch parallel laufende Bemühungen, die deutsche Frage durch eine Revolution von oben zu lösen, führten nicht zum Ziel. Ein entsprechender Plan war noch 1848 in Preußen entstanden. Demzufolge sollten sich die Fürsten zu einem Fürstenbund mit dem Namen **"Deutsche Union"** zusammenschließen. Als exekutive Gewalt war ein Fürstenrat unter dem erblichen Vorsitz Preußens vorgesehen, als Legislative ein Bundesparlament mit zwei Kammern, wobei das "Staatenhaus" von den Regierungen der Einzelstaaten beschickt und das "Volkshaus" nach dem Dreiklassenwahlrecht von der Bevölkerung der Einzelstaaten gewählt werden sollte. Diesem "engeren Bund" sollte die Möglichkeit offenstehen, mit Österreich einen "weiteren Bund" in der Form eines unkündbaren Defensivbündnisses zu bilden. Die Deutsche Union wurde 1849 gegründet, es traten ihr 24 deutsche Fürsten bei.
Da sie auf nichts anderes als die kleindeutsche Lösung und eine Führungsrolle Preußens in Deutschland hinauslief, stieß die Deutsche Union auf erheblichen Widerstand bei den Mittelstaaten und bei Schwarzenberg, der sich den preußischen Plänen dadurch entgegenstellte, daß er die Wiedererrichtung des Deutschen Bundes betrieb. Die Entscheidung in dieser Streitfrage führte Zar *Nikolaus I.* herbei, der als niemals angefochtener Herr über ein gewaltiges Reich seit 1848 die Autorität unter den konservativen Monarchen war und der durch sein Eingreifen auch die Revolution in Österreich beendet hatte. Er stellte sich auf die Seite Österreichs. So mußte Preußen im Vertrag von Olmütz (29. November 1850) auf die Unionspläne verzichten und in den Bundestag zurückkehren, der im gleichen Jahr wieder eröffnet worden war und in dem Österreich wieder den Vorsitz führte.

2.1.2 Preußischer Verfassungskonflikt

Als es in Preußen 1862 zum sogenannten Verfassungskonflikt kam, zeigte sich wiederum die politische Unerfahrenheit und eine gewisse Autoritätsgläubigkeit des Bürgertums. Worum ging es bei dieser Auseinandersetung zwischen König Wilhelm I. und dem Parlament?

Nach der Revolution von 1848/49 war in Preußen die dreijährige Militärdienstpflicht eingeführt worden, um die Soldaten gegen revolutionäre Gesinnung zu immunisieren. Dafür wurden nur etwa zwei Drittel der Dienstfähigen eingezogen. Organisatorisch war das Heer in die "Linie" und die "Landwehr" eingeteilt. Zur Linie gehörten die drei im aktiven Dienst befindlichen und die zwei jüngsten Jahrgänge der aus dem aktiven Dienst Ausgeschiedenen. Die Linie wurde von aktiven, damals vorwiegend adeligen Offizieren geführt. Zur Landwehr ersten Aufgebots gehörten die nächsten sieben Jahrgänge. Sie bildeten eigene Regimenter, die im Kriegsfall mit der Linie zu Brigaden zusammengefaßt wurden. Die letzten sieben Jahrgänge waren nur für militärische Sicherungsaufgaben vorgesehen. Die Landwehr wurde vorwiegend von bürgerlichen Offizieren geführt, die aufgrund ihres Bildungsstandes nur ein Jahr gedient hatten. Obendrein ließ ihnen ihr Beruf nur wenig Zeit zur militärischen Fortbildung. Deshalb bestanden begründete Zweifel, ob sie im Kriegsfall den Anforderungen der Truppenführung gewachsen wären.

Wilhelm I. und sein Kriegsminister *Albrecht von Roon* sannen nun auf Veränderung dieser Praxis: Nach den Vorstellungen des Königs sollten künftig zur Linie insgesamt sieben statt bisher fünf Jahrgänge gehören, während die Landwehr durch Entlassung ihrer älteren Angehörigen aus der Wehrpflicht und die Übernahme ihrer zwei jüngsten Jahrgänge in die Linie von bisher vierzehn auf fünf Jahrgänge reduziert werden sollte. Außerdem sollte sie keine kampfstarken Regimenter mehr bilden, sondern im Kriegsfall nur noch für Sicherungsaufgaben verwendet werden.

Diese rigorose quantitative und qualitative Reduzierung der Landwehr, die in der preußischen Reformära vor den Befreiungskriegen 1813–1815 als "Volk in Waffen" konzipiert worden war, rief erbitterten Widerstand bei der liberalen Parlamentsmehrheit hervor. Sie war nicht bereit hinzunehmen, daß auf diese Weise bei einem Konflikt zwischen König und Parlament das Heer ein gehorsames Instrument in der Hand des Herrschers wäre. Nach ihren Vorstellungen sollte die Erfassung aller Wehrpflichtigen dadurch erreicht werden, daß die aktive Dienstpflicht wieder auf zwei Jahre festgesetzt würde und die Landwehr qualitativ und quantitativ ihren derzeitigen Stand beibehielte.

Der König war zu keinem Kompromiß bereit. Darauf lehnte der Landtag die Bewilligung der Gelder ab, die für die **Heeresreform** erforderlich waren. Die Regierung aber war nicht bereit, unter Mißachtung des parlamentarischen Budgetrechts die vom König gewünschte Heeresreform durchzuführen. Daraufhin entschloß sich Wilhelm I. zur Abdankung, doch der Kronprinz empfahl seinem Vater im Interesse des Staates einen Kompromiß. Eine Abdankung wegen halsstarrigen Festhaltens an seiner Auffassung über die Heeresreform betrachtete der Kronprinz als eine selbstverschuldete Niederlage des Königtums gegenüber dem Parlament. Daher lehnte er die Nachfolge ab. So wuchs sich der Heereskonflikt zu einer Staatskrise aus.

Das war die Stunde Bismarcks. In einer Unterredung mit Wilhelm I. erklärte er sich bereit, unter Mißachtung des verfassungsmäßigen Budgetrechts des Parlaments die vom König vorgesehene Heeresreform durchzuführen. Dieser übertrug ihm das Amt des Ministerpräsidenten, ohne ihn, wie üblich, auf ein Regierungsprogramm festzulegen. Damit gab er ihm eine Art Blankovollmacht. "Sie räumte ihm eine ganz andere Position und einen ganz anderen Handlungsspielraum ein, als sie leitende Minister, sei es in einem absolutistischen, sei es in einem parlamentarischen System, von Amts wegen selbst unter günstigsten Umständen zu besitzen pflegten" (Lothar Gall).

Als der Landtag abermals die für die Heeresreform erforderlichen Gelder nicht bewilligte, brachte Bismarck die **"Lückentheorie"** vor: Ein solcher Fall sei in der Verfassung nicht vorgesehen. Dies gestatte der Regierung, trotz fehlender Zustimmung des Landtags, die für die Heeresreform erforderlichen Gelder zu erheben – eine verfassungsrechtlich unhaltbare Argumentation. Aus altgewohnter Loyalität zum Staat zahlte man zwar trotzdem die Steuern, doch lehnte der größte Teil der politisch interessierten Bevölkerung Preußens Bismarck als Ministerpräsidenten entschieden ab. Aus dieser innenpolitischen Sackgasse führten ihn jedoch seine außenpolitischen Erfolge heraus.

2.1.3 Das Erstarken der bürgerlich-nationalen Kräfte

Die gescheiterte Revolution von 1848/49 und die sich anschließende Reaktionszeit hatte die politische Position des Bürgertums entscheidend geschwächt. Die Einrichtung des preußischen Herrenhauses schränkte die politische Mitwirkung des Bürgertums ein, und so breitete sich im fortschrittlichen Bürgertum eine tiefe Resignation aus. Es hatte den Glauben an die eigenen Kraft und an die Kraft der Ideale verloren. Die bürgerlichen Politiker waren nunmehr bereit, auf idealistische Vorstellungen zu verzichten, sich an der Wirklichkeit zu orientieren und die Ansprüche auf das Erreichbare zu beschränken. Politische Wirklichkeit aber war die Festigung des alten Systems und die Tatsache, daß der Nationalstaat aus der Kraft des Volkes allein nicht mehr geschaffen werden konnte. Das Bürgertum suchte also den Fortschritt über die Zusammenarbeit mit den reaktionären Regierungen und überließ ihnen die politische Führungsrolle. So entstand auch der deutsche Nationalstaat 1871 als eine Schöpfung der deutschen Fürsten. Viele Bürger aber kehrten der Politik nach und nach ganz den Rücken und wandten sich statt dessen der Wirtschaft zu. Um die Mitte des 19. Jahrhunderts hatte auch in Deutschland die Industrialisierung voll eingesetzt und bot dem Bürgertum damit ein neues, weites Betätigungsfeld. Es hoffte, durch seine wachsende wirtschaftliche Bedeutung ohne Auseinandersetzung mit den herrschenden Kräften seine politischen Einwirkungsmöglichkeiten allmählich verbessern zu können. Doch auch darauf verzichtete es seit Ende der 70er Jahre, als seine Furcht vor einer proletarischen Revolution und vor der Konkurrenz der ausländischen Industrie ihm die Zusammenarbeit mit den alten Eliten nahelegte. Die erfolgreichsten Angehörigen des Bürgertums wurden geadelt, soweit sie Wert darauf legten. Dies hatte Auswirkungen auf die gesellschaftliche Einstellung eines großen Teil des Bürgertums. Hatte es sich vom Beginn des 19. Jahrhunderts bis zur Revolution von 1848/49 zum Teil mit der Unterschicht verbunden gefühlt, so schloß es sich nunmehr nach unten ab und orientierte sich am Lebensgefühl und Lebensstil des Adels. Hinzu kam, daß das national-liberal gesinnte Bürgertum auch begonnen hatte, den Verfassungsentwurf von 1849 zunehmend kritischer zu betrachten: Ihm haftete der "Ludergeruch" der Revolution an, von dem man sich nur zu gern befreien wollte, fühlte man sich doch in wirtschaftsbürgerlichen Kreisen dem Adel näher als der Arbeiterschaft und den Unterschichten. Die Zielrichtung jeder sozialen Abwehrreaktion war damit von vornherein vorgegeben.

2.1.4 Entwicklung der liberalen Bewegung nach 1849

Der Liberalismus entledigte sich nach 1850 seiner revolutionär-demokratischen Ansätze und spielte in gemäßigter Form bald wieder eine gewichtige Rolle in der politischen Landschaft Deutschlands. Die Forderungen, die man traditionell der liberalen Bewegung zuschreibt, wurden nun vor allem in Städten und Gemeinden in die politische Praxis umgesetzt, wo das liberale Bürgertum nach wie vor eine starke Position in der Verwaltung innehatte.

Die liberale Bewegung veränderte aber, indem sie eine Interessenkoalition mit dem Wirtschaftsbürgertum einging, nach 1850 ihr Profil. Damit einher ging auch eine Modifizierung ihrer Strategie: Wurde vor 1848 die Institutionalisierung der liberalen Ideen als Voraussetzung für den wirtschaftlichen Aufschwung angesehen, so zogen sich die Liberalen nun auf die Wirtschaft als ihr Betätigungsfeld zurück. Dabei nahmen sie an, daß der wirtschaftlichen Veränderung die staatliche Umgestaltung im liberalen Sinne folgen würde. Diesen veränderten Umgang mit der politischen Praxis nannte man mit den Worten A. L. Rochaus, der eine damals vielbeachtete Schrift über die "Grundsätze der Realpolitik, angewandt auf die staatlichen Zustände Deutschlands" veröffentlicht hatte, **'Realpolitik'.**

Damit waren die Liberalen in den 50er und 60er Jahren von einer Sammlungsbewegung politisch Unzufriedener im Vormärz zu einer politischen Partei geworden, die die Interessen einer ganz bestimmten Bevölkerungsschicht vertrat. Erst 1862, als unter dem Eindruck Bismarckscher Machtpolitik (Stichwort: Verfassungskonflikt) das liberale Bürgertum in zwei Gruppen gespalten wurde, wurde diese Beschränkung des politischen Liberalismus auf eine festgelegte Klientel offensichtlich. Die Spaltung der Liberalen in Nationalliberale und Fortschrittspartei 1866 war die logische Folge der Entwicklung seit 1849.

2.2 Reichsgründung unter preußischer Führung

1863	Dänische Novemberverfassung: Annexion Schleswigs
1864	Deutsch-Dänischer Krieg: Sturm auf die Düppeler Schanzen (18. 4. 1864)
1865	Vertrag von Gastein: Teilung der Verwaltung Schleswigs (Preußen) und Holsteins (Österreich) (14. 8. 1863)
1866	Deutscher Krieg: Schlacht bei Langensalza (29. 6. 1866), Entscheidung bei Königgrätz (3. 7. 1866) unter H. v. Moltke
1866	Friede von Prag (23. 8. 1866): Auflösung des Deutschen Bundes
1867	Zusammenschluß dt. Staaten zum Norddeutschen Bund (11. 7. 1867)
1870	Emser Depesche (13. 7. 1870)
1870/71	Deutsch-Französischer Krieg: Schlacht bei Sedan (2. 9. 1871)
1871	Gründung des Deutschen Reiches in Versailles (18. 1. 1871)
1871	Friede von Frankfurt (10. 5. 1871): Abtretung von Elsaß-Lothringen an das Deutsche Reich

2.2.1 Außenpolitische Konstellation und Einigungskriege

Der Krieg gegen Dänemark 1864

Schleswig und Holstein waren 1460 unter der Zusicherung, "up ewig ungedeelt" zu bleiben, mit dem Königreich Dänemark in Personalunion vereint worden. Aufgrund unterschiedlichen Erbrechts schien sich vor der Revolution 1848/49 die Loslösung des überwiegend deutschsprachigen Schleswig-Holsteins anzubahnen. Darüber kam es zu einem Krieg zwischen Dänemark und Preußen, das im Auftrag der verfassunggebenden Nationalversammlung in Frankfurt handelte. Aufgrund einer englischen und russischen Interventionsdrohung mußte Preußen den Kampf abbrechen. 1850 und 1852 einigten sich die fünf europäischen Großmächte auf die zwei sogenannten **Londoner Protokolle.** Diese setzten die Unteilbarkeit des dänischen Gesamtstaates unter dem dänischen Königshaus fest, nachdem der dänische König Österreich und Preußen die Selbständigkeit und Zusammengehörigkeit der beiden Herzogtümer zugesichert hatte.
Trotzdem verleibte sich Dänemark 1863 Schleswig ein, dessen nördlicher Teil von Dänen bewohnt war und das im Gegensatz zu Holstein nicht zum Deutschen Bund gehörte. Darauf forderte die öffentliche Meinung Deutschlands die gewaltsame Loslösung beider Länder von Dänemark und ihren Anschluß an den Deutschen Bund. Bismarck aber befürchtete eine abermalige Intervention Englands und Rußlands. So zog er die Lösung der Angelegenheit ausschließlich durch die Garantiemächte der Londoner Protokolle vor, zu denen die beiden deutschen Großmächte gehörten.
Österreichs Lage aber war schwierig. Als deutsche Vormacht konnte es die Deutschen in Schleswig-Holstein nicht im Stich lassen. Andererseits gefährdete es die Grundlage seines Vielvölkerstaates, wenn es eine nationale Befreiungsbewegung militärisch unterstützte. Bismarcks Vorschlag, im Gegensatz zu den meisten deutschen Fürsten und zur öffentlichen Meinung die Frage der nationalen Selbstbestimmung außer acht zu lassen und von Dänemark lediglich die Einhaltung der Londoner Protokolle zu fordern, fand daher die Zustimmung Österreichs. Dänemark lehnte die Forderung Österreichs und Preußens ab, die Einverleibung Schleswigs gemäß seinen Zusicherungen in den Londoner Protokollen rückgängig zu machen. Dadurch setzte es sich in den Augen der übrigen europäischen Großmächte ins Unrecht und fand bei ihnen keine Unterstützung. 1864 wurde es von Österreich und Preußen durch einen siegreichen Feldzug zur Abtretung der beiden Herzogtümer gezwungen, die sie zunächst einer gemeinsamen provisorischen Verwaltung unterstellten.

Der Deutsche Krieg 1866

Der gemeinsame Kampf gegen Dänemark hatte in den Beziehungen zwischen den beiden deutschen Großmächten an die Stelle jahrelanger Rivalität eine politische und militärische Kooperation treten lassen. Doch nach dem Sieg brachen wegen Meinungsverschiedenheiten über die Zukunft Schleswig-Holsteins die Gegensätze wieder auf. Bismarck wollte die beiden Herzogtümer in einen preußischen Satellitenstaat, Österreich in ein souveränes Mitglied des Deutschen Bundes unter dem volkstümlichen Herzog von Augustenburg umwandeln, dessen Anlehnung an Österreich angesichts der preußischen Ansprüche zu erwarten war. Dieser Vorschlag wurde von der öffentlichen Meinung Deutschlands und von fast allen deutschen Fürsten befürwortet, von Bismarck aber abgelehnt. Um einen deshalb drohenden Krieg zu vermeiden, einigten sich Österreich und Preußen auf den Kompromiß des **Gasteiner Abkommens** von 1865: Für die beiden Herzogtümer, für deren Unteilbarkeit man Krieg geführt hatte, wurde eine provisorische Verwaltungsteilung vereinbart. Österreich erhielt Holstein, Preußen Schleswig. Außerdem verpflichteten sich beide Vertragspartner zu einvernehmlichem Vorgehen bei Entscheidungen über die beiden Herzogtümer.
Da Holstein angesichts der weiten Entfernung für Österreich wertlos war, begünstigte die Habsburgermonarchie dort eine Volksbewegung zugunsten des Herzogs von Augustenburg. Dies führte zwischen den beiden deutschen Großmächten zu Spannungen, die sich schließlich zu beiderseitiger Kriegsbereitschaft steigerten.
Im Rahmen ihrer diplomatischen Kriegsvorbereitungen sicherten sich die beiden Rivalen die Neutralität Frankreichs. Preußen hatte schon vorher Rußlands Wohlwollen durch dessen Unterstützung bei der Niederwerfung eines polnischen Aufstandes gewonnen. Um die zahlenmäßige militärische Überlegenheit Österreichs auszugleichen, schloß Preußen im Frühjahr 1866 mit Italien ein auf drei Monate befristetes Bündnis. Sein eindeutiger Zweck war ein baldiger gemeinsamer Krieg gegen Österreich, der Italien den Gewinn des damals österreichischen Venetien bringen sollte.
Nun legte Österreich die Entscheidung über die Zukunft Schleswigs und Holsteins unter Nichtbeachtung des Gasteiner Abkommens in die Hand des Deutschen Bundestags. Preußen bezeichnete dies als Provokation, unterstellte Österreich die Absicht, den Bruch und den Krieg zu erzwingen, und besetzte einen Teil des von Österreich verwalteten Holsteins. Wegen dieses Gewaltaktes stellte Österreich im Deutschen Bundestag den Antrag auf Mobilmachung der nichtpreußischen Truppen gegen Preußen, dem die große Mehrheit zustimmte. Preußen seinerseits erklärte die Bundesakte für "gebrochen" und damit für "erlo-

schen" und eröffnete den Angriff gegen Österreich und die deutschen Bundesstaaten, welche sich auf die Seite der Donaumonarchie stellten. Bereits nach 12 Tagen entschied der Hohenzollernstaat durch die Schlacht bei Königgrätz in Böhmen den Krieg zu seinen Gunsten.
Bismarck setzte in einer schweren Auseinandersetzung mit seinem König durch, daß von Österreich keine Landabtretungen gefordert wurden. Dafür stimmte dieses der Auflösung des Deutschen Bundes, der Annexion von Hannover, Kurhessen, Nassau, Schleswig-Holstein und Frankfurt durch Preußen und der Gründung eines Norddeutschen Bundes unter preußischer Führung zu. Damit schied die Habsburgermonarchie aus Deutschland aus und orientierte sich außenpolitisch fortan nach dem Südosten. Preußen wurde ein geschlossener Länderblock von Saarbrücken bis zur Memel. Die internationale Unabhängigkeit Bayerns, Württembergs und Badens mußte Bismarck auf Verlangen Frankreichs anerkennen.

Der Deutsch-Französische Krieg 1870/71

Vor dem Deutschen Krieg von 1866 hatte Napoleon III., der Kaiser der Franzosen, die Neutralität Frankreichs in Aussicht gestellt. Gleichzeitig hatte er Bismarck gegenüber im Fall eines preußischen Sieges Wünsche nach territorialer Erweiterung an seiner Ostgrenze als "Kompensation" für den zu erwartenden preußischen Gebietszuwachs geäußert. Bismarck hatte diese Frage offengelassen. Nach dem preußischen Sieg vereitelte er Napoleons Kompensationswünsche, die u. a. auf die bayerische Rheinpfalz gerichtet waren. Diese Absicht Napoleons teilte Bismarck den Regierungen der süddeutschen Staaten mit und veranlaßte sie dadurch zum Abschluß eines Defensivbündnisses mit dem Norddeutschen Bund.
Nunmehr schlossen Napoleon III. und Bismarck die Möglichkeit eines Krieges nicht mehr aus. Napoleon verdankte seine Herrschaft einem Staatsstreich und Volksabstimmungen. Nach außenpolitischen Rückschlägen wurde er durch eine stark anwachsende liberale und republikanische Opposition bedrängt. Daher war für ihn der Krieg eine "bittere Notwendigkeit", für Bismarck dagegen "das Mittel, durch die Fanfaren eines nationalen Aufbruchs gegen den 'Erbfeind' die inneren Bedenken (ergänze: gegen den Anschluß der süddeutschen Staaten) zu übertönen" (Näf). Napoleon nahm, allerdings vergeblich, Bündnisverhandlungen mit Österreich und Italien auf. Bismarck seinerseits förderte die angebotene Übernahme des freigewordenen spanischen Königsthrons durch Leopold von Hohenzollern-Sigmaringen, einer katholischen Seitenlinie, die seit 1849 dem Hausverband der preußischen Hohenzollern angehörte. Wilhelm I. als Chef des Hauses Hohenzollern gab auf Bismarcks Drängen seine Zustimmung. Die öffentliche Meinung Frankreichs sah darin die Gefahr einer Umklammerung durch das seit

1866 mächtiger gewordene Preußen und drohte mit Krieg. Daher veranlaßte Wilhelm I. im Interesse des Friedens Leopold zum Verzicht. Doch das genügte der erregten öffentlichen Meinung Frankreichs nicht. Auf ihr Drängen mußte die Regierung ihren Botschafter in Berlin zum preußischen König schicken, der sich gerade in Bad Ems einer Kur unterzog. Dieser sollte öffentlich erklären, "niemals seine Zustimmung zu geben, wenn die Hohenzollern auf ihre Kandidatur zurückkommen sollten". Wilhelm I. wies diese Zumutung höflich zurück und berichtete Bismarck in der **"Emser Depesche"** über die Aufdringlichkeit des französischen Botschafters und seine eigene Weigerung, ihn noch einmal zu empfangen. Bismarck veröffentlichte die Depesche in verkürzter und verschärfter Form. Frankreich erklärte hierauf den Krieg. Der Norddeutsche Bund und die süddeutschen Staaten traten auf Preußens Seite. Frankreich aber fand bei den anderen europäischen Großmächten kein Verständnis für seine in Bad Ems vorgebrachte Forderung und vor allem dafür, daß es wegen eines veröffentlichten Telegramms den Krieg erklärt hatte. So war es Bismarck zum dritten Male gelungen, einen Gegner zu isolieren.

Durch überlegene Planung und rasche Durchführung der Truppentransporte waren die deutschen Heere den französischen zu Beginn der Kampfhandlungen zahlenmäßig fast um das Doppelte überlegen. So konnten sie rasch die Initiative an sich reißen. Schon nach sechs Wochen mußte Napoleon mit einem großen Teil seiner Truppen in Sedan kapitulieren. Sofort bildete sich in Paris eine republikanische Regierung, die ihre Bereitschaft zum Friedensschluß bekundete. Doch nun zeigte sich, daß deutscherseits zu dem ursprünglichen Kriegsziel, dem Anschluß der süddeutschen Staaten an den Norddeutschen Bund, die Forderung nach Abtretung des vorwiegend deutschsprachigen Elsaß-Lothringen hinzugekommen war. Daher rief die neue Regierung das französische Volk zum äußersten Einsatz für die territoriale Integrität des Landes auf. Doch nach weiteren schweren Niederlagen mußte Frankreich schließlich aufgeben.

1871 verpflichtete es sich im Frieden von Frankfurt am Main zur Zahlung von fünf Milliarden Goldfrancs Kriegsentschädigung und trat Elsaß-Lothringen ab. Dessen vorwiegend deutschsprachige Bevölkerung war vor etwa 200 Jahren in den französischen Staat eingegliedert worden. Seit der Französischen Revolution von 1789 fühlte sie sich als Teil der französischen Nation. Trotzdem war fast die gesamte öffentliche Meinung Deutschlands bereit, sich über die Wünsche der Bevölkerung von Elsaß-Lothringen hinwegzusetzen, um sie bzw. ihre Nachkommen im Laufe der Zeit dem deutschen Volkstum zurückzugewinnen.

Bismarck gab auch hier der öffentlichen Meinung kein großes Gewicht. Entscheidend war für ihn die Ansicht der Generalität und der süddeutschen Fürsten, daß ohne die Einverleibung von Elsaß-Lothringen Süddeutschland bei einem erneuten Krieg mit Frankreich sehr gefährdet sei. Diesem Gesichtspunkt räumte Bismarck den Vorrang gegenüber der schon damals geäußerten Überlegung ein, daß Frankreich im Falle einer Abtretung Elsaß-Lothringens dessen Rückgewinnung als höchstes Ziel seiner Politik betrachten werde. So könne jeder Gegner Deutschlands Frankreich als Bundesgenossen gewinnen, und dies werde Deutschlands außenpolitischen Spielraum empfindlich einschränken.

2.2.2 Errichtung des Kaiserreichs

Als sich die militärische Niederlage Frankreichs abzeichnete, stand dem Wunsch der meisten Deutschen nach dem Beitritt der süddeutschen Staaten zum Norddeutschen Bund kein außenpolitisches Hindernis mehr im Weg. Um die süddeutschen Fürsten zu gewinnen, machte Bismarck ihrem Streben nach Erhalt von möglichst viel staatlicher Eigenständigkeit einige Zugeständnisse. So behielt Bayern die Staatshoheit über Post und Eisenbahn, im Frieden auch über das Militär als sogenannte Reservatrechte. Die nunmehr zusammengeschlossenen Staaten nannten sich in Anknüpfung an die deutsche Geschichte "Deutsches Reich". Sein Oberhaupt, der jeweilige preußische König, bekam den Titel "Deutscher Kaiser".

Norddeutscher Bund 1867

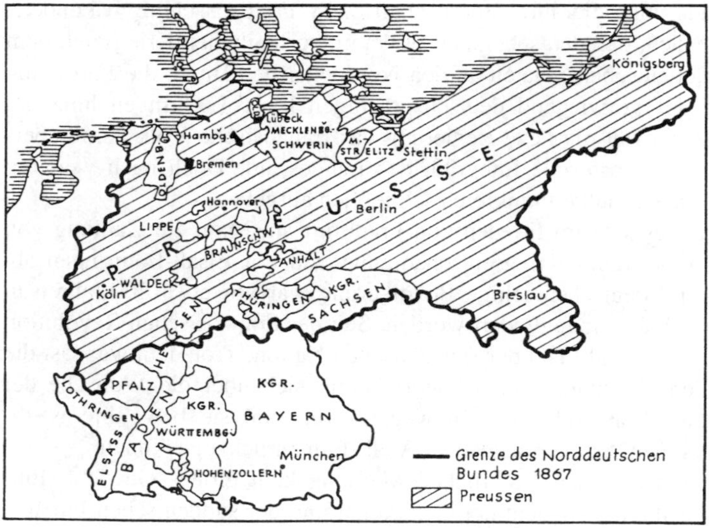

Deutsches Reich 1871

Aus: Weltgeschichte in einem Griff, Frankfurt 1985, S. 727 und 737

Kaiserproklamation in Versailles (Stich nach Anton von Werner). In der Mitte des Podiums Wilhelm I.; in der Mitte des Bildes in weißer Uniform Bismarck.

Die Reichsgründung wurde am 18. Januar 1871 in einem feierlichen Staatsakt im Spiegelsaal des Schlosses von Versailles vollzogen. Im Mittelpunkt standen Fürsten, Militärs und hohe Staatsbeamte. Die wenigen Parlamentsvertreter traten kaum in Erscheinung; darin zeigte sich der Anspruch der alten Eliten auf die Führungsrolle im neuen Staat.

2.3 Ausprägung der Industriegesellschaft

2.3.1 Umwandlung der Agrargesellschaft

ab etwa 1750	verstärktes Bevölkerungswachstum Fortschritte in der agrarischen Produktion mit erheblicher Steigerung im 19. Jahrhundert durch Ausweitung der Nutzfläche, neue Anbaumethoden, verbesserte Viehaltung, Düngung
1765 – 1850	größte Intensität der Bauernbefreiung in Deutschland: Umwandlung von Frondiensten und Naturalabgaben in Geldleistungen, Auflösung der Gemeinheiten, Aufhebung der persönlichen Bindungen, der gutsherrlichen Polizeigewalt und Patrimonialgerichtsbarkeit, Verleihung des bäuerlichen Eigentums
seit etwa 1830	deutlicher Anstieg von Landflucht, Binnenwanderung und Auswanderung
um 1850	beginnende Verstädterung, Höhepunkt der deutschen Auswanderung

Zwischen 1750 und 1800 setzte in Deutschland ein Bevölkerungswachstum ungeahnten Ausmaßes ein. Im 19. Jahrhundert steigerte es sich zur Bevölkerungsexplosion. Hauptursache war zunächst ein deutlicher Rückgang der Sterblichkeit. Dieser hatte seinen Grund zum Teil in einer zunehmenden Verbesserung der landwirtschaftlichen Produktion. Hungersnöte wurden seltener, und die Menschen konnten dem Hunger und den Krankheiten, vor allem den immer wiederkehrenden Seuchen, mehr Widerstandskraft entgegensetzen. Auch der Krieg entfiel als Ursache immer mehr. Hatten zuvor Verwüstung von Feldern, Plünderung an Vieh und Lebensmittelvorräten, die häufig den Hungertod nach sich zogen, und Morde zügelloser Heere vielen Menschen das Leben gekostet, wofür der Dreißigjährige Krieg das bekannteste Beispiel ist, so fand nunmehr die Zivilbevölkerung mehr Schonung, weil das Militär disziplinierter geführt und besser versorgt wurde. Für die zurückliegende Zeit galt als Regel: Bevölkerungszuwachs bei guten Ernten, bei Friede und Ausbleiben von Epidemien – Bevölkerungsrückgang bei Mißernten, Krieg und Seuchen und damit Verlust des Überschusses. Dieser Wirkungskreis war schon vor 1800 durchbrochen. Schließlich konnte man einige der schrecklichen Seuchen zurückdrängen, die immer wieder zu einem Massensterben geführt hatten. Noch im 18. Jahrhundert verschwand die Pest aus Europa. Kurz vor 1800 wurde ein planmäßiges Impfverfahren gegen die damals schlimmste aller Epidemien, nämlich die Pocken, entwickelt, und 1835 empfahl der preußische Staat die Kinderimpfung. Um die Mitte des 19. Jahrhunderts erkannte man die Kontaktinfektion als Ursache des Kindbettfiebers, das häufig zum Tod von Wöchnerinnen geführt hatte, und damit die Hygiene als Methode zu seiner Vermeidung. Die großen Erfolge im Kampf gegen diese Massenkrankheiten gelangen der Medizin allerdings erst seit etwa 1880. Mit dem Ausbau des Verkehrswesens, vor allem der Eisenbahn nach 1835, verloren die regionalen Mißernten weitgehend ihre Wirkung, weil große Hungersnöte durch das Heranschaffen von Lebensmitteln aus anderen Regionen vermieden werden konnten.

Nach 1850 kam für einige Jahrzehnte in Deutschland ein starker Geburtenzuwachs fördernd hinzu. Es war die Zeit des ersten großen industriellen Fortschritts. Wegen der gesteigerten Berufsmöglichkeiten konnten immer mehr und immer jüngere Menschen eine eigene Familie gründen, und die eheliche Geburtenkontrolle spielte noch kaum eine Rolle.

So wuchs die Bevölkerung in Deutschland von 1780 bis 1875 in zunehmend steilerem Anstieg von 21 auf 43 Millionen, das heißt um mehr als hundert Prozent. Die Tatsache, daß immer mehr Menschen versorgt werden mußten, wurde zu einer Herausforderung für die Wirtschaft, zunächst vor allem für die Landwirtschaft, denn vor dem Ausbau von Eisenbahn und Dampfschiffahrt war aus technischen Gründen die Einfuhr großer Mengen von Lebensmitteln nicht möglich. Und die Landwirtschaft hielt Schritt. Unmittelbar vor dem Ersten Weltkrieg, als sich Deutschland zum Industriestaat gewandelt und die Bevölkerung gegenüber 1800 verdreifacht hatte, mußten zum Beispiel nur 15 Prozent des Getreidebedarfs eingeführt werden.

Die Bauernbefreiung

Der Anwendung neuer Produktionsmethoden sowie der Ausweitung des Nutzlandes und damit auch der landwirtschaftlichen Produktionssteigerung standen im 18. Jahrhundert aber zunächst noch die bestehenden Verhältnisse im Wege.

Neue Fruchtfolge auf dem Ackerland und Bebauung der Brache (Fruchtwechselwirtschaft), die Urbarmachung von Ödland oder die Vermehrung und Verbesserung des Viehbestandes waren den grundherrlichen Bauern bei Gemengelage und Flurzwang, gemeinsamer Nutzung des Weidelandes der Allmende und gemeinsamer Entscheidung über das Ödland nicht oder nur sehr unvollständig möglich. Auf den großen Gutsflächen erwies sich die Fronarbeit als großes Hindernis, denn sie wurde meist unwillig und damit schlecht verrichtet. So mußte die alte und verkrustete Feudalordnung überwunden werden, wenn die Landwirtschaft den erhöhten Ansprüchen gerecht werden sollte.
Solchen Reformen standen fortschrittliche Staatsmänner wie die preußischen Reformminister *Freiherr von Stein* und *Fürst Hardenberg* oder *Montgelas* in Bayern auch aus anderen Gründen aufgeschlossen gegenüber. Sie wollten durch die Abschaffung der Ständegesellschaft möglichst viele Schranken abbauen und möglichst alle Kräfte des Volkes für den Staat frei machen, zum Teil auch die unterschiedliche Bevölkerung alter und neuer Landesteile zu einem einheitlichen Staatsvolk zusammenführen. Vielfach waren es ganz einfach die Ideen der Aufklärung, die sich auf diesem Wege Geltung verschafften. So kam es zu gesellschaftlichen und wirtschaftlichen Reformen.
Für die Neuordnung der ländlichen Verhältnisse war die sogenannte Bauernbefreiung die wichtigste. Mit diesem Begriff bezeichnet man die Beseitigung der Abhängigkeiten, denen die bäuerliche Bevölkerung im Feudalsystem unterworfen war. Sie begann im ausgehenden 17. Jahrhundert, erreichte zwischen 1765 und 1850 die größte Intensität und erstreckte sich mit ihren Ausläufern bis ins 20. Jahrhundert hinein. Im wesentlichen unterscheidet man fünf Schritte, die in unterschiedlicher Reihenfolge und in unterschiedlicher Form teils getrennt, teils gekoppelt vollzogen wurden:

- Umwandlung der Frondienste und Naturalabgaben in Geldleistungen,
- Aufhebung der persönlichen Bindungen,
- Auflösung der Gemeinheiten,
- Aufhebung der Patrimonialgerichtsbarkeit und der grundherrschaftlichen Polizeigewalt,
- Verleihung des Eigentums in Verbindung mit einer Ablösung der Leistungen.

Die Umwandlung der Frondienste und Naturalabgaben in Geldleistungen ergab sich als die bequemere Lösung für beide Seiten von selbst, als im 18. Jahrhundert die Geldwirtschaft üblich wurde und mit dem Bevölkerungswachstum immer mehr Menschen bereit waren, bei einem Grund- oder Gutsherrn als landwirtschaftliche Tagelöhner zu arbeiten, denn Geld ließ sich leichter handhaben als die bäuerlichen Erzeugnisse, und Lohnarbeit wurde sorgfältiger verrichtet als der unbeliebte Frondienst. Mit der Verfügbarkeit anderer Arbeitskräfte entfiel für den Gutsherrn auch der Grund, weiterhin auf den persönlichen Bindungen seiner Bauern und deren Familienmitglieder in Form von Schollenpflichtigkeit und Gesindezwangsdienste zu beharren. Als Preußen 1807 und 1810 die Leibeigenschaft durch Gesetz aufhob, war davon nur noch ein Drittel aller Bauernfamilien betroffen, und in Bayern regelte die Konstitution von 1808 damit nur noch eine Sache, die in der Praxis schon verwirklicht war.

Die Auflösung der Gemeinheiten, also der gemeinsamen Berechtigungen aller Bauern eines Dorfes an Wald, Weide und Ödland, und die Umwandlung des Gemeinlandes in Privatbesitz verband sich in der Regel mit einer "Separation", das heißt Auflösung der Gemengelage und Zusammenlegung der Grundstücke des einzelnen Hofes. Beides wurde wichtig für die Reform der landwirtschaftlichen Produktionsmethoden, denn damit fielen die wirtschaftlichen Behinderungen und Bindungen weg, vor allem auch der Flurzwang. Die ersten Gemeinheitsteilungen fanden schon im 18. Jahrhundert statt, im 19. Jahrhundert mehrten sich die entsprechenden Gesetze, einzelne alte Weiderechte bestehen allerdings heute noch. Die Patrimonialgerichtsbarkeit und die grund- oder gutsherrliche Polizeigewalt endeten in der Regel 1848.

Den Kern der Reform bildete die Verleihung des Eigentums, mit der sich die Ablösung der lehensbäuerlichen Leistungen an den Feudalherrn verband. Nach dem Verständnis des 19. Jahrhunderts war die Freiheit einer Person erst vollständig und gesichert, wenn sie über ein ausreichendes Privateigentum verfügte. Also mußte der freie Bauer auch Grund und Boden besitzen. Bei der Erfüllung dieses Anspruchs ging man zwei Wege. Beim ersten wurde der gesamte Grund einer Bauernstelle zwischen dem Grundherrn und dem Bauern aufgeteilt, wobei dem erbberechtigten Bauern zwei Drittel, dem nicht erbberechtigten nur die Hälfte zufiel. Beim zweiten wandelte man die Berechtigungen des Grund- oder Gutsherrn in eine Ablöseschuld um, die der Bauer zu begleichen hatte. Beide Lösungen schlossen die Tilgung der gegenseitigen Pflichten mit ein.

In Bayern bot Montgelas im Zuge der Säkularisation den Bauern auf ehemals klösterlichem Grund die Ablösemöglichkeit an, aber diese machten davon kaum Gebrauch. So wurde die Verleihung des Eigentums erst 1848 vollzogen. In Preußen geschah der entscheidende Schritt bereits 1811, wobei sich die Ablösezahlungen allerdings bis zu fünf Jahrzehnten hinzogen.

Die wirtschaftlichen und sozialen Folgen der Bauernbefreiung

Die Bauernbefreiung veränderte die gesamte Wirtschafts- und Gesellschaftsordnung auf dem Lande und warf manche Probleme auf. Gewinner der Reform waren vor allem die großen Grund- und Gutsherrn. Sie hatten zwar einerseits Grund und Berechtigungen an die Bauern verloren, andererseits war ihnen aber ausreichend und vor allem meist das bessere Land verblieben, das sie nunmehr mit Hilfe von Tagelöhnern oder über Pächter bewirtschafteten, oder es flossen ihnen Ablösezahlungen zu, die sich neu investieren ließen. So vergrößerten sie vielfach ihr Land, nahmen auf den Gutsflächen gewinnbringende Rationalisierungsmaßnahmen vor oder stiegen in das aufkommende Kapitalgeschäft ein.
Die Bauern kamen mit den veränderten Verhältnissen sehr unterschiedlich zurecht. Im Feudalverband war ihnen die wirtschaftliche Planung weitgehend abgenommen und ein sozialer Schutz sicher. Nunmehr sollten sie sich in freier Konkurrenz aus eigener Kraft durchsetzen. Und sie waren dieser Bewährung durch die Ablösebelastungen unter erschwerten Bedingungen ausgesetzt. Am besten konnten sich die ehemaligen Inhaber großer Bauernstellen behaupten. Je kleiner dagegen der verbliebene Hof und je unvorsichtiger die Investitionen auf Schuldenbasis, desto häufiger mußten sie ihr kaum erworbenes Eigentum aufgeben und sich als landwirtschaftliche Tagelöhner oder als Pächter eine Stelle suchen.
Da aber mit dem Bevölkerungswachstum bald mehr Menschen zur Verfügung standen, als die Landwirtschaft beschäftigen konnte, wuchs auf dem Lande die Armut, und viele Menschen waren bereit, um eines besseren Auskommens willen das heimatliche Dorf zu verlassen.

Bevölkerungsbewegungen

Für die freien Arbeitskräfte auf dem Lande eröffneten sich durch die Industrialisierung und durch den damit verbundenen allgemeinen wirtschaftlichen Aufschwung neue Beschäftigungsmöglichkeiten, von denen sie erst zögernd, ab der vierziger Jahre aber immer häufiger Gebrauch machten. Nicht nur die Industrie selbst, sondern auch der Ausbau des Verkehrswesens, vor allem der Eisenbahn, und schließlich der Städte als Wirtschaftszentren verlangte laufend neue Arbeitskräfte.
So entstand eine deutsche **Binnenwanderung,** die in der Regel vom Land in die Stadt und von den landwirtschaftlichen in die gewerblich aufstrebenden deutschen Staaten und Landschaften führte. Alte Städte begannen zu wachsen, neue entstanden und entwickelten sich rasch, in den industriellen Ballungsräumen, wie etwa im Ruhrgebiet, bildeten sich ganze Städtelandschaften. So führte **Land-**

flucht zur **Verstädterung**. Um das Jahr 1800 lebten noch 90 Prozent der Bevölkerung Deutschlands in Dörfern oder ländlich geprägten Ortschaften mit weniger als 5000 Einwohnern, und selbst von den verbleibenden geringen 10 Prozent entfiel die Hälfte auf Kleinstädte. Nur Berlin und Hamburg übertrafen mit ihrer Einwohnerzahl die Hunderttausend. 1871 aber hatte bereits fast jeder zweite Deutsche seinen Wohnsitz in einer Ortschaft mit mehr als 5000 Einwohnern. 1880 war in Berlin die Million überschritten, und weitere 10 deutsche Städte zählten mehr als 100000 Einwohner, darunter auch München als die viertgrößte Stadt Deutschlands. Nach Regionen betrachtet verloren konsequenterweise die Agrargebiete, wie etwa die süddeutschen Staaten und vor allem die preußischen Ostprovinzen, fortlaufend Menschen an die wachsenden Industriegebiete im Rheinland, in Sachsen und Schlesien oder an den sich sprunghaft entwickelnden Großraum Berlin.

Neben die Binnenwanderung trat die **Auswanderung**. In den zurückliegenden Jahrhunderten hatten vor allem religiöse Gründe immer wieder Menschen veranlaßt, Deutschland zu verlassen. Als im ausgehenden 18. und beginnenden 19. Jahrhundert der Bevölkerungszuwachs auf dem Lande die Aufnahmemöglichkeiten der Landwirtschaft überstieg und die Industrie den Überschuß an Arbeitskräften noch nicht gänzlich aufnehmen konnte, wurde wirtschaftliche Not zum häufigsten Motiv. Ziel waren überwiegend die dünn besiedelten Gebiete Osteuropas, in denen der einwandernde Bauer freies Ackerland vorfand.

In den dreißiger Jahren vollzog sich jedoch ein Wandel. Die Quoten stiegen drastisch an, neue Motive traten auf, die USA rückten bei den Einwanderungsländern mit weitem Vorsprung an die erste Stelle. Unter den Auswanderern befanden sich nun immer häufiger Leute, die etwas Geld gespart oder in einer Phase wirtschaftlicher Hochkonjunktur ihren Besitz günstig verkauft hatten und in einem aufstrebenden Kontinent rasch zum Erfolg kommen wollten. Daneben spielten zum erstenmal in der deutschen Geschichte politische Gründe eine Rolle. Sie begannen in den zwanziger und dreißiger Jahren mit der Demagogenverfolgung wirksam zu werden und ließen nach dem Zusammenbruch der Revolution von 1848/49 die Auswanderungsziffern sprunghaft ansteigen, als die wiedererstarkten alten Mächte eine reaktionäre Politik einleiteten. Viele freiheitsliebende Männer wollten entweder einer politischen Verfolgung entgehen oder ihr Leben nach eigenen Vorstellungen gestalten. Fast alle wählten die USA als neue Heimat, deren Ruf als Land der Freiheit und der großen wirtschaftlichen Möglichkeiten sich in Europa zu verbreiten begann.

So wuchs die Welle der Auswanderung über Jahrzehnte hinweg ständig an. 1820 verließ von tausend Deutschen im Durchschnitt nur einer sein Heimatland. Um

1840 waren es zwischen zwei und drei. 1850 bis 1854 schnellte die Quote auf nahezu neun empor, von denen neunzig Prozent die USA als Ziel wählten. Dann ging die Welle allerdings ebenso schnell zurück. 1870 war in etwa wieder der Stand von 1840 erreicht.

2.3.2 Technische Innovationen

Wichtige Daten der Wirtschaftsentwicklung

1865	Strukturformel des Benzols (Kekulé)
1866	Dynamomaschine (W. von Siemens)
1870	Aufhebung der Konzessionspflicht für AG in Preußen
1870–1873	französische Kriegsentschädigung: Gründerjahre
	Weltwirtschaftskrise und Gründerkrach
	Beginn eines verschärften Konkurrenzkampfes
	Folge: technologische Innovationen

Wirtschaftssektoren mit technologischen Innovationen

- Bergbau
- Eisen- und Stahlindustrie
- Maschinenbau
- Verkehrswesen
- Bauwesen
- Nachrichtentechnik

Neue Industriezweige

- Elektroindustrie: Größtfirmen
- chemische Industrie: Kooperation konkurrierender Firmen bei Forschung

Auswirkungen technologischer Innovationen

- überproportionales Wachstum der Großbetriebe
- verbesserte Überlebensfähigkeit der Kleinbetriebe
- allgemeiner Anstieg des Lebensstandards

Schon vor der Reichsgründung erreichte Deutschlands Industrieproduktion die Frankreichs und konnte den Abstand zur britischen erheblich verringern. Im technisch-naturwissenschaftlichen Bildungswesen (Technische Hochschulen, Fach- und Berufsschulen) begann es beide Länder zu übertreffen. Und im Forschungs- und Erfindungsbereich brachte es Männer von Weltruf hervor.

Justus von Liebig (1845 geadelt) z. B. machte durch sein Musterlaboratorium sowie durch seine Lehr- und Forschungstätigkeit die vorher unbedeutende Universität Gießen zum Mittelpunkt des chemischen Studiums der ganzen Welt. Er begründete die moderne Agrikulturchemie durch Einführung der Mineraldüngung.

Der deutsche Chemiker *August Kekulé von Stradonitz* veröffentlichte 1865 die Strukturformel des Benzols (Benzolring). Diese ermöglichte die planmäßige Synthese von Farbstoffen und Heilmitteln. Auf dem Gebiet der Elektrotechnik erfand Werner von Siemens (1888 geadelt) 1846 den elektrischen Zeigertelegraphen und die Herstellungsmethode nahtlos mit Guttapercha umkleideter Kabelleitungen, 1866 die Dynamomaschine.

Die zur Entwicklung und Einführung technologischer Innovationen erforderlichen Finanzmittel wurden und werden zu einem erheblichen Teil von Aktiengesellschaften aufgebracht. Diese ermöglichen es auch kleinen und mittleren Sparern, sich an den Gewinnchancen der Wirtschaft zu beteiligen. Als 1870 die staatliche Konzessionspflicht für die Gründung von Aktiengesellschaften in Preußen aufgehoben wurde, nahmen diese einen rapiden Aufschwung. Weitere Finanzierungsmittel flossen der deutschen Wirtschaft 1871 bis 1873 durch die französische Kriegsentschädigung in Höhe von 5 Milliarden Goldfrancs (ein Drittel des gesamten deutschen Volkseinkommens von 1870) zu, von der etwa die Hälfte sofort in Umlauf gesetzt wurde.

Diese Faktoren führten zu einem außergewöhnlichen Wirtschaftsaufschwung mit einem sprunghaften Ansteigen von Preisen und Gewinnen und als Folge davon zu erheblichen Erweiterungen und Neugründungen von Firmen während der **"Gründerjahre" (1871–1873).** Doch diese überschäumende Hochkonjunktur führte in Verbindung mit der Weltwirtschaftskrise von 1873 zu einer Absatzkrise mit einem rapiden Verfall der Preise und damit zu einem harten Unterbietungswettbewerb. In bisher unbekanntem Ausmaß brachen Firmen zusammen, vor allem solche, die in Erwartung hoher Gewinne mit zu geringem Eigenkapital gegründet worden waren. Diesen Vorgang nannte man "Gründerkrach" oder "Gründerkrise".

Nun galt es für die Firmen, besser, billiger und schneller Produkte und Dienstleistungen anzubieten als die Konkurrenz. Voraussetzungen hierzu waren:
- rationellere Betriebsanlagen,
- Verwendung besserer und billigerer Roh- und Werkstoffe,
- Rationalisierung der Geschäftsführung durch moderne Nachrichtentechnik.

Hierbei gewann die anwendungsbezogene Forschung eine rasch wachsende Bedeutung. Um den Erfindern Anreize zu geben, erließ man ein Patentschutzgesetz und gründete 1877 das Reichspatentamt.

Wichtige technische Innovationen

In allen Wirtschaftszweigen setzten sich Innovationen durch. So wurden im Kohlebergbau Produktivität und Sicherheit beträchtlich erhöht. Dies gelang vor allem durch
- Preßluftbohrer statt Handbohrgeräte
- Schnellschlagbohrgeräte
- Sprenggelatine
- Gefrierverfahren für Schachtbau in wasserreichem Gebirge
- elektrische Pumpen, Ventilatoren und Grubenlampen
- Untertag-Transport durch elektrische Grubenbahnen und Schüttelrutschen.

Bei der Förderung von Eisenerz ermöglichte die Erfindung des Thomasverfahrens (1879) die Verhüttung des phosphathaltigen Eisenerzes von Lothringen, was zunehmend zum Verbund von Ruhr- und Saarkohle mit dem lothringischen Eisenerz führte. Aus dem anfallenden Phosphat gewann man Kunstdünger.
In der Eisen- und Stahlindustrie konnte durch Verbesserung und Vergrößerung der Hochöfen bis 1900 der Koksverbrauch gegenüber 1850 halbiert werden. Besonders wirtschaftlich war das Siemens-Martin-Verfahren (seit 1864) durch die Nutzung der Abgaswärme und die Verwendung von Schrott. Der dadurch gewonnene Stahl besaß einen bis dahin unerreichten Reinheitsgrad.
Beim Maschinenbau ersetzte man die feinmechanische Handarbeit weitgehend durch Verwendung präziser Werkzeugmaschinen. Ihr Antrieb wurde bald von Transmissionsanlagen auf Elektromotoren umgestellt, die Teile der neuen Werkzeugmaschinen wurden. Das führte zur Verbesserung der Präzision und zur Verringerung der Unfallgefahr.
Eine starke Umgestaltung erfuhr das Verkehrswesen. Zunächst ermöglichten elektrische Straßenbahnen, später Omnibusse die Verdichtung des Massenverkehrs in den Städten, Verbrennungsmotoren die Individualisierung des Kraftverkehrs, zugfester Schiffsbaustahl, energiesparende Dampfmaschinen u. a. den Bau immer größerer, schnellerer und rentablerer Dampfschiffe.
1876 erfand *Nikolaus August Otto* den nach ihm benannten Viertaktmotor. 1879 führte Werner von Siemens die erste Elektro-Lokomotive vor, 1881 baute er in Berlin die erste elektrische Straßenbahn der Welt. 1886 bewährte sich ein von *Gottlieb Daimler* erbauter Personenkraftwagen erstmals in der Praxis. 1897

erfand *Rudolf Diesel* den nach ihm benannten Verbrennungsmotor, der mit Rohöl betrieben wurde und dadurch im Betrieb wirtschaftlicher, in der Herstellung aber kostspieliger war. Daher wurde er vor allem in Lokomotiven, Omnibussen, Lastautos, Schiffen und im Gewerbe verwendet.
Beim Schiffsbau ging man zwecks Kostensenkung und Verringerung des Wasserwiderstandes von der Vernietung zur Verschweißung der Stahlplatten über. Durch Einführung der Dreifachexpansions-Dampfmaschine (ab 1881) sank der Kohleverbrauch auf 30 Prozent. Der gewaltige Fortschritt innerhalb weniger Jahrzehnte wird hier besonders deutlich in der Entwicklung vom Segelschiff über den Raddampfer zum Ozeanriesen. Der Bau immer schnellerer, größerer und mehr Sicherheit bietender Schiffe verleitete zu der Ansicht, man könne sich über die Gegebenheiten der Natur hinwegsetzen. So durchfuhr 1912 das Luxus-Passagierschiff "Titanic" einen treibeisgefährdeten Teil des Atlantik und sank nach dem Zusammenstoß mit einem Eisberg mit über 1500 Menschen.
Im Bauwesen ermöglichte der Stahlbetonbau die Errichtung von Gebäuden bisher nicht bekannter Größe und Höhe. Man verwandte ihn auch im Tiefbau, beim Bau von Brücken, Hafenanlagen, Schleusen usw.
Die Nachrichtentechnik machte vor allem Fortschritte durch die Kabeltelegraphie (seit 1840), die durch die drahtlose Telegraphie (seit 1897) rasch verdrängt wurde, und durch die Fernsprechtechnik (seit 1877).

Neue Industriezweige

Der gewaltige Bedarf an Elektroartikeln aller Art, der Auf- und Ausbau von Elektrizitätswerken und eines Elektrizitäts-Versorgungssytems führten zu einem raschen Entstehen und Wachstum der Elektroindustrie. In Deutschland errangen zwei Größtfirmen, Siemens und AEG (Allgemeine Elektricitäts-Gesellschaft) mit etwa der Hälfte aller in dieser Branche Beschäftigten eine Spitzenposition. Bereits um 1900 hatte die deutsche Elektroindustrie zusammen mit den USA die Führungsposition in der Weltproduktion inne.
Die Herstellung chemischer Produkte war in Deutschland zunächst unbedeutend. Die Gründung großer Werke begann in der Mitte der 60er Jahre. In rasch wachsendem Ausmaß wurden vor allem synthetische Farbstoffe aus Teer, einem Abfallprodukt bei der Verkokung der Steinkohle, Kunstdünger, Kunststoffe, z. B. Bakelit, Kunstseide und Zellophan, Explosivstoffe für Militär, Bergbau und Bauwesen und Arzneimittel hergestellt. Die chemische Industrie Deutschlands lieferte 1913 etwa achtzig Prozent der Weltproduktion.
Die großen Firmen richteten staatliche Forschungslaboratorien ein, in die sich zunächst ein Teil der durch Preisunterbietung ausgetragenen Konkurrenzkämpfe

verlagerte. In der chemischen Industrie entwickelte man Teamforschung wie in keinem anderen Industriezweig Deutschlands. Später kooperierten konkurrierende Firmen zwecks Koordination der kostspieligen Forschung. Dadurch wurde der 1925 erfolgte Zusammenschluß der wichtigsten deutschen Chemiewerke zur IG (Interessengemeinschaft) Farbenindustrie vorbereitet, die nach dem Zweiten Weltkrieg von den Alliierten wieder zu zwölf selbständigen Gesellschaften entflochten wurde.

Die Entstehung der optischen Industrie war vor allem bedingt durch wachsende qualitative und quantitative Anforderungen der stark expandierenden naturwissenschaftlich-technischen Forschung und Lehre sowie der Photographie. Hier kam es zu einer erfolgreichen Zusammenarbeit zwischen Wissenschaftlern und Praktikern. Am bekanntesten ist die Kooperation zwischen dem Optikunternehmer *Carl Zeiss*, dem Naturwissenschaftlicher *Ernst Abbe* und dem Glasfabrikanten *Friedrich Otto Schott*, die zum Weltruhm der Zeiss-Werke und des Jenaer Glaswerkes Schott und Genossen führte.

Auswirkungen der technologischen Innovationen

Forschung ist eine der wichtigsten Voraussetzungen für den technologischen Fortschritt. In den industrieeigenen Forschungslaboratorien betrieb man sie vorwiegend anwendungsbezogen, an den Technischen Hochschulen und Universitäten vorwiegend zweckfrei. Um zu einer Synthese beider Arten der Forschung zu gelangen, gründete man 1911 unter der Schirmherrschaft von Kaiser Wilhelm II. die "Kaiser-Wilhelm-Gesellschaft zur Förderung der Wissenschaften", die seit 1948 "Max-Planck-Gesellschaft" heißt.

Die gewaltigen Kosten zahlreicher Innovationen führten in vielen Wirtschaftszweigen zu einer überproportionalen Zunahme der Großbetriebe. Andererseits ermöglichten die Elektro- und Verbrennungsmotoren durch ihre kleine Dimensionierung auch den industriellen Klein- und Mittelbetrieben und den Handwerkern, am technischen Fortschritt teilzunehmen und damit konkurrenzfähig zu bleiben. Außerdem schuf das zunehmend komplizierter werdende Wirtschaftsgeschehen für Klein- und Mittelbetriebe zahlreiche "ökonomische Nischen". Daher konnten sich, aufs Ganze gesehen, die Kleinbetriebe halten.

Die Industrieproduktion in Deutschland wuchs von 1871 bis 1913 um das Fünffache und übertraf seit der Jahrhundertwende die britische.

In den Wirtschaftszweigen mit einem starken Konzentrationsprozeß trat keine Verelendung der Arbeiter ein, wie Karl Marx es vorhergesagt hatte. Vielmehr brachte die zunehmende Erfordernis spezieller Kenntnisse und Fähigkeiten bei Einkauf, Planung, Produktion und Vermarktung einen wachsenden Bedarf an

qualifizierten und entsprechend bezahlten Fachkräften mit sich. Aber auch bei den einfachen Arbeitern aller Wirtschaftszweige stieg von 1870 bis 1913 das Realeinkommen im Durchschnitt um 25 Prozent bei einer gleichzeitigen Verkürzung der durchschnittlichen Arbeitszeit von 12 auf 9,5 Stunden.
Der allgemeine Anstieg des Lebensstandards bewirkte, daß in den letzten zwanzig Jahren vor dem Ersten Weltkrieg Deutschland mehr Ein- als Auswanderer hatte. Doch wurde die nach dem Gründerkrach im ganzen günstige Konjunktur gelegentlich von Rückschlägen unterbrochen, die einem großen Teil der deutschen Bevölkerung die Krisenanfälligkeit einer Marktwirtschaft und Deutschlands Abhängigkeit vom Außenhandel bewußt machten. Daher forderte man vom Staat Interventionen im wirtschaftlichen Bereich und zum Teil eine imperialistische Politik.

2.3.3 Impulse der Reichsgründung für die wirtschaftliche Entwicklung

Durch die Reichsgründung war der Grundstein für die beschleunigte wirtschaftliche Entwicklung gelegt: Der einheitliche Wirtschaftsraum, der sich mit der Gründung des Zollvereins 1834 anbahnte, wurde vollendet, die Währung wurde ebenso wie Maße und Gewichte für das gesamte Deutsche Reich vereinheitlicht, auch das "Handelsgesetzbuch" wurde 1897 für verbindlich erklärt.

Die französische Kriegsentschädigung in Höhe von 5 Milliarden Francs, umgerechnet also etwa 4 Milliarden Mark, die Frankreich dem deutsch-französischen Friedensvertrag zufolge innerhalb von fünf Jahren zu bezahlen hatte, kurbelte die Wirtschaft an. Die Lockerung der gesetzlichen Bestimmungen zur Gründung von Aktiengesellschaften (11. Juni 1879) in Preußen zog die Gründung zahlreicher Aktiengesellschaften und damit auch die Spekulation mit Aktien in großem Stil nach sich. So entstanden in den Jahren 1871 bis April 1873, also bis zum Ausbruch der "Gründerkrise", in Deutschland über 100 Aktienbanken, 25 Eisenbahngesellschaften und ca. 200 Bau- und Montanunternehmen. Die Gründerjahre waren auch verantwortlich für den wachsenden Aufschwung der Banken, die für die mannigfachen industriellen Projekte Geld bereitstellten. War deren Gründung bis 1870 aufgrund des Konzessionssystems nur eingeschränkt möglich (Privatbanken waren damals die Regel), so entstanden nun allenthalben Aktienbanken (Deutsche Dank 1870, Dresdner Bank 1872).

Nach 1871 konnte sich die deutsche Wirtschaft auch des Schutzes durch den Staat sicher sein; die "Schutzzollpolitik" ist dafür beispielhaft. Als auf die Gründerjahre der Gründerkrach folgte, der die Überhitzung der Konjunktur und das ungesunde Wirtschaftswachstum jedermann sichtbar vor Augen führte, griff Bismarck zum Mittel des "Schutzzolls", das Deutschland vor billigen, die deutsche Wirtschaft schädigende Einfuhren schützen sollte.

2.3.4 Ansätze zur Lösung der sozialen Frage

2.3.4.1 Ziele und Formen unternehmerischer Fürsorge

ab 1820	**Friedrich Harkort** konkrete soziale Maßnahmen in Betrieb und Kommune: Arbeiter-Versorgungskassen, Konsumvereine, Arbeitersparkassen, Arbeiterwohnungen "Arbeiterbürger" als sozialpolitisches Fernziel
ab 1836	**Alfred Krupp** innerbetriebliche Sozialmaßnahmen: Arbeiter-Versorgungskasse mit Firmenbeteiligung, Werkswohnungen, Konsumanteil partriarchalischer Führungsstil
1896	**Ernst Abbe** Umwandlung des Privatbesitzes in Stiftung: Arbeitszeitverkürzung, Urlaub, Verbot von erzwungenen Überstunden und Feiertagsarbeit, Versorgungsgarantie, Entschädigung im Kündigungsfall, Gewinnbeteiligung, Begrenzung von Höchsteinkommen Forderung nach Gesetzen zur wirtschaftlichen Absicherung und zur rechtlichen Eingliederung der Lohnarbeiter in die Gesellschaft

Ganz unmittelbar war mit der sozialen Frage der Unternehmer konfrontiert, und obwohl ihn zunächst kein Gesetz zu Sozialmaßnahmen zwang, konnte er die Augen vor der Not der Arbeiter und deren Familien nicht verschließen, sofern er ein soziales Gewissen und unternehmerischen Weitblick hatte. Zur Hilfe in der Not verpflichteten ihn die christliche Ethik, die Einsicht, daß leistungsfähige und leistungswillige Arbeiter ja vor allem auch seine Sache förderten, und spätestens mit dem Aufkommen und Umsichgreifen radikaler sozialistischer Theorien die Sorge um den Fortbestand der kapitalistisch-liberalen Wirtschafts- und Gesellschaftsordnung. So kam es zu den verschiedensten Fürsorgemaßnahmen durch Unternehmer, aus deren Reihe einige besondere herausragten.

Friedrich Harkort

Friedrich Harkort gründete im Jahre 1819 in Wetter an der Ruhr eine Fabrik, die er "Mechanische Werkstätte" nannte und in der er Eisenerzeugnisse der verschiedensten Art bis hin zu Maschinen herstellte. Die technischen Methoden dazu und die Arbeitsmaschinen besorgte er sich aus England. So wurde er zu einem jener Männer, die in Deutschland die Industrialisierung in Gang setzten. Aber er machte sich auch einen Namen als liberaler Politiker und politischer Publizist, der sich intensiv mit den Entwicklungen und Problemen seiner Zeit auseinandersetzte. Er stieß also von zwei Seiten her auf die soziale Frage. Als Praktiker schritt er schon ab 1820 zu Maßnahmen in seinem Betrieb, als Theoretiker und Politiker entwarf er in den vierziger Jahren ein Konzept zur Lösung der Arbeiterfrage, das zum Teil erstaunlich moderne Züge aufweist.

Für das Verständnis des sozialen Konzeptes von Friedrich Harkort ist sein spezifischer Proletarierbegriff wichtig. Zwar gehörte auch nach seiner Deutung das Proletariat den unteren Bevölkerungsschichten an, aber er setzte es nicht mit der Lohnarbeiterschaft gleich, wie zum Beispiel Karl Marx und Friedrich Engels, sondern verstand darunter nur die gesellschaftlich Gescheiterten, äußerlich und sittlich Verwahrlosten, die unfähig und häufig auch gar nicht willens waren, sich auf dem Wege redlicher Arbeit fortzubringen.

Damit setzte sich jeder Industriearbeiter, der sich mit Fleiß und Redlichkeit eine auch noch so dürftige Lebensgrundlage schuf, deutlich vom Proletarier ab. Doch Harkort sah auch, daß durch die Existenzbedingungen seiner Zeit die Industriearbeiterschaft stark bedroht war, ins Proletariat, so wie er es verstand, abzugleiten, und so galten dieser sozialen Schicht seine besonderen Bemühungen, an deren Ende die Eingliederung des Lohnarbeiters in die bürgerliche Gesellschaft als "Arbeiterbürger", das heißt als vollgültiges und selbstverantwortliches Mitglied, stand. Er fand dafür vier Ansätze:

- Der erste richtete sich auf die Sicherung der materiellen Existenz, vor allem in Notlagen. Für den Krankheitsfall sollten die Gemeinden **Krankenkassen** als genossenschaftliche Selbsthilfeorganisation mit Beitrittspflicht für alle Arbeiter des Ortes errichten. Eine Krankenkasse dieses Zuschnitts hatte Harkort in seinem Betrieb bereits 1820 gegründet. Sie erstattete die Arzt- und Arzneikosten, gewährte ein Krankengeld für die Dauer von sechs Monaten und sogar ein Sterbegeld. Die Beiträge kamen ausschließlich aus der Arbeiterschaft, die über ihre Verwendung auch selbständig entschied.

  In ähnlicher Weise sollten die Lohnarbeiter und ihre Familien vor Not im Falle von **Alter** und **Invalidität** geschützt werden. So entstand in den fünfzi-

ger Jahren unter seinem Einfluß in Wetter eine "Arbeiter-Versorgungskasse", die alle Handwerksgesellen, Gehilfen und Arbeiter des Ortes einschließlich der Unternehmer zur Mitgliedschaft und zum Beitrag verpflichtete und die als eine Art gemeindlicher Institution von Arbeitern, Unternehmern und Gemeindevertretern gemeinsam verwaltet wurde. Sie sicherte bei dauernder Notlage wie Invalidität und Tod den Mitgliedern bzw. ihren Familien wenigstens das Existenzminimum.
Zur Senkung der Lebenshaltungskosten empfahl Harkort die Errichtung von **genossenschaftlichen Konsumvereinen,** die durch Einkauf in großem Stile und Wegfall der Gewinnspanne des Einzelhändlers Lebensmittel zu günstigen Preisen anbieten könnten. Mit diesen Konsumvereinen verband er die Barzahlungspflicht und hoffte so, gleichzeitig die Untugend des Anschreibenlassens steuern zu können, die damals sehr verbreitet war, zu Leichtsinn beim Einkaufen verführte und Arbeiterfamilien häufig in wachsende Geldschwierigkeiten brachte.
Und schließlich hielt er die Errichtung von **Arbeitersparkassen** für wichtig. Er dachte dabei nicht nur an einen Notgroschen, sondern auch an die Chance einer Vermögensbildung, denn Eigentum galt ihm als entscheidende Voraussetzung für den Aufstieg des Arbeiters zum "Arbeiterbürger".

- In diesem Sinne schwebte ihm ein Industriearbeiter vor, der in naher Entfernung zur Arbeitsstätte ein kleines Haus mit etwas Grund und Boden besitzt, somit über eine zusätzliche Nahrungs- oder Einkommensquelle verfügt und nicht ausschließlich vom Arbeitslohn abhängig ist. So forderte er als Politiker vom Staat Maßnahmen zur Unterstützung des Grunderwerbs und Siedlungsbaus, dazu die Errichtung eines modernen Nahverkehrsnetzes und eine gesetzlich geregelte Höchstgrenze der Arbeitszeit, damit der Arbeiter sein Haus auch bewohnen und sein Stück Land bebauen könne. Wie ernst er es mit seinen Vorschlägen meinte, zeigt die Tatsache, daß er für seine Betriebsangehörigen Wohnungen errichten ließ und als Zeichen der Solidarität eine davon vorübergehend selbst bezog.

- Geradezu revolutionär erschienen Harkorts Vorstellungen bezüglich einer neuen **Betriebsverfassung.** Er wollte das System des bloßen Barzahlungsnexus, der Arbeitsüberwachung und der Arbeiterreglementierung, wie es die meisten Betriebsordnungen der frühen Industrialisierungsphase festschrieben, durch ein anderes ersetzen, das den Arbeiter in begrenztem Umfang am Gewinn und an der Betriebsgestaltung beteiligte, wobei er beim Mitspracherecht nur an eine rein beratende Funktion dachte. Dabei ging es ihm nicht um

irgendwelche demokratischen Unternehmensformen, sondern um das Interesse des Arbeiters am Betrieb und an seiner Tätigkeit und damit um Betriebsklima und Leistungsbereitschaft zum Wohle aller. Diese Pläne ließ er allerdings später wieder fallen, weil er erkannte, daß den Arbeitern noch das entsprechende Verantwortungsbewußtsein und der nötige Weitblick fehlten.
Der von Harkort angestrebte Arbeiter als vollgültiges Mitglied der politischen, sozialen und der ökonomischen Gemeinschaft mußte ganz bestimmte Voraussetzungen beruflicher, geistiger und sittlicher Art erfüllen und erst in diesem Sinne gebildet werden. Dafür die allgemeinen und einfachen Grundlagen zu schaffen, war Aufgabe der Volksschule.

- Und so forderte Harkort vom Staat alle Maßnahmen zur Förderung der **Grundbildung:** den Ausbau des Volksschulwesens, die Einführung des Schulzwanges und das Verbot jeder beruflichen Kinderarbeit in Industrie und Landwirtschaft. Über die Volksschule hinaus entwarf er ein ganzes System von Bildungseinrichtungen, von der Kleinkinderschule bis zur Gewerbe- und Haushaltungsschule und von Arbeiterbildungsvereinen bis zu Volksbüchereien. Neben der beruflichen war ihm vor allem auch die geistige, sittliche, religiöse und nicht zuletzt die politische Bildung wichtig, denn damit konnte nach seiner Meinung der Lohnarbeiter die materiellen und moralischen Gefahren einer "proletarischen" Existenz vermeiden und zum "Arbeiterbürger" heranreifen.

Alfred Krupp

Alfred Krupp gehörte zu jenen frühen Industriellen, die durch harte Arbeit zum Erfolg gekommen waren und sich als die uneingeschränkten Herren über ihr Imperium verstanden, aber auch in patriarchalischer Weise verantwortlich für das Ganze fühlten.
In diesem Sinne entwickelte er ein System von Sozialmaßnahmen, um eine qualifizierte Stammbelegschaft für seine Firma zu gewinnen und auf diese Weise dem Unternehmen, aber auch den Arbeitern zu dienen. Im Gegensatz zu Harkort bezog Alfred Krupp seine sozialen Bemühungen ausschließlich auf die eigene Firma. Aber er wirkte dennoch in die Gesamtgesellschaft hinein, indem er Muster für betriebliche Sozialeinrichtungen schuf.
Einer der Grundsätze von Alfred Krupp war, den Arbeitern den höchstmöglichen Lohn zu bezahlen und Entlassungen zu vermeiden, auch bei schlechtem Geschäftsgang. Damit war für die Kruppschen Betriebsangehörigen schon ein bedeutendes Maß an sozialer Sicherheit gegeben. Daneben entwickelte er aber

über Jahrzehnte hinweg ein System von Wohlfahrtseinrichtungen für die Fälle und Lebenssituationen, in denen der Arbeiter Lohn nicht erwerben oder mit seinem Lohn die Lebensbedürfnisse nicht befriedigen konnte.
Ein Beispiel, wie brauchbare Formen solcher Sozialeinrichtungen erst gefunden werden mußten, bietet die Geschichte der Kruppschen **Betriebskrankenkasse.** Die erste entstand bereits 1836. Der Beitritt war den Arbeitern freigestellt, die Mittel kamen aus den Mitgliedsbeiträgen, aus freiwilligen Zuwendungen des Betriebsinhabers und aus den Strafgeldern, die Arbeiter bei Verstößen gegen die Betriebsordnung bezahlen mußten. Geleistet wurden die Ausgaben für Arzt und Medikamente und ein Krankengeld in gleicher Höhe für alle Lohnstufen. Die Verwaltung der Kasse lag in den Händen von gewählten Vertretern der Arbeiter. Sofern es der Kassenstand erlaubte, flossen auch bedürftigen Arbeitern und Arbeiterwitwen Unterstützungsgelder zu. Die Beteiligung schwankte zwischen 58 und 90 Prozent. 1853, als die Belegschaft seines Betriebes stark gewachsen war, wurde die alte Krankenkasse als Kranken- und Sterbekasse neu gegründet. Neben den Krankheitskosten und dem Krankengeld hatten die Mitglieder jetzt Anspruch auf ein Sterbegeld, die Überschüsse gingen an dienstunfähige Arbeiter. Die Firma beteiligte sich nunmehr mit festen Beträgen. Als aber im Jahre 1855 von 700 Beschäftigten der Firma nur 200 Mitglied dieser Versorgungskasse waren, wurde erneut eine Umgestaltung notwendig. Das Statut vom selben Jahr verpflichtete alle Werksangehörigen zum Beitritt, die Beiträge und Leistungen wurden erhöht und nach den Löhnen abgestuft. Zur entscheidenden Verbesserung aber kam es 1858. Jetzt verpflichtete sich die Firma zur Zahlung von 50 Prozent der Mitgliederbeiträge und beanspruchte dafür den Vorsitz im Vorstand und ein Drittel der Stimmen in der Generalversammlung. Diese Form wurde zum Vorbild für die späteren gesetzlichen Krankenkassen, in denen auch die Kruppsche Kranken- und Sterbekasse aufging.
1858 führte Krupp auch die **Arbeiterpension** in Form einer Rente ein, die aus den Beiträgen zur Kranken- und Sterbekasse geleistet wurde. Den Pensionsanspruch erwarben die Betriebsmitglieder mit zwanzig, bei schwerer Arbeit schon mit fünfzehn Dienstjahren. Nach einem Betriebsunfall mit dauernder Arbeitsunfähigkeit als Folge bezog der Arbeiter den vollen Lohn weiter. Witwen der Betroffenen erhielten zwei Drittel der Pensionsbezüge ihrer verstorbenen Männer.
Als beispielhaft gilt bis heute die **Wohnungsfürsorge** Alfred Krupps. Bereits Anfang der sechziger Jahre ließ er die ersten Werkswohnungen bauen, um einen Teil seiner Arbeiter in der Nähe der Fabrik zu haben. Als in den folgenden Jahren die Wohnungsnot zunahm und die Mieten emporschnellten, trieb er sein

Wohnungsprogramm voran. Es entstanden die ersten Wohnkolonien. 1874 hielt Krupp für seine Arbeiter bereits mehr als 3200 firmeneigene Familienwohnungen bereit. Sie wurden zum Selbstkostenpreis vermietet.
Um den Werksangehörigen den wichtigsten Lebensbedarf in guter Qualität und preiswert zu beschaffen, erwarb Alfred Krupp in Essen eine Konsumanstalt. Sie umfaßte mehrere Abteilungen für verschiedene Waren, eine eigene Schneiderei, Schusterei, Metzgerei und Bäckerei. Die Preise wurden auf das knappste kalkuliert. Der Verkauf erfolgte ausschließlich an Werksangehörige und nur gegen Barzahlung. Etwaige Überschüsse gingen zum Ende des Geschäftsjahres als Rabatt an die Kunden zurück.

Ernst Abbe

Dem Arbeitersohn Ernst Abbe erlauben seine ungewöhnliche Begabung und das Stipendium der Eisenacher Fabrikantenfamilie, in deren Diensten sein Vater als Spinnmeister stand, den Aufstieg bis zum Professor für Mathematik, Physik und Optik an der Universität Jena. 1867 konnte ihn Carl Zeiß als freien Mitarbeiter, später als Teilhaber für seine kleine optische Werkstätte gewinnen. 1884 gründeten beide zusammen mit dem Glaschemiker Friedrich Otto Schott ein eigenes Glaswerk in Jena, in dem ihnen die Herstellung von so hochwertigem Glas gelang, daß die Firma Zeiß mit ihren optischen Geräten Weltruf und in Deutschland eine konkurrenzlose Position gewann. Als im Jahre 1888 Zeiß starb, wurde Abbe Alleininhaber der "Optischen Werke Jena". Ein Jahr später wandelte er das Privatunternehmen in eine Stiftung um, die er "Carl-Zeiß-Stiftung" nannte und in die mit Zustimmung von Schott auch die Zeiß-Abbeschen Anteile am Glaswerk einbezogen wurden. Von nun an war er nicht mehr Besitzer der Firma, sondern nur noch beamtetes Mitglied der Geschäftsleitung und bildete zusammen mit der Belegschaft der Firma eine Betriebsgemeinschaft. Allerdings übertrug ihm die Stiftungsverwaltung einen entscheidenden Einfluß auf die Geschäftsleitung.
Die eigentliche sozialpolitische Leistung Ernst Abbes ist in einem Statut zu sehen, das er selbst ausarbeitete und 1896 für die Betriebe seiner Carl-Zeiß-Stiftung in Kraft setzte. Darin legte er die tägliche Arbeitszeit auf neun Stunden fest. Im Jahre 1900 führte er sogar den Acht-Stunden-Tag ein, als er zu der Überzeugung gekommen war, daß der Steigerungseffekt der Arbeitszeitverkürzung die eine Stunde Arbeitszeitverlust ausglich. Gleichzeitig räumte er allen Mitgliedern der Belegschaft das Recht auf Urlaub ein, erzwungene Überstunden oder Feiertagsarbeit verbot er. Besonders fortschrittlich waren die Bestimmungen zum Schutze des Arbeitsplatzes, der Entlohnung und zur sozialen Sicherheit in Notlagen. Lohnkürzungen durften auch bei Herabsetzung der Arbeitszeit nicht vorge-

nommen werden. Nach fünf Jahren stand den Mitarbeitern des Stiftungsbetriebes bzw. ihren Hinterbliebenen ein klagbarer Anspruch auf Pension im Falle von Alter, Krankheit oder anderweitig unverschuldet entstandener Dienstunfähigkeit oder im Todesfalle zu. Mußte ein Mitarbeiter durch einseitige, persönlich unverschuldete Kündigung von seiten des Betriebes ausscheiden, so hatte er für den Verlust der Stellung Anspruch auf eine Entschädigung in der Höhe eines Halbjahresverdienstes. Weiterhin legte das Statut ein System der Gewinnbeteiligung fest. Von den Einkommensüberschüssen wurde ein Teil für die kulturellen Verpflichtungen der Stiftung und für einen betrieblichen Reservefonds abgezogen, der als Rücklage für die Bezahlung der festen Gehälter in Krisenzeiten gedacht war, der Rest ging zur Weihnachtszeit als Nachzahlung nach dem Verhältnis des Lohns an die Betriebsangehörigen. Mit knapp gehaltenen festen Löhnen, Reservefonds und Gewinnbeteiligung sollten ein Festeinkommen garantiert und wirtschaftliche Schwankungen ausgeglichen werden. Besonders ungewöhnlich für die damalige Zeit war die Begrenzung der Höchsteinkommen. Die Lohnabstufung innerhalb des Betriebes mußte so gestaltet werden, daß die höchsten Beamten in der Geschäftsleitung nicht mehr als das Zehnfache des durchschnittlichen Arbeiters verdienten.

So weitgehende soziale Zugeständnisse an die Arbeiterschaft und ihre Festschreibung in einem Rechtsdokument waren bis dahin ohne Beispiel, erklären sich aber aus den sozialpolitischen Grundansichten Abbes. Industrie bedeutete für ihn wirtschaftlich gesehen gegenüber dem Handwerk einen großen Fortschritt, denn Maschinen und technische Arbeitsteilung in viele Abstufungen vom Unternehmer über den Ingenieur bis hin zum einfachen Arbeiter hatten seiner Ansicht nach die gewerbliche Produktion nicht nur quantitativ, sondern auch qualitativ erheblich verbessert. Auf sozialem Gebiet aber sah er folgende Fehlentwicklung: Die technische Arbeitsteilung führte zwangsläufig auch zu einer Differenzierung der Arbeit nach dem Wert, dann der Entlohnung und schließlich der sozialen Einstufung der Werktätigen. Auf diesem Wege entwickelte sich unter anderem der Stand der lohnabhängigen, in ihrer Existenz stets gefährdeten Arbeiter und die soziale Frage. Damit erschienen ihm die Arbeiter einerseits als die unschuldigen Opfer einer ungünstigen Entwicklung, andererseits aber auch als jener volkswirtschaftlich wichtige Teil der Bevölkerung, der im gewerblichen Bereich die körperliche Arbeit leistete.

Aus dieser Einsicht ergab sich die Forderung, den Arbeitern von Grund auf zu helfen. Er verlangte Gesetze, die sie wirtschaftlich so absichern und rechtlich so aufwerten sollten, daß sie als vollwertiger bürgerlicher Stand die gesunde Basis der Gesellschaft bilden könnten. Diesem Ziel wollte er auch mit einer neuen Ein-

kommensregelung dienen. Unterschiedliche Leistung sollte unterschiedlich, aber nur Leistung sollte entlohnt werden. So gestand er den Unternehmern wie allen Werktätigen ein gewisses Einkommen für ihre Arbeit zu. Alle weitergehenden Unternehmensgewinne wie überhaupt alle "arbeitslosen Einkommen" dagegen sollten zur Lösung der sozialen Frage herangezogen werden. Dazu entwarf er ein neues Steuersystem. Alle indirekten Steuern und alle Besteuerung des Einkommens aus Arbeit sollten wegfallen und durch eine je nach Besitz abgestufte reine Vermögenssteuer ersetzt werden.
Abbe wollte also die soziale Frage ähnlich wie Harkort durch Eingliederung der Lohnarbeiter in die Gesellschaft lösen. Aber er dachte an einen völlig anderen Weg. Und für diesen gab er in seinen eigenen Betrieben ein Beispiel.

So traten Unternehmer in teils gleicher, teils unterschiedlicher Form und nach verschiedenen Grundvorstellungen der Not ihrer Arbeiter entgegen. Die Mehrzahl aller betrieblichen Sozialeinrichtungen entstand 1835, als das soziale Problem mit der voranschreitenden Industrialisierung rasch um sich griff. Zunächst wurden vor allem Krankenkassen geschaffen. Zwei Jahrzehnte später kamen vermehrt Alterskassen hinzu. Dann fächerten sich die Bemühungen, wie eine preußische Statistik für das Jahr 1876 ausweist. Die darin aufgeführten Einrichtungen erstrecken sich von Arbeitersparkassen, Gewinn- und Kapitalbeteiligung über Wohnungs-, Ernährungs- und Kleiderfürsorge bis hin zu Gesundheitspflege, Seelsorge, Erziehung, Unterricht, geistlicher und sittlicher Ausbildung. Aber diese Statistik zeigt auch, daß nicht alle Unternehmer diesen Weg mitgingen. Vielfach reichten die Leistungen auch nicht aus, die Not der Arbeiter und ihrer Familien zu beheben oder ihnen im Falle von Arbeitsunfähigkeit den Lebensunterhalt zu sichern. Gar nicht berührt schließlich wurden von der unternehmerischen Sozialinitiative die Arbeitslosen. Aus alledem wird deutlich, daß über die Unternehmer und ihre freie Entscheidung allein das soziale Problem zwar gemildert, aber nicht gelöst werden konnte. Deshalb wandten sich fortschrittliche Industrielle wie Harkort und Abbe mit entsprechenden Forderungen an den Staat.

2.3.4.2 Christliche und kirchliche Bemühungen

	Adam Müller
	Christlich-organische Staatslehre als rückwärtsorientiertes Sozialkonzept
	Franz von Baader
	Christlich-organische Staatslehre mit praktisch orientierten Lösungsvorschlägen
ab 1835	Denkschrift: Forderung nach Petitions-, Beschwerde- und Koalitionsrecht für die Arbeiter
	Eingliederung in die Gesellschaft als sozialpolitisches Ziel
	Wilhelm Emanuel Ketteler
1864	Denkschrift: soziale Institutionen und Produktiv-Assoziationen als Selbsthilfeeinrichtungen der Arbeiter
1869	Bekenntnis zu den Arbeiterforderungen im Rahmen christlicher Ethik
	Johann Hinrich Wichern
1848	Forderung an den Staat nach Sozialmaßnahmen
	Innere Mission als Institution der evangelischen Kirche zur Organisation der Taten christlicher Nächstenliebe
	Papst Leo XIII.
1891	Sozialenzyklika "Rerum novarum": Zusammenwirken von Kirche, Staat und Arbeitervereinswesen zur Lösung der sozialen Frage

Auch an das Christentum trat die soziale Frage als Herausforderung heran, deren sich weder die Amtskirche noch das Kirchenvolk entziehen konnte. Doch für eine breite und wirksame Hilfe mußten erst die Ursachen des Problems erkannt, Theorien entwickelt und Einrichtungen geschaffen werden. Die einzelnen Stationen auf diesem Weg wurden von bedeutenden Männern bestimmt.

Adam Müller

Der Staats- und Gesellschaftstheoretiker Adam Heinrich Müller entwickelte seine Gedanken zur Sozialreform in den ersten beiden Jahrzehnten des 19. Jahrhunderts. Er verwarf die Theorien der Aufklärung, die sich in Wirtschaft und Gesellschaft durchzusetzen begannen: die Auffassung von Gleichheit der Individuen, den freien Wettbewerb, die wachsende Bedeutung der Geldwirtschaft, die fortschreitende Arbeitsteilung im Produktionsprozeß und schließlich das Fabriksystem, in dem sich diese Prinzipien vereinigten.

Er sah in alledem eine Veräußerlichung des menschlichen Strebens und eine "Atomisierung" der Gesellschaft, das heißt einen Zerfall der Gemeinschaft in isolierte, einzeln handelnde und ichbezogene Individuen. Dies aber widerspreche dem göttlichen Ordnungsprinzip und benachteilige die Schwachen. Für ihn war die Gesellschaft ein Organismus, in dem jeder nach seinen Fähigkeiten einen festen Platz hat und in dem alle zum Gedeihen des einzelnen und des Ganzen harmonisch zusammenwirken. Als Vorbild dafür galt ihm die christlich-ständische Gesellschaft des Mittelalters mit ihrem auf sozialer Ungleichheit beruhenden, geschlossenen System von Abhängigkeiten, Rechten und Pflichten sowie Diensten und Gegenleistungen. In ihr bildeten nach seiner Überzeugung alle Menschen und alle Kräfte eine harmonische Einheit, in ihr hatte jeder einen festen Platz und ein Auskommen, sie entsprach damit der natürlichen und gottgewollten Ordnung.
So war ihm die soziale Frage eine Grundsatzfrage. Die Industriearbeiter als die gesellschaftliche Gruppe der Im-Stich-Gelassenen und Ausgeschlossenen mußten wieder in eine aus dem christlich-ständischen Geist reformierte Gesellschaft eingegliedert werden. Mit dem Vorschlag der Entproletarisierung hatte er zwar das Problem in seinem Kern erfaßt, aber einen gangbaren Weg zu diesem Ziel wußte er nicht aufzuzeigen. Nach seinen Vorstellungen sollte den Industriearbeitern durch Erziehung zum Haushalten und Sparen die Möglichkeit eröffnet werden, sich eine neue Existenz in Gewerbe oder Landwirtschaft zu schaffen und so wieder in die Gesellschaft zurückzukehren. Damit aber schätzte er ihre finanziellen Möglichkeiten völlig falsch ein, auch wenn sie zu der Zeit in der Regel noch ein ausreichendes Einkommen hatten.

Franz von Baader

Franz Xaver von Baader war Professor der Philosophie in München und vertrat wie Adam Müller die **christlich-organische Staatslehre,** aber er hatte vor dieser Zeit als Leiter eines Eisenhüttenwerks in England den politischen Liberalismus, das Fabriksystem und das Proletarierproblem in seiner fortgeschrittenen Form aus eigener Anschauung kennengelernt. Damit waren seine theoretischen Einsichten von der praktischen Erfahrung mitbestimmt. So zielten auch seine Forderungen auf eine Eingliederung der Proletarier in die Gesellschaft ab, aber die Lösungsvorschläge orientierten sich wesentlich mehr an der Wirklichkeit als die von Adam Müller.
Baader veröffentlichte im Jahre 1835 eine Denkschrift, in der er zur Proletarierfrage Stellung nahm und die er unter das Leitwort stellte: "Es walte Gerechtigkeit, auf daß die Gesellschaft erhalten bleibe." Darin verglich er die Lage der

Proletarier mit dem Dasein der Sklaven früherer Zeiten: Man habe ihnen durch die Befreiungsgesetzgebung den sozialen Schutz der Feudalordnung genommen und keinen Ersatz dafür gegeben. Nun seien sie in einer nach Geld und Besitz geordneten Gesellschaft den Reichen und Mächtigen, das heißt im Falle der Industriearbeiter den Fabrikherren, schutzlos ausgeliefert. Und sie hätten nicht einmal die Möglichkeit, sich vor der Staatsführung und vor der Öffentlichkeit Gehör zu verschaffen, weil ihnen das Zensuswahlrecht keine Vertretung in den Ständeversammlungen ermögliche. Von den Vertretern der besitzenden Stände könnten sie aller Erfahrung nach keine Fürsprache erwarten. So forderte er für die Proletarier um der Gerechtigkeit und des sozialen Friedens willen, aber auch als einen ersten Schritt zu ihrer Eingliederung in die Gesellschaft das Recht der "Repräsentation durch Advokatie", das heißt aus ihren Reihen gewählte "Spruchmänner" sollten ihre Bitten und Beschwerden in den Ständeversammlungen vortragen dürfen. Er wollte also den **Arbeitervertretern** von den parlamentarischen Rechten das der Petition und der Beschwerdeführung einräumen. Außerdem wollte er ihnen Priester als Beistand und Berater zur Seite stellen. Von dieser Maßnahme versprach er sich doppelten Gewinn: Erstens würden die Proletarier dadurch dem gefährlichen Einfluß der Demagogen entzogen, und zweitens würden durch die Fürsorge der Geistlichen die Armen im Staate wie in früherer Zeit wieder an die Kirche als das Fundament einer christlich orientierten Gesellschaft gebunden. Und schließlich forderte er für die Proletarier das **Koalitionsrecht** und damit das Recht des Zusammenschlusses in Gewerkschaften zur besseren Vertretung ihrer Belange den Unternehmern gegenüber.
Für den Fall, daß dem Staat die Versöhnung der Besitzlosen mit den Besitzenden nicht gelinge, prophezeite er eine Revolution des Proletariats und formulierte somit die politisch extreme Konsequenz der sozialen Frage lange vor Karl Marx. Doch diese frühe christliche Sozialkritik fand kein Gehör, weil sie von den Grundlagen her dem liberalen Zeitgeist widersprach und den konkreten Verhältnissen in Deutschland vorauseilte.

Wilhelm Emanuel Ketteler

Noch ganz auf der Linie eines Adam Müller und Franz von Baader wie auch der katholischen Kirche zu dieser Zeit lag Wilhelm Emanuel Ketteler, der nachmalige Bischof von Mainz, als er sich im Jahre 1848 mit dem sozialen Anliegen an die katholische Öffentlichkeit wandte und zu tatkräftiger Hilfe gegen die Armut aufrief. Er glaubte, die soziale Frage könne und müsse allein durch eine **Erneuerung der Gesellschaft aus dem Geiste des Christentums** gelöst werden, das heißt, indem der einzelne Gläubige das eigene Leben und das Leben seiner Fami-

lie nach den Lehren der Kirche gestalte und den Armen aus christlicher Nächstenliebe in ihrer materiellen und sittlichen Bedrängnis helfe.
Doch er erkannte in den folgenden Jahren, daß die christliche Karitas allein nicht ausreichte, die Not des Proletariats zu beheben, und daß er infolgedessen bei seinen bisherigen Vorstellungen nicht bleiben durfte. Als er im Jahre 1864 in einer Denkschrift die Mittel aufzählte, welche die Kirche dem Arbeiterstand als Hilfe anbieten könne, nannte er neben der kirchlichen Heilslehre, der christlichen Ehe und den Taten der Nächstenliebe ganz konkrete soziale Institutionen wie Anstalten für arbeitsunfähige Arbeiter, das katholische Vereinswesen, namentlich die Handwerker- und Gesellenvereine, und schließlich Produktiv-Assoziationen, deren Entstehung er sich durch die Initiative von Katholiken erhoffte. Es war ihm bewußt geworden, daß neben die individuelle karitative die organisatorisch-praktische Tat treten mußte.
Aber noch war ihm der Gedanke an eine politische Lösung fremd. Als im Zuge der zunehmenden Industrialisierung das Proletarierproblem jedoch immer größere Bedeutung erlangte und mit der klassenkämpferischen Propaganda des Sozialismus eine Radikalisierung drohte, zog er auch diese Konsequenz. 1869 bekannte er sich vor Arbeitern in Offenbach zu den lange Zeit verbotenen Gewerkschaften, zu ihren Forderungen und zum Streik als Kampfmittel, sofern sie die Grenzen christlicher Ethik nicht überschritten. Noch im gleichen Jahr nahm er den Staat in die Verantwortung, als er vor der Fuldaer Bischofskonferenz folgende Gesetze und Maßnahmen zum Schutze der Fabrikarbeiter forderte:
- Verbot einer vorzeitigen Beschäftigung von Kindern in Fabriken,
- Begrenzung der Arbeitszeit bis zum Ende des schulpflichtigen Alters,
- getrennte Arbeitsplätze für Frauen und Männer,
- Schließung gesundheitsgefährdender Betriebe,
- gesetzliche Regelung der Arbeitszeit,
- freier Sonntag,
- Entschädigung bei Invalidität,
- gesetzliche Sicherstellung und Förderung gemeinnütziger genossenschaftlicher Einrichtungen,
- staatliche Kontrolle über die Einhaltung der Arbeiterschutzgesetze.

Somit fallen Ketteler wesentliche Verdienste bei der **Fortentwicklung der katholischen Soziallehre** zu. Er rief die soziale Problematik der Industriearbeiterschaft weiten Kreisen der katholischen Bevölkerung ins Bewußtsein, führte die katholische Kirche in dieser Frage zum praktischen und organisierten Handeln auf breiter Ebene und gab ihr mit der Offenbacher Rede und dem Fuldaer Referat ein zukunftweisendes Sozialprogramm.

Johann Hinrich Wichern

Aus der Reihe der evangelischen Sozialreformer ragt besonders Johann Hinrich Wichern heraus, mit dessen Namen sich die Bewegung der **Inneren Mission** auf das engste verbindet.

Wichern waren die sozialen Mißstände des 19. Jahrhunderts in erster Linie ein religiös-sittliches und damit das Innere des Menschen betreffendes Problem, das alle Bevölkerungsschichten berühre. Die Menschen seiner Zeit hätten sich innerlich von Gott entfernt, seien selbstsüchtig und der Liebe zu Gott und den Mitmenschen unfähig geworden. Darin liege die Wurzel der sozialen Mißstände, und daraus erkläre sich der Ungeist der Zeit, wie er sich in der Herzlosigkeit des einzelnen, im Materialismus und in den Lehren des radikalen Sozialismus ausdrücke. So kam er zu dem Ergebnis, die äußere Not des Proletariats sei nur eine Folge der verbreiteten inneren Verderbtheit, Staat und Gesellschaft müßten deshalb aus dem Geist Christi erneuert werden, alle Sozialarbeit müsse mit der Verkündigung und Verwirklichung der Botschaft Christi beginnen, denn von da aus ergebe sich die soziale Tat von selbst als Tat der christlichen Nächstenliebe. Der Staat aber müsse nach seinen Kräften und Möglichkeiten in die große Aufgabe einbezogen werden.

Solche unmittelbare Hilfe für den notleidenden Nächsten gab es damals unter den evangelischen Christen schon vielerorts und in den verschiedensten Formen. Wichern selbst hatte allen Werken dieser Art den Namen "Innere Mission" gegeben. Aber das Umsichgreifen des Proletarierproblems verlangte eine Verstärkung und möglichst effektive Gestaltung dieser Bemühungen. So trat er beim Wittenberger Kirchentag im Jahre 1848 vor die versammelten Abgeordneten aller evangelischen Landeskirchen, schilderte die leibliche, seelische und sittliche Not des Proletariats, forderte alle evangelischen Christen, Geistliche wie Laien, zu Taten christlicher Nächstenliebe an den Armen auf und verlangte, die evangelische Kirche müsse die Innere Mission zu ihrem Anliegen machen. Aus diesem Aufruf entstand noch in Wittenberg der "Central-Ausschuß für die Innere Mission der deutschen evangelischen Kirche" mit der Aufgabe, die vorhandenen Einrichtungen und Arbeiten zu koordinieren und dem Gedanken der Inneren Mission in der gesamten evangelischen Kirche zur Verwirklichung zu helfen.

Daraufhin gründeten evangelische Christen überall im Land soziale Einrichtungen, Regional- und Fachverbände bildeten sich, Ausbildungsstätten für Diakone und Diakonissen, das heißt für männliche und weibliche Fachkräfte in der kirchlichen Sozialarbeit, wurden geschaffen. Fortan konnten bedrängte Menschen Rat, Hilfe und verbesserte Zukunftschancen finden durch Einrichtungen wie Wöchnerinnenvereine, Kindergärten, Sonntagsschulen, Kindergottesdienste, christliche

Vereine, Bibelkreise, Krankenpflege und Altenfürsorge, Erholungs- und Heilstätten, Ausbildungsheime, christliche Zeitschriften, Büchereien und viele andere mehr.

Papst Leo XIII.

Nachdem er vorher schon mehrfach zum Arbeiterproblem Stellung genommen hatte, erließ Papst Leo XIII. im Jahre 1891 die Sozialenzyklika "Rerum novarum". Darin legte er den Standpunkt der katholischen Kirche in der Arbeiterfrage offiziell fest, wobei er sich ausdrücklich auf Bischof Ketteler als einen großen Anreger berief.

Zunächst setzte er sich in diesem Rundschreiben mit dem radikalen Sozialismus auseinander, der sich über ganz Europa hinweg politisch organisiert hatte und bei den Arbeitern immer mehr Anklang fand. Dabei verwarf er dessen Forderung nach Abschaffung des Privateigentums an Produktionsmitteln, weil sie gegen das natürliche Recht auf jede Art von Eigentum verstoße, schwere Unruhe in die Gesellschaft bringe und dem Arbeiter selbst Schaden zufüge. Man dürfe dem Arbeiter das Recht auf Besitz nicht nehmen, sondern man müsse ihm zu Besitz verhelfen.

Alle weiteren Ausführungen waren dem Bemühen gewidmet, einen anderen Weg zur Lösung des sozialen Problems aufzuzeigen. Dabei dachte er an ein Zusammenwirken von Kirche, Staat und Vereinigungswesen der Arbeiterschaft. Besonders betonte er, daß alle Bemühungen ohne Einbeziehung der Kirche scheitern müßten, denn ohne Rückbesinnung auf die göttlichen Grundsätze sei die notwendige Reform der Gesellschaft unmöglich, und diese Grundsätze lehre alleine die Kirche aus den Evangelien. Die sittlichen Gesetze des Christentums verpflichteten die Arbeiter zu versöhnlicher Haltung gegenüber den Unternehmern, die Arbeitgeber zur Achtung der persönlichen Würde des Arbeiters, zu gemeinnützigem Gebrauch des Eigentums und zur Hilfe für die Bedürftigen. Die Kirche lehre weiterhin, daß der sittliche Reichtum der Tugend höher einzustufen sei als der materielle und gleichzeitig, daß die Tugend als göttliches Erbe allen Menschen gleich sei. Damit gebe sie der Gesellschaft eine Basis, auf der sich alle Bevölkerungsgruppen in Freundschaft und Harmonie zusammenfinden könnten.

Die Aufgabe des Staates sah er vor allem darin, durch Gesetzgebung und Verwaltung zum Wohle des einzelnen Bürgers und der Allgemeinheit zu wirken. Dabei sei es eine Pflicht der Gerechtigkeit, auch für die Besitzlosen zu sorgen, denn sie trügen wie alle anderen durch ihre Arbeit zum Wohle des Ganzen bei. Im einzelnen verpflichtete er den Staat auf folgende Leistungen zum Schutze der Arbeiterschaft: die Gewährleistung von Recht und Sicherheit des privaten Besit-

zes, die Verhinderung von Arbeitskonflikten durch vorbeugendes Handeln, die Bewahrung der seelisch-geistigen Interessen der Arbeiter, vor allem durch Sicherung der Sonn- und Feiertagsruhe, die Beschränkung der Arbeitszeit als Schutz vor Ausbeutung, auch die Bewahrung der Frauen, Kinder und älteren Arbeiter vor ungebührlicher Belastung, die Sicherung eines gerechten Lohnes als Grundlage für soziale Sicherheit und den Erwerb von Besitz, schließlich auf eine maßvolle Steuerpolitik.
Im letzten Teil des Rundschreibens verwies er ausdrücklich auf die Bedeutung von genossenschaftlichen Arbeitervereinigungen als Selbsthilfeorganisationen gegen materielle Not, von religiösen Gemeinschaften und von Gewerkschaften. Das Recht auf Zusammenschluß sei ein Naturrecht, das kein Staat aufheben dürfe, sofern die Ziele solcher Organisationen nicht gegen Recht und Sittlichkeit oder gegen das Gemeinwohl verstießen.

Die Kirchen beider Konfessionen begegneten also dem Elend des Proletariats mit unterschiedlichen Formen der Hilfe, die teils aus ihrer Tradition kamen, teils neu entwickelt wurden. Sie boten den Arbeitern und deren Familien Regeln für die Gestaltung des Lebens an, die geeignet waren, sie vor dem sittlichen Verfall zu bewahren, und auch ihre Lehre, die dem Menschen gerade in der Not Kraft geben kann. Sie riefen ihre Gläubigen zu Taten der Nächstenliebe auf und versuchten den Gedanken der gegenseitigen Verantwortung in die Gesellschaft hineinzutragen. Sie überließen aber die tätige Hilfe nicht allein der Initiative und dem Verständnis vieler einzelner Christen, sondern schufen Einrichtungen verschiedenster Art, um sie zu organisieren, zu steuern und damit möglichst wirkungsvoll zu gestalten. Sie konnten jedoch das soziale Problem nicht lösen. Dazu reichten weder ihre Mittel, noch ihr Einfluß in der Gesellschaft aus. So versuchten sie einerseits zwar ihre Möglichkeiten auszuschöpfen und damit ihren Teil beizutragen, forderten aber andererseits, ähnlich wie die fortschrittlich denkenden Unternehmer, den Staat auf, durch Gesetze und Verwaltungsmaßnahmen den Arbeitern soziale Sicherheit und Gerechtigkeit zu verschaffen. Dabei strebten sie eine Korrektur der Mißstände, nicht eine fundamentale Neugestaltung von Staat und Gesellschaft an: Dieses Ziel verfolgte der aufkommende Sozialismus.

2.3.4.3 Die Interpretation der sozialen Frage in der sozialistischen Theorie von Marx und Engels

Sozialismus:	sozialreformerische Bewegung seit der Französischen Revolution, keine einheitliche Theorie
früher Sozialismus:	"utopische" Modelle zur Lösung der sozialen Frage
Marxismus:	"wissenschaftlicher" Sozialismus von Karl Marx und Friedrich Engels: • Theorie vom Mehrwert als Profit des kapitalistischen Unternehmers • Theorie von der Verelendung des Proletariats durch Entwertung der menschlichen Lohnarbeit, Arbeitslosigkeit, Lohndruck, Anwachsen der industriellen Reservearmee • Theorie der Entfremdung des Proletariers vom Produkt seiner Arbeit, von der Arbeit, Selbstentfremdung, Entfremdung vom Kapitalisten • proletarische Revolution und Diktatur des Proletariats als Konsequenzen
1848	Kommunistisches Manifest

Utopischer und wissenschaftlicher Sozialismus

Der Sozialismus wandte sich gegen den Individualismus, Kapitalismus und gegen die "Klassengesellschaft", indem er die Gemeinschaft und die Gleichheit betonte. Vor allem verlangte er die Aufhebung des Privateigentums an den Produktionsmitteln. Sie sollten in den Besitz der Gesellschaft überführt und ganz ihrer Verfügungsgewalt unterstellt werden. Auf diese Weise wollte er die materielle Existenz und das irdische Glück aller sichern. Er fand allerdings keine einheitliche Theorie, sondern trat in vielen Spielarten auf. So wurden auch die Begriffe "Sozialismus", "Sozialdemokratie" und "Kommunismus" uneinheitlich und zum Teil sogar synonym gebraucht. Außerdem bestand Uneinigkeit, welcher Weg beschritten werden sollte. Manche Lehren zielten auf Reformen, andere auf Revolution ab.

Karl Marx und *Friedrich Engels* verwarfen die sozialrevolutionären Modelle der frühen Sozialisten als "utopisch", das heißt als wirklichkeitsfremd und damit nicht realisierbar, und entwickelten ihnen gegenüber eine Theorie, die sie den "wissenschaftlichen Sozialismus" nannten, weil sie das Ergebnis einer wissenschaftlich exakten Analyse sei. Für diese Theorie hat sich heute allgemein der Name "Marxismus" durchgesetzt.

Die Theorie des Marxismus

Die Lehre des Dialektischen Materialismus

Die Theorie des Marxismus hat eine ihrer Grundlagen in der Philosophie *Georg Wilhelm Friedrich Hegels.* Nach Hegel verwirklicht sich im Weltgeschehen ein göttlicher "Weltgeist" in immer höheren Stufen von Vernunft und Freiheit nach den Gesetzmäßigkeiten der Logik und damit der Dialektik. Die Dialektik schreitet nach Art eines wissenschaftlichen Dialogs voran. Eine Behauptung, die **These,** wird aufgestellt. Der Gegensprecher antwortet mit einer widersprüchlichen Behauptung, der **Antithese.** Aus der Diskussion ergibt sich die Lösung des Widerspruchs in der **Synthese.** Die Synthese wird schließlich im Sinne einer neuen These zum Ausgangspunkt eines nächsten dialektischen Schrittes. These, Antithesen und Synthesen des Weltgeistes im Dialog mit sich selbst treten als Ideen in den verschiedenen Lebensbereichen wie Politik, Recht und Wirtschaft in Erscheinung und treiben die Weltgeschichte voran.

Die zweite wichtige Grundlage des Marxismus bildet die Philosophie *Ludwig Feuerbachs.* Feuerbach lehrte den Materialismus, der in der stofflichen Materie und nicht im göttlichen Geist den Ursprung und Antrieb allen Weltgeschehens sieht. Also hat nicht ein göttlicher Geist zuerst die Welt gedacht und dann als seine Schöpfung verwirklicht, sondern die materiellen Verhältnisse sind aus sich selbst, und die Menschen haben Gott erdacht.

Marx und Engels übernahmen von Hegel das **dialektische Entwicklungsprinzip,** von Feuerbach aber den **materialistischen Grundgedanken** und kamen zu folgendem Weltbild: Die Dialektik ist nicht durch einen göttlichen Geist in der Welt, sondern sie liegt als Antrieb in der Materie, die von Anfang an war und aus der alles wurde. Damit geschah und geschieht alle Entwicklung nicht primär aus Ideen geistigen Ursprungs, sondern aus der Materie, und zwar nach dem Gesetz der Dialektik.

Mit dieser Erkenntnis glaubten Marx und Engels zum erstenmal den Ablauf der Menschheitsgeschichte und ihre eigene Gegenwart richtig deuten und die künftige Entwicklung mit Sicherheit vorhersagen zu können.

Die Lehre des Historischen Materialismus

Im Sinne des Dialektischen Materialismus gingen die Antriebe in der Geschichte vor allem von den materiellen Bedürfnissen des Menschen aus. Und da die materiellen Güter zu allen Zeiten von der Wirtschaft bereitgestellt wurden, kam ihr in der historischen Entwicklung die entscheidende Rolle zu, genauer: den Produktionsverhältnissen, die Marx und Engels mit den Eigentumsverhältnissen gleichsetzten. Durch ungleiche Verteilung des Eigentums war in jeder historischen Epoche eine bestimmte gesellschaftliche Gruppe begünstigt. Diese verfügte jeweils über die Produktionsmittel wie Grund und Boden und Arbeitsgeräte und bildete die herrschende Klasse. Sie unternahm alle Anstrengungen, sich ihre Vorzugsstellung zu erhalten und entwickelte so auch eine Ideologie als Summe und System von Einzelideen zur Begründung und Rechtfertigung der bestehenden Ordnung. Die Ideen waren also zu allen Zeiten eine sekundäre Erscheinung, sie bildeten nur den **"ideologischen Überbau",** während das Primäre und Auslösende stets in den materiellen Verhältnissen gesucht werden muß, die sich für Marx und Engels somit als **"materieller Unterbau"** darstellten. So wie jede Gesellschaftsordnung eine Klasse bevorzugte, benachteiligte sie eine andere, die deshalb eine Veränderung der Verhältnisse wünschte. Mit der Herausbildung neuer Produktionskräfte, das heißt neuer und besserer Fertigungstechniken, änderten sich die jeweiligen Produktionsverhältnisse, bis sie schließlich im Widerspruch zur bestehenden Wirtschafts- und der davon abhängigen Gesellschaftsordnung standen und deren Sinn und Wert in Frage stellten. Im Zuge dieser Entwicklung wurde die benachteiligte Klasse immer unzufriedener und stärker, gleichzeitig wuchs eine neue Ideologie heran. Wenn die ökonomischen Mißverhältnisse den Höhepunkt erreichten, erhoben sich die Unterdrückten, stürzten die herrschende Klasse und verhalfen einer neuen Gesellschaftsordnung zum Sieg, die dann dem gleichen Entwicklungsmechanismus unterlag. So sahen Marx und Engels die **Geschichte als eine Kette von Klassenkämpfen,** in der nach dem Gesetz der Dialektik ökonomisch begründete Revolutionen immer neue Wirtschafts- und Gesellschaftsordnungen herbeiführten.

Die Wirtschafts- und Gesellschaftsordnung ihrer Zeit, den Kapitalismus, deuteten sie als die vorletzte in der historischen Gesamtentwicklung. Mit ihr setzten sie sich besonders intensiv auseinander. So entstand im Sinne ihrer Theorie des Dialektischen Materialismus die marxistische Volkswirtschaftslehre oder **"Politökonomie",** in der die soziale Frage folgende Interpretation fand:

Die Theorie vom Mehrwert

Der Kapitalismus hat zwei kennzeichnende und entscheidende Gesellschaftsklassen hervorgebracht, die **Kapitalisten** und die Lohnarbeiter oder **Proletarier.** Die Kapitalisten verfügen über die Waren und die Produktionsmittel zu deren Herstellung, also über Rohstoffe, Grund und Boden, Maschinen, Werkzeuge und Kapital. Die Lohnarbeiter dagegen besitzen nichts als ihre Arbeitskraft und müssen diese an einen kapitalistischen Unternehmer verkaufen, um leben zu können. Der Unternehmer kauft sie als Ware nach ihrem Wert, der, wie bei jeder anderen

Ware auch, durch den zu ihrer Produktion nötigen Aufwand bestimmt ist. Der Aufwand errechnet sich bei der Ware Arbeitskraft aus den Kosten für die Erhaltung des Arbeiters als Arbeiter, also aus den Lebenshaltungskosten, weiter aus den Ausbildungskosten und schließlich aus den "Fortpflanzungskosten", die aufgebracht werden müssen, damit die Arbeiter sich vermehren und abgenützte Arbeitskräfte durch nachwachsende frische ersetzt werden können. Um diesen Aufwand abzugelten, muß der Arbeiter bei einem bestimmten Lohn eine bestimmte Zeit arbeiten. Tut er das aber bei gleicher Entlohnung länger, so schafft er mehr an Wert, als er ausbezahlt bekommt, und der Unternehmer streicht den Mehrwert beim Verkauf seiner Produkte ohne Gegenleistung als Profit ein. Genau dies tritt aber ein, indem der Unternehmer den Lohnarbeiter zu mehr Arbeitsstunden verpflichtet, als zur Amortisation seiner Arbeitskraft nötig wäre.
Auf diesem Prinzip beruhen auch die anderen arbeitslosen Einkommen. Der Grundbesitzer erzielt seinen Profit über Pachtverträge, der Geldverleiher über Zinsen.

Die Theorie der Verelendung

Aus der Theorie vom Mehrwert ergeben sich Konsequenzen für die gesellschaftliche Entwicklung im kapitalistischen Industriezeitalter. Das Ziel des Unternehmers ist stets die Steigerung seines Profites. Dazu bieten sich ihm grundsätzlich zwei Möglichkeiten, nämlich die Verlängerung der Arbeitszeit bei den Arbeitern und die Steigerung der Produktivität durch die Verbesserung der Produktionstechnik mit Hilfe von Maschinen. Da sich die erste durch die begrenzte physische Belastbarkeit des Menschen bald erschöpft, wird der Unternehmer vor allem auf die zweite Möglichkeit zurückgreifen und seinen Betrieb mit immer mehr und leistungsfähigeren Maschinen ausstatten.
Diese Tatsache aber wirkt auf die Lohnarbeiterschaft zurück. Die Mechanisierung des Produktionsprozesses führt zu einer fortschreitenden Teilung der Arbeit in immer einfachere Funktionen. Damit kann die Industriearbeit mehr und mehr von ungelernten Kräften und auch von Frauen und Kindern geleistet werden. Daraus ergibt sich als erste Konsequenz eine Wertminderung der Arbeit und damit eine Herabsetzung der Löhne und als zweite Arbeitslosigkeit, weil das Angebot an Arbeitskräften das der freien Stellen in immer stärkerem Maße übersteigt. Dieses Ungleichgewicht auf dem Arbeitsmarkt bringt die Arbeiter gegenseitig in eine Konkurrenzsituation, was einen weiteren Druck auf die Löhne nach sich zieht. **Arbeitslosigkeit** und **Lohndruck** erfahren aber eine zusätzliche Verschärfung durch jene kleinen Unternehmer, die dem Konkurrenzdruck der Großunternehmer im Zuge der kapitalintensiven technischen Neuerungen erliegen, zur

Besitzlosigkeit herabsinken und damit den Überschuß an Arbeitskräften, die **"industrielle Reservearmee",** noch verstärken. Die letzte Konsequenz ist schließlich eine zunehmende **Verelendung des Proletariats,** die in absehbarer Zukunft zu einer proletarischen Revolution führt.

Die Theorie der Entfremdung

Während die Lehren vom Mehrwert und von der Verelendung in erster Linie die gesellschaftliche Problematik der sozialen Frage ansprechen, beschreibt Marx in der Entfremdungstheorie, die er schon früh zu entwickeln begann, die Bewußtseinslage des Proletariers und die zwangsläufig daraus erwachsenden Folgen.
Nach Marx ist der Mensch ein Wesen, dessen Selbstverständnis und Glück sich eng mit der Arbeit verknüpfen. Arbeit bedeutet für ihn Selbstverwirklichung, denn er wird mit ihr schöpferisch tätig und findet sich in ihren Ergebnissen, die Ausdruck seiner Leistung sind und Züge seines Wesens tragen, selbst wieder. Die Arbeit muß aber vier Voraussetzungen erfüllen, damit sie dem Menschen die Selbstverwirklichung auch erlaubt. Sie muß erstens bewußte und schöpferische, zweitens freiwillige Tätigkeit sein, drittens die Gesamtheit seiner Fähigkeiten entwickeln und viertens im Zusammenwirken mit anderen vor sich gehen, denn der Mensch ist zur Gesellschaft bestimmt.
Hier setzt die Marxsche Analyse und Kritik des kapitalistischen Wirtschafts- und Sozialsystems unter menschlichem Blickwinkel ein. Sein Grundübel, aus dem alle anderen Übel erwachsen, ist das **Privateigentum an den Produktionsmitteln.** Dieses zieht die **Trennung von Kapital und Arbeit,** die Besitzlosigkeit und Armut der Proletarier, die erzwungene Lohnarbeit der Besitzlosen, die Arbeitsteilung und die Maschinenarbeit mit ihren weiteren nachteiligen Auswirkungen nach sich. Aus diesen Faktoren ergeben sich verschiedene Formen menschlicher Entfremdung.
Zum einen wird der Arbeiter dem Produkt seiner Arbeit entfremdet, weil es sich ihm entzieht und er sich infolgedessen in ihm nicht wiederfinden kann. Der Unternehmer nimmt es ihm nämlich unmittelbar nach der Fertigstellung weg, verkauft es und macht es dabei zu Kapital, dem Endergebnis aller Arbeit. Dieses Kapital ist dem Arbeiter aber nicht zugänglich und damit fremd. Mehr noch: Indem es der Unternehmer zum Kauf von Maschinen oder zur Anstellung anderer Arbeitskräfte verwendet, die im Endeffekt seinen Lohn drücken oder seinen Arbeitsplatz gefährden, wird es ihm zum Feind.
Dieser Aspekt beinhaltet und begründet bereits die zweite Form der Entfremdung, nämlich die des Arbeiters von seiner Arbeit. Aber Marx führt noch weitere Argumente an: Wenn er produziert, legt der Arbeiter immer auch etwas von

seinem Leben, von seinen Kräften etwa oder von seinem Wesen in das Produkt. Wenn man ihm dieses entzieht, nimmt man ihm folgerichtig auch einen Teil seines Lebens weg. Die Arbeit macht ihn in diesem Falle also nicht reicher, sondern ärmer. Zum gleichen Ergebnis führt im materiellen Bereich die Tatsache, daß er in einem **System der Ausbeutung** durch seine Arbeit zwar Reichtümer hervorbringt, gleichzeitig aber selbst immer mehr in Armut gerät. Zudem ist seine Arbeit erzwungen, indem er nicht aus seinem Wesen heraus frei tätig sein kann, sondern fremde Arbeit annehmen muß. Und schließlich hat ihn die Fabrikarbeit zu einem bloßen Zubehör der Maschine herabgedrückt, an der man von ihm nur noch einfachste und eintönigste Handgriffe verlangt. So wird ihm sein Tun fremd, er fühlt sich bei der Arbeit nicht glücklich, sondern unglücklich.
Aus alledem ergibt sich schließlich die dritte individuelle Form der Entfremdung: Ein Mensch, der die Identifikation mit seiner Arbeit und deren Ergebnis, dem Produkt, verliert, wird sich selbst fremd.
Die Formen auf das Individuum rückbezogener Entfremdung führten Marx zu einer weiteren, der Entfremdung der Menschen untereinander, mit Folgen für Politik und Gesellschaft: Wenn dem Lohnarbeiter seine Tätigkeit fremd und deren Ergebnisse letztlich sogar zum Feind werden, kann es mit dem Kapitalisten, der ihm diese Arbeit aufzwingt und deren Ergebnis gegen ihn anwendet, nicht anders sein. Der aber steht der Arbeit fremd gegenüber, weil er sie nicht verrichtet, dem Produkt, weil er es nicht geschaffen hat, und schließlich dem Arbeiter, mit dem ihn keinerlei persönliche Beziehung verbindet. Somit tritt eine **Polarisierung der Gesellschaft in zwei feindliche Klassen** ein, die im Zuge der Industrialisierung um sich greift und sich immer mehr verschärft.
Mit der Entfremdungstheorie kam Marx von einer weiteren Seite her zu der Prognose, daß die Verhältnisse seiner Zeit einer gewaltsamen und radikalen Veränderung zustrebten. Die letzten Schritte der Entwicklung im Sinne des Historischen Materialismus sah er so: Das System des Kapitalismus wird von der internationalen Arbeiterschaft gestürzt. Sie errichtet eine **"Diktatur des Proletariats"** und mit ihr den Sozialismus, indem sie die Produktionsmittel in öffentliches Eigentum überführt. Der Sozialismus mündet schließlich in eine **"klassenlose Gesellschaft"**, den Kommunismus, der keine Schwäche des Kapitalismus mehr kennt, also auch jede Art der Entfremdung aufhebt. Damit steht dem irdischen Glück aller Menschen nichts mehr im Wege.
Wir verstehen heute die sozialistische Theorie von Marx und Engels als gedankliches Gebäude, in dem auf scharfsinnige und tiefgreifende Weise die Probleme des heraufkommenden kapitalistischen Industriezeitalters nach Ursache und Wirkung gedeutet werden, das aber nicht frei von Widersprüchen und in seiner

Gültigkeit an eine bestimmte historische Situation gebunden ist. Denn sie wurde bald wissenschaftlich angefochten und vor allem von der Geschichte in wesentlichen Aspekten widerlegt. Es kam weder zur gewissenlosen Ausbeutung des Proletariats im Sinne der Mehrwerttheorie noch zu seiner Verelendung, sondern die materielle Lage der Arbeiter besserte sich allmählich. Ebenso führte der Kapitalismus nicht zur Polarisierung der Gesellschaft in Arme und Reiche. Es bildete sich vielmehr eine neue Mittelschicht heraus, in der auch die gut verdienende Elite der Arbeiterschaft Aufnahme fand. So entstand in den Industriestaaten insgesamt keine revolutionäre Situation.
Als Marx und Engels 1848 das **"Kommunistische Manifest"** verfaßten, glaubten sie an die rasche Verwirklichung ihrer Theorien. Aber das internationale Proletariat nahm ihre Ideen nicht spontan auf, und ihr Einfluß blieb in den einzelnen Ländern sehr unterschiedlich. In Deutschland allerdings schlossen sich mit *Wilhelm Liebknecht* und *August Bebel* jene zwei Arbeiterführer ihren Lehren an, die den Kurs der sozialistischen Arbeiterbewegung am nachhaltigsten bestimmten. So war der deutsche Sozialismus im letzten Drittel des 19. Jahrhunderts weitgehend vom Marxismus geprägt.

2.3.5 Bildung von Verbänden und Interessengruppen

	Gruppeninteressen und Verbandsbildung
1876	Centralverband deutscher Industrieller: für Schutzzölle
1893	Bund der Landwirte: für Schutzzölle
1895	Bund deutscher Industrieller: für Reduktion der Schutzzölle
	Gewerkschaften
	Konkurrenz sozialistischer, christlicher und liberaler Gewerkschaften
	Frauenfrage
1864	Allgemeiner Deutscher Frauenverein
1883	Bebel "Die Frau und der Sozialismus"
1894	Bund Deutscher Frauenvereine

Bis zur Reichsgründung waren wirtschaftliche Interessengruppen ohne Bedeutung. Das änderte sich seit dem Gründerkrach und der folgenden Stagnationsphase. Nun verlangte man vom Staat Schutzzölle zur Erhaltung und Stärkung der einheimischen Wirtschaft. Damit wurde eine Entwicklung eingeleitet, die durch staatliche Zoll- und bald auch Sozialpolitik zu einem immer stärkeren Einwirken des Staates auf das Wirtschaftsleben führte.

Die natürliche Folge waren Gründungen und rasches Anwachsen von wirtschaftlichen Interessenverbänden. Bismarck, dem der Reichstag zu selbständig geworden war, förderte sie. 1876 wurde der "Centralverband deutscher Industrieller" gegründet. Er vertrat die Schutzzollinteressen der Stahl- und Textilproduzenten und galt zu Bismarcks Zeit als Vertretung der deutschen Industrie. Mit den damals noch nicht zu einer gemeinsamen Organisation zusammengeschlossenen agrarischen Verbänden setzte er 1879 den Übergang Deutschlands zur Schutzzollpolitik für Industrie- und Agrarprodukte durch, der sich die wichtigsten europäischen Staaten bis auf England anschlossen. In Deutschland lockerte diese auf Verlangen der exportorientierten Industrie und der Arbeiterschaft Bismarcks Nachfolger *Leo von Caprivi*. Darauf wurde 1893 der "Bund der Landwirte" gegründet, der sich mit 300 000 Mitgliedern zu einer der stärksten Massenorganisationen entwickelte. Er konnte einen verstärkten Zollschutz für deutsche Agrarprodukte durchsetzen. Dies wiederum führte 1895 zur Gründung des "Bundes deutscher Industrieller", der als Vertreter der exportorientierten Industrie für möglichst niedrige Zölle eintrat.

Den mittelständischen Berufsgruppen gelang bis kurz vor dem Ersten Weltkrieg kein organisatorischer Zusammenschluß. Zahlreiche Einzelverbände befaßten sich vorwiegend mit berufsspezifischen Fragen. Großenteils setzten sie sich für eine Einschränkung der Gewerbefreiheit und gegen die Kaufhäuser sowie die von den Gewerkschaften betriebenen Konsumläden ein. Wegen der zumeist entgegengesetzten Ziele der Interessenverbände gelang die weitgehende Ausschaltung der Parteien aus dem Prozeß der wirtschaftspolitischen Entscheidungsfindung nicht. Doch konnten die Verbände ihre Meinungsbildung und Kandidatenaufstellung für die Wahlkämpfe beeinflussen. Größere Interessenverbände brachten manchmal sogar profilierte Mitglieder als Kandidaten durch. Bei Wahlkampfveranstaltungen forderten viele Verbände Kandidaten auf, zu Fragen Stellung zu nehmen, die für sie wichtig waren. Die Übereinstimmung des Verhaltens der Abgeordneten mit diesen Stellungnahmen wurde von den Vertretern der Interessenverbände ("Lobby") im Parlament, die bei Abweichungen ihre Mitglieder informierten und zu Protesten aufforderten, sorgfältig überwacht.

Außerdem stellten die großen Interessenverbände den für sie ansprechbaren Parteizentralen beachtliche Summen für den Wahlkampf zur Verfügung mit der ausgesprochenen Erwartung, daß sie wenigstens in den Grundlinien ihrer wirtschaftspolitischen Entscheidungen auf sie Rücksicht nähmen. Die Parteizentralen waren sich darüber im klaren, daß weitere finanzielle Unterstützungen von der Erfüllung dieser Erwartungen abhingen.

Auf die Gesetzgebung versuchte die Lobby durch persönliche Gespräche sowie durch Vorlegen von Denkschriften und Statistiken Einfluß zu nehmen. Je nach Stärke der Verbände mußten die Parteien darauf Rücksicht nehmen. Bei Spezialgesetzen, die nur einen kleinen Teil der Bevölkerung direkt betrafen, hatten Verbände erheblichen Einfluß. Da sie aber bei wichtigen Entscheidungen allgemeiner Art oft entgegengesetzte Ansichten vertraten, konnten sie hier normalerweise ihre Vorstellungen nicht durchsetzen. Sie konnten allerdings Kompromisse erreichen oder Gesetzesvorhaben blockieren. Dadurch wurden manche notwendigen Entscheidungen verwässert oder verhindert.

Auf die Wandlung des politischen Lebens im Deutschen Kaiserreich hatten die Interessenverbände erheblichen Einfluß. Vorher waren die Parteien von Honoratioren geleitet worden, die sich aufgrund ihrer gesicherten wirtschaftlichen Lage ohne Diäten unter Einsatz nur eines Teils ihrer Arbeitskraft politisch betätigen konnten. Die Grundlinie ihres Handelns war von ideellen Zielen bestimmt worden, z. B. Einschränkung oder Erhaltung der monarchischen Macht, des Einflusses der Kirchen usw. An ihre Stelle traten nunmehr allmählich hauptamtliche Politiker, häufig Funktionäre von Interessenverbänden, die sich vorwiegend mit Detailfragen, vor allem wirtschaftlicher Art, befaßten. Diese Verlagerung des Schwerpunkts der Politik von ideellen zu wirtschaftlichen Problemen führte einerseits zu einem deutlichen Anstieg der Wahlbeteiligung, andererseits zu einem Überwuchern wirtschaftlicher Interessen in der öffentlichen und parlamentarischen Meinungsbildung. Dadurch verlor ein großer Teil der Bildungsschicht sein Interesse an der Politik, zog sich auf das Geistige und Nationale zurück und hielt eine möglichst weitgehende Entscheidungskompetenz des über den Parteien stehenden Obrigkeitsstaats für wünschenswert. Dies führte in Deutschland zu einer innenpolitischen Stagnation trotz einer raschen Veränderung der wirtschaftlichen und gesellschaftlichen Verhältnisse.

Die Gewerkschaftsbewegung

In Deutschland entstanden erstmals während der Revolution von 1848/49 zahlenmäßig unbedeutende Gewerkschaften, die bald wieder verboten wurden. Nach der Aufhebung des Koalitionsverbots Mitte der 1860er Jahre kam es zur Gründung sozialistischer und liberaler Gewerkschaften, letztere auch "Hirsch-Dunckersche Gewerkvereine" genannt; beide hatten nur eine kleine Mitgliederschaft.

Während der Geltung des Sozialistengesetzes von 1878 bis 1890 waren die sozialistischen Gewerkschaften abermals verboten. Bei ihrer Wiederbegründung im

Jahre 1890 schlossen sich die Einzelgewerkschaften, überregionale Berufsgruppen, z. B. die Arbeitnehmer in der Metallindustrie, in der "Generalkommission" zusammen, die 1919 in "Allgemeiner Deutscher Gewerkschaftsbund" umbenannt wurde.

Zur Unterscheidung von der liberalen Konkurrenzorganisation bezeichneten sich die sozialistischen Gewerkschaften als "Freie Gewerkschaften". Sie arbeiteten eng mit der SPD zusammen. 1912 bestand ein Drittel der Reichstagsfraktion dieser Partei aus Gewerkschaftsführern, die zum wachsenden Einfluß des reformistischen Flügels beitrugen. Denn während das Parteiprogramm eine radikale Veränderung von Staat und Gesellschaft vorsah, ging es den Freien Gewerkschaften um die Verbesserung der Arbeits- und Lebensverhältnisse der Arbeiter im Rahmen der damals bestehenden Staats- und Gesellschaftsordnung. Vor allem strebten sie Lohnerhöhungen und Arbeitszeitverkürzungen zunächst durch rationelle Organisation und Finanzierung von Streiks an und setzten sie teilweise auch durch. Allmählich fanden die Gewerkschaften bei einem Teil der Unternehmer als Tarifpartner Anerkennung, so daß Verbesserungen auch ohne Streiks durch Verhandlungen möglich wurden. Zur Verbilligung der Einzelhandelspreise schufen die Freien Gewerkschaften Konsumvereine als eine große Einkaufsgenossenschaft. Ähnlich wie ihre Konkurrenzorganisationen organisierten sie kulturelle und Fortbildungsveranstaltungen für Arbeiter und richteten Hilfskassen für Notfälle ein. Allmählich entwickelten sie sich zum weitaus größten Interessenvertretungsverband Deutschlands.

Da Funktionäre der Freien Gewerkschaften antichristliche Ansichten vertraten, gründeten nach 1890 christliche Arbeiter eigene Gewerkschaften, die sich kurz nach der Jahrhundertwende zum "Gesamtverband der Christlichen Gewerkschaften Deutschlands" zusammenschlossen. Ihre meisten Mitglieder waren katholisch. Unter Berufung auf die Sozialenzyklika "Rerum Novarum" von Papst Leo XIII. versuchten die christlichen Gewerkschaften, die Lage der Arbeiter durch Verhandlungen mit den Unternehmern und äußerstenfalls auch durch Streiks zu verbessern. Jahrelang wurde ihre Arbeit dadurch beeinträchtigt, daß ein Teil der katholischen Bischöfe Deutschlands sie bekämpfte. Erst kurz vor dem Ersten Weltkrieg entschied der Papst, daß Katholiken die Mitgliedschaft in überkonfessionellen christlichen Gewerkschaften erlaubt sei.

Der durchschnittliche Anteil der gewerkschaftlich Organisierten an der Gesamtheit der Arbeitnehmer war damals geringer als heute. Kurz vor dem Ersten Weltkrieg machte er im Durchschnitt aller Berufsgruppen 28 Prozent aus. Von der Gesamtheit der Gewerkschaftsmitglieder entfielen in dieser Zeit auf die Freien 84, auf die christlichen 12 und auf die liberalen Gewerkschaften 4 Prozent.

2.3.6 Lebensformen und Leitbilder der "postfeudalen Gesellschaft"

	Lebensformen wichtiger Gesellschaftsschichten
Bauern	herkömmliche Dorfgemeinschaft
Arbeiter	eigene Subkultur
Kleinbürger	geringes Einkommen, bürgerliche Fassade
Mittelstand	Unabhängigkeitsgefühl
Großbürgertum	Orientierung am Adel
Adel	teilweise ungünstige Einkommensentwicklung

Als Folge der Industrialisierung veränderte sich im 19. Jahrhundert auch die gesellschaftliche Situation. Bauernbefreiung und Landflucht führten zur Entstehung der **Arbeiter-,** später der **Angestelltenschaft.** Die Menschen zogen in großer Zahl in die Städte und paßten sich den dort herrschenden Lebensbedingungen an. Damit einher ging die Ablösung der Lebensform des "ganzen Hauses", also der sich im Mittelalter ausbildenden Großfamilie, in der mehrere Generationen einschließlich des Gesindes, der Gesellen und Knechte, unter einem Dach lebten. In der zweiten Hälfte des 19. Jahrhunderts begann eine Entwicklung, die auch heute in den Industriestaaten noch anhält: Die Familien werden kleiner, zwei oder drei Kinder werden zur Normalität. Im Bürgertum verfestigte sich das der patriarchalischen Familienstruktur entsprechende Rollenbild von Mann und Frau. Die Arbeitsteilung war geschlechtsspezifisch organisiert: Während der Mann für den materiellen Lebensunterhalt der Familie sorgte, kümmerte sich die Frau um Haushaltsführung und Kindererziehung.

Diesem an der bürgerlichen Familie entwickelten Ideal eiferten alsbald auch viele Arbeiterfamilien nach. Doch in diesen waren Frauen-, oft auch Kinderarbeit ebenso wie die 6-Tage-Woche und eine tägliche Arbeitszeit von ca. 12 Stunden (für Erwachsene) die Regel. Kleinere Kinder mußten also außerhalb der Familie, etwa in Kinderkrippen, untergebracht werden, da die Mütter berufstätig waren. Doch gerade die eigene Erwerbstätigkeit förderte auch das Verblassen patriarchalischer Strukturen innerhalb der Arbeiterschaft. Die Wohnverhältnisse der Arbeiter unterschieden sich von denen des Bürgertums gravierend: Ein- und Zweizimmerwohnungen waren auch für 5-Personen-Haushalte normal, oft wurden die Betten zudem an Schlafgänger vermietet. Es kam auch vor, daß selbst unter derartigen Wohnverhältnissen auf ein Zubrot durch Untervermietung nicht verzichtet werden konnte. Die Ausstattung der Wohnungen beschränkte sich auf das Nötigste. Geriet eine Arbeiterfamilie in Not, z. B. durch eintretende Arbeitslosigkeit, so war eine Unterstützung durch die Eltern oder Großeltern in der Regel nicht möglich; die Folge war Verwahrlosung.

In Arbeiterfamilien nahm man bis in die 60er Jahre hinein nach dem sehr späten Feierabend die Hauptmahlzeit ein und ging kurz danach schlafen. Nur nach der Lohnauszahlung am Wochenende suchten viele Arbeiter im Wirtshaus durch kräftigen Alkoholkonsum kurzfristiges Vergessen ihrer trostlosen Lage. Auch als im letzten Drittel des 19. Jahrhunderts sich allmählich die Realeinkommen erhöhten und die Arbeitszeit verkürzt wurde, besserten sich die Wohnverhältnisse im allgemeinen nicht. Daher blieb das Wirtshaus weiterhin Treffpunkt, aber nun begann man über soziale, politische und religiöse Fragen zu diskutieren. Schließlich wurde das Wirtshaus Versammlungslokal für die Parteien und Gewerkschaften der Arbeiter, für ihre Sport-, Gesangs-, Theater-, Bildungs- und Wandervereine. Die sozialistisch orientierte Mehrheit der Arbeiter sonderte sich, wie vorher im politischen Bereich, von den Vereinen des Bürgertums ab. Damit begann eine dauerhafte selbständige Formierung der Arbeiterschaft. Im Kreise ihrer Kollegen konnten sich nun die Arbeiter nicht nur entspannen, sondern auch profilieren. Vor allem die Bildungsvereine gaben den Arbeitern das Gefühl, nicht nur "Fabriker" zu sein, sondern auch Menschen mit geistigen Interessen.

Vielen schwebte ein kleinbürgerlicher Lebensstil vor, um dessentwillen man allmählich die Kinderzahl einschränkte. Zahlreiche Facharbeiter gelangten auch zu diesem Lebensstil in bescheidenen, doch gesunden und in freundlicher Umgebung gelegenen Wohnungen, die teils von größeren Firmen, teils von Arbeiter-Bauvereinen errichtet wurden. Hier war ein Familienleben möglich, zumal die Facharbeiter auf das Mitverdienen der Kinder und häufig auch der Frauen verzichten konnten. Damit wurde ein Weg aufgezeigt, der sich später für den größten Teil der Arbeiter auch als gangbar erwies.

Zum **Kleinbürgertum** gehörten vor allem Handwerker, Geschäftsleute, Beamte und Angestellte mit verhältnismäßig niedrigem Einkommen. Trotzdem bemühte man sich in diesen Kreisen um eine bürgerliche Fassade des Lebensstils, z. B. durch die "gute Stube", die trotz knappen Wohnraums nur selten benutzt wurde und deren Polstermöbel Schonbezüge hatten. Bei der Freizeitgestaltung spielte das Vereinsleben eine große Rolle. Viele beteiligten sich aktiv am Leben ihrer Kirchengemeinde, in Gesangs- und Sportvereinen und auch anders als die sozialistisch eingestellten Arbeiter, in patriotischen Organisationen, z. B. Kriegervereinen. Kennzeichnend für das Kleinbürgertum waren Zuverlässigkeit, Fleiß, Sparsamkeit, Aufstiegsstreben, Abstiegsangst, nationalbewußte konservative Einstellung und Loyalität zum Obrigkeitsstaat.

Wenig Veränderungen gab es hingegen bei der Lebensführung von Bauern und Adeligen: Die **Bauern** behielten meistens ihre herkömmliche Lebensform bei.

Der **Adel** war bemüht, sich in seinem Lebensstil als Oberschicht zu repräsentieren. Da die Einkünfte vieler seiner Angehörigen mit denen des Großbürgertums nicht Schritt halten konnten, kam es oft zur Verschuldung und manchmal zu Heiraten mit Frauen aus dem Großbürgertum. Damit verstärkte sich die Tendenz einer Verschmelzung beider Gruppen zu einer neuen Oberschicht.

Zu den im 19. Jahrhundert neu entstehenden Gesellschaftsschichten gehören Mittelstand und Großbürgertum. Zum **Mittelstand** rechnete man Selbständige, Beamte und Angestellte mit hinreichendem und gesichertem Einkommen. Daraus und aus seiner soliden Lebensführung resultierte das Bewußtsein relativer Unabhängigkeit. Hinzu kam die Aufgeschlossenheit für Kultur. Politisch tendierte ein großer Teil dieser Schicht zum Liberalismus.

Kleinbürger- oder Arbeiterfamilie um 1890. (Der Holzschnitt zeigt einen Beamten, der die Familienmitglieder in eine Liste für die Volkszählung einträgt.)

Angehörige derselben Personengruppe mit hohem Einkommen aus Beruf und/oder Besitz zählte man zum **Großbürgertum**. Diese Schicht kennzeichnete ein repräsentativer Lebensstil, der sich am Adel orientierte. Die Häuser vieler

Großbürger waren Schlössern, Stadtpalästen, manchmal sogar Burgen nachempfunden. Betont bekundete man zumeist eine staatsloyale, konservative politische Einstellung. Manche Großbürger beantragten ihre Erhebung in den Adelsstand, bisweilen mit Erfolg.

Eine Familie des wohlhabenden Bürgertums um 1894 (Gemälde von August Kugler); Abbildungen aus: Informationen zur politischen Bildung, Heft 164. Das 19. Jahrhundert; Industrialisierung – soziale Frage, S. 19.

2.4 Politisch-gesellschaftliche Spannungen im Kaiserreich

2.4.1 Prinzipien der Reichsverfassung

Die Reichsverfassung
- Deutsches Reich als Bundesstaat
- Exekutive und Außenpolitik in der Hand des Kaisers unter Mitwirkung und Kontrolle des Bundesrats
- Gesetzgebung gemeinsam bei Reichstag und Bundesrat
- starke Position des Reichskanzlers

Wie jede Verfassung ging auch die des Deutschen Reiches von 1871 von den gegebenen Verhältnissen aus. Die Reichsgründung war nicht ein Erfolg des deutschen Volkes, sondern Preußens, eines Staates, dessen Ordnung auf der Vorherrschaft von Monarchie und Adel beruhte. Zur Gründung des Reiches war aber auch die Zustimmung der süddeutschen Fürsten notwendig.

Daher war, formal gesehen, das staatsrechtliche Verhältnis zwischen Reich und Bundesstaaten föderalistisch. Letzteren blieben wichtige staatliche Kompetenzen erhalten: Staatshoheit über die eigene Verwaltung, Justiz und Kultur. Darüber hinaus wurden Bayern und Württemberg Reservatrechte im Militär- und Postwesen zugestanden. Außerdem hatten die Bundesstaaten über den Bundesrat eine starke Einwirkungsmöglichkeit auf die Reichspolitik. Beim Reich lag die Verfügungsgewalt über die Streitkräfte, das Zollwesen, den Handel, den Verkehr und das Postwesen, soweit dem nicht Reservatrechte entgegenstanden. Die daraus anfallenden Einkünfte flossen dem Reich zu. Da sie jedoch dessen Ausgaben, vor allem für die Streitkräfte, nicht deckten, leisteten die Bundesstaaten sogenannte "Matrikularbeiträge". Das Reich war also "Kostgänger" der Bundesstaaten.

Der **Bundesrat** als Repräsentant der "Verbündeten Regierungen" war das wichtigste Reichsorgan. Er wurde von den Bundesstaaten mit weisungsgebundenen Vertretern beschickt. Im Sinne des föderalistischen Prinzips standen den 17 preußischen Stimmen 41 der anderen Bundesstaaten gegenüber, obwohl etwa zwei Drittel der Bevölkerung und der Landfläche des Deutschen Reiches zu Preußen gehörten. Da der Bundesrat mit 14 Stimmen Änderungen der Reichsverfassung ablehnen konnte, verfügte Preußen ebenso wie Bayern, Württemberg und Sachsen zusammen in diesem wichtigen Bereich sogar über das Vetorecht. Der Bundesrat konnte Gesetzesvorschläge beim Reichstag einbringen. Alle von diesem beschlossenen Reichsgesetze bedurften der Zustimmung des Bundesrats, ebenso die Auflösung des Reichstags sowie Kriegserklärung und Friedensschluß durch den Kaiser. Ferner kontrollierte der Bundesrat die Einhaltung der Reichsgesetze und der von ihm selbst beschlossenen Reichs-Verwaltungsvorschriften durch die Exekutive.

Durch den **Reichstag,** der aufgrund des allgemeinen und gleichen Wahlrechts gewählt wurde, wollte Bismarck die Liberalen für das neue Reich gewinnen. Außerdem sah er im Reichstag ein Gegengewicht gegen den Partikularismus der Bundesstaaten. Seine Kompetenzen waren gering. Dem Reichstag standen Gesetzesinitiative und Beschlußfassung über Gesetzesvorlagen zu. In Kraft traten Gesetze aber erst nach Zustimmung des Bundesrats. Alleinige Angelegenheit des Reichstags war die Bewilligung des Staatshaushalts, den die Reichsregierung jährlich vorlegen mußte. Ausgenommen von dieser Regelung waren jedoch die Militärausgaben, die etwa vier Fünftel des Reichshaushalts ausmachten. Sie wurden bis 1887 für jeweils sieben, ab 1893 für jeweils fünf Jahre festgelegt. Dies bedeutete eine empfindliche Einschränkung des Budgetrechts. Eine Legislaturperiode dauerte zunächst drei, ab 1888 fünf Jahre. Wahlberechtigt waren alle Männer über 25 Jahre. Gewählt wurde nach dem gleichen, direkten und geheimen Mehrheitswahlrecht. Zur Auflösung des Reichstags mit anschließenden Neuwahlen war ein Beschluß des Bundesrats unter Zustimmung des Kaisers erforderlich.

Als **Staatsoberhaupt** fungierte der Deutsche Kaiser. Dieses Amt hatte der jeweilige König von Preußen inne. Er vertrat das Reich nach außen und konnte ohne Zustimmung anderer Verfassungsorgane Verträge, darunter auch Bündnisse mit anderen Staaten schließen. Er erklärte, sofern der Bundesrat zustimmte, im Namen des Reiches Krieg und schloß Frieden. Er führte den Oberbefehl über Bundesheer und Reichsflotte. Ohne Mitwirkung von Bundesrat und Reichstag ernannte und entließ er die Offiziere und Reichsbeamten, auch den Reichskanzler. Damit verfügte er über eine starke Stellung im Reich, zumal er als König von Preußen bedeutenden Einfluß auf den weitaus größten Bundesstaat ausübte.

Der **Reichskanzler** war der höchste vom Kaiser ernannte Regierungsbeamte, der einzige Minister des Reiches und Vorsitzender des Bundesrats. Ihm unterstanden von ihm selbst ernannte Staatssekretäre als Leiter der Reichsämter. So leitete er die gesamte Verwaltung des Reiches. Alle Anordnungen des Kaisers, mit Ausnahme der militärischen Kommandoakte, mußten vom Reichskanzler gegengezeichnet werden, wodurch dieser dem Parlament gegenüber verantwortlich war.

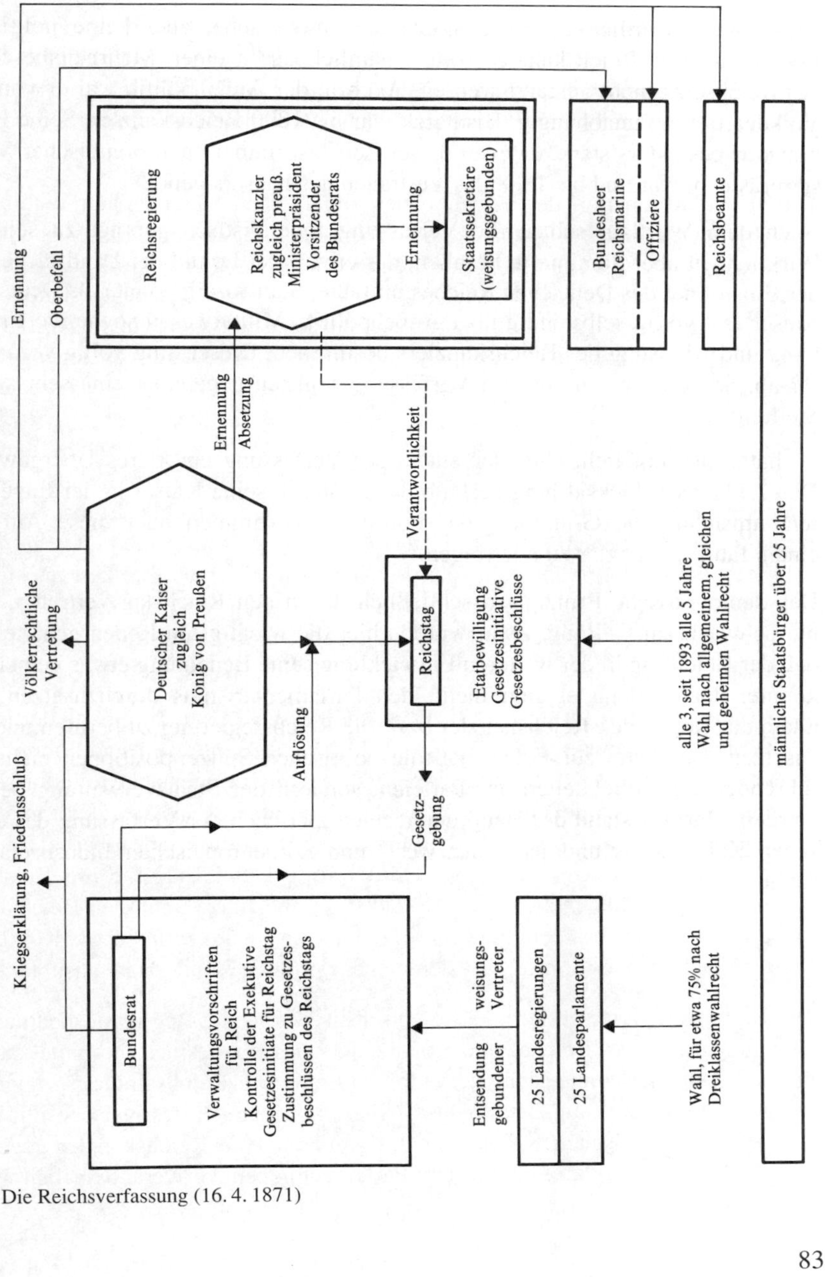

Die Reichsverfassung (16. 4. 1871)

Diese Verantwortlichkeit hatte jedoch nur moralische, aber keine politische Bedeutung. Der Reichskanzler konnte nämlich durch einen Mehrheitsbeschluß des Reichstags nicht gestürzt werden. Auch in der Außenpolitik war er von der Volksvertretung unabhängig. Bismarck war bis 1890 Reichskanzler. Seine Position war besonders stark, da er in dieser Zeit fast immer auch preußischer Ministerpräsident war und bis 1888 das Vertrauen des Kaisers genoß.

Nach dem Wortlaut schien die Verfassung föderalistisch geprägt zu sein. In Wirklichkeit aber dominierte Preußen, das etwa zwei Drittel der Landfläche und der Einwohner des Deutschen Reiches umfaßte. Sein König konnte als Deutscher Kaiser fast völlig selbständig über Außenpolitik, Militärwesen sowie die Ernennung und Ablösung des Reichskanzlers bestimmen. Dieser hing völlig vom Kaiser ab, besaß aber den anderen Verfassungsorganen gegenüber eine sehr starke Stellung.

So hatte das monarchische Element in der Verfassung ein klares Übergewicht. Deutschlands Schicksal hing deshalb davon ab, ob seine Kaiser in der Lage waren, umsichtig die Grundlinie der Politik zu bestimmen oder diese Aufgabe einem fähigen Kanzler zu übertragen.

Das demokratische Prinzip, ausschließlich durch den Reichstag vertreten, kam nur schwach zur Geltung. Zwar wurden hier die wichtigsten Reden gehalten, so daß der Reichstag in der weiteren Entwicklung seine Bedeutung etwas verstärken konnte, doch gelang es ihm nicht, den Parlamentarismus durchzusetzen, vor allem das Recht, den Reichskanzler bzw. die Reichsregierung zu berufen und abzusetzen. Das hatte zur Folge, daß die politischen Spitzenpositionen nicht mit führenden Persönlichkeiten der Parteien, sondern der Staatsverwaltung besetzt wurden. Darin bestand der Hauptunterschied zwischen der Verfassung des deutschen Kaiserreichs und jener der west- und nordeuropäischen Industrieländer sowie der Italiens.

2.4.2 Innere Konflikte und Konfliktparteien

Bismarcks Ziel:	Erhaltung des Obrigkeitsstaates
seine Methode:	Mehrheitsgewinnung im Reichstag durch Herausstellen eines "Reichsfeindes"
1871–1878	Höhepunkt des Kulturkampfes: Ausschaltung des Zentrums mißlungen
1878–1890	Sozialistengesetz: Ausschaltung der Sozialistischen Arbeiterpartei durch Verbot ihrer Organisationen gescheitert
1883–1889	Bismarcks Sozialgesetzgebung:
1883	Krankenversicherungsgesetz
1884	Unfallversicherungsgesetz
1889	Alters- und Invalidenversicherungsgesetz
	Gewinnung der Arbeiter für den Obrigkeitsstaat nicht erreicht

Der Kulturkampf

Ursachen

Seit der Französischen Revolution von 1789 war die Gestaltung von Staat und Gesellschaft Gegenstand der öffentlichen Auseinandersetzung geworden. Dabei traten Bestrebungen, den Einfluß der Kirchen zurückzudrängen, deutlich hervor. Die Bemühungen, den Widerstand dagegen auf eine fundierte Grundlage zu stellen und zu koordinieren, führte zu einer Orientierung vieler engagierter Katholiken an Situationsanalysen und Anweisungen aus dem Vatikan. Da diese von jenseits der Berge ("ultra montes") kamen, wurde die Richtung als **"Ultramontanismus"** bezeichnet.

Der Kampf der katholischen Kirche richtete sich vorwiegend gegen den Liberalismus. Dessen Hauptziele wurden von einem großen Teil der politisch interessierten Bevölkerung ganz Europas bejaht und fanden teilweise Eingang in deutsche Länderverfassungen. Die Angriffe gegen den Liberalismus fanden ihren Höhepunkt in einem Verzeichnis von Irrtümern, vor denen die katholische Kirche warnte, dem sogenannten "Syllabus", veröffentlicht im Jahre 1864. In diesem aber sahen weite Kreise einen provozierenden Angriff auf die modernen Anschauungen über Staat und Gesellschaft. Als dann 1870 der Vatikan die päpstliche Unfehlbarkeit als Dogma verkündete, befürchteten viele Politiker, nicht nur

in Deutschland, Übergriffe der nunmehr eindeutiger denn je unter zentraler Leitung stehenden katholischen Kirche in den Bereich des Staates. Die Auslösefaktoren der folgenden Kämpfe waren in den einzelnen Ländern verschieden.
In Deutschland spielte die etwa gleichzeitig erfolgte Gründung des Reiches und des **Zentrums** eine entscheidende Rolle. In dieser Partei fanden sich zahlreiche kirchlich engagierte und föderalistisch eingestellte Katholiken aller Stände zusammen. Eng war die Zusammenarbeit mit den Reichstagsfraktionen der **Polen, Elsässer** und **Welfen.** Die Polen konnten sich nur schwer damit abfinden, daß sie von preußischen zu Bürgern des kleindeutschen Nationalstaates geworden waren, die Elsässer, daß man sie gegen ihren Willen dem Deutschen Reich einverleibt hatte, während die Welfen die Wiederherstellung des 1866 von Preußen annektierten Königreichs Hannover anstrebten. So stand das Zentrum auf der Seite der meisten Unzufriedenen. Vorsitzender wurde *Ludwig Windthorst,* ein überragender Politiker und Redner. Er war Minister des Königreichs Hannover gewesen und prangerte dessen Einverleibung in den preußischen Staat als schweres Unrecht an. Richtschnur des politischen Handelns war für das Zentrum die Lehre der katholischen Kirche. Es fand festen Rückhalt zunächst bei einem großen, später beim größten Teil der deutschen Katholiken.
Bismarck betrachtete nach der Reichsgründung die innere Einigung Deutschlands als besonders wichtige Aufgabe. Außerdem nahm er an, das Zentrum werde von Rom aus geleitet. Er sah in dieser Partei den Kristallisationskern einer staatsgefährdenden Opposition. Er wollte sie zur politischen Bedeutungslosigkeit herabdrücken, indem er dem Papst vorschlug, sich von ihr zu distanzieren.

Verlauf

Als dies mißlang, nahm er den Kampf gegen die katholische Kirche und das Zentrum auf. Die Konservativen waren dagegen, da sie in der katholischen Kirche eine Stütze der bestehenden Staats- und Gesellschaftsordnung sahen. Die liberalen Parteien aber, die damals die Mehrheit im Reichstag hatten, beteiligten sich sehr engagiert, denn sie sahen in der katholischen Kirche ein Hemmnis des kulturellen, wirtschaftlichen und politischen Fortschritts. Daher gab einer der führenden Politiker den Auseinandersetzungen die Bezeichnung "Kulturkampf". Sie hofften, Bismarck durch ein jahrelanges gemeinsames Vorgehen, bei dem sie sich ihm unentbehrlich machen würden, dazu zu bringen, ihnen entscheidenden Einfluß auf die Innenpolitik einzuräumen.
Reichsweit leitete man den Konflikt 1871 mit dem **Kanzelparagraphen** ein. Er bedrohte die Geistlichen, die in Ausübung ihres Berufes "Angelegenheiten des Staates in einer den öffentlichen Frieden gefährdenden Weise" erörterten, mit

schweren Strafen. Das **"Jesuitengesetz" (1872)** machte in Deutschland die Tätigkeit dieses Ordens, der als Rückgrat des "Ultramontanismus" galt, nahezu unmöglich.

In Preußen ersetzte man zur Verminderung des kirchlichen Einflusses die geistliche Schulaufsicht durch die weltliche (1872). Durch die **"Maigesetze" (1873)** machte man die Anstellung Geistlicher vom Bestehen eines staatlicherseits durchgeführten "Kulturexamens" in Philosophie, Geschichte und deutscher Literatur abhängig. Die Einsetzung Geistlicher bedurfte nunmehr staatlicher Genehmigung. Gegen diesen Eingriff in kirchliche Belange protestierten die katholischen Bischöfe und riefen mit Erfolg zur Nichtbeachtung auf. Dagegen schritt der preußische Staat mit Geld- und Haftstrafen ein. Dies führte dazu, daß nach drei Jahren ein Fünftel der katholischen Pfarrstellen unbesetzt waren. Als 1875 der Papst die preußische Kulturkampf-Gesetzgebung für ungültig erklärte und jeden Katholiken, der sich an sie hielt, mit der Exkommunikation, das heißt mit dem Ausschluß aus der katholischen Kirche, bedrohte, verschärfte der preußische Staat seine Kampfgesetze. Er stellte alle finanziellen Leistungen an die katholische Kirche ein, die wegen der seinerzeitigen Säkularisation von Kirchengütern erfolgten. Darüber hinaus löste er alle Ordensniederlassungen auf, soweit sie nicht der Krankenpflege dienten.

Im Reich verloren die Kirchen gleichzeitig die bisher alleinige Befugnis, rechtsgültige Eheschließungen vorzunehmen. Ehen werden seitdem als **"Zivilehen"** vor weltlichen Standesämtern geschlossen. Eine anschließende kirchliche Trauung war und ist seitdem möglich, rechtlich aber nicht mehr erforderlich. Die Einführung der Zivilehe ließ die innere Entfremdung vieler Protestanten von ihrer Kirche deutlich in Erscheinung treten, während sie bei den Katholiken kaum Auswirkungen hatte. Dies veranlaßte Kaiser Wilhelm I., Bismarck gegenüber Bedenken gegen die Fortsetzung des Kulturkampfes vorzubringen. Auch Bismarck sah allmählich seine Aussichtslosigkeit ein. In seinem Wunsch nach allmählicher Beendigung wurde er bestärkt, als er 1878/79 seine Zusammenarbeit mit den Nationalliberalen unter anderem wegen zollpolitischer Differenzen beendete und sich den Konservativen näherte. Zur Mehrheitsbildung aber benötigte er nunmehr das Zentrum. Es kam ihm zustatten, daß 1878 mit Papst Leo XIII. ein Mann die Leitung der katholischen Kirche übernahm, der ein gutes Einvernehmen mit den wichtigsten Staaten und der modernen Welt anstrebte. Er vermittelte zwischen Bismarck, den katholischen Bischöfen Deutschlands und dem Zentrum. Im Verlauf mehrerer Jahre wurden die Kampfgesetze bis auf Kanzelparagraph, staatliche Schulaufsicht, Zivilehe und Jesuitengesetz außer Kraft gesetzt.

Aus diesem Kampf ging das Zentrum gestärkt hervor. Von 1881 bis 1912 war es die stärkste Reichstagsfraktion. Doch die aufgewühlten Leidenschaften wirkten sich noch jahrzehntelang ungünstig auf das Verhältnis zwischen Katholiken, Protestanten und Liberalen aus.

Sozialistengesetz

Das Zentrum hatte mit den Reichstagsfraktionen der Polen, Elsässer und Welfen zusammengearbeitet, deren Wähler sich dem neugegründeten Reich bzw. dem 1866 vergrößerten Preußen innerlich nicht zugehörig fühlten. Die bestehende Staats- und Gesellschaftsordnung stellte es jedoch nicht in Frage. Ganz anders war es bei der Sozialdemokratie, deren Programm an die Stelle des bestehenden Obrigkeitsstaates die Demokratie, an die Stelle des liberalen Wirtschaftssystems ein sozialistisches setzen wollte. Trotzdem sah Bismarck zunächst im Zentrum die größte Gefahr, denn 1871 erhielt es 63 Sitze im Reichstag, während sich die Sozialdemokratie mit 2 Sitzen begnügen mußte. Doch hatte deren wachsender Einfluß bei der Arbeiterschaft Revolutionsfurcht bei großen Teilen des Bürgertums und bei Bismarck zur Folge.
1878 lockerte Bismarck seine Zusammenarbeit mit den Nationalliberalen wegen ihres Strebens nach Ansätzen zu einer Parlamentarisierung und aus zollpolitischen Gründen. Dadurch verlor er seinen Rückhalt im Reichstag. Schon erwogen einflußreiche Politiker, auf seine Ablösung hinzuarbeiten. Da kam es im gleichen Jahr zu einen **Attentat auf Kaiser Wilhelm I.,** der allerdings unverletzt blieb. Sofort unterstellte Bismarck zu Unrecht der Sozialdemokratie die Urheberschaft und ließ die Vorlage zu einem Ausnahmegesetz gegen sie im Reichstag einbringen. Der lehnte sie jedoch mit großer Mehrheit ab. Acht Tage nach dieser Sitzung wurde Wilhelm I. durch ein zweites Attentat schwer verletzt. Der Attentäter, eher ein Gegner der Sozialdemokratie, konnte wegen eines Selbstmordversuchs niemals vernommen werden, weshalb seine Motive unaufgeklärt blieben. In der Öffentlichkeit aber verbreiteten sich wilde **Gerüchte über einen bevorstehenden sozialdemokratischen Umsturzversuch.** Bismarck machte sich das zunutze, indem er den Reichstag auflöste. Bei dem anschließenden Wahlkampf sahen sich viele Kandidaten veranlaßt, für scharfe Ausnahmegesetze gegen die Sozialdemokraten zu plädieren. Von den großen Parteien sprach sich nur das Zentrum wegen einschlägiger Erfahrungen seiner Wähler im Kulturkampf dagegen aus.
Bei den Wahlen erlitten die Liberalen erhebliche Verluste, die Konservativen dagegen konnten beträchtliche Gewinne verzeichnen. Der neue Reichstag beschloß dann das **"Gesetz gegen die gemeingefährlichen Bestrebungen der Sozial-**

demokratie". Es verbot die Sozialistische Arbeiterpartei und alle ihre Organisationen. Sozialistische Versammlungen und Druckschriften wurden untersagt, Verstöße dagegen mit Gefängnis oder Ausweisung aus den jeweiligen Wohnorten geahndet. Um die Aktivitäten trotzdem fortsetzen zu können, wich die Partei erforderlichenfalls ins Ausland aus. Dort hielt sie wichtige Versammlungen ab und ließ Zeitungen und Publikationen drucken. Sozialistisch gesinnte Bedienstete von Bahn und Post schmuggelten sie nach Deutschland. Für die Angehörigen der Ausgewiesenen sorgten solidarische Arbeiter.

Hausdurchsuchung bei einem sozialistischen Arbeiter

Bismarcks Sozialgesetzgebung

Bismarck war sich darüber klar, daß mit repressiven Maßnahmen allein der Einfluß der Sozialdemokratie auf die Arbeiter nicht zurückgedrängt werden konnte. Mindestens ebenso wichtig war es nach seiner Überzeugung, die Not der Arbeiter an ihrer empfindlichsten Stelle zu lindern, dem Einkommensausfall bei Krankheit, nach Arbeitsunfällen und bei Altersinvalidität. Daher ergriff er die Initiative zu einem Sozialgesetzgebungswerk.

Das **Krankenversicherungsgesetz** von 1883 schrieb Versicherungszwang für die meisten Arbeitnehmer unter einer bestimmten Einkommensgrenze vor. Neben die bereits bestehenden Betriebskrankenkassen trat als neue Einrichtung

die Ortskrankenkasse mit genossenschaftlicher Selbstverwaltung, in der die Arbeitnehmer das Übergewicht bekamen. Die Unterstützung umfaßte Kostenfreiheit der ärztlichen Behandlung und der Heilmittel sowie Krankengeld für zunächst 13, später für 26 Wochen. Zwei Drittel der Beiträge brachten die Versicherten auf, ein Drittel die Unternehmer.
Das **Unfallversicherungsgesetz** von 1884 legte die Zwangsversicherung der meisten Arbeitnehmer fest, deren Jahreseinkommen unter 2000 Mark lag. Der Versicherungsschutz umfaßte die durch Betriebsunfälle entstandenen Arzt- und Heilmittelkosten, dazu eine Rente für die Dauer der Erwerbsunfähigkeit in Höhe von zwei Dritteln des Arbeitsverdienstes und im Todesfall für die Hinterbliebenen ein Sterbegeld. Die Beiträge mußten die Unternehmer allein aufbringen.
Die 1889 eingeführte **Alters**- und **Invaliditätsrentenversicherung** sah eine Rente für die Arbeitnehmer nach dem 70. Lebensjahr vor, deren Höhe sich nach dem vorangegangenen Arbeitseinkommen und der Versicherungsdauer richtete. Der Versicherungsfall konnte bei Invalidität schon vor Erreichen der Altersgrenze eintreten. Den größten Teil der Versicherungslasten trugen Arbeitgeber und Arbeitnehmer zu gleichen Teilen; der Staat gewährte Zuschüsse.

Diese Sozialgesetze erfaßten zunächst noch nicht alle Arbeitnehmer, die aufgrund ihres Einkommens nicht in der Lage waren, selbst für Notfälle vorzusorgen. Außerdem waren die Leistungen lange Zeit mäßig. Um die Konkurrenzfähigkeit der deutschen Industrie nicht zu gefährden, lehnte Bismarck Gesetze zur Humanisierung der Arbeitsbedingungen, Verkürzung der Arbeitszeit, Einschränkung von Frauen- und Kinderarbeit, Festsetzung von Mindestlöhnen und weitestmögliche Abschaffung der Sonntagsarbeit ab.
Das Hauptziel dieser Sozialgesetze, die Masse der Arbeiterschaft dem Einfluß der Sozialdemokratie zu entziehen, konnte Bismarck nicht erreichen. Das politische Selbstbewußtsein der Arbeiter war so erstarkt, daß sie nicht bereit waren, einen Staat zu akzeptieren, der sie durch das Dreiklassenwahlrecht in Preußen und Sachsen diskriminierte und ihre Partei lahmzulegen versuchte. So wuchs die Zahl der bei Reichstagswahlen für die Sozialistische Arbeiterpartei abgegebenen Stimmen vom Beginn bis zum Ende des Sozialistengesetzes um mehr als das Dreifache. Die Sozialistische Arbeiterpartei erzielte bei den Reichstagswahlen 1890 die höchste Stimmenzahl aller Parteien.
Trotzdem war Bismarcks Sozialgesetzgebung mit ihrem Rechtsanspruch der Arbeitnehmer auf Sozialhilfe, mit ihrer Selbstverwaltung und Selbstverantwortung richtungsweisend für jede staatliche Sozialpolitik. Lange blieb sie auf der ganzen Welt ohne gleichwertige Entsprechung.

2.4.3 Versuche zur Demonstration innerer Geschlossenheit

1862	Kritik an Bismarcks "Lückentheorie": Liberale fühlen sich übergangen
1866	Kritik aus Österreich und Frankreich wegen des Deutschen Krieges
1871	Bayern fürchtet um seine Souveränität
ab 1871	Kritik aus kirchlichen Kreisen (wegen des Kulturkampfes)
ab 1878	Kritik aus der Arbeiterbewegung (wegen der Sozialistengesetze)
nach 1890	Bismarck-Mythos Bismarck als "Mahner und Warner"
1898	Verherrlichung schon vor seinem Tod in über 500 Denkmälern

Zu seinen Lebzeiten war Bismarck kaum geliebt und höchst umstritten. Zwar gelang es ihm, den Verfassungskonflikt von 1862 beizulegen, doch bedeutete sein Erfolg eine Schwächung der liberalen Bewegung, die sich nach 1866, nach der Indemnitätsvorlage im preußischen Abgeordnetenhaus, spaltete.

Im Kulturkampf (1871–1878/87) ging Bismarck gegen den politischen Katholizismus vor. Dies war ein Machtkampf, der nicht zu gewinnen war und der nach dem Tod Papst Pius' IX. allmählich ohne Gesichtsverlust beigelegt wurde. Auch im Kampf gegen die Sozialdemokratie zeigte Bismarck, daß er nicht gewillt war, irgendwelche möglichen Angriffe auf das neu geschaffene Reich hinzunehmen. Trotzdem – und obwohl die Sozialgesetzgebung die Lebensbedingungen der Arbeiter stabilisieren sollte – fand die Arbeiterbewegung immer mehr Zulauf. Auch der Versuch Bismarcks, durch Abdrängen der "vaterlandslosen Gesellen" in die Illegalität die gesellschaftspolitischen Verhältnisse zumindest nach außen hin zu stabilisieren, scheiterte, wie die Rücknahme der Sozialistengesetze nach Bismarcks Rücktritt 1890 zeigt.

Nach seinem Rückzug aus der Politik wurde Bismarck mehr und mehr zur **Kult- und Identifikationsfigur** für alle Deutschen, die sich von der Herrschaft Kaiser Wilhelms II. enttäuscht abwandten. Noch zu seinen Lebzeiten wurde Bismarck zum gern gehörten, oft befragten und sich häufig äußernden Kommentator des politischen Geschehens in Deutschland und Europa.

Doch Bismarck wurde über seinen Tod hinaus verehrt: Sei es durch Darstellung auf Gemälden (etwa Franz Lenbachs) oder durch Nennung in Gedichten (etwa Paul Heyses). Noch heute sind **Bismarck-Denkmäler** bekannt, von denen es am

Ende des 19. Jahrhunderts im ganzen Reich über 500 gab. Die Errichtung dieser Standbilder ging meist auf die Initiative wirtschaftsbürgerlicher Kreise zurück und sollte Identifikationsmuster schaffen. In den Bismarck-Denkmälern drückt sich sicherlich Verehrung für Bismarck aus, doch sie signalisieren auch, daß die Deutschen im späten 19. Jahrhundert kaum Möglichkeiten der politischen Identifikation besaßen. So gesehen ist die Verherrlichung Bismarcks nach seinem Tod, die zusammen mit der Kritik an ihm zu seinen Lebzeiten gesehen werden will, Ausdruck weitgehender politischer Orientierungslosigkeit.

Bismarckstandbild in Pforzheim. Foto: Dirk Reinartz (Visum Archiv)

2.4.4 Manifestationen des Patriotismus

Feste im Kaiserreich

- Schiller- und Goethefeiern
- Geburtstage Bismarcks, Kaiser Wilhelms I., Kaiser Wilhelms II.
- Sedantag (2. September)
- 1. Mai-Feiern

Die politische Praxis im Kaiserreich spaltete die Bevölkerung in staatstragende und staatsgefährdende Teile; Protestanten standen gegen Katholiken, Bürgerliche und Adelige gegen Anhänger der Arbeiterbewegung und der Sozialdemokratie. Als Gefährdung für das Reich galten auch die welfischen Strömungen Hannovers, des Verlierers von 1866, und die nur unzulänglich ins Reich integrierte Bevölkerung des 1871 annektierten Elsaß-Lothringens.

Der **Hurra-Patriotismus** der Jahre nach 1871 konnte diese "Risse" des Nationalstaats nur unzureichend verdecken. Nach dem Abklingen der ersten Euphorie traten die **gesellschaftlichen Spannungen** verstärkt zutage. Trotz – oder gerade wegen – dieser Spannungen wurde im Kaiserreich von Staats wegen versucht, nationale Geschlossenheit wenn schon nicht herzustellen, so doch wenigstens zur Schau zu stellen. Zu diesem Zweck wurden vor allem **Feste** veranstaltet: Deutschland feierte sich in Goethe- und Schillerfeiern, im Gedenken an den 400. Geburtstag Martin Luthers (10. November 1883) und den 500. Geburtstag Gutenbergs (1900), als Kulturnation. Auch militärische Feiern waren beinahe an der Tagesordnung: Anlaß waren deutsche Siege, etwa in Königgrätz (3. Juli 1866) und auf den Düppeler Schanzen (18. April 1864). Gefeiert wurden auch Gedenktage der Heroen der Reichsgründung: etwa Bismarcks 80. Geburtstag am 1. April 1895 und das 25jährige Regierungsjubiläum Wilhelms I. (als König von Preußen) am 2. Januar 1886. Doch auch den Geburtstagen Kaiser Wilhelms I. am 22. März und Kaiser Wilhelms II. am 27. Januar gedachte man mit Paraden, Salutschießen und Gottesdiensten. Das Bürgertum ließ sich in diese Ehrenbezeugungen einbinden, etwa indem es die abendlichen Tanzveranstaltungen besuchte.

Von herausragender Bedeutung für die Festkultur des Kaiserreichs sind die **Sedanfeiern.** Sie fanden ab 1871 alljährlich am 2. September, dem Tag des Sieges über den "Erbfeind" Frankreich, statt. Bezeichnend für die nationalistische Gesinnung mancher Bevölkerungsgruppen ist die Auswahl des Nationalfeiertags. So wurde nicht der Tag des Friedensschlusses als Jubiläum ausgewählt, sondern der Tag der katastrophalen Niederlage der französischen Truppen. Der Sedantag war auch ein gesellschaftliches Ereignis: Kriegervereine, Veteranen, Alldeutsche und Kaisertreue feierten öffentlich die Wiedergewinnung der militärischen Vormacht in Europa.

Neben den genannten Festtagen gab es noch die Feiertage der Arbeiterschaft: Begangen wurden der Todestag Ferdinand Lassalles am 31. August 1864 und in Erinnerung an die Märzrevolution des Jahres 1848 die alljährlichen Märzfeiern.

Ab 1890 wurde der 1. Mai zum zentralen Feiertag von Arbeiterschaft, Gewerkschaften und SPD, an dem die Arbeitervertreter die Ziele, die sie sich für die Zukunft setzten (z. B. 8-Stunden-Tag), artikulierten.

2.5 Außenpolitische Konzepte des Kaiserreichs und Erster Weltkrieg

2.5.1 Auswirkungen der Reichsgründung auf das europäische Mächtesystem

	Sicherungspolitik im Zeitalter Bismarcks
Ziel:	Sicherung des Bestandes des Deutschen Reiches durch abgestuftes Vertragssystem mit allen wichtigen europäischen Mächten, dabei Isolierung Frankreichs
	Vertragssystem
1873	Drei-Kaiser-Abkommen: Deutschland, Österreich-Ungarn, Rußland
1879	Zweibund: Deutschland und Österreich-Ungarn
1881	Drei-Kaiser-Vertrag: Deutschland, Österreich-Ungarn, Rußland
1882	Dreibund (durch Beitritt Italiens zum Zweibund)
1887	Mittelmeer-Entente: England, Österreich-Ungarn, Italien (von Bismarck gefördert) Rückversicherungsvertrag: Deutschland – Rußland

	Weltpolitik im Wilhelminischen Zeitalter
Ziel	freie Hand für eine imperialistische Weltpolitik
	Politische Entscheidungen und deren Folgen
1890	Nichterneuerung des Rückversicherungsvertrags
1894	Defensivbündnis zwischen Rußland und Frankreich
1896	Krügerdepesche Wilhelms II. Ende der Mittelmeer-Entente durch Ausscheiden Englands: Entwertung des Bündnisses mit Italien
1898–1901	ergebnislose Verhandlungen über eine deutsch-englische Entente
1900	Flottengesetz für deutsche "Risikoflotte"
1904	Entente zwischen England und Frankreich
1907	Entente zwischen England und Rußland

Der unerwartet rasche Aufstieg Preußens von der schwächsten der fünf europäischen Großmächte zur Führungsmacht Deutschlands und damit Mitteleuropas weckte in Deutschland die Hoffnung, im Ausland aber die Befürchtung, der neue Staat könnte die Hegemonie in Europa gewinnen. Der damalige britische Oppositionsführer *Benjamin Disraeli* bezeichnete die Reichsgründung als "die deutsche Revolution, ein größeres politisches Ereignis, als die Französische Revolution des vergangenen Jahrhunderts". Das Gleichgewicht der Macht in Europa sei "völlig zerstört".

Für diese Ansicht schienen einige Tatsachen zu sprechen: Das Deutsche Reich übertraf alle europäischen Großmächte außer Rußland an Landfläche und Bevölkerungszahl, wenn man die Kolonien nicht einrechnete. Rußland übertraf zwar Deutschland an Bevölkerungszahl um fast das Doppelte, an Landfläche sogar um ein Vielfaches, doch befand es sich gegenüber Deutschland im Bereich der Industrieproduktion, Verkehrserschließung und hinsichtlich des Bildungsniveaus seiner Bevölkerung weit im Rückstand. Obendrein wurde seine innere Stabilität durch Terroristen erschüttert. Eindeutig überlegen erschien das Deutsche Reich allen europäischen Großmächten an militärischer Schlagkraft, an Chancen für Wachstum der industriellen Produktion und an innerer Stabilität. Die raschen Siege der preußischen Truppen 1866 und die der deutschen 1870/71 hatten Europa in Erstaunen versetzt. Die Reichsgründung schien, ähnlich wie bei den USA das Ende des Sezessionskrieges, einen gigantischen Wirtschaftsaufschwung einzuleiten, der durch die französische Kriegsentschädigung zusätzlichen Auftrieb erhielt. Die innere Stabilität schien angesichts der Begeisterung über die Reichsgründung gesichert zu sein. Österreich und Frankreich dagegen gerieten durch ihre Niederlagen in schwere Staatskrisen.

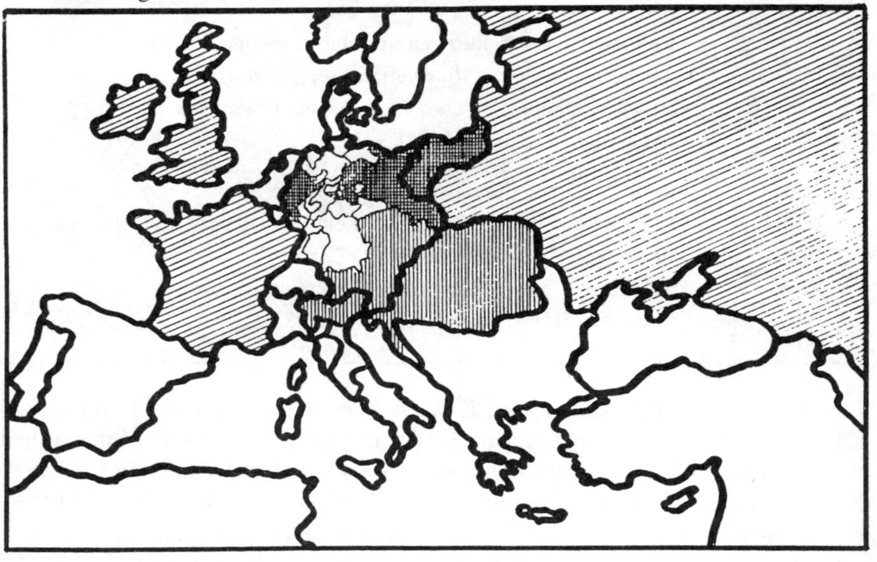

Die europäischen Großmächte nach dem Wiener Kongreß (um 1820)

Doch änderte sich die Lage bald. Deutschlands rasanter Wirtschaftsaufschwung stieß schon in der Gründerkrise an seine Grenzen. Kulturkampf und Sozialistengesetze zeigten, daß die Integration der Bevölkerung in den neuen Staat nur zum Teil gelang. Die Lage der meisten anderen Großmächte entwickelte sich dagegen relativ günstig. Frankreich konnte seine Staatskrise nach einigen Jahren beenden. England, ohnehin schon die größte Kolonialmacht, gewann neue Besitzungen, die wesentlich wertvoller waren als die der anderen Kolonialmächte. Rußland hatte zwischen 1890 und 1913 höhere Zuwachsraten in der industriellen Produktion als jedes andere Land einschließlich der USA und übertraf an Bevölkerungszuwachs alle anderen wichtigen Länder Europas. Auch die Verkehrserschließung und das Bildungswesen des Zarenreiches machten beachtliche Fortschritte. Schließlich gelang es auch, die terroristischen Gruppen zu zerschlagen.

Dem Machtzuwachs Deutschlands waren also engere Grenzen gesetzt, als man anfangs annahm. Es war zwar stärker als jede andere kontinentaleuropäische Großmacht, aber einer von ihnen gebildeten Koalition war es in keiner Weise ge-

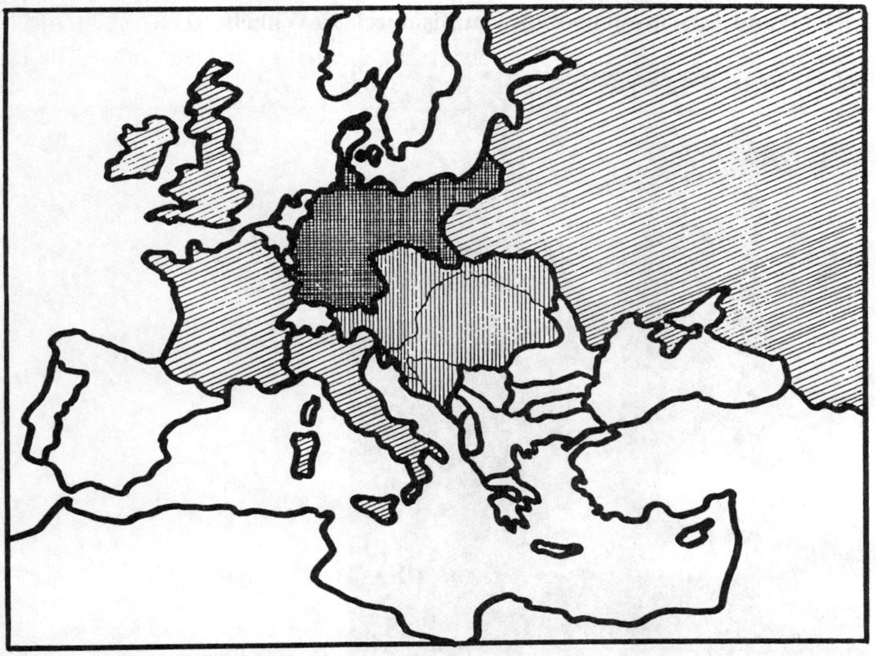

Die europäischen Großmächte nach der Gründung des Deutschen Reiches (um 1879)

wachsen. Das europäische Gleichgewicht bleib also erhalten. Doch während es vorher England, Frankreich und Rußland bestimmten, spielte nun Deutschland als neues mitteleuropäisches Machtzentrum die entscheidende Rolle. Voraussetzung dafür aber war nicht nur Deutschlands Macht, die auf Bevölkerungszahl, Wirtschaftskraft, innerer Stabilität und Bildungsniveau seiner Bevölkerung beruhte, sondern auch das diplomatische Geschick Bismarcks. Diesen Faktoren verdankte Deutschland zeitweise eine halbhegemoniale Stellung in Europa. Sie wurde aber nur so lange hingenommen, als das neue Reich der Stabilisierungsfaktor des Kontinents war.

2.5.2 Wandel der Außenpolitik von Bismarck zu Wilhelm II.

Otto von Bismarck
(kolorierte Aufnahme 1886)

Europäische Mächtekonstellation 1887

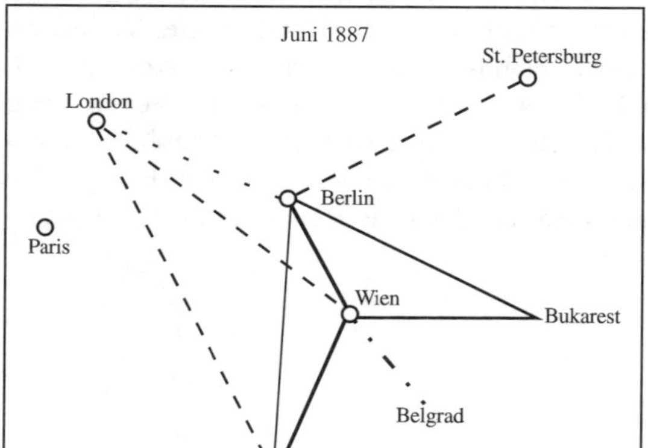

Zeichenerklärung

- —— Militärbündnis
- - - - freundschaftliche Beziehungen ohne Vertrag
- —— bündnisähnliche Entente
- o Großmacht
- – – – Freundschafts- bzw. Neutralitätsvertrag
- ● bedeutende Macht
- ·· – ·· Abhängigkeit

Kaiser Wilhelm II.
(Gemälde von Max Koner, 1890)

Europäische Mächtekonstellation 1914

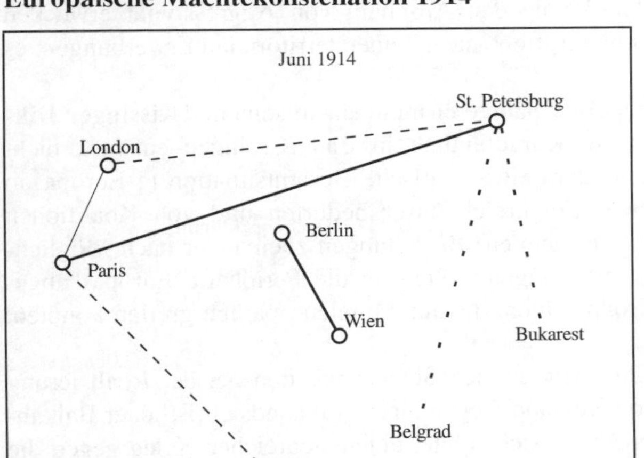

Wertlose Bündnisse (Italien und Rumänien mit Deutschland und Österreich-Ungarn 1914) sind nicht eingezeichnet.
(Zur Erläuterung siehe Kapitel 2.5.2.3 "Vergleich der deutschen Außenpolitik unter Bismarck und Wilhelm II.")

2.5.2.1 Status-quo-orientierte Sicherungspolitik in der Ära Bismarck

Aufbau des Bismarckschen Vertragssystems

Das neugegründete Deutsche Reich war so stark, daß es das Mißtrauen der anderen europäischen Mächte hervorrief. Doch hatte es, anders als die USA auf dem amerikanischen Doppelkontinent, nicht eine derart überlegene Position, daß ein Bündnis aller anderen Mächte demgegenüber aussichtslos erscheinen mußte. So sah Bismarck angesichts der Mittellage Deutschlands die Gefahr einer verhängnisvollen Umklammerung, die er unter allen Umständen verhindern wollte. Dabei ging er zunächst in Anknüpfung an die Heilige Allianz von der Interessengleichheit der drei konservativen europäischen Großmächte Rußland, Deutschland und Österreich-Ungarn aus: Sicherung der Machtstellung der alten Führungsschicht durch Aufrechterhaltung des Friedens zwischen den europäischen Großmächten. In diesem Sinne brachte er 1873 das **Drei-Kaiser-Abkommen** zustande. Es enthielt lediglich die Verpflichtung zu gegenseitiger Konsultation in außenpolitischen Krisenfällen.

Doch schon 1875 kam es zu einer außenpolitischen Krise. Frankreich traf Maßnahmen zu einer erheblichen Verstärkung seines Heeres. Bismarck versuchte, es durch einen lancierten Presseartikel, der von einem **"Krieg in Sicht"** sprach, zur Rücknahme dieser Maßnahmen zu veranlassen. England und Rußland reagierten darauf mit diplomatischen Schritten, die Bismarck klarmachten, daß sie eine erneute Schwächung Frankreichs nicht dulden würden. Von da an verzichtete Bismarck auf jegliche Politik, die den Anschein von Aggressivität erwecken konnte. Er erklärte, Deutschland strebe nach keinen territorialen Erwerbungen; es sei "saturiert".

Als Idealziel seiner Außenpolitik nannte er nunmehr in seinem **"Kissinger Diktat"**, das er 1877 bei einem Kuraufenthalt in Bad Kissingen entwarf, nicht irgendeinen Landerwerb, sondern eine politische Gesamtsituation in Europa, in welcher "alle Mächte außer Frankreich unser bedürfen und von Koalitionen durch ihre (ergänze: etwas gespannten) Beziehungen zueinander nach Möglichkeit abgehalten werden". Spannungen sollten an die Peripherie Europas abgelenkt, Kriege zwischen Großmächten, die auf Mitteleuropa übergreifen konnten, verhindert werden.

Doch noch im gleichen Jahr zeigten sich Schwierigkeiten bei der Realisierung dieses Ziels. 1877/78 führte Rußland wegen eines Aufstands christlicher Balkanvölker, als deren Schutzmacht es sich fühlte, einen siegreichen Krieg gegen die Türkei, die den Balkan beherrschte. Im Frieden von San Stefano begnügte es sich selbst mit einem bescheidenen Landgewinn im Süden Bessarabiens und im

Nordosten Armeniens. Doch schuf es den neuen Staat Bulgarien, der so groß war, daß ihm eine Vormachtstellung auf dem Balkan zufiel. Die Tatsache jedoch, daß ein Teil des ihm zugesprochenen Gebiets von seinen Nachbarn beansprucht wurde, machte es auf Gedeih und Verderb von Rußland abhängig. Dieses schien dadurch indirekt Zugang zum Mittelmeer und eine Möglichkeit des Zugriffs auf die Meerengen zu bekommen.

Balkanstaaten 1878; aus: Weltgeschichte in einem Griff, Frankfurt 1985, S. 747

Doch das wollte England nicht hinnehmen, und auch Österreich-Ungarn widersetzte sich der Vormachtstellung eines von Rußland abhängigen Staates auf dem Balkan. Beide Mächte rüsteten zum Krieg. Auf russischen Wunsch berief Bismarck einen Kongreß der europäischen Mächte in Berlin ein und leitete ihn. Der

"Berliner Kongreß" bestätigte zwar Rußlands Landgewinn, verkleinerte Bulgarien auf etwa zwei Fünftel des von Rußland ursprünglich vorgesehenen Umfangs und hielt es weit vom Mittelmeer sowie von den Meerengen fern. Österreich-Ungarn erhielt als Kompensation für den Landgewinn Rußlands und das Anwachsen seines Einflusses auf dem Balkan das Verwaltungsrecht in Bosnien und der Herzegowina sowie das Garnisons- und Straßenbaurecht im Sandschak (Verwaltungsgebiet) Novipazar.
Bismarck rettete damit den Frieden und gewann so höchstes Ansehen und Vertrauen (**"Ehrlicher Makler"**) bei den europäischen Mächten bis auf Rußland. Dieses jedoch sah sich um die Früchte seines Sieges gebracht und warf Bismarck Undankbarkeit für seine wohlwollende Haltung während der Einigungskriege 1864, 1866 und 1870/71 vor. Zar Alexander II. schrieb in einem Brief an Kaiser Wilhelm I. von "verhängnisvollen Folgen" für das deutsch-russische Verhältnis. Dieser Brief wurde deutscherseits **"Ohrfeigenbrief"** genannt.
Bismarck erkannte, daß er die ihm vorschwebende freie Mittlerstellung zwischen den rivalisierenden Mächten Rußland und Österreich-Ungarn nicht behaupten konnte. Ebenso wurde ihm klar, daß nunmehr die seit über 100 Jahren bestehenden und nur gelegentlich kurzfristig getrübten freundschaftlichen Beziehungen zwischen Rußland und Preußen bzw. dem neugegründeten Deutschen Reich beendet seien. Daher schloß er 1879 mit Österreich-Ungarn ein Defensivbündnis gegen einen möglichen russischen Angriff, den **"Zweibund".**
Rußland gegenüber betonte Bismarck den rein defensiven Charakter des Vertrags und sprach den Wunsch nach weiterhin guten Beziehungen aus. So kam es 1881 zum Abschluß des **Drei-Kaiser-Vertrags** zwischen den drei konservativen Ostmächten Rußland, Deutschland und Österreich-Ungarn, der bis 1887 in Kraft blieb. Er legte die drei Kaisermächte auf wohlwollende Neutralität im Falle des Krieges mit einer vierten Großmacht, nämlich Frankreich gegen Deutschland oder England gegen Rußland, fest. Außerdem sollten die Balkaninteressen Rußlands und Österreich-Ungarns gegenseitig respektiert werden.
Österreich-Ungarn unterzeichnete 1881 einen Vertrag mit Serbien, der dieses politisch und wirtschaftlich von ihm abhängig machte. 1882 schloß sich Italien dem Zweibund an, wodurch er zum **"Dreibund"** erweitert wurde. Dieses Defensivbündnis verpflichtete Deutschland und Österreich-Ungarn zum militärischen Beistand im Falle eines unprovozierten Angriffs Frankreichs auf Italien; die gleiche Verpflichtung übernahm Italien gegenüber Deutschland im Fall eines unprovozierten französischen Angriffs. Außerdem versprachen sich die Vertragspartner wohlwollende Neutralität, falls einer von ihnen zu einem Präventivkrieg gezwungen werden sollte. Diesem Dreibund schloß sich 1883 auch Rumänien an.

Es fühlte sich durch Rußlands Streben, die Vormachtstellung auf dem Balkan zu gewinnen, bedroht. Die Verträge mit Serbien, Italien und Rumänien waren insofern problematisch, als einflußreiche Politiker in diesen Ländern danach strebten, bei günstiger Gelegenheit der Donaumonarchie jene Gebiete abzunehmen, die vorwiegend von ihren Landsleuten bewohnt waren. Andererseits wurden mit Rücksicht auf diese Abmachungen derartige Forderungen von den Regierungen lange Zeit in Schranken gehalten. Den militärischen Wert der Bündnisse mit Italien und Rumänien schätzte Bismarck nicht besonders hoch ein. Es ging ihm in erster Linie darum, im Frieden Reibungsflächen an den Grenzen der Habsburgermonarchie zu beseitigen und Österreich-Ungarn im Fall eines Krieges mit Rußland gegenüber allen anderen Nachbarn zu sichern.
1887 kam es zwischen Rußland und Österreich-Ungarn zu starken Spannungen. Die Donaumonarchie wollte, Wünschen Bulgariens folgend, ihren Einfluß auf dieses zur russischen Interessensphäre gehörige Land ausdehnen. Bismarck machte der Führung des Habsburgerstaates klar, daß er in dieser Situation bei einem Kriegsausbruch den Bündnisfall nicht als gegeben betrachte. Deutschland habe zwar auf dem Balkan keine eigenen Interessen, wünsche aber unbedingt die Erhaltung des Friedens.

Krise des Bismarckschen Vertragssystems

Gleichzeitig verschlechterte sich jedoch Deutschlands Verhältnis zu Rußland aus wirtschaftlichen Gründen. Deutschland war damals der Hauptabnehmer des russischen Exportgetreides und der Hauptfinanzier der russischen Anleihen. 1887 reagierte es auf russische Industriezölle mit Erhöhung seiner Agrarzölle und mit dem Verbot, russische Anleihen an deutschen Börsen anzubieten (Fachausdruck: zu begeben).
Beide Maßnahmen führten zu schweren Rückschlägen in der russischen Wirtschaft. Doch bald erklärte sich Frankreich bereit, russische Anleihen an seinen Börsen zuzulassen und machte allmählich das Zarenreich in finanzieller Hinsicht von sich abhängig. Die Spannungen mit Österreich-Ungarn wegen Bulgarien und mit Deutschland aus wirtschaftlichen Gründen brachten die seit dem Berliner Kongreß in Rußland aufgekommene deutschfeindliche Stimmung auf einen Höhepunkt. Russische Zeitungen forderten die volle Ausnützung der seit 1871 bestehenden Gegnerschaft Frankreichs zu Deutschland, um dieses zu zwingen, sich Rußland außenpolitisch unterzuordnen.
Die Möglichkeit eines Bündnisses zwischen Frankreich und Rußland zeichnete sich ab. Dies wollte Bismarck verhindern. Daher schloß er mit der russischen Regierung den geheimen **"Rückversicherungsvertrag".** Dieser verpflichtete

beide Mächte zu wohlwollender Neutralität, wenn eine von ihnen in einen Krieg verwickelt würde. Ausgenommen waren Angriffskriege Deutschlands gegen Frankreich und Rußlands gegen Österreich-Ungarn. Außerdem verpflichtete ein **"ganz geheimes Zusatzprotokoll"** Deutschland zu wohlwollender Unterstützung und Neutralität, falls Rußland die Meerengen in Besitz nähme. So sicherte Bismarck Deutschland einigermaßen vor dem Zweifrontenkrieg gegen Rußland und Frankreich.

Doch schwächte diese Sicherung Deutschlands die Stellung der Donaumonarchie gegenüber Rußland auf dem Balkan. Um für einen Ausgleich zu sorgen, versuchte Bismarck andere Mächte dafür zu gewinnen, dem Habsburgerstaat gegenüber dem Zarenreich auf dem Balkan den Rücken zu stärken. So kam unter seiner entscheidenden Förderung im gleichen Jahre 1887 die **"Mittelmeer-Entente"** zwischen England, Österreich-Ungarn und Italien zustande. Ihr Ziel war die Aufrechterhaltung des Status quo im Mittelmeer und im Schwarzen Meer sowie die Erhaltung der Türkei.

Das Erreichen des Doppelzieles war ein Höhepunkt der Bismarckschen Diplomatie. Andererseits wurde und wird Bismarcks Vorgehen als Doppelspiel betrachtet, denn zwischen der Grundtendenz beider Verträge bestand ein erheblicher Widerspruch: Bismarck versprach Rußland bei einer Besitzergreifung der Meerengen wohlwollende Neutralität und diplomatische Unterstützung, die Verhinderung dieses Schrittes aber gehörte zu den Zielen der von Bismarck entscheidend geförderten Mittelmeer-Entente.

Einen dauerhaften und zuverlässigen Schutz vor einem Zweifrontenkrieg versprach sich Bismarck vom Rückversicherungsvertrag allerdings nicht. Daher ließ er in England anfragen, ob die Regierung zwecks Verhinderung eines Krieges zum Abschluß eines öffentlich bekanntgegebenen Defensivbündnisses mit Deutschland bereit sei. Die Anfrage wurde höflich abgelehnt: England wollte sich nicht binden. Bismarck betrachtete nun die Lage Deutschlands als so bedenklich, daß er in seine Überlegungen auch die Möglichkeit einbezog, erforderlichenfalls Rußland die Vorherrschaft auf dem Balkan zu überlassen und in einer extrem bedrohlichen Situation sogar Österreich-Ungarn preiszugeben.

So drohte Deutschland in ein Abhängigkeitsverhältnis von Rußland zurückzusinken, wie es bereits während der Restaurationszeit bestand. Bismarcks lange bewundertes Vertragssystem wurde nunmehr von immer weiteren Kreisen als ebenso zukunftslos kritisiert wie seine Innenpolitik wegen ihrer Dauerkonfrontation mit den Sozialisten.

2.5.2.2 Wilhelminische Großmachtpolitik im Zeitalter des Imperialismus

Als Bismarck 1890 von Kaiser Wilhelm II. zum Rücktritt gezwungen wurde, überwog daher in Deutschland das Gefühl der Erleichterung. Voller Hoffnung sah man auf den 31jährigen Kaiser, der im Gegensatz zu Bismarck dem Zeitgeist aufgeschlossen zu sein schien. Er hielt sich für berufen, Deutschlands Politik selbst zu leiten und sein Land "herrlichen Zeiten" entgegenzuführen. Anders wurde der Wechsel in der deutschen Führung von Regierungen wichtiger europäischer Länder gesehen. Sie betrachteten es als eine Gefahr, daß die Leitung eines mächtigen, aber auch gefährdeten Staates in die Hände eines politisch unerfahrenen und in seinen Entscheidungen sprunghaften Kaisers überging. Die kürzeste Charakteristik lieferte der damalige französische Botschafter in Berlin: "Ein Schiff ohne Kompaß. Zwanzig Jahre zu früh zur Macht gekommen."

Das Verhältnis zu Rußland

Die erste Entscheidung der deutschen Außenpolitik unter Wilhelm II. war die Nichterneuerung des 1890 auslaufenden Rückversicherungsvertrags. Die russische Regierung beabsichtigte damals eine expansive Politik im Fernen Osten und brauchte hierzu Rückenfreiheit an ihrer Westgrenze. Daher legte sie so großen Wert auf eine Erneuerung des Vertrages, daß sie sogar bereit war, auf das "ganz geheime Zusatzprotokoll" über die Meerengen zu verzichten. Doch die neue deutsche Staatsführung lehnte das nunmehr unproblematische Angebot ab. Sie glaubte, dadurch das Vertrauensverhältnis innerhalb des Dreibundes und die guten Beziehungen zu England festigen zu können.
Die russische Regierung aber befürchtete angesichts der deutschen Weigerung, ein völlig unverfängliches Neutralitätsabkommen zu verlängern, ein antirussisches Bündnis zwischen Deutschland, England und Österreich-Ungarn und schloß 1894 ein Defensivbündnis mit Frankreich, das sich fast ein Vierteljahrhundert vergeblich darum bemüht hatte. Die politische Führung Deutschlands hatte nicht hinreichend erwogen, daß die zu erwartende russische Reaktion zu einer nicht mehr umkehrbaren Änderung der europäischen Bündniskonstellation führen würde. Bismarcks kunstvolles Vertragssystem, durch das ein Zweifrontenkrieg verhindert werden sollte, war an entscheidender Stelle durchbrochen.

Das Engagement in der Türkei

Mit dieser ungünstigen Ausgangslage ging Deutschland nun zu einer "Weltpolitik" über, wie sie damals bei fast allen Großmächten üblich war. Es bemühte sich dabei weniger um den Erwerb neuer Kolonien als um wirtschaftlichen Einfluß in zukunftsreichen unterentwickelten Ländern.

Das erste Ziel war die Türkei. Eine deutsche Gesellschaft hatte in Kleinasien unter Leitung der Deutschen Bank von 1886 bis 1896 eine Eisenbahnlinie gebaut und damit der deutschen Wirtschaft maßgeblichen Einfluß in diesem Land verschafft. Daneben waren schon zu Bismarcks Zeiten, in allerdings sehr beschränktem Umfang, deutsche Offiziere als Instrukteure in der Türkei tätig gewesen.
England, das bisher der wichtigste Beschützer der Türkei gewesen war, erwog um 1895 zeitweise eine Aufteilung dieses Reiches zwischen Rußland, Österreich-Ungarn und Italien. In dieser Lage reiste Wilhelm II. 1898 in den Orient und erklärte in einer vielbeachteten Rede den dreihundert Millionen Mohammedanern in der Welt, sie könnten auf ihn als ihren Freund rechnen. Darauf erhielt die deutsche Gesellschaft die Konzession für die Fortführung des Bahnbaus bis zum Persischen Golf.
Für Deutschland schienen sich große Aussichten zu eröffnen, denn der Bau dieser Bahn, der sogenannten **"Bagdadbahn",** konnte riesige Aufträge für die deutsche Industrie bringen. Da die Eisenbahn damals in verkehrsmäßiger Hinsicht das Rückgrat jeder Volkswirtschaft war, schien es zudem wahrscheinlich, daß eine deutsche Eisenbahngesellschaft entscheidenden Einfluß auf die gesamte Wirtschaft der Türkei bekäme. Da auch die Zahl der deutschen Militärinstrukteure erheblich vermehrt wurde, rückte die Gewinnung eines starken politischen Einflusses immer mehr in den Bereich des Möglichen; dann durfte Deutschland auch beachtliche Aufträge für seine Rüstungsindustrie erwarten.
Da aber Deutschland nicht genügend Kapital für Auslandsinvestitionen zur Verfügung stand, kamen der Bau der Bagdadbahn und die wirtschaftliche Durchdringung der Türkei wesentlich langsamer voran als erhofft. Eine Zusammenarbeit mit England und Frankreich, die kapitalkräftiger waren, erwies sich als notwendig. Daher grenzten kurz vor Ausbruch des Ersten Weltkriegs Deutschland, England und Frankreich ihre wirtschaftlichen Einflußsphären in der Türkei durch einen Vertrag ab. Deutschland bekam entsprechend dem Verlauf der geplanten Bagdadbahn das mittlere und südliche Kleinasien sowie das nördliche Mesopotamien zugesprochen. Die Konzession für den Bau des südlichen Teils der Bagdadbahn bis zum Persischen Golf wurde nunmehr England übertragen. Dieses Abkommen brachte nicht nur allen Beteiligten wirtschaftlichen Nutzen. Es war auch ein Ergebnis spät einsetzender deutscher und britischer Bemühungen, das beiderseitige Verhältnis zu verbessern. Viele Zeitgenossen sahen in ihm ein hoffnungsvolles Zeichen der Entspannung.
Seit der Jahrhundertwende brachte das Engagement Deutschlands in der Türkei eine erhebliche Änderung in den Grundlagen seiner Außenpolitik. Zur Zeit Bismarcks lag der Balkan außerhalb des deutschen Interessenbereichs. Nun wurde er

eine wichtige Verbindungslinie. Das Gleiche galt für die Meerengen. Beides bedeutete eine zusätzliche Belastung der ohnehin schon schwierigen Beziehungen zu Rußland.

Das Verhältnis zu England

So wuchs die Notwendigkeit, das Verhältnis zu England möglichst günstig zu gestalten, das als einzige europäische Großmacht noch nicht durch ein Bündnis festgelegt war. Darauf hatte Bismarck stets großen Wert gelegt, besonders seit der Verschlechterung des deutsch-russischen Verhältnisses im Jahre 1887.
Doch gerade in den Beziehungen zu England unterlief der deutschen Staatsführung "einer der größten Fehler in der Geschichte der modernen Diplomatie" (William L. Langer). Die Truppen einer von der britischen Regierung konzessionierten Gesellschaft fielen in die südafrikanische Republik Transvaal ein, die von Buren, den Nachkommen holländischer Siedler, gegründet worden war. Durch reiche Gold- und Diamantenfunde war sie plötzlich wirtschaftlich interessant geworden. Der Überfall wurde abgewehrt. Da schickte Wilhelm II. 1896 mit Einverständnis der Reichsregierung an Paul Krüger, den Präsidenten von Transvaal, ein Glückwunschtelegramm, die sogenannte **"Krügerdepesche".** Damit brachte er zwar die Empfindung fast ganz Europas zum Ausdruck, aber er tat es als einziges Staatsoberhaupt der Welt.
Die britische Regierung reagierte darauf mit der Nichterneuerung der für den Dreibund wichtigen Mittelmeerentente. Wichtig deshalb, weil Italien nur dann seine Bündnisverpflichtungen erfüllen konnte, wenn seine langgestreckten Küsten nicht von der britischen Flotte bedroht waren. Die britische Öffentlichkeit aber, die wegen der wachsenden Wirtschaftskonkurrenz ohnehin nicht gut auf Deutschland zu sprechen war, reagierte auf die Krügerdepesche mit Wutausbrüchen, denn sie hielt die Burenrepublik für einen potentiellen britischen Besitz. Nachdem in Frankreich bereits seit 1871 und in Rußland seit 1878 eine starke antideutsche Stimmung aufgekommen war, leistete die amtliche deutsche Politik nunmehr, obgleich unbeabsichtigt, hierzu auch einen Beitrag in England.
Verhängnisvoll jedoch für die deutsch-englischen Beziehungen wurde Deutschlands **Flottenpolitik.** Bismarck hatte nur ungern und vorsichtig den Weg der Kolonialpolitik beschritten, da sein Hauptziel die Erhaltung des Status quo war. Ihn hatte er durch ein weitgefächertes und abgestuftes Vertragssystem sowie durch ein starkes Landheer gesichert, den Flottenbau aber vernachlässigt. Diese Konzeption allerdings konnte im Zeitalter des Imperialismus eine Großmacht wie Deutschland nicht beibehalten. Zunächst wurde eine Verstärkung der Flotte geplant mit dem Ziel, Deutschlands Küsten gegen eventuelle Angriffe Frank-

reichs und Rußlands wirkungsvoll zu schützen und die deutschen Wirtschaftsinteressen in Übersee zu sichern.
Eine weit darüber hinausgehende Konzeption vertrat vor der Jahrhundertwende Admiral *Alfred Tirpitz*. Er äußerte die Ansicht, eine Großmacht müsse, um ihre Position halten zu können, ihren Macht- und Einflußbereich auf unterentwickelte Gebiete ausdehnen. Ziehe man die Konsequenzen daraus, dann könne man dem deutschen Volk ein großartiges Zukunftsbild vor Augen stellen. Dadurch werde es auch gelingen, die oft auseinanderstrebenden Interessen der immer einflußreicher werdenden Wirtschaftsverbände zusammenzuführen. Nicht zuletzt aber erhalte durch eine erfolgreiche Expansion Deutschlands Führungsschicht in den Augen des Volkes ihre Legitimation. Des weiteren vertrat er die Ansicht, Deutschland solle in den nächsten zwanzig Jahren seine Seemacht so verstärken, daß sie für England eine **"Risikoflotte"** darstelle. Zwar könne dann im Fall eines Krieges die britische Flotte dank ihrer zahlenmäßigen Überlegenheit die deutsche besiegen, wobei sie aber so schwere Verluste erleiden würde, daß England anschließend einer Koalition zweitrangiger Seemächte nicht mehr gewachsen sei und zugleich mit seiner Seeherrschaft sein Empire riskiere. Durch eine Risikoflotte könne man Englands Beitritt zum Dreibund durchsetzen. Außerdem lasse sich ein britisches Entgegenkommen in Kolonial- und Handelsfragen erreichen. Übrigens fielen in nicht zu ferner Zukunft die wichtigen Entscheidungen nicht mehr auf europäischer, sondern auf Weltebene. An die Stelle des europäischen Gleichgewichts werde ein solches von Weltmächten treten. Rußland, England und die USA besäßen bereits Weltmachtstatus. Deutschland müsse ihn durch den Bau einer mächtigen Schlachtflotte gewinnen.
Doch sah Tirpitz vor der ins Auge gefaßten Zukunft eine "Gefahrenzone" von etwa zwanzig Jahren, die das von einem Zweifrontenkrieg bedrohte Deutschland durchschreiten müsse. Bei der Analyse der in diesem Zeitabschnitt für England möglichen Gegenzüge aber ließ sich Tirpitz nicht von nüchternem Kalkül, sondern von Wunschdenken leiten, denn bei der Finanzierung des sich aus seinem Plan ergebenden Rüstungswettlaufs hatte nicht Deutschland, wie Tirpitz glaubte, sondern England den längeren Atem. Ebenso falsch war die Annahme, Englands außenpolitische Bewegungsfreiheit werde durch die sich immer mehr verschärfende Konfrontation mit Rußland und den USA eingeschränkt.
Gegen den Tirpitzplan mit seinem wirklichkeitsfremden Optimismus wandten sich prominente deutsche Politiker von Bismarck bis Bebel. Sie wiesen auf die Gefahr der Zerstörung der im ganzen zufriedenstellenden Beziehungen zu England hin, auf die Vernachlässigung der für Deutschlands Verteidigung entscheidenden Landstreitkräfte zugunsten der kostspieligen Flotte, die zudem im Kriegs-

fall weder Deutschland vor einer britischen Blockade noch seine Kolonien vor dem britischen Zugriff schützen könne und daher eine **"Luxusflotte"** sei. Doch der Kaiser, fasziniert von Tirpitz' Vision, veranlaßte dessen Berufung zum Staatssekretär des Reichsmarineamts und ließ sich von da an in Flottenfragen mehr von ihm als vom jeweiligen Reichskanzler bestimmen. Damit gab er auf diesem Sektor im Gegensatz zu Bismarck den Primat der Politik vor dem Militär auf.

Für Tirpitz war nun der Weg frei zu einer großangelegten Propagandaaktion mit Unterstützung des Kaisers und eines beträchtlichen Teils der Industriellen, die auf das große Geschäft hofften. Für das Schlachtflotten-Projekt engagierten sich auch namhafte Universitätsprofessoren und zahlreiche Honoratioren. So fand es bis ins Kleinbürgertum hinein Anklang. Daher gab die Mehrheit des Reichstags dem Tirpitzplan ihre Zustimmung.

Dies bedeutete auf weite Sicht eine **Herausforderung Englands,** das um die Jahrhundertwende die weitaus größte Kolonial-, Handels- und Kapitalmacht der Welt war. Zum Schutz dieser Interessen und der britischen Inseln, auf denen keine nennenswerten Landstreitkräfte stationiert waren, brauchte es eine durch Zahl und Qualität unbesiegbare Flotte. Als auch andere Großmächte mit imperialistischen Bestrebungen auftraten, wurde zur Sicherung der bestehenden Verhältnisse vom britischen Parlament der sogenannte "Two-power-standard" beschlossen. Die britische Flotte sollte so stark sein wie die beiden nächstgrößten Flotten zusammengenommen. Tirpitz dagegen wollte im Verlauf von zwanzig Jahren ein Stärkeverhältnis der deutschen zur britischen Flotte von 2 : 3 erreichen.

Amtliche deutsche Stellen, vor allem der deutsche Botschafter in London, warnten davor, daß England bei Durchführung des Tirpitzplans Deutschland als seinen Hauptfeind betrachten werde. Wilhelm II. tat das als "Schlappheit" ab und pochte auf Deutschlands Souveränitätsrechte – juristisch einwandfrei, politisch jedoch verhängnisvoll.

Zusammenfassend kann man sagen, daß die deutsche Schlachtflotte militärisch ein Luxus, innenpolitisch zeitweilig ein Integrationsmittel und außenpolitisch der schwerste Belastungsfaktor für die deutsch-britischen Beziehungen war. Der deutsche Historiker Gerhard Ritter schrieb in seinem Werk "Staatskunst und Kriegshandwerk": "Unser Flottenbau hat England ... in die Arme Frankreichs treiben helfen." Denn mit Hilfe der französischen Flotte habe England den "Two-power-standard" aufrechterhalten.

Doch zunächst wirkte sich das noch in der Planungsphase befindliche deutsche Flottenprogramm auf die Beziehung zu England nicht allzu negativ aus. Dies um so mehr, als England 1899 bis 1902 in Südafrika einen Eroberungskrieg gegen

die Buren führte. In ganz Europa herrschte eine ungeheure Empörung darüber, daß die bisher nur bei Farbigen üblichen imperialistischen Methoden nun auch gegen Weiße angewandt wurden. Eine Intervention der drei Großmächte Frankreich, Rußland und Deutschland lag im Bereich des Möglichen. Um dem entgegenzuwirken, bemühte sich England um gute Beziehungen zu Deutschland, indem es begrenzte Abmachungen im außereuropäischen Bereich, vor allem in China, vorschlug. Deutscherseits wollte man Englands Anschluß an den Dreibund. Das lehnte die britische Regierung als ein ungleiches Geschäft ab, denn Deutschland und das mit ihm verbündete Österreich-Ungarn, das durch innere Krisen erschüttert wurde, waren von Rußland und Frankreich bedroht, während England sich auf weite Sicht von niemandem gefährdet sah.
Im Gegensatz zu Bismarck und auch zu Frankreichs und Rußlands Politik schlug die deutsche Staatsführung das britische Angebot eines begrenzten Abkommens unter dem Motto "alles oder nichts" aus. Man fürchtete, von England als "Festlandsdegen" gegen Rußland mißbraucht zu werden. Als die deutsche Regierung trotz des britischen Hinweises, man werde sich im Falle einer deutschen Ablehnung anderswo Freunde suchen, ihre Haltung nicht änderte, leitete England seine Ententepolitik ein. Sie führte 1904 zu einem Freundschaftsvertrag mit Frankreich, 1907 zu einem solchen mit Rußland. Beide Abmachungen dienten zunächst nur dem Ausgleich und der Abgrenzung außereuropäischer Interessen.

2.5.2.3 Vergleich der deutschen Außenpolitik unter Bismarck und Wilhelm II.

Reduziert man die deutsche Außenpolitik unter Bismarck und Wilhelm II. auf ihre Grundprobleme und Grundzüge, dann kann man folgendes feststellen: Gemeinsames Ziel war die Erhaltung der durch die Reichsgründung gewonnenen vollen außenpolitischen Bewegungsfreiheit. Dies wurde durch zwei Faktoren erschwert: durch Deutschlands Mittellage in Europa und das Fehlen wirtschaftlich wertvollen außereuropäischen Besitzes mit gesicherten Verkehrsverbindungen, der zur Machtsteigerung beitrug wie in England, Frankreich und Rußland.

Die **Erhaltung der außenpolitischen Selbständigkeit** suchte Bismarck dadurch zu erreichen, daß er nach der Reichsgründung in Europa auf jede, außerhalb Europas auf jede riskante Expansion verzichtete. Das ermöglichte ihm, in Europa ein System von Sicherungsabkommen mit abgestuften Verpflichtungen zu schaffen, welches auch auf die Randgebiete, vor allem die Türkei, einigermaßen stabilisierend wirkte. Frankreich blieb davon ausgeschlossen und somit isoliert. Da sich Bismarck darauf konzentrierte, Gefahren für das labile Gleichgewicht unter den Mächten Europas rechtzeitig entgegenzutreten, konnte er bei seinen hervorragenden diplomatischen Fähigkeiten Deutschland eine gesicherte Stellung und Europa den Frieden bewahren. Doch während seiner Amtszeit wurden die auf Überwindung des Status quo abzielenden Bewegungen des Nationalismus und des Imperialismus immer stärker. Auch wuchs der Einfluß der Presse, die zum Teil in verhängnisvoller Weise zur Aufhetzung der Völker gegeneinander beitrug.

Daraus wird ersichtlich, daß es Bismarcks Nachfolger schwerer hatten. Doch trugen sie auch selbst zur Erschwerung der Lage Deutschlands bei. In der Außenpolitik konzentrierten sie sich nicht wie Bismarck auf ein Hauptziel und ordneten ihm die übrigen Bestrebungen unter. Im Gegensatz zu Bismarck fürchteten sie auch, von gleichstarken Großmächten im Falle vertraglicher Bindungen für deren Politik eingespannt zu werden. Sie zogen es vor, freie Hand zu haben, um jederzeit die für Deutschland günstigsten Entscheidungen treffen zu können. Am Ende blieb ihnen keine andere Entscheidung, als das Schicksal ihres Landes an den letzten verbliebenen wirklichen Bundesgenossen, das vom Zerfall bedrohte Österreich-Ungarn zu ketten.

Auch im außenpolitischen Stil Bismarcks und seiner Nachfolger zeigen sich deutliche Unterschiede. Bismarck versetzte sich durch intensive Gedankenarbeit in die Lage der anderen Mächte und ihrer Politiker. Durch Hinweise auf kurz- und mittelfristige Interessengleichheit und durch Zugeständnisse konnte er sie zu einer abgestuften Zusammenarbeit vom Nichtangriffsvertrag bis zum Militärbündnis gewinnen. Seinen Nachfolgern fehlte es an Einfühlungsvermögen in die Interessen anderer Großmächte und in die Mentalität ihrer Politiker. Sie versuchten, die deutschen Belange durch Ausüben von Druck durchzusetzen. Obendrein schockierte Wilhelm II. das Ausland durch unüberlegte säbelrasselnde Reden. So entstand der Eindruck, Deutschland strebe nach der Hegemonie in Europa.

Dies führte dazu, daß die Ententen England–Frankreich und England–Rußland allmählich bündnisähnlichen Charakter annahmen. Damalige deutsche Politiker sahen darin eine "Einkreisung" ihres Landes. Spätere deutsche Historiker bezeichneten das als "Auskreisung", weil die deutsche Reichsleitung durch ihr keinesfalls böswilliges, aber oft sehr ungeschicktes Verhalten sich selbst aus dem Kreis der durch gutes Einvernehmen verbundenen Mächte ausgeschlossen habe.

2.5.3 Marokkokrisen und Balkankriege

1904/1905	**1. Marokkokrise:**	Festigung der englisch-französischen Entente
1908/1909	**Bosnische Krise:**	Nachgeben und verstärkte Aufrüstung Rußlands
1911	**2. Marokkokrise:**	gemeinsame Kriegsplanung Englands und Frankreichs gegen Deutschland
1912	**1. Balkankrieg:**	Zusammenbruch der türkischen Balkanposition
1913	**2. Balkankrieg:**	Verdoppelung des serbischen Territoriums, wachsender russischer Einfluß auf dem Balkan

Die 1. Marokkokrise 1905/06

Während des Burenkriegs um die Jahrhundertwende zeichnete sich ein gegen England gerichteter Kontinentalbund zwischen Rußland, Deutschland und Frankreich als Möglichkeit ab. Dies veranlaßte England, von seiner bisherigen Politik der "splendid isolation" abzugehen. Die Kooperation mit anderen Mächten sollte jedoch nicht den Charakter von Defensivbündnissen, sondern von Kolonial- und Freundschaftsverträgen haben, um England einerseits nicht allzu stark zu binden und andererseits die belastenden Spannungen in Übersee zu verringern, womöglich sogar zu beseitigen.

Die Verhandlungen mit Deutschland endeten erfolglos. Der Tirpitzplan bedrohte sogar die britische Seeherrschaft und wurde so zur Existenzfrage. Daher suchte Großbritannien freundschaftliche Beziehungen zu anderen Großmächten. Dies gelang zunächst 1902 durch ein Defensivbündnis mit Japan, das es zum Krieg gegen Rußland ermutigte, denn es gewährte Sicherheit vor einer französischen Intervention. 1904 schloß es dann mit Frankreich einen Freundschaftsvertrag, **"Entente cordiale"** genannt. Hauptinhalt war die Bereinigung kolonialer Differenzen. Frankreich erkannte Englands Machtstellung in Ägypten und im südlich davon liegenden Sudan an. Zum Ausgleich versprach England Frankreich diplomatische Unterstützung beim Erwerb fast ganz Marokkos.

Dieses Projekt verstieß gegen das Abkommen von Madrid aus dem Jahr 1880, in dem sich die wichtigsten europäischen Mächte und die USA über die Unabhängigkeit Marokkos geeinigt hatten. Um einige Unterzeichnermächte zu gewinnen, wurde Spanien der marokkanische Küstenstreifen am Mittelmeer zugesagt, während Italien freie Hand dafür erhielt, der mit Deutschland befreundeten Türkei Tripolitanien zu entreißen.

Kurz nach Abschluß der Entente mit England begann Frankreich damit, die marokkanischen Staatsfinanzen, das Zollwesen, das Militär und die Polizei unter seine Kontrolle zu bringen. Dieser Vorgang wurde "friedliche Durchdringung" genannt.

Es war vorauszusehen, daß ihr Erfolg das Kräftefeld in Europa zuungunsten Deutschlands verändern würde. Frankreich, zu Bismarcks Zeiten isoliert, konnte dann durch sein Bündnis mit Rußland und die Entente mit England damit rechnen, allmählich eine Schlüsselrolle zu erlangen. Angesichts der in Frankreich nie verstummten Forderung nach einer Rückgabe Elsaß-Lothringens und der deutschfeindlichen Einstellung weiter Kreise Rußlands und Englands war das eine bedenkliche Perspektive.

Doch im Herbst des Jahres 1904 sah die Reichsregierung eine Chance, dieser Entwicklung entgegenzuwirken. Zu dieser Zeit geriet Rußland durch seinen Krieg mit Japan in wachsende Bedrängnis, für die man England wegen seines 1902 mit Japan abgeschlossenen Defensivbündnisses verantwortlich machte. Unter Ausnützung dieser Lage bot die deutsche Staatsführung dem Zarenreich ein Defensivbündnis an, dem später Frankreich auf russischen Druck hin beitreten sollte. Die russische Regierung aber war nur bei einer vorherigen Zustimmung Frankreichs bereit, darauf einzugehen. Das Gelingen dieses Plans hätte die Weichen für eine gegen England gerichtete Kontinentalliga zwischen Rußland, Deutschland und Frankreich und damit zu einem grundlegenden Wandel der europäischen Bündniskonstellation gestellt.

Um eine derartige Entwicklung anzubahnen, wollte Deutschland über die Marokkofrage Druck auf Frankreich ausüben und klarstellen, daß ihm die eben abgeschlossene Entente nichts einbringe. Daher wies es darauf hin, daß ein Hinweggehen über das Madrider Abkommen von 1880 völkerrechtlich unvertretbar sei. Außerdem müßten die deutschen Wirtschaftsinteressen, vor allem in den Eisenerzgebieten von Südmarokko, respektiert werden.

Frankreich bemühte sich um einen Ausgleich und bot zweiseitige Verhandlungen an, die sicher Zugeständnisse gebracht hätten. Doch Deutschland lehnte ab. Um dem deutschen Standpunkt Nachdruck zu verleihen, landete Wilhelm II. in Tanger und begrüßte den Sultan von Marokko als souveränen Herrscher. Darauf verlangte Deutschland eine Konferenz der Unterzeichnerstaaten des Madrider Abkommens, die in der südspanischen Stadt Algeciras stattfand (1906). Dabei taktierte Frankreich elastisch, indem es sich mit der deutschen Forderung nach Internationalisierung aller wichtigen marokkanischen Institutionen im Prinzip einverstanden erklärte. Es bestand lediglich darauf, daß die marokkanische Polizei französischen und spanischen Offizieren unterstellt werde. Dem widersetzte

sich Deutschland. Doch sein Standpunkt wurde von allen Konferenzteilnehmern bis auf Österreich-Ungarn und Marokko selbst abgelehnt. Das war eine empfindliche diplomatische Niederlage und zeigte Deutschlands Isolierung. So erreichte es das Ziel seines Vorgehens in dieser Marokkokrise, Frankreich von der Entente mit England abzubringen und es zusammen mit Rußland für eine Kontinentalliga zu gewinnen, nicht. Das Gegenteil trat ein: Da Deutschland während der Krise mit Krieg gedroht hatte, fanden seit 1906 streng geheime Besprechungen der britischen und französischen General- und Admiralstäbe statt. Dies leitete die Weiterentwicklung der Entente zu einem bündnisähnlichen Abkommen ein.
In Marokko aber sicherte die Unterstellung der dortigen Polizei unter französische und spanische Offiziere zusammen mit der Tatsache, daß dieses Land von französischem Kolonialbesitz umklammert war, Frankreich die Aussicht auf eine spätere Besitzergreifung.

Die bosnische Krise 1908/09

1908 setzte sich in der Türkei die "jungtürkische Bewegung" durch. Sie machte den orientalischen Absolutismus für die Schwäche des Staates verantwortlich und wollte ihn durch eine konstitutionelle Monarchie nach europäischem Vorbild ersetzen. So sollte der türkische Staat durch eine gerechtere, aber auch straffere Verwaltung gestärkt werden. Von dieser Entwicklung fühlten sich Bulgarien und Österreich-Ungarn betroffen. Bulgarien war seit dem Berliner Kongreß 1878 selbständig geworden, doch unter der nominellen Oberhoheit der Türkei. Österreich-Ungarn hatte damals in Bosnien und der Herzegowina das Besatzungs- und Verwaltungsrecht sowie im Sandschak (Verwaltungsbezirk) Novipazar das Garnisons- und Straßenbaurecht bekommen, ebenfalls unter nomineller türkischer Oberhoheit. Beide befürchteten, daß die Türkei nun ihre bisher nur auf dem Papier stehenden Rechtstitel realisieren werde.
Um das zu verhindern, erklärte Bulgarien seine völlige Selbständigkeit. Die Donaumonarchie gliederte Bosnien und die Herzegowina, die vorwiegend von Serben und Kroaten bewohnt waren, in aller Form seinem Staatsverband ein (Annexion). Das Vorgehen beider Staaten verstieß gegen die Bestimmungen des Berliner Kongresses von 1878. Bei Bulgarien wurde es hingenommen, da es dem Selbstbestimmungsrecht der Völker entsprach. Österreich-Ungarns Aktion aber löste Proteste Serbiens und Rußlands aus. Serbien verlangte territoriale Kompensationen auf Kosten der Türkei. England, unterstützt von Rußland und Frankreich, forderte eine internationale Konferenz zur Schlichtung der Streitfrage. Österreich-Ungarn lehnte ab, da es befürchtete, überstimmt zu werden. Deutschland, über die beabsichtigte Annexion nicht konsultiert, unterstützte die Donau-

monarchie rückhaltlos. Es zwang das seit 1904/05 militärisch und innenpolitisch geschwächte Rußland durch eine verklausulierte Kriegsdrohung, die Annexion anzuerkennen. Die übrigen Staaten schlossen sich an: Serbien erhielt keinerlei Kompensationen. Wenn auch der Habsburgerstaat zum Ausgleich an die Türkei eine Entschädigung zahlte und auf seine Garnisons- und Straßenbaurechte im Sandschak Novipazar verzichtete, empfand Rußland sein erzwungenes Nachgeben als eine Demütigung. Um nie wieder in eine solche Lage zu kommen, forcierte es die Aufrüstung.

Die 2. Marokkokrise 1911

Frankreich stärkte nach Ende der 1. Marokkokrise im Jahr 1906 seine Position in diesem Land. 1911 besetzte es wegen innerer Unruhen die Hauptstadt Fez. Deutschland sah ein, daß die Erwerbung Marokkos durch Frankreich nicht mehr zu verhindern war, und verlangte als Kompensation das französische Kongogebiet. Um dieser Forderung Nachdruck zu verleihen, wurde das Kanonenboot "Panther" nach dem marokkanischen Hafen Agadir entsandt. Frankreich lehnte trotzdem ab. Daraufhin entfachten Teile der deutschen Presse eine Kriegsstimmung. England aber stärkte Frankreich den Rücken. Europa stand am Rand eines Krieges. In dieser Situation wurden zwischen Frankreich und England konkrete militärische Pläne für einen möglichen gemeinsamen Krieg gegen Deutschland ausgearbeitet. Sie ersetzten ein förmliches Bündnis. Schließlich kam ein für Deutschland magerer Kompromiß zustande. Es erkannte die Besitzergreifung Marokkos durch Frankreich an und erhielt dafür nur einen wertlosen Teil Französisch-Kongos.
Diese Krise hatte neben der Befestigung der britisch-französischen Freundschaft die Entwertung der Zugehörigkeit Italiens zum Dreibund zur Folge, denn England und Frankreich gestatteten ihm, der mit Deutschland befreundeten Türkei das nordafrikanische Tripolitanien durch einen Krieg zu entreißen. Das wiederum ermunterte vier Balkanstaaten, die Türkei ebenfalls anzugreifen.

Der 1. Balkankrieg 1912

Nach der bosnischen Krise hatte sich Rußland um die Bildung eines gegen die Türkei gerichteten Balkanbundes bemüht, der ihm in Südosteuropa die Vormachtstellung verschaffen sollte. Von Rußland zusammengeführt und durch Italiens Krieg gegen die Türkei ermuntert, griffen 1912 Bulgarien, Serbien, Montenegro und Griechenland die Türkei an. Schon nach drei Wochen waren die türkischen Truppen bis in die Nähe von Konstantinopel zurückgedrängt, und die Türkei mußte den Krieg beenden. Nach dem Waffenstillstand gab es schwere

Spannungen. Österreich-Ungarn wollte verhindern, daß das mit ihm tödlich verfeindete Serbien einen Hafen an der Adria bekam und somit eine Mittelmeermacht würde. Es bestand daher auf der Bildung eines selbständigen Staates Albanien und nahm Serbien gegenüber eine drohende Haltung ein.

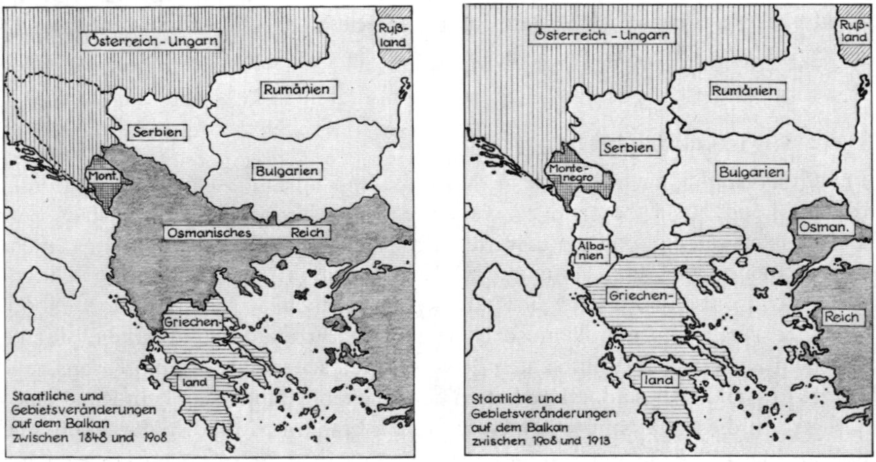

Staatliche und Gebietsveränderungen auf dem Balkan zwischen 1908 und 1913

Daraufhin mobilisierte Rußland an seiner Grenze zur Donaumonarchie starke Truppenverbände, diese reagierte mit dem gleichen Schritt. Deutschland unterstützte zwar prinzipiell die Forderungen des Habsburgerstaates, hielt ihn jedoch von einem Krieg gegen Serbien zurück und verwies auf eine Entscheidung der europäischen Großmächte, die es anstrebte. England nahm diesmal eine andere Haltung ein als in den Marokkokrisen. Denn die Marokkofrage, angesichts seiner Zusagen an seinen Ententepartner Frankreich ein Prüfstein seiner Glaubwürdigkeit, war zu seiner Zufriedenheit gelöst. Deutschlands dabei zutage getretene Isolierung aber veranlaßte einen großen Teil der britischen Presse, im Interesse der Aufrechterhaltung des europäischen Gleichgewichts eine Verbesserung der Beziehungen zu Deutschland zu fordern. So wurde zur Lösung der Probleme, die sich durch den 1. Balkankrieg ergeben hatten, eine Botschafterkonferenz nach London einberufen. Sie erfüllte den Wunsch der Donaumonarchie nach der Bildung eines selbständigen albanischen Staates.

Der 2. Balkankrieg 1913

Bulgarien, das die Hauptlast des Kampfes gegen die Türkei getragen hatte, wollte dementsprechend auch den Hauptanteil bei der Beuteverteilung. Serbien erkannte diese Forderung nicht an. Daher marschierten Ende Juni 1913 bulgarische Truppen in Serbien ein. Hierauf griffen Griechenland, Rumänien und die Türkei Bulgarien an und besiegten es. Österreich-Ungarn, das Serbien möglichst kleinhalten wollte, erwog, Serbien zur Entlastung Bulgariens anzugreifen. Seine Dreibundpartner Deutschland und Italien erklärten jedoch, daß sie dann den Bündnisfall nicht als gegeben betrachteten. So unterblieb der Angriff. Im Frieden von Bukarest 1913 verlor Bulgarien einen großen Teil seiner Eroberungen und mußte die Süddobrudscha an Rumänien abtreten.

Die Bilanz der beiden Balkankriege war für Deutschland und Österreich-Ungarn negativ. Im 1. Balkankrieg wurde die mit Deutschland befreundete Türkei, im 2. Balkankrieg das mit der Donaumonarchie befreundete Bulgarien besiegt. Serbien, das durch die großserbische Propaganda den Bestand des Habsburgerstaats in Frage stellte, konnte sein Territorium verdoppeln und arbeitete eng mit Rußland zusammen. Angesichts dieser Machtverschiebung auf dem Balkan forderte ein Teil der Presse Rumäniens, das offiziell dem Dreibund angehörte, ein Zusammengehen mit Rußland, um bei günstiger Gelegenheit von Österreich-Ungarn Siebenbürgen mit seiner rumänischen Bevölkerungsmehrheit zu bekommen. Italien hatte schon während der Marokkokrisen und durch seinen Krieg gegen die Türkei eine Politik betrieben, die seine Zugehörigkeit zum Dreibund wertlos erscheinen ließ. Dies um so mehr, als man in Italien die Gewinnung der italienischsprachigen Gebiete der Donaumonarchie immer deutlicher forderte.

2.6 Der Erste Weltkrieg

2.6.1 Der Beginn des Ersten Weltkriegs

1914	**Julikrise**	
	28. 6.	Ermordung Franz Ferdinands in Sarajewo
	5. 7.	Deutschlands "Blankoscheck" für Österreich-Ungarn
	23. 7.	Ultimatum Österreich-Ungarns an Serbien
	25. 7.	weitgehende Annahme des Ultimatums durch Serbien
	28. 7.	Kriegserklärung Österreich-Ungarns an Serbien
	30. 7.	Gesamtmobilmachung Rußlands
	31. 7.	deutsches Ultimatum an Rußland und Frankreich
	1. 8.	deutsche Kriegserklärung an Rußland
	3. 8.	deutsche Kriegserklärung an Frankreich
	4. 8.	britische Kriegserklärung an Deutschland

Ende Mai 1914 stellte der deutsche Generalstabschef *Helmuth von Moltke* angesichts der gigantischen russischen Aufrüstung und des zügigen Baus russischer strategischer Eisenbahnen in Richtung Deutschland fest, Deutschland und sein einziger verbliebener fester Verbündeter Österreich-Ungarn seien nach Abschluß dieser beiden Maßnahmen 1916/17 einem gemeinsamen Angriff Rußlands und Frankreichs in keiner Weise mehr gewachsen; dies um so mehr, als sich England mit größter Wahrscheinlichkeit einem solchen Angriff anschließen werde. Er schlug daher einen baldmöglichen Präventivkrieg vor. Doch nicht nur Moltke sah die Lage so bedrohlich, sondern auch *Edgar House,* der außenpolitische Berater des US-Präsidenten *Woodrow Wilson,* der ihm in einem Bericht schrieb: "Wenn England jemals damit einverstanden ist, werden Frankreich und Rußland über Deutschland und Österreich-Ungarn herfallen."

In dieser gespannten Situation wurde am 28. Juni 1914 der österreich-ungarische Thronfolger Franz Ferdinand bei einem offiziellen Besuch in Sarajewo, der Hauptstadt des zwischen der Donaumonarchie und Serbien umstrittenen Bosnien, ermordet. Der Mörder war Mitglied einer großserbischen Geheimorganisation, die in Serbien ihre Operationsbasis hatte. Die zumindest indirekte Mitschuld der serbischen Regierung durch Duldung der Organisation schien offenkundig. Die Habsburgermonarchie war herausgefordert. Die öffentliche Meinung fast aller Länder empörte sich über Serbien. Österreich-Ungarn sah daher eine günstige Gelegenheit, einen schon seit einiger Zeit ins Auge gefaßten Plan zu verwirklichen: Serbien sollte militärisch niedergeworfen und zu einem abhängigen Staat heruntergedrückt werden; außerdem sollte der größte Teil seines Landgewinns aus dem Balkankrieg von 1913 unter seine Nachbarn verteilt werden. Durch diese Machtdemonstration wollte man zugleich innenpolitisch die schwindende Autorität des Staates stärken.

Voraussetzung für diese Aktion war die Bereitschaft Deutschlands, Rußland von einer Intervention zugunsten Serbiens zurückzuhalten, selbst wenn es dabei einen Krieg riskierte. Auf eine Anfrage hin erklärte sich Deutschland am 5. Juli dazu bereit, ohne diese Zusage von einer Abstimmung gemeinsamen Vorgehens abhängig zu machen, wie es England bei der Marokkokrise 1911 Frankreich gegenüber getan hatte. Damit stellte die deutsche Staatsführung der Donaumonarchie einen **"Blankoscheck"** aus und ließ außer acht, daß bei allen bisherigen Krisen ein Krieg nur dadurch verhindert worden war, daß die Kontrahenten genau erkannt hatten, wo die Grenze zwischen Kriegsbereitschaft und Nachgeben des anderen lag. Diesmal wollte man deutscherseits nicht nur den Verbündeten gegen künftige großserbische Umtriebe sichern, sondern auch die Vorherrschaft der Mittelmächte auf dem Balkan gewinnen. Der deutsche Reichskanzler *Theobald von Bethmann Hollweg* sah sogar die "Aussicht, die Entente über diese Aktion auseinanderzumanövrieren". Dies war ein gewaltiges Risiko, das bei sorgfältigem Abwägen der Chancen nicht mehr vertreten werden konnte.

Das Ultimatum an Serbien

Aufgrund der deutschen Zusage entschloß sich die Habsburgermonarchie nach langwierigen internen Verhandlungen am 14. Juli, Serbien ein auf 48 Stunden befristetes **unannehmbares Ultimatum** zu stellen. Es verlangte die Unterdrückung aller Propaganda und Aktionen, die auf österreich-ungarisches Gebiet zielten, und eine gerichtliche Untersuchung gegen die Hintermänner des Mordanschlags, soweit sie sich in Serbien befanden, unter Mitwirkung österreich-ungarischer Beamter. Überreicht wurde dieses Ultimatum erst am 23. Juli, um die wichtigsten französischen Politiker, die sich von diesem Tag an auf einer Seereise von Rußland nach Frankreich befanden, an Beratungen mit Rußland und England zu hindern.
Zur Überraschung der Führung in Wien erklärte sich Serbien mit allem einverstanden bis auf die Teilnahme österreich-ungarischer Beamter an den Untersuchungen, denn das war nach damaliger Auffassung mit der Würde eines souveränen Staates unvereinbar. Die serbische Antwort bewirkte in den europäischen Hauptstädten einen Stimmungsumschwung. Selbst Wilhelm II. erklärte, damit entfalle "jeder Grund zum Krieg". Der britische Außenminister *Edward Grey*

empfahl am 27. Juli der deutschen Regierung, ihrem Verbündeten anzuraten, die noch ungeklärten Streitpunkte einer Botschafterkonferenz der europäischen Großmächte zu übertragen. Deutschland schlug stattdessen der Donaumonarchie zweiseitige Verhandlungen mit Rußland auf der Grundlage der territorialen Integrität Serbiens vor.

Doch in Wien war man darauf fixiert, die innere Stabilität nur durch Serbiens Niederwerfung und Verkleinerung sichern zu können. Dieses Vorhaben sah der Habsburgerstaat durch eine internationale Vermittlung gefährdet. Um sie auszuschließen, erklärte er am 28. Juli Serbien den Krieg, obwohl er nach dem Aufmarschplan seines Generalstabs erst ab dem 12. August zu militärischen Vorstößen in der Lage war. Nun schlugen ihm Grey und Wilhelm II. vor, sich mit der Besetzung der Hauptstadt **Belgrad als Faustpfand** für die Einhaltung der serbischen Zusagen zu begnügen. Doch die Donaumonarchie war weder in der Lage, Belgrad zu besetzen, noch bereit, Serbien territoriale Integrität zu garantieren. Nun sah sich Rußland als Schutzmacht Serbiens veranlaßt, Österreich-Ungarn am 29. Juli durch eine Teilmobilmachung unter Druck zu setzen.

Angesichts dieser Zuspitzung der Lage wollte Bethmann Hollweg den Verbündeten zum Einlenken veranlassen und ließ ihm am 30. Juli seine Ansicht übermitteln: "Wir sind zwar bereit, unsere Bündnispflicht zu erfüllen, müssen es aber ablehnen, uns von Wien leichtfertig und ohne Beachtung unserer Ratschläge in einen Weltkrieg hineinziehen zu lassen." Doch fehlte dieser allgemein gehaltenen Mahnung der Hinweis darauf, daß Deutschland bei weiterhin starrsinniger Haltung seines Partners den Bündnisfall nicht für gegeben hielte. Das war schon wegen des "Blankoschecks" ausgeschlossen. Die Mahnung des deutschen Kanzlers aber verlor noch mehr an Gewicht, als der deutsche Generalstabschef Moltke seinem österreich-ungarischen Kollegen am gleichen Tag empfahl, sein Land solle sich auf keine Vermittlungsvorschläge einlassen. Der Außenminister in Wien kommentierte die Widersprüchlichkeit der beiden Mitteilungen folgendermaßen: "Das ist gelungen. Wer regiert: Moltke oder Bethmann Hollweg?" In Deutschland arbeiteten also politische und militärische Führung nicht zusammen, da Wilhelm II. der selbstgewählten Aufgabe, den Staat zu leiten, nicht gewachsen war.

Der Mechanismus der Mobilmachungen

Der russische Zar geriet in eine Zwangslage, als ihm am 30. Juli seine Militärs erklärten, die am Vortag angeordnete Teilmobilmachung werde die Durchführung einer später evtl. notwendig werdenden Gesamtmobilmachung in unvertretbarer Weise erschweren. Kurz zuvor hatte Frankreich Rußland gebeten, im Interesse des Friedens von einer Gesamtmobilmachung abzusehen, und Wilhelm II. hatte Nikolaus II. mitgeteilt, eine derartige Maßnahme werde unausweichlich zum Krieg führen. Nach langem Widerstreben ordnete Nikolaus II. aus Furcht vor einer Revolution die Gesamtmobilmachung an. Damit war die Chance der anderen Großmächte, Österreich-Ungarn vielleicht doch noch zum Einlenken zu veranlassen, zunichte gemacht. Der Mechanismus der Mobilmachungen wurde in Gang gesetzt. Das Verhängnis nahm seinen Lauf.

In Deutschland hatte der Generalstab seit 1913 keinen Aufmarsch- und Kriegsplan für einen Kampf gegen Rußland allein mehr erstellt. Es existierte somit nur der nach dem früheren deutschen Generalstabschef benannte **"Schlieffenplan".** Er sah bei einem drohenden Zweifrontenkrieg sofortige Gesamtmobilmachung, Umgehung der schwer überwindbaren französischen Grenzbefestigungen durch Einmarsch in das neutrale Belgien und Luxemburg, Niederwerfung Frankreichs innerhalb von etwa sechs Wochen und anschließenden Einsatz aller Truppen gegen Rußland vor. Die Hinnahme dieses Plans kam ebenso wie die des Tirpitzschen Projekts einer Risikoflotte einer **Kapitulation der politischen Führung vor dem Militär** gleich, denn beide Pläne engten den politischen Handlungsspielraum in verhängnisvoller Weise ein.

Aus der russischen Gesamtmobilmachung, dem Schlieffenplan und dem Fehlen eines deutschen Aufmarschplans gegen Rußland allein ergaben sich zwangsläufig folgende Maßnahmen:

31.7.: auf 12 Stunden befristetes Ultimatum Deutschlands an Rußland; Forderung: sofortige Einstellung der Mobilmachung gegen Deutschland und Österreich-Ungarn;

31.7.: auf 18 Stunden befristetes Ultimatum an Frankreich; Forderung: Zusicherung der Neutralität bei einem deutsch-russischen Krieg. Im Falle der Annahme, die aber nicht erfolgte, war die Forderung nach Übergabe wichtiger französischer Festungen während des deutsch-russischen Kriegs vorgesehen.

1.8.: Mobilmachung in Frankreich und Deutschland

1.8.: deutsche Kriegserklärung an Rußland

2.8.: Einmarsch deutscher Truppen in Luxemburg

3.8.: deutsche Kriegserklärung an Frankreich

3.8.: Einmarsch deutscher Truppen in Belgien

4.8.: britisches Ultimatum an Deutschland; Forderung: sofortiger Rückzug aus Belgien; um Mitternacht Kriegserklärung an Deutschland

6.8.: österreich-ungarische Kriegserklärung an Rußland

2.6.2 Charakter und Ausmaß des Krieges

Der Erste Weltkrieg war der erste große Krieg nach dem Einsetzen der Hochindustrialisierung. Von daher unterschied er sich von anderen Kriegen maßgeblich, setzten doch nun alle Kriegsparteien die neuen technischen Gerätschaften und Waffen ein; zudem erprobten sie neue Strategien und Formen des Kampfes.

Deutscher Schützenposten an der vordersten Front im Westen im Herbst 1914 (Süddeutscher Verlag)

Der Einsatz von Waffen und Munition ermöglichte den **Stellungskrieg,** bei dem die Soldaten aus Schützengräben heraus mit riesigem Sachaufwand doch nur geringfügige Gebietsgewinne erreichten. **Materialschlachten** bislang unbekannten Ausmaßes fanden statt (etwa bei Verdun 1916), die nur durch die Beschäftigung von Zivilisten, auch Frauen, in den Rüstungsbetrieben möglich wurden. Neuartige Waffen und Fortbewegungsmittel, die im Ersten Weltkrieg erstmals zum Einsatz kamen, waren Tanks, U-Boote und Flugzeuge. Nicht nur aufgrund der neuentwickelten technischen Waffen, sondern insbesondere durch den Einsatz von Giftgas, also chemischen Kampfstoffen, fühlten sich die Soldaten der Kriegsmaschinerie hilflos ausgeliefert.

In diesem Krieg standen sich nicht nur militärische Verbände gegenüber; vielmehr galten die Angriffe des Gegners dem ganzen Volk, das darüber hinaus auch durch **Wirtschaftsblockaden** zermürbt wurde.

Eine durch den Krieg zerstörte Landschaft an der Somme/Westfront 1916 (Süddeutscher Verlag)

Zusammenfassung

Nach 1848 trat Deutschland in eine Phase der politischen Reaktion ein. Der bürgerliche Liberalismus lebte aber trotzdem weiter: Das Bürgertum wandte sich zwar mehrheitlich von der Politik ab und strebte statt dessen den wirtschaftlichen Erfolg an, doch die liberalen Gruppierungen glaubten, auf diesem Weg auch die politische Führung zu erlangen. Daß sie sich darin getäuscht hatten, erkannten sie spätestens 1871: Die Reichsgründung erfolgt "von oben", wird aber von der Bevölkerung mehrheitlich mitgetragen.

Die seit 1850 entstehende Industriegesellschaft mußte jedoch im Kaiserreich tiefgreifende soziale Konflikte bewältigen: Katholiken und Sozialdemokraten, auch Anhänger der Arbeiterbewegung galten als "Reichsfeinde", das politische Leben wurde weitgehend von den gesellschaftlichen Eliten, Adel und Bürgertum, allein getragen.

War die Außenpolitik unter Bismarck darauf ausgerichtet, den erreichten Status Deutschlands zu sichern und zu bewahren, setzte unter dem "persönlichen Regiment" Kaiser Wilhelms II. eine völlige Verkennung der politischen Mächtekonstellationen ein: Die Rüstungs- und Flottenpolitik nach 1890 führten Deutschland nicht zu einem "Platz an der Sonne", sondern – gepaart mit der verhängnisvollen Abkehr von der Bismarckschen Bündnispolitik und der Unterschätzung der Möglichkeit eines englisch-französisch-russischen Bündnisses – beim nichtigsten Anlaß direkt in die Katastrophe des Ersten Weltkrieges.

3 Die Neuordnung Europas und die Weimarer Republik

3.1 Kriegsverlauf und Sturz autoritärer Systeme

3.1.1 Die militärische Entwicklung

		Wichtige Ereignisse im Verlauf des Krieges
1914		britische Seeblockade Scheitern des Schlieffenplans russische Offensive in Ostpreußen gescheitert, in Galizien erfolgreich, anschließend Stellungskrieg
1915		Erfolge der Mittelmächte gegen Rußland Kriegserklärung Italiens an die Mittelmächte Kriegserklärung Bulgariens an Serbien: Eroberung Serbiens
1916		Materialschlachten in Frankreich: keine Entscheidung Brussilow-Offensive, schwere Niederlage Rußlands nach Anfangserfolgen Kriegseintritt Rumäniens: Eroberung durch Mittelmächte
1917	1. 2.	uneingeschränkter deutscher U-Boot-Krieg
	15. 3.	Abdankung des Zaren: Doppelherrschaft in Rußland
	6. 4.	Kriegserklärung der USA an Deutschland
	7./8. 11.	Machtergreifung der Bolschewiki ("Oktoberrevolution"): Ausscheiden Rußlands aus dem Krieg
1918	3. 3.	Friede von Brest-Litowsk
	21. 3.	Beginn deutscher Offensiven in Frankreich
	18. 7.	Beginn alliierter Offensiven
	30. 9.	Waffenstillstand für Bulgarien
	4. 10.	deutsches Waffenstillstandsgesuch an Wilson
	28. 10.	Oktoberverfassung: Deutschland parlamentarische Monarchie
	30. 10.	Waffenstillstand für Türkei
	4. 11.	Waffenstillstand für Österreich-Ungarn
	9. 11.	Revolution in Berlin: Deutschland Republik
	11. 11.	Waffenstillstand für Deutschland

Die Westfront 1914–1918

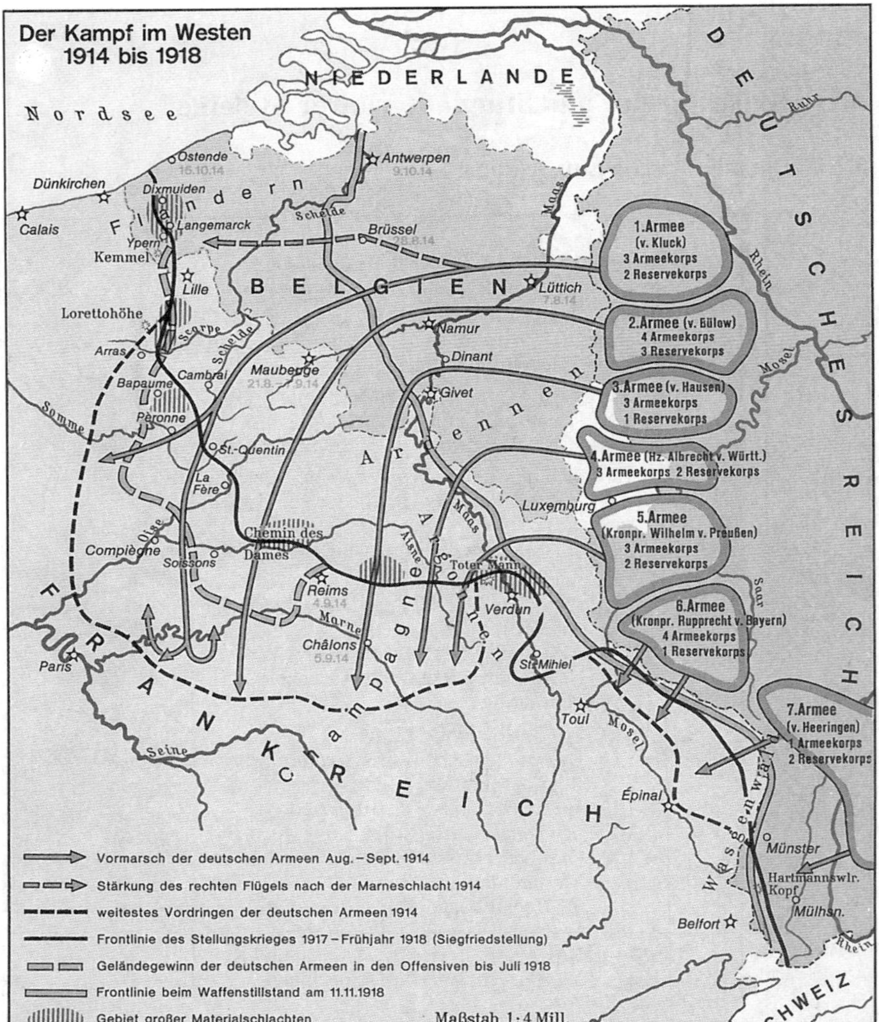

Aus: Atlas zur Universalgeschichte. Hannover: Schroedel Schulbuchverlag, 1973, S. 82

Die Ostfront 1914–1918

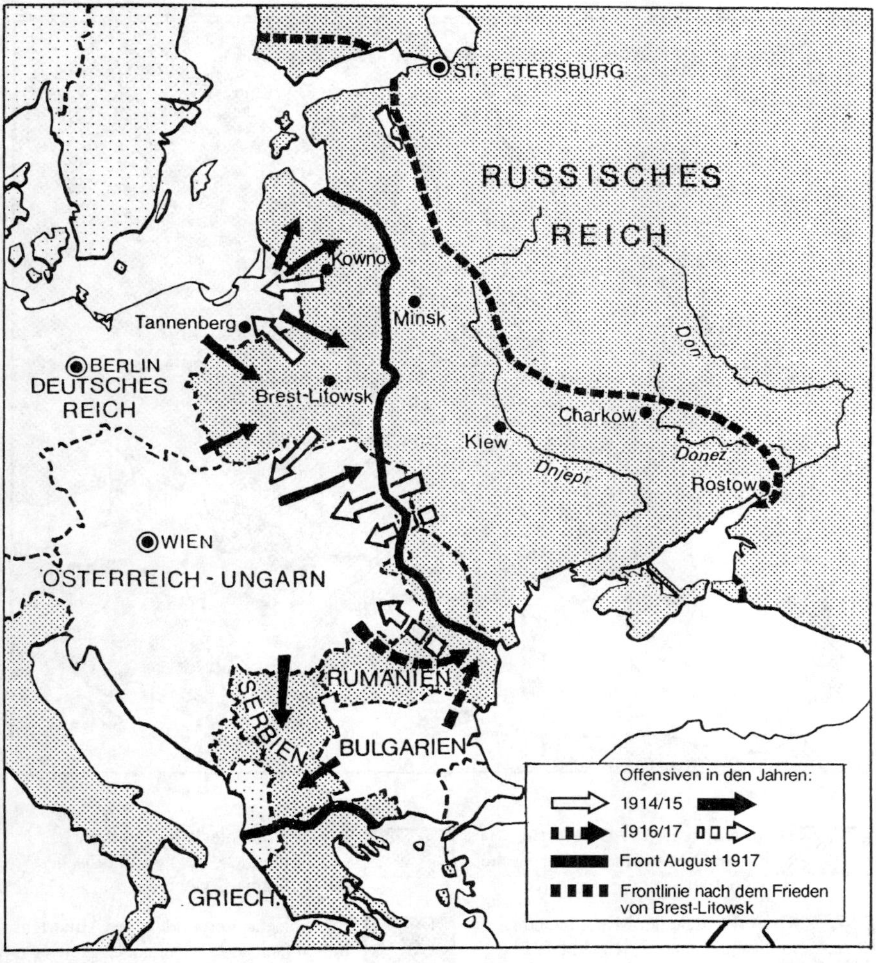

Aus: Gerhart Binder: Die Zeit der Weltkriege. Stuttgart 1977, Bd. 1, S. 181

Die europäischen Mächte im Ersten Weltkrieg

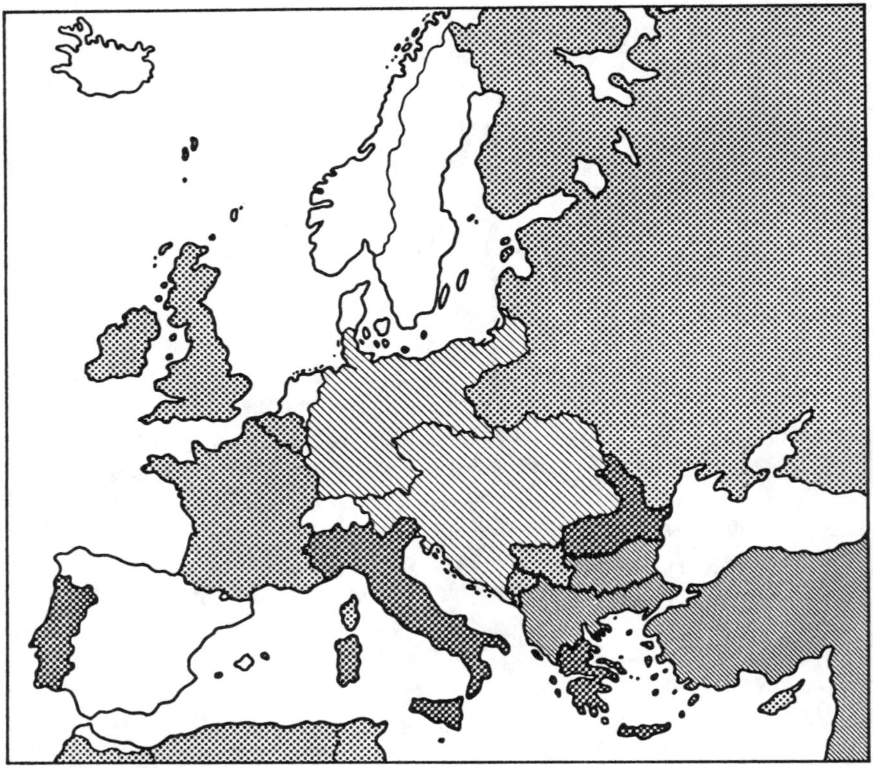

Mittelmächte 1914: Deutsches Reich, Österreichisch-Ungarische Monarchie	Alliierte Mächte 1914: Frankreich, Großbritannien, Belgien, Russisches Reich, Serbien, Montenegro
Verbündete der Mittelmächte: Osmanisches Reich (seit 1914), Bulgarien (seit 1915)	Europäische Verbündete der Alliierten: Italien (seit 1915), Rumänien (seit 1916), Portugal (seit 1916), Griechenland (seit 1917)

Aus: Theodor Schieder: Propyläen Geschichte Europas, Bd. 5, S. 415

Die Ausgangslage

Im August 1914 standen den Mittelmächten Deutschland und Österreich-Ungarn die Alliierten gegenüber: Rußland, Serbien, Montenegro, Frankreich, Belgien und England. Japan, das Ende August auf die Seite der Alliierten trat, spielte auf den europäischen Kriegsschauplätzen keine Rolle. Italien und Rumänien, mit Deutschland und Österreich-Ungarn verbündet, sahen aufgrund der von den Mittelmächten ausgesprochenen Kriegserklärungen den Bündnisfall als nicht gegeben an. Anfang Oktober trat die Türkei auf seiten der Mittelmächte in den Krieg ein.

Ohne Kolonien hatten die Länder der Mittelmächte 118 Millionen, die der Alliierten 258 Millionen Einwohner. Den Mittelmächten standen Feldheere in Stärke von 3,5 Millionen, den Alliierten von 5,7 Millionen Soldaten zur Verfügung. Die Überlegenheit der alliierten Kriegsflotten war noch größer. Die Erfassung der Wehrpflichtigen war in Frankreich am weitestgehenden durchgeführt. Bei 36,6 Millionen Einwohnern hatte es mit 2,15 Millionen Soldaten ein ebenso starkes Feldheer wie Deutschland mit 67 Millionen Einwohnern. Die Standfestigkeit der Truppen Österreich-Ungarns und Rußlands im Falle schwerer Belastungen war fraglich, da ein großer Teil ihrer Bevölkerung dem jeweiligen Staat innerlich distanziert bis ablehnend gegenüberstand.

Die Länder der Mittelmächte bildeten eine zentrale Landmasse mit Küsten, die durch die Alliierten leicht von den Weltmeeren abgeschlossen werden konnten. England verhängte gegen die Mittelmächte eine Blockade, die sich nicht nur auf Kriegsmaterial, sondern auch auf den zivilen Bedarf, z. B. auf Lebensmittel, erstreckte. Dies widersprach der Londoner Seerechtsdeklaration, die allerdings von England nicht ratifiziert worden war. So fanden sich die Mittelmächte in der Situation einer belagerten Festung. Bei einem langdauernden Abnützungskrieg mußte ihre Lage durch Knappheit an Lebensmitteln und Rohstoffen aussichtslos werden. Andererseits hatten die Mittelmächte den Vorteil der inneren Linie: Sie konnten den Schwerpunkt ihrer militärischen Aktivität innerhalb ihrer drei Fronten in kurzer Zeit verlagern.

Die Alliierten hatten drei voneinander getrennte Kriegsschauplätze: Frankreich/Belgien, Rußland und Serbien/Montenegro. Eine militärisch und wirtschaftlich wirkungsvolle Verbindung zwischen diesen herzustellen, war ihnen durch den Kriegseintritt der Türkei nicht möglich. Das wirkte sich ungünstig auf Rußland aus, dessen Industrie noch nicht hinreichend entwickelt war, um den Kriegsbedarf zu decken. Dagegen stand England und Frankreich der Weltmarkt voll zur Verfügung.

Das Kriegsgeschehen 1914

Deutschlands Oberste Heeresleitung (OHL) unter Moltke ging im Westen nach dem abgewandelten Schlieffenplan vor. Der rechte Flügel, von dem die Umfassung der Gegner abhing, bekam erheblich weniger Truppen, als von Schlieffen vorgesehen. Man wollte der erwarteten und auch tatsächlich eingeleiteten französischen Offensive gegen Elsaß-Lothringen möglichst gleich stark entgegentreten. Zunächst rissen die deutschen Truppen durch einen raschen Vormarsch in Belgien die Initiative an sich und stießen bis zur Marne vor. Paris war bedroht, die französische Regierung zog sich nach Bordeaux zurück. In der nun entbrennenden Marneschlacht vom 5. bis 12. September entstand zwischen den beiden am weitesten im Westen stehenden deutschen Armeen eine etwa 40 km breite Lücke, in die britische Truppen zögernd eindrangen. Angesichts dieser Lage brach die OHL die Schlacht ab und gab das Marnegebiet auf. Die Umfassung des Gegners war gescheitert und damit der ganze Kriegsplan. Nun versuchten beide Gegner im "Wettlauf zur Kanalküste" vergeblich, die feindlichen Linien im Norden zu umgehen und so entscheidende Vorteile zu gewinnen. Mitte November grub man sich in den erreichten Stellungen in.
Im Osten standen zur Verteidigung Ostpreußens nur wenige Truppen zur Verfügung. Sie wurden im Osten durch die russische Njemen-, im Süden durch die Narjewarmee angegriffen. Im Süden durch Umfassung bedroht, wollte der deutsche Armeeführer den Rückzug hinter die Weichsel antreten. Er wurde jedoch durch den pensionierten General *Paul von Hindenburg* ersetzt, der Ostpreußen genau kannte. Sein Stabschef war *Erich Ludendorff*. Beide rechneten aufgrund von Berichten aus dem Russisch-Japanischen Krieg 1904/05 mit dem übervorsichtigen Zögern des Befehlshabers der Njemenarmee, setzten fast alle Kräfte gegen die Narjewarmee ein und vernichteten sie zum größten Teil bei Tannenberg. Anschließend konnten sie die Njemenarmee aus Ostpreußen drängen. Dieser Sieg, bei dem ein großer Teil eines zahlenmäßig weit überlegenen Gegners vernichtet wurde, brachte Hindenburg und Ludendorff legendären Ruhm ein.
Ungünstig für die Mittelmächte verlief der Krieg in Galizien. Hier sollte Österreich-Ungarn durch eine Offensive möglichst viele russische Truppen binden, doch stand bei Kriegsbeginn etwa die Hälfte seines Feldheeres gegen Serbien. Ein Teil wurde erst von dort nach Galizien umgeleitet, so daß bei Beginn der entscheidenden Schlachten den Russen eine gewaltige Übermacht zur Verfügung stand. Österreich-Ungarn verlor den größten Teil Galiziens und konnte nur mit Mühe einen russischen Einbruch in die ungarische Tiefebene verhindern. Es verlor etwa ein Drittel seines Feldheeres und den größten Teil seines aktiven Offizierskorps. Von diesen Verlusten erholte es sich nicht mehr.

Das Kriegsgeschehen 1915

Im April landeten britische und französische Truppen auf der Halbinsel Gallipoli, um durch Eroberung der Meerengen die Versorgung Rußlands mit dem dringend benötigten Kriegsmaterial zu ermöglichen. Dieses Unternehmen scheiterte unter schweren alliierten Verlusten.
Anfang Mai gelang deutschen und österreich-ungarischen Truppen ein Durchbruch bei Gorlice-Tarnow, worauf die Russen Galizien, Polen, Litauen und Kurland räumten. Im Westen erzielte keiner der Gegner trotz gewaltigen Einsatzes von Menschen und Material einen entscheidenden Erfolg.
Daher versuchten beide Seiten, neue Bundesgenossen zu gewinnen. Die Alliierten boten Italien für den Kriegseintritt vor allem Südtirol bis zum Brenner und Istrien. Am 23. Mai erklärte Italien der Donaumonarchie den Krieg. Der Habsburgerstaat konnte die fortgesetzten italienischen Angriffe abwehren.
Die Mittelmächte veranlaßten am 14. Oktober Bulgarien zum Kriegseintritt, indem sie ihm den südlichen Teil Serbiens als Kriegsbeute anboten. Durch die anschließende Eroberung Serbiens wurde die Landverbindung zur verbündeten Türkei hergestellt, die nun mit Kriegsmaterial beliefert werden konnte. Die Reste des serbischen Heeres verstärkten die etwa gleichzeitig von den Alliierten errichtete Salonikifront im neutralen Griechenland.
Die Mittelmächte errangen 1915 also im Osten und Südosten beachtliche Erfolge, allerdings unter schweren Verlusten: Deutschland allein hatte in diesem Jahr etwa eine halbe Million Gefallene zu beklagen. Durch Italiens Kriegseintritt verstärkte sich die zahlenmäßige Überlegenheit der Alliierten, und sie konnten mit wachsender Verknappung der Lebensmittel und des Kriegsmaterials beim Gegner rechnen. Ein Friede stand nicht in Aussicht.

Das Kriegsgeschehen 1916

Unter größtem Einsatz versuchten beide Seiten, den Sieg zu erzwingen. Der Chef der OHL, *Erich von Falkenhayn,* wollte durch massive Angriffe auf die Festung Verdun, die als Angelpunkt der französischen Front kaum aufgegeben werden konnte, das französische Heer durch "Ausbluten" kampfunfähig machen. Durch beiderseitige Massierung von Artillerie kam es vom Februar bis zum Dezember zu einer Materialschlacht auf engstem Raum. In der **"Hölle von Verdun"** wurden große Teile der deutschen und französischen Truppen "zur Schlacke ausgebrannt". Manche Division verlor durch Tod, Verwundung oder Gefangenschaft rund 60 Prozent ihrer Soldaten. Zum "Ausbluten" gebracht wurde nicht nur das französische, sondern auch das deutsche Heer. Seine Verluste waren mit

338 000 Mann zwar etwas geringer als die französischen mit 364000, aber bei der zahlenmäßigen Überlegenheit der Alliierten schwerer zu ersetzen. Das Vertrauen der deutschen Soldaten in ihre Heeresleitung geriet ins Wanken.
Im Sommer unternahmen die Alliierten an der Somme eine Offensive mit großer Überlegenheit an Truppen und Material. Ein Durchbruch gelang ihnen jedoch nicht, ihre Verluste beliefen sich auf rund 600000 Mann, die der Deutschen auf rund 400000.
Am 31. Mai kam es am Eingang zum **Skagerrak** in der Nordsee zur einzigen großen Seeschlacht dieses Krieges. Trotz ihrer erheblichen zahlenmäßigen Überlegenheit erlitt die britische Flotte etwa doppelt so hohe Verluste wie die deutsche. Danach hielt Deutschland seine Hochseeflotte zurück. Die gewaltigen Kosten für ihren Bau und die schweren Schäden, die er für die deutsch-britischen Beziehungen verursachte, erwiesen sich nun als sinnlos.
Die österreich-ungarische Heeresleitung hatte für eine Offensive gegen Italien die besten Truppen aus ihrer Südfront gegen Rußland abgezogen. In Ausnützung dieser Situation erzielten die Russen mit ihrer Brussilowoffensive tiefe Einbrüche in die Front des Gegners, der 320000 Gefangene verlor. Abermals drohte ein russischer Einbruch nach Ungarn. In dieser Situation trat Ende August Rumänien mit einem Feldheer von 600000 Mann auf die Seite der Alliierten und eroberte einen großen Teil Siebenbürgens.
Angesichts des drohenden Zusammenbruchs der Mittelmächte wurde in der OHL Falkenhayn durch Hindenburg und Ludendorff ersetzt. Durch deutsche Gegenangriffe verloren die Russen über eine Million Mann, was eine rapide Demoralisierung zur Folge hatte, Rumänien wurde zum größten Teil erobert.
In diesem Jahr gelang es zwar den Mittelmächten, alle bedrohlichen Situationen zu meistern, aber es zeigte sich angesichts der gegnerischen Übermacht, daß es für ihre Heere keine Chance gab, den Krieg siegreich zu beenden. Daher boten die Mittelmächte nach ihrem Einzug in die rumänische Hauptstadt Bukarest im Dezember ihren Gegnern Friedensverhandlungen an, stießen jedoch auf Ablehnung. Die Alliierten hatten sich nämlich weitgehende territoriale Zusagen auf Kosten der Gegner gemacht und zweifelten nicht mehr an ihrem Endsieg.

Kriegseintritt der USA

Für die Mittelmächte gab es nur noch eine einzige Hoffnung, zu einem günstigen Frieden zu kommen: Abschnürung Englands von der Rohstoff- und Lebensmittelzufuhr durch die warnungslose Versenkung aller Handelsschiffe in einer weiten Sperrzone um die Britischen Inseln, also durch den **uneingeschränkten U-Boot-Krieg.** Diese Art der Kriegführung war ebenso völkerrechtswidrig wie die totale Blockade der Mittelmächte durch die Alliierten. Doch wurden durch diesen U-Boot-Krieg die Wirtschaftsinteressen der USA wesentlich mehr beeinträchtigt als durch die alliierte Blockade. Schon 1915 hatte Deutschland einige Monate hindurch den uneingeschränkten U-Boot-Krieg geführt. Dabei waren insgesamt 150 US-Bürger ums Leben gekommen. Um den angedrohten Kriegseintritt der USA zu vermeiden, war diese Art der Kriegführung wieder eingestellt worden.

Wegen ihrer Wiederaufnahme kam es um die Jahreswende 1916/17 zu Meinungsverschiedenheiten in der deutschen Führung. Der Admiralstab behauptete, England könne so innerhalb von fünf Monaten zum Frieden gezwungen werden. Der zu erwartende Kriegseintritt der USA werde sich daher gar nicht auswirken. Reichskanzler *Bethmann Hollweg* wandte dagegen ein: "Eine nicht nur unsichere, sondern bei nüchterner Betrachtung nicht wahrnehmbare Chance tauschten wir gegen den sicheren Bruch mit Amerika ein." Doch schließlich gab er dem Drängen der OHL und dem Druck der öffentlichen Meinung, die im Hungerwinter 1916/17 von einem bitteren Haß gegen England bestimmt war, nach und übernahm die politische Verantwortung für den uneingeschränkten U-Boot-Krieg.

Am 1. Februar wurde er wieder aufgenommen. Jedoch konnte England entgegen den Behauptungen des deutschen Admiralstabs nicht zum Frieden gezwungen werden. Am 6. April traten erwartungsgemäß die USA in den Krieg ein. Von da an stand die Wirtschaft dieser weitaus größten Industriemacht der Welt und ihr Menschenpotential der alliierten Kriegsführung zur Verfügung. Ab Juli 1918 kamen in großem Umfang unverbrauchte und modernst ausgerüstete amerikanische Truppen in Frankreich zum Einsatz, die sich monatlich um 250000 Mann verstärkten. Dies brachte die Kriegsentscheidung zugunsten der Alliierten.

Der Kriegsverlauf 1918

Im Frühjahr 1918 hatte Deutschland an der Westfront eine knappe zahlenmäßige Überlegenheit. Andererseits waren seine Truppen abgekämpft und in einem schlechten Ernährungszustand, ihre Motorisierung blieb weiter hinter der des Gegners zurück. Panzer, erstmals 1917 von den Alliierten eingesetzt, standen kaum zur Verfügung. So brachten die vier zunächst wuchtigen Angriffstöße, die vom März bis Mitte Juli geführt wurden, zwar erheblichen Geländegewinn, aber nicht den entscheidenden Durchbruch.

Seit Mitte Juli gingen die Alliierten, in wachsendem Maße durch Amerikaner verstärkt, zu Gegenoffensiven über. Am 8. August gelang ihnen durch Einsatz starker Panzerverbände ein tiefer Einbruch in die Stellungen einer deutschen

Armee, von der ungewöhnlich viele Soldaten in Gefangenschaft gerieten – ein Zeichen nachlassender Kampfbereitschaft. Dieser Tag ging als **"Schwarzer Freitag des deutschen Heeres"** in die Geschichte ein. Zwar konnte eine neue Verteidigungslinie aufgebaut werden, doch mußte seitdem das deutsche Heer in verlustreichen Abwehrkämpfen ständig zurückweichen. Nach den großen Hoffnungen im Frühjahr ließ, angesichts der immer erdrückender werdenden Überlegenheit der Gegner an Mensch und Material, der Widerstandswille bei den deutschen Truppen nach.

Noch stärker trat dies bei Deutschlands Verbündeten in Erscheinung: Mitte September führte eine alliierte Offensive an der Salonikifront zum Zusammenbruch des bulgarischen Heeres. Bereits Ende dieses Monats schied Bulgarien aus dem Krieg aus und stand den Alliierten als Operationsbasis zur Verfügung. Sie eroberten Serbien zurück, die Meerengen mit der türkischen Hauptstadt Konstantinopel lagen ihrem Zugriff offen. Da in der zweiten Septemberhälfte die türkische Front in Palästina und Syrien ebenfalls zusammenbrach, mußte auch die Türkei Ende Oktober aufgeben. Rumänien, das im Mai 1918 Frieden mit den Mittelmächten geschlossen hatte, eröffnete nach diesem Umschwung erneut den Krieg. Ein rumänischer Angriff auf die ungeschützten Grenzen Ungarns war zu erwarten. Dieses erklärte hierauf seine Selbständigkeit und holte seine Truppen von der Italienfront zurück, die infolgedessen Ende Oktober zusammenbrach. Gleichzeitig proklamierten die Tschechen, Polen und Südslawen der Donaumonarchie ihre staatliche Selbständigkeit. Am 3. November schied auch Österreich-Ungarn aus dem Krieg aus.

Die sich abzeichnende militärische Niederlage veranlaßte die OHL und Ludendorff am 29. September, ultimativ die sofortige Aufnahme der Waffenstillstandsverhandlungen zu fordern.

Am 4. Oktober ging ein Waffenstillstandsgesuch Deutschlands und Österreich-Ungarns auf der Grundlage der 14 Punkte an Präsident Wilson. In dem nun folgenden Notenwechsel erklärte dieser am 23. Oktober, ein Verständigungsfriede "mit den militärischen Beherrschern und monarchischen Autokraten Deutschlands" komme nicht in Frage. Ludendorff reagierte darauf ohne jede Rücksprache mit den zuständigen Stellen mit einem Tagesbefehl an die Soldaten, nunmehr den Kampf bis zum äußersten fortzusetzen. Wegen dieser Eigenmächtigkeit wurde er durch General *Wilhelm Groener* ersetzt.

Als am 28. Oktober die deutsche Hochseeflotte zu einem Großangriff gegen die englische Küste auslaufen sollte, um den deutschen Widerstandswillen unter Beweis zu stellen, meuterten angesichts des bald absehbaren Kriegsendes die Matrosen. Darauf brachen seit dem 3. November in vielen deutschen Küsten-

und Großstädten Revolten aus: Matrosen, Soldaten und Arbeiter solidarisierten sich, übernahmen schließlich die Macht und bildeten allerorten Arbeiter- und Soldatenräte (4. November).

Der Waffenstillstand

Am 8. November begannen zwischen Deutschland und den Alliierten die Waffenstillstandsverhandlungen. Faktisch konnte jedoch die deutsche Delegation die – besonders auf Drängen Frankreichs – aufgezwungenen Bedingungen nur akzeptieren oder aber einen aussichtslosen Krieg weiterführen. Drei Tage später setzten Vertreter der Republik im französischen Hauptquartier in Compiègne ihre Unterschrift unter die Kapitulation des kaiserlichen Deutschlands.
Der Waffenstillstandsvertrag bestimmte die Räumung der besetzten Gebiete im Westen und Elsaß-Lothringens sowie des gesamten linksrheinischen Gebiets und je eines Brückenkopfes bei Köln, Koblenz und Mainz. Weiterhin mußte Deutschland Kriegsmaterial in solchem Umfang ausliefern, damit es bei ungünstigem Verlauf der Friedensverhandlungen außerstande war, den Kampf wieder aufzunehmen.

Alfred Kubin: "Der Krieg" (Lichtdruck 1901/02)

3.1.2 Innenpolitische und soziale Lage in Rußland

	Ereignisse in Rußland
1905	Revolution in Rußland
8. 3. 1917	Beginn der Februarrevolution in Rußland
1917	Abdankung des Zaren
6. 11. 1917	Beginn der Oktoberrevolution in Rußland

Im Hochmittelalter hatte Rußland gleiches zivilisatorisches Niveau wie West- und Mitteleuropa, seine Gesellschaftsordnung wies ähnliche Züge auf. In der ersten Hälfte des 13. Jahrhunderts geriet es jedoch für etwa 250 Jahre unter die Herrschaft der Tataren. Die Folgen waren ein schwerer wirtschaftlicher Rückschlag, Ausschluß von der zivilisatorischen Entwicklung des übrigen Europa und ein barbarischer Despotismus seiner Herrscher gegenüber dem Adel und des Adels gegenüber den Bauern. Dies überdauerte die Tatarenherrschaft.

Ungefähr gleichzeitig mit deren Abschüttelung gegen Ende des 15. Jahrhunderts setzte eine starke territoriale Expansion ein, die viele Völker unter russische Herrschaft brachte. Zar *Peter der Große,* der von 1689 bis 1725 regierte, versuchte, seinem Land den west- und mitteleuropäischen zivilisatorischen Standard in kürzester Zeit aufzuzwingen. Unter ihm wurde Rußland europäische Großmacht.

Demgegenüber blieb die innere Entwicklung zurück. Für die Bevölkerung gab es auch im 19. Jahrhundert keine Grundrechte. Und da sich unter diesen Verhältnissen keine Privatinitiative entwickeln konnte, kam es weder zur Industrialisierung noch zu einer wachsenden Teilnahme der Bevölkerung am politischen Leben. Trotzdem beanspruchte nach dem Sturz Napoleons Rußland die Führungsrolle unter den kontinentalen Mächten Europas und konnte sie bis in die Mitte des 19. Jahrhunderts auch weitgehend behaupten. Seine Niederlage im **Krimkrieg** (1853–1856) brachte das Ende dieser Vormachtstellung und gab den Anstoß zu inneren Reformen. Die Bevölkerung sollte nach dem Vorbild des fortschrittlichen Europa durch Gewährung von Freiheiten zu wirtschaftlicher Initiative und zum Interesse am Staat angeregt werden.

Ein erster wesentlicher Schritt in diese Richtung war die **Aufhebung der Leibeigenschaft** 1861. Wie in Preußen und anderen deutschen Ländern zu Beginn des 19. Jahrhunderts wurden die Bauern zwar persönlich frei, erhielten aber, anders als dort, kein persönliches Eigentum an Land. Soweit dieses von den adeligen Großgrundbesitzern gegen eine langfristige Ablösung abgetreten wurde, kam es in die Verfügungsgewalt der Dorfgemeinschaft, **"Mir"** genannt. Dieses System mit seiner im Abstand von einigen Jahren erfolgenden Neuverteilung des Bodens nach der Größe der Familie verhinderte die Steigerung der landwirtschaftlichen Produktivität, denn kein Bauer hatte Interesse daran, Geld und Arbeitskraft zur Verbesserung eines Bodens einzusetzen, der ihm nach einigen Jahren nicht mehr gehörte. Diese Tatsache, der viel zu geringe Umfang des Gemeindelandes für die rasch anwachsenden Familien und die drückenden Ablösezahlungen an die früheren Grundbesitzer führten vor allem nach der Jahrhundertwende weithin zu einer Verelendung der Bauern. Statt wirtschaftlich leistungsfähiger Bauern wie in West- und Mitteleuropa entstand ein **Landproletariat.**

Eine weitere Reformmaßnahme nach dem Krimkrieg war die Einführung der Selbstverwaltung auf lokaler und regionaler Ebene. Durch sie konnte ein beschränkter Personenkreis, die Besitzenden, mit beschränkten Kompetenzen politische Mitverantwortung ausüben. Dies war immerhin ein bescheidener Ansatz dazu, vielleicht im Lauf einer langfristigen Entwicklung die Bevölkerung Rußlands zur politischen Mündigkeit zu führen. Das Selbstherrschertum des Zaren aber wurde dadurch nicht eingeschränkt, denn es gab kein Reichsparlament.

Auflehnung und Repressionen

Die enttäuschenden Ergebnisse der Bauernbefreiung führten dazu, daß sozial engagierte Angehörige der Intelligenzschicht die Bewegung der "Volksfreunde" ("Narodniki") ins Leben riefen. Ihre Mitglieder zogen auf die Dörfer und trugen gemeinsam mit den Bauern Arbeit und Elend. Durch Agitation wollten sie die Bauern für einen Umsturz gewinnen, doch sie scheiterten an der religiös fundierten Anhänglichkeit der Bauern an das Zarentum. Dieser Fehlschlag veranlaßte Angehörige der Bewegung zum Terrorismus. Durch Ermordung führender Persönlichkeiten sollte das Regime zur Aufteilung des Großgrundbesitzes gezwungen werden.

Der Terrorismus führte dazu, daß die Erweiterung der regionalen Selbstverwaltung zu einem Konstitutionalismus auf Reichsebene unterblieb. Nachdem Zar Alexander II., der diese Reformen veranlaßt hatte, 1881 einem Attentat zum Opfer gefallen war, ging die Regierung zu einer repressiven Innenpolitik über. Die politische Polizei zerschlug die Bewegung der Narodniki und setzte dem Terrorismus schlagartig ein Ende. Das Geistesleben wurde reglementiert, die Russifizierung der anderen Völker des Reiches, vorher nur in Ansätzen prakti-

ziert, wurde nun mit allem Nachdruck betrieben. In Polen verbot man selbst im katholischen Religionsunterricht die Verwendung der Muttersprache. Man hoffte, daß in nicht zu ferner Zeit nichtrussische Mütter ihren Kindern russische Wiegenlieder vorsingen würden.
Um Rußlands äußere Macht zu steigern, trieb der Staat Industrialisierung und Ausbau des Eisenbahnnetzes durch erhöhte Steuern und Auslandsanleihen verstärkt voran. Dadurch entstand ein **Fabrikproletaria**t, das am Rande des Existenzminimums lebte.
In den 80er Jahren bildeten sich unter den Arbeitern marxistische Geheimorganisationen, die sich um die Jahrhundertwende zur **Sozialdemokratischen Arbeiterpartei Rußlands** zusammenschlossen. Ihre Ziele waren Revolution, Abschaffung des Privateigentums an Produktionsmitteln und Diktatur des Proletariats. Erbitterte Richtungskämpfe gab es über die Struktur der Partei. Lenin betrachtete sie als Organisation einer kleinen Elite von streng disziplinierten Berufsrevolutionären. Da seine Anhänger auf dem Parteikongreß von 1903 in London bei einer Kampfabstimmung die Mehrheit (russ. "bolschinstwo") erreichten, nannten sie sich **"Bolschewiki"**. Die Vertreter der anderen Richtung wollten eine Massenpartei der Industriearbeiter mit demokratischer Struktur. Als Minderheit bei dieser Abstimmung (russ. "mensche": weniger) erhielt sie die Bezeichnung **"Menschewiki".**
Etwa gleichzeitig entstand die **Sozialrevolutionäre Partei**. Sie lehnte den Marxismus ab, da bei ihm das im damaligen Rußland zahlenmäßig nur sehr schwach vertretene Industrieproletariat die zentrale Rolle spielte. Den Sozialrevolutionären aber ging es darum, dem Elend der landarmen Bauern ein Ende zu setzen. Dies sollte durch eine Revolution mit anschließender entschädigungsloser Enteignung des Großgrundbesitzes geschehen. Um die nichtrussischen Völker zufriedenzustellen, beabsichtigte die Sozialrevolutionäre Partei eine föderalistische Gliederung Rußlands.
Die Anhänger des **Liberalismus** forderten vergeblich ein Reichsparlament. Ihre aktiven Anhänger mußten ebenso wie die der anderen Parteien ins Ausland gehen, um sich der Verfolgung zu entziehen.

Revolten und weitere unzureichende Reformen

Trotz dieser angespannten inneren Lage wollte die Regierung im Zuge ihrer fernöstlichen Expansion auch Korea in den russischen Machtbereich einbeziehen, was 1904/1905 zum Krieg mit Japan führte. Das Volk lehnte ihn ab. Rußland erlitt schwere Niederlagen, seine Flotte wurde fast völlig vernichtet. Dies führte zu einem Verfall der Autorität des Zarentums. Zuerst erbat in der Hauptstadt

St. Petersburg ein friedlicher Demonstrationszug vom Zaren Reformen, die zum einen die Verbesserung der ökonomischen Lage betrafen und zum anderen politischer Natur waren: eine Verfassung, gleiches Wahlrecht und bürgerliche Rechte waren die vorrangigsten politischen Forderungen. Die Demonstranten, Petersburger Arbeiter mit ihren Frauen und Kindern, wurden vom Militär mit Schüssen auseinandergetrieben. Hunderte von Teilnehmern fanden dabei den Tod, weshalb dieser Tag auch als **"Blutsonntag"** in die Geschichte Rußlands einging.
Diese unverhältnismäßige Reaktion sowie die zahlreichen Niederlagen im Krieg gegen Japan und nicht zuletzt der weiter unaufhaltsame Anstieg der Lebensmittelpreise zerstörten vollends die Anhänglichkeit des Volkes an den Zaren. Ein Generalstreik legte Rußlands Wirtschaft lahm, und es kam zu Unruhen unter den nichtrussischen Völkern, stellenweise zu Bauern- und Arbeiteraufständen. Die Organisation dieser Aktivitäten der Arbeiter übernahm ein Arbeiterrat (russ. "sowjet").
1910 hatte Rußland 140 Millionen Einwohner, von denen die Russen als Staatsvolk etwas weniger als die Hälfte ausmachten, wenn man die Ukrainer entsprechend ihrem Selbstverständnis als eigenes Volk betrachtet. Im vermeintlichen Interesse des staatlichen Zusammenhalts verstärkte nach 1905 die Regierung die Russifizierungspolitik und rief damit bei den Betroffenen Bitterkeit und Haß hervor. So standen die meisten Bauern, die Industriearbeiter und die nichtrussischen Völker, also fast die gesamte Bevölkerung, der Staats- und Gesellschaftsordnung ablehnend oder sogar feindselig gegenüber.
Um Ruhe und Ordnung wiederherzustellen, erließ der Zar das **"Oktober-Manifest"**, in dem er dem Volk eine Verfassung mit einer Volksvertretung auf Reichsebene, die **Duma,** in Aussicht stellte sowie die Gewährung der bürgerlichen Grundrechte zusagte. Während die bürgerlichen und liberalen Kreise ihre Forderungen weitgehend erfüllt sahen, beharrten die Bolschewiki auf ihren wirtschaftlichen und sozialen Forderungen, die sie durch die Fortsetzung des Generalstreiks und mit Hilfe der Bauernunruhen erzwingen wollten. Zerstrittenheit der politischen Führer untereinander sowie mangelnde Erfahrung in der Organisation eines solchen Unterfangens führten dazu, daß die Revolution Anfang 1906 durch einen Militäreinsatz niedergeschlagen wurde, da die Masse noch nicht für die revolutionären Ideen gewonnen werden konnte.
Nach der erfolgreichen Niederwerfung dieser sozialen Revolution entpuppten sich die Zugeständnisse des Zaren sogleich lediglich als Fassade für das weitere Fortbestehen des absolutistischen Selbstherrschertums, denn die Duma konnte gegen den Willen des Zaren nichts, der Zar aber gegen ihren Willen alles durchsetzen. Außerdem verdiente die Duma den Namen einer Volksvertretung nicht.

Bei den Wahlen zur Duma hatte nämlich die Stimme eines Gutsbesitzers zunächst das 45fache, später sogar das 565fache Gewicht im Vergleich zu der eines Arbeiters.
Das Hauptproblem der russischen Gesellschaft aber war nicht die Verfassungsfrage, sondern die bittere Armut der meisten Bauern, die den größten Teil des Volkes ausmachten. Ihre wirtschaftliche Lage versuchte die Regierung durch die 1906 eingeleitete Agrarreform des Innenministers *Stolypin* (**Stolypinische Reformen**) allmählich zu verbessern, indem man den Bauern das Ausscheiden aus dem Mir und damit eine rationellere Bodenbewirtschaftung ermöglichte. Zur Vergrößerung des völlig unzureichenden Landbesitzes oder zur Ansiedlung in Sibirien gewährte man den kreditwürdigen Bauern langfristige Darlehen, die sie aber vielfach nicht zurückzahlen konnten. Zwar konnte so eine Schicht wohlhabenderer Bauern entstehen, die zahlreichen armen Bauern jedoch gerieten in noch schlimmere Not. Viele wanderten in die Industriestädte ab und vermehrten dadurch das Fabrikproletariat.
Ein durchschlagender Erfolg der Agrarreform hätte einen wesentlich stärkeren Einsatz staatlicher Finanzmittel und einen jahrzehntelangen Frieden erfordert, doch die Regierung verwendete einen sehr großen Teil der Staatsgelder für eine forcierte Aufrüstung gegen Deutschland und Österreich-Ungarn. Der Eintritt in den Ersten Weltkrieg bot dem Zarenregime sowohl erneut die Aussicht auf die Eroberung des Zugangs zum Mittelmeer als auch die Möglichkeit durch Machtdemonstrationen die Bevölkerung von der unerfreulichen und angespannten innenpolitischen Lage abzulenken. Zustimmung fand diese Entscheidung nicht nur in den bürgerlichen Kreise, sondern auch die Mehrheit der Menschewiki begrüßten diesen politischen Schritt, da sie darin eine Möglichkeit sahen, an der Seite von Franzosen und Engländern gegen die imperialistische Politik der deutschen Bourgeoisie vorzugehen.
Doch bereits die ersten Kampfhandlungen zeigten, daß die zaristische Armee den Anforderungen des Krieges hinsichtlich der Versorgung nicht gewachsen waren. Im Februar 1915 hatte Deutschland die Front bereits völlig auf russisches Gebiet gedrängt, von wo aus es in großen Offensiven immer weiter vorstieß. Dies hatte zur Folge, daß auch jene Parteien, die den Kriegseintritt Rußlands zunächst begrüßt hatten, sich im Sommer 1915 von der Regierung abwandten. Es kam zum Zusammenschluß der progressiven Abgeordneten im Fortschrittlichen Block, der die Berufung einer dem Parlament verantwortlichen Regierung verlangte. Daraufhin wurde die Duma vertagt und eine Reihe sozialdemokratischer Abgeordnete verhaftet und nach Sibieren verbannt. Dieser Sieg der Reaktion konnte allerdings nicht über die Brüchigkeit des alten Regimes hinwegtäuschen.

3.1.3 Februarrevolution und Abdankung des Zaren

Da sich die Industrialisierung Rußlands noch im Anfangsstadium befand, war das Land nach 1914 den Anforderungen des Krieges auf die Dauer nicht gewachsen. Es zeigten sich schwere Mangelerscheinungen bei der Versorgung der Truppen mit Kriegsmaterial und der Arbeiter in den Industriezentren mit Lebensmitteln. Die Lebenshaltungskosten Anfang 1917 waren um das Siebenfache im Vergleich zu 1914 gestiegen.

So brach Anfang März 1917 (Ende Februar nach dem damaligen russischen Kalender) in Petrograd (bis 1914 St. Petersburg, seit 1924 Leningrad) ein mit Demonstrationen verbundener Generalstreik aus, dessen politische Hauptforderung das Ende der zaristischen Autokratie sowie die Beendigung des Krieges war. Truppen, die zur Niederwerfung des inzwischen bewaffneten Aufstandes eingesetzt wurden, gingen zu großen Teilen zu den Arbeitern über. Hierauf nahm die Duma in einem revolutionären Akt die dem Zaren zustehende höchste Gewalt an sich und setzte eine Provisorische Regierung ein, die vorwiegend aus Vertretern des wohlhabenden Bürgertums bestand. Zar Nikolaus II. dankte ab (siehe dazu auch S. 203 ff.).

3.1.4 Kriegsgeschehen und innere Entwicklung in Deutschland vor 1918

	Ereignisse in Deutschland
29. 8. 1916	Übernahme der OHL durch Hindenburg und Ludendorff
1. 2. 1917	uneingeschränkter deutscher U-Boot-Krieg
6. 4. 1917	Kriegserklärung der USA an das Deutsche Reich

Bei Ausbruch des Krieges waren alle betroffenen Völker davon überzeugt, nur für die Verteidigung ihres Landes zu den Waffen zu greifen. Überall herrschte Kriegsbegeisterung. In Deutschland schlossen die Parteien einen **"Burgfrieden".** Die inneren Gegensätze sollten zurückgestellt, alle Kräfte auf die siegreiche Beendigung des Krieges konzentriert werden. Als 1914 im Reichstag die Genehmigung von Kriegsanleihen anstand, ging die SPD von ihrer bisherigen Oppositionspolitik ab und stimmte geschlossen dafür. Doch mit dem Anwachsen der Verluste an der Front und der Entbehrungen in der Heimat ließ im Volk die Begeisterung nach. Seit 1915 verweigerten etwa 40 Prozent der Abgeordneten der SPD-Fraktion weitere Kriegskredite. An ihrem linken Flügel formierte sich eine innerparteiliche Opposition. Sie stellte die internationale Solidarität der Arbeiterklasse höher als die nationale Solidarität aller Schichten und lehnte die Fortführung des Krieges ebenso ab wie die bestehende Staats- und Gesellschaftsordnung.

Als im Sommer 1916 eine für die Mittelmächte sehr gefährliche Lage entstand, wurde die deutsche Oberste Heeresleitung *Hindenburg* und *Ludendorff,* den Siegern von Tannenberg, übertragen. Dabei gestand man Ludendorff, an sich als Generalquartiermeister dem OHL-Chef Hindenburg unterstellt, die volle Mitverantwortung zu. Tatsächlich lag die Leitung der OHL in seiner Hand. Diese erhielt weitgehende Vollmachten zur Lenkung der Wirtschaft. Nach britischem Vorbild schränkte sie die Freiheit der Unternehmer und Arbeiter weitgehend ein, und durch entscheidenden Einfluß auf die Innen- und Außenpolitik bekam ihre Tätigkeit allmählich den Charakter einer Diktatur.

Zur Stärkung des deutschen Widerstandswillens trotz aller Widrigkeiten kündigte Kaiser Wilhelm II. in seiner **"Osterbotschaft"** 1917 für die Zeit nach dem Krieg eine Änderung des schon seit Jahrzehnten kritisierten preußischen Dreiklassenwahlrechts an. Dies war aber eine Halbheit, da man die Änderung nicht sofort in Kraft setzte und keine volle Gleichheit der Stimmen vorsah. Da viele Arbeiter die Osterbotschaft als Täuschungsmanöver empfanden, vollzogen die linksorientierten Oppositionsgruppen in der SPD den schon vorher ins Auge gefaßten Bruch mit der Partei und gründeten die "Unabhängige Sozialdemokratische Partei Deutschlands" (USPD). Sie forderten vor allem sofortige Abschaffung des Kriegsrechts, Amnestie für die politischen Gefangenen sowie sofortige und völlige Abschaffung des preußischen Dreiklassenwahlrechts.

Im Juli bildeten SPD, Zentrum und Fortschrittliche Volkspartei (hervorgegangen aus den linksliberalen Parteien), denen etwas mehr als 60 Prozent der Reichstagsabgeordneten angehörten, einen **"Interfraktionellen Ausschuß"** zur Vorbereitung von Reichstagsbeschlüssen. Sie traten vor allem für einen Frieden ohne Annexionen, Parlamentarisierung des Reiches und die Abschaffung des Dreiklassenwahlrechts ein.

Nach Ablehnung eines deutschen Angebots zu Friedensverhandlungen durch die Alliierten setzte die OHL im Januar 1917 den **uneingeschränkten U-Bootkrieg** und im April das **Kreuznacher Programm** durch, in dem die deutsche Reichsleitung im Falle eines Sieges der Mittelmächte Annexionen im Osten und Westen vorsah. *Bethmann Hollweg* brachte gegen beide Projekte schwere Bedenken vor, gab aber schließlich der OHL nach und übernahm als Reichskanzler die Verantwortung. Während er mit seinen Bedenken der OHL lästig fiel, verlor er durch sein Nachgeben bei maßgeblichen Politikern seine Glaubwürdigkeit. So erwirkten Mitte Juli 1917 beide Seiten aus entgegengesetzten Gründen seinen Sturz.

Fünf Tage danach verabschiedete der Reichstag mit den Stimmen der SPD, des Zentrums und der Fortschrittlichen Volkspartei eine **Friedensresolution,** die im Gegensatz zum Kreuznacher Programm einen Frieden ohne Annexionen und Kriegsentschädigungen vorsah. Zum Kampf gegen dieses Projekt eines Verständigungsfriedens wurde die **Deutsche Vaterlandspartei** gegründet. Sie setzte auf Sieg und forderte weitgehende Annexionen im Osten und Westen sowie Bezahlungen der Kriegskosten der Mittelmächte durch die Alliierten. Es gelang ihr, über eine Million Mitglieder zu gewinnen (vgl. dazu auch S. 158).

Durch das Schwanken und den gegenseitigen Kampf der wichtigsten Instanzen des Deutschen Reiches trat an die Stelle der durch den "Burgfrieden" erzielten Einigkeit eine Polarisierung der öffentlichen Meinung. Statt aufgrund nüchterner Lagebeurteilung miteinander zu sprechen, beschimpfte man sich als "Vaterlandsverräter" bzw. "Kriegsverlängerer".

Als Anfang 1918 erkennbar wurde, daß für das Frühjahr eine deutsche Offensive in Frankreich geplant sei, traten Ende Januar etwa eine Million Rüstungsarbeiter in den Streik, den vor allem die USPD trug. Man forderte sofortigen Friedensschluß ohne Annexionen und Kriegsentschädigungen sowie sofortige Abschaffung des Dreiklassenwahlrechts. Die SPD entsandte nach anfänglichem Zögern Vertreter in das Streikkomitee, um den Streik in geordneten Bahnen zu halten. Dieser brach nach einigen Tagen durch Einsatz von Militär zusammen.

3.1.5 Wilsons 14-Punkte-Programm

Bei den Völkern der Alliierten wie der Mittelmächte hatte sich angesichts der schweren Verluste an den Fronten und der großen Entbehrungen in der Heimat Kriegsmüdigkeit verbreitet. Nach dem Fehlschlag verschiedener Friedensbemühungen, vor allem des Papstes und des US-Präsidenten Wilson, versuchten auf beiden Seiten Arbeiter ihre Regierungen durch Massenstreiks zu einem Verständigungsfrieden zu zwingen. Doch durch Einsatz von Militär wurde, abgesehen von Rußland, nach kurzer Zeit der Abbruch der Streiks durchgesetzt.

Angesichts der Machtergreifung Lenins und des Ausscheidens Rußlands aus dem Krieg sahen alliierte Politiker bei Fortsetzung des Kampfes die Gefahr einer Revolutionierung der Arbeiter und Soldaten, zumindest aber ein Nachlassen der

Kampfbereitschaft ihrer Truppen. Daher wollte US-Präsident Wilson einen Frieden zustandebringen oder im Falle des Scheiterns seiner Bemühungen den alliierten Völkern das Bewußtsein vermitteln, für eine gerechte Sache zu kämpfen. Sein Friedensprogramm vom Januar 1918, das 14 Punkte umfaßte, enthielt folgende Hauptforderungen:

- Freiheit des Handels und der Meere
- Rüstungsbegrenzung
- Räumung aller von den Mittelmächten besetzten Länder
- Rückgabe Elsaß-Lothringens an Frankreich
- Abtretung der von Italienern bewohnten Gebiete Österreich-Ungarns an Italien
- Autonomie für die Völker Österreich-Ungarns und der Türkei
- Errichtung eines selbständigen Polens mit eigenem Zugang zum Meer
- Gründung eines Völkerbunds zur Sicherung der Existenz aller Staaten.

3.2 Entscheidung für die parlamentarische Demokratie in Deutschland

September 1918	Forderung der OHL nach sofortigem Waffenstillstandsgesuch des Reiches
4. 10. 1918	deutsches Waffenstillstandsgesuch an Wilson
28. 10. 1918	Oktoberverfassung: Deutschland parlamentarische Monarchie
3. 11. 1918	Bildung von Arbeiter- und Soldatenräten
9. 11. 1918	erzwungener Rücktritt des Kaisers, Deutschland Republik, provisorische Regierung des Rates der Volksbeauftragten
11. 11. 1918	Unterzeichnung des Waffenstillstandsabkommens
28. 11. 1918	offizielle Abdankung Wilhelms II.
16.–19. 12. 1918	Entscheidung der Arbeiter- und Soldatenräte für Nationalversammlung
Anfang Januar 1919	Spartakus-Aufstand
19. 1. 1919	Wahlen zur Nationalversammlung: Mehrheit für Weimarer Koalition (SPD-Zentrum-DDP)
Frühjahr 1919	Räterepublik in Bayern
28. 6. 1919	Unterzeichnung des Versailler Vertrages, härteste Friedensbedingungen

3.2.1 Von der Rätebewegung zur parlamentarischen Demokratie

Nach dem Scheitern der deutschen Frühjahrsoffensive in Frankreich 1918, den erfolgreichen alliierten Gegenangriffen im Sommer und dem Zusammenbruch der Verbündeten Deutschlands forderte am 29. September Erich Ludendorff, neben Paul von Hindenburg der führende Mann, die Reichsregierung auf, sofort um Waffenstillstand nachzusuchen, da die deutsche Westfront jeden Tag zusammenbrechen könne.

Um später erträgliche Friedensbedingungen erreichen zu können, sollte der Waffenstillstand auf der Basis der 14 Punkte des US-Präsidenten Wilson abgeschlossen werden. Da dieser ein engagierter Anhänger der parlamentarisch-demokratischen Staatsform war, verlangte Ludendorff die Ersetzung des Dreiklassenwahlrechts in Preußen durch ein gleiches Wahlrecht, die Einsetzung einer neuen Reichsregierung aus Vertretern der wichtigsten Parteien und die Umwandlung der konstitutionellen Monarchie in eine parlamentarische. Letzteres bedeutete, daß das Recht zur Ein- und Absetzung des Reichskanzlers vom Kaiser auf den Reichstag überging.

Einsichtige deutsche Politiker hatten eine derartige Reform der Reichsverfassung von 1871 bereits seit 1917 vergeblich verlangt. Angesichts der Autorität Ludendorffs in konservativen Kreisen gab man diesen Forderungen nunmehr in kürzester Zeit nach und nannte die neue Verfassung entsprechend dem Monat ihres Inkrafttretens **"Oktoberverfassung"**.

An die Spitze der neuen Regierung trat *Prinz Max von Baden*, bekannt durch seine Aufgeschlossenheit für den Parlamentarismus und sein Eintreten für einen Verständigungsfrieden. Seinem Kabinett gehörten erstmals in der deutschen Geschichte auch Vertreter der Mehrheits-Sozialdemokratischen Partei Deutschlands an.

In der SPD war es im Verlauf des Ersten Weltkriegs zu einer Verschärfung der schon lange bestehenden Meinungsverschiedenheiten über die programmatische Zielsetzung und das praktische Handeln dieser Partei gekommen. 1916 hatte sich der linksradikale **"Spartakusbund"** formiert. Da er keinen Rückhalt bei den Arbeitermassen fand, beschränkte er sich zunächst auf parteiinterne Opposition. Ein Jahr später trennte sich eine zahlenmäßig nicht unbedeutende Minderheit von der SPD und schloß sich in einer neuen Partei, der **"Unabhängigen Sozialdemokratischen Partei Deutschlands"(USPD)** zusammen, welcher sich der Spartakusbund angliederte. Die in der alten Partei verbleibende Mehrheit nannte sich fortan **"Mehrheits-Sozialdemokratische Partei Deutschlands" (MSPD).**

Die neue Reichsregierung brachte gegen Ludendorffs Forderung nach sofortiger Absendung eines Waffenstillstandsgesuchs schwere Bedenken vor, da sie in den Augen der Alliierten einer Kapitulation gleichkommen mußte. Da Ludendorff darauf beharrte, ging das Gesuch an Wilson in der Nacht vom 3. auf den 4. Oktober ab. Doch der im Oktober folgende Notenwechsel ließ immer deutlicher erkennen, daß vor allem die Person des Kaisers der Aufnahme sofortiger Waffenstillstandsverhandlungen im Wege stand. Daraufhin drängten Prinz Max von Baden und die MSPD auf die Abdankung Kaiser Wilhelms II., doch ohne Erfolg.

In dieser Lage entschloß sich die deutsche Admiralität Ende Oktober zu einem militärischen Kraftakt. Die Flotte sollte gegen Südostengland auslaufen, um den zahlenmäßig gewaltig überlegenen Alliierten in einer Seeschlacht den ungebrochenen deutschen Widerstandswillen zu demonstrieren. Doch die Matrosen waren nicht bereit, sich am Ende eines verlorenen Krieges sinnlos opfern zu lassen. Zuerst versagten sie in Wilhelmshaven den militärischen Gehorsam. Anfang November griff die Meuterei auf Kiel und dann auf Großstädte des Binnenlandes über. Gleichzeitig weitete sie sich zur **Revolution** aus. Arbeiter schlossen sich den Soldaten an, es kam nach russischem Vorbild zur Wahl von Arbeiter- und Soldatenräten. Streiks legten vielerorts die Wirtschaft lahm.

Am 9. November erreichte diese Bewegung die Reichshauptstadt Berlin. Die Arbeiter machten die Weigerung Wilhelms II. abzudanken für die widersinnige Fortsetzung des Krieges verantwortlich. Massenweise zogen sie in die Innenstadt. Das zur Aufrechterhaltung der Ordnung herbeigerufene Militär schloß sich ihnen an. Damit waren der Regierung in der Reichshauptstadt die Zügel entglitten. Um in dieser turbulenten Situation die Entwicklung wieder in einigermaßen geordnete Bahnen zu lenken, gab am Mittag Prinz Max von Baden eigenmächtig die Abdankung des Kaisers bekannt. Anschließend übertrug er ebenso eigenmächtig die Leitung der Reichsregierung an *Friedrich Ebert,* den Vorsitzenden der MSPD, der sein Amt im Geiste der Oktoberverfassung zu führen versprach. So wollte Prinz Max von Baden die parlamentarische Monarchie retten. Damit aber verstieß er gegen die Oktoberverfassung.

Ebenso eigenmächtig gegenüber dem neuen Regierungschef handelte kurz danach *Philipp Scheidemann,* ein führender Politiker der MSPD. Er hatte erfahren, daß *Karl Liebknecht,* ein Führer des Spartakusbundes, eine Räterepublik nach russischem Muster ausrufen wolle. Um ihm zuvorzukommen, proklamierte er vor einer großen Volksmenge die "Deutsche Republik". Zwei Stunden später rief Liebknecht die "freie sozialistische Republik Deutschland" aus und forderte zur

"Vollendung der Weltrevolution" auf. Doch die Führung von MSPD und USPD einigte sich noch am selben Tag auf die Bildung einer aus je drei Vertretern beider Parteien bestehenden provisorischen Regierung, die sich **"Rat der Volksbeauftragten"** nannte.

Am folgenden Tag, dem 10. November, wählten die Berliner Arbeiter- und Soldatenräte einen von beiden sozialistischen Parteien paritätisch besetzten "Vollzugsrat", der den Rat der Volksbeauftragten in seinem Amt bestätigte. Somit hatte das Reich eine sozialistische Regierung, die nicht parlamentarisch, sondern revolutionär legitimiert war.

Einen Tag später wurde mit der Unterzeichnung eines Waffenstillstandsabkommens der Krieg beendet. Am 28. November dankte Wilhelm II. offiziell ab.

Das Ringen um eine neue Staatsform

Zwischen beiden sozialistischen Parteien gab es jedoch erhebliche Meinungsverschiedenheiten über die Neugestaltung des Deutschen Reiches.
Die SPD hatte sich seit der Jahrhundertwende trotz Beibehaltung ihres revolutionären Programms in ihrem Handeln allmählich zu einer evolutionären Partei entwickelt, welche die Formen des Rechtsstaates und des Parlamentarismus respektierte. In der Kaiserzeit war es ihr mit dieser Politik gemeinsam mit den Gewerkschaften gelungen, die Lage der Arbeiter zu verbessern. So gingen die führenden Männer der MSPD davon aus, daß dies ihrer Partei nach der Einführung des Parlamentarismus durch die Oktoberverfassung künftig um so mehr gelingen werde. Im Falle einer gewaltsamen sozialistischen Umwandlung von Staat und Gesellschaft dagegen sahen sie die erreichten und in Aussicht stehenden sozialen Fortschritte gefährdet.
Demgemäß traten sie für eine möglichst baldige Wahl einer Nationalversammlung durch alle Bürger ein, die allein und auf parlamentarisch-demokratischem Weg über die Neugestaltung Deutschlands entscheiden sollte.
Dagegen wandten sich USPD, Spartakusbund und andere weit links stehende Kräfte. Sie befürchteten, daß durch eine Nationalversammlung die ins Wanken geratene Herrschaft der Klassenfeinde der Arbeiterschaft wieder gefestigt werden würde. Die USPD-Führung wollte die Wahl einer Nationalversammlung dann zulassen, wenn die Sozialisierung der wichtigsten Wirtschaftszweige unwiderruflich durchgeführt sei. Der Spartakusbund hingegen lehnte den Parlamentarismus grundsätzlich ab. Er orientierte sich, trotz mancher Differenzen vor allem bezüglich der Meinungsfreiheit für die Nichtsozialisten, in den Grundzielen an Lenins Revolutionstheorie. Danach sollte der bestehende Staatsapparat, also Beamten-

schaft, Heer und Polizei, zerschlagen und durch revolutionäre Arbeiter- und Soldatenräte ersetzt werden. Diese würden nach Aufhebung der bisherigen Rechtsnormen durch uneingeschränkte Verfügungsgewalt über Staat und Gesellschaft die Diktatur des Proletariats ausüben. Durch Vergesellschaftung der Produktionsmittel sollten sie den Aufbau des Sozialismus einleiten und schließlich die kommunistische Gesellschaftsordnung herbeiführen. Die Parole der Linksradikalen hieß "Alle Macht den Räten", die der MSPD "Alle Macht dem ganzen Volk".
Die Frage, ob Arbeiter- und Soldatenräte oder eine Nationalversammlung über die künftige Staatsform Deutschlands entscheiden sollten, wurde auf dem Reichskongreß der Arbeiter- und Soldatenräte in Berlin vom 16. bis 19. Dezember mit überwältigender Mehrheit zugunsten der Nationalversammlung entschieden. Doch der Spartakusbund und die ihm nahestehenden Linksradikalen gaben ihr Ziel nicht auf. Sie verlegten den Schwerpunkt ihrer Tätigkeit von den Beschlußgremien der Arbeiter- und Soldatenräte auf die Massenagitation, um ihr Ziel durch einen bewaffneten Umsturz zu erreichen.
Schon am 10. November hatte die OHL, vertreten durch General Wilhelm Groener, Ebert die Unterstützung durch noch intakte Truppeneinheiten zur Unterdrükkung von Unruhen angeboten. Als Gegenleistung sollte sich die Regierung mit ihrer Autorität bei den Soldatenräten für die Respektierung der Kommandogewalt der Offiziere einsetzen. Ebert war auf diesen Vorschlag eingegangen.
Um nicht in zu starke Abhängigkeit von der OHL zu geraten, wollte die MSPD zuverlässige Truppenverbände aus fronterfahrenen Parteimitgliedern aufstellen, doch deren Bereitschaft war so gering, daß dieses Vorhaben weitgehend fallengelassen werden mußte. Zudem versagten ehemalige Truppen des Frontheeres bei Kämpfen mit Linksradikalen mehrfach den Gehorsam. Daher ging die OHL im Einverständnis mit der MSPD-Führung dazu über, Freiwilligentruppen anzuwerben. Den Kern dieser **"Freikorps"** bildeten Offiziere und Unteroffiziere, ihn ergänzten junge Männer, vorwiegend aus dem Bürgertum. Wegen ihrer straffen Disziplin verfügten sie über eine große Kampfkraft. Fast alle Freikorps standen in einem scharfen Gegensatz zu den Arbeiter- und Soldatenräten.
Die Billigung dieser Entwicklung durch die MSPD war ein wesentlicher Grund dafür, daß die USPD am 29. Dezember ihre Vertreter aus dem Rat der Volksbeauftragten zurückzog. An ihre Stelle traten Mitglieder der MSPD. Kurz danach trennte sich der Spartakusbund unter *Karl Liebknecht* und *Rosa Luxemburg* von der USPD und gründete am 1. Januar 1919 die "Kommunistische Partei Deutschlands – Spartakusbund" (KPD).
Vor der Wahl zur Nationalversammlung, die auf den 19. Januar 1919 angesetzt war, rief die KPD zum Sturz der MSPD-Regierung auf. Dies führte in Berlin zu

einem Generalstreik, zu Massendemonstrationen und zu einem Arbeiteraufstand, dem sogenannten **Spartakusaufstand.** In dieser äußerst kritischen Lage übernahm der Volksbeauftragte *Gustav Noske* (MSPD) das militärische Kommando gegen die Aufständischen und ließ Freikorps in die Reichshauptstadt einrücken. Die Kämpfe, die von beiden Seiten mit schonungsloser Härte geführt wurden, endeten mit der Niederwerfung des Aufstandes. Dabei wurden Karl Liebknecht und Rosa Luxemburg von Soldaten verhaftet und auf dem Weg ins Untersuchungsgefängnis ermordet.
Da man die MSPD für den Einsatz des Militärs verantwortlich machte, vertiefte dieses Verbrechen die Spaltung in der sozialistischen Arbeiterschaft Deutschlands. Der Sieg der Freikorps ermöglichte einerseits, die Wahlen zur Nationalversammlung abzuhalten, machte aber andererseits die Freikorps, aus denen später ein großer Teil der Reichswehr hervorging, zu einem entscheidenden Machtfaktor in Deutschland.

Zusammentreten der Nationalversammlung und Bildung der Reichsregierung

Es stellte eine schwere Belastung für die Frühphase der Weimarer Republik dar, daß die Regierung auf vorwiegend rechtsradikale Freiwilligenverbände zurückgreifen mußte, um die parlamentarisch-demokratische Staatsform durchzusetzen. Allerdings schufen erst diese Freikorps die Voraussetzung dafür, daß trotz der Unruhen im Reich die Wahlen für die Verfassunggebende Nationalversammlung durchgeführt werden konnten. Die Parteien, die sich am 19. Januar 1919 zur Wahl stellten, waren im wesentlichen die gleichen wie im kaiserlichen Deutschland. Die bürgerlichen Parteien allerdings hatten sich zwischen November 1918 und Januar 1919 neu formiert. Die **Deutsche Demokratische Partei (DDP)** entstand aus der ehemaligen Fortschrittlichen Volkspartei und einem Teil der Nationalliberalen. Ihr Ziel war es, alle nichtsozialistischen, aber entschieden demokratischen Kräfte zusammenzufassen.
Gustav Stresemann, später einer der bedeutendsten Staatsmänner der Weimarer Republik, gründete mit einem Teil der Nationalliberalen die **Deutsche Volkspartei (DVP).** Sie vertrat vornehmlich die Belange der deutschen Großindustrie und war anfänglich für die Wiedereinführung der Monarchie, fand aber später durch den Einfluß Stresemanns ein positives Verhältnis zur neuen Staatsform.
In der **Deutschnationalen Volkspartei (DNVP)** schlossen sich ehemals konservative Gruppen zusammen. Sie lehnte den parlamentarisch-demokratischen Staat ab und forderte die Wiederherstellung der alten monarchischen Ordnung. Von ihr wurden in erster Linie die Interessen der Großagrarier und der Schwerindustrie wahrgenommen.

Relativ einfach war die Neuorientierung für das **Zentrum,** die katholische Volkspartei. In ihr trat gegenüber den konservativen Gruppen der Arbeitnehmerflügel stärker als bisher in den Vordergrund. Allerdings spaltete sich vom Zentrum sehr bald die **Bayerische Volkspartei (BVP)** ab. Sie arbeitete jedoch in vielen Fragen weiterhin mit der alten Partei eng zusammen.
Die **SPD** bildete die weitaus stärkste Fraktion in der Nationalversammlung. Aber die erhoffte Mehrheit erreichte sie nicht. Hierfür hätte auch ein Zusammengehen mit der USPD nicht ausgereicht. Vielmehr konnten die SPD, das Zentrum und die DDP, also jene drei Parteien, die bereits während des Ersten Weltkrieges als "Mehrheitsparteien" des Reichstages auf eine Parlamentarisierung hingewirkt hatten, 76 Prozent der Wählerstimmen auf sich vereinigen. Damit hatte sich das Volk in dieser Wahl eindeutig gegen das Rätesystem, aber auch gegen eine Rückkehr der Monarchie entschieden. So war es ganz natürlich, daß diese drei großen demokratischen Parteien zusammenarbeiteten und die **"Weimarer Koalition"** bildeten.
Die Nationalversammlung trat Anfang Februar in Weimar zusammen. Zum einen wollte man sich den radikalen Kräften in Berlin entziehen und zum anderen symbolisch zu verstehen geben, daß man sich von der Hohenzollern-Tradition, d. h. von der alten Ordnung, abgewendet habe. Die Aufgaben der Nationalversammlung waren vielschichtig: Es mußten ein Reichspräsident gewählt und eine Regierung gebildet, sodann eine Verfassung für den neuen Staat ausgearbeitet und zugleich ein Friedensvertrag mit den Siegermächten geschlossen werden.
Als erstes aber war es notwendig, eine provisorisch ausgeübte Zentralgewalt einzusetzen. Nachdem Friedrich Ebert die bisher provisorisch ausgeübte Regierungsgewalt an die vom Volk gewählte Versammlung zurückgegeben hatte, bestimmte ihn diese mit fast Dreiviertel aller Stimmen zum vorläufigen Reichspräsidenten. Kurz darauf ernannte das neue Staatsoberhaupt die erste parlamentarisch legitimierte Regierung der Weimarer Republik. Ministerpräsident wurde der Sozialdemokrat *Philipp Scheidemann.* In seinem Kabinett arbeiteten Abgeordnete von SPD, DDP und Zentrum als Minister. Die Nationalversammlung nahm zugleich die wesentliche Aufgabe eines Parlaments wahr, sie kontrollierte die neue Regierung.
Die revolutionäre Periode des neuen Staats war somit zu einem ersten Abschluß gekommen. Neben der Verfassunggebenden Nationalversammlung stand von vornherein ein zweites Staatsorgan, ein Staatenhaus ("Staatenausschuß"). Die einzelnen Länder hatten dadurch das Recht, an der Ausgestaltung der neuen Verfassung beratend mitzuwirken und eigene Vorlagen einzubringen, so daß auch das föderative Element für die zukünftige Staatsordnung sichergestellt war.

3.2.2 Die Weimarer Reichsverfassung

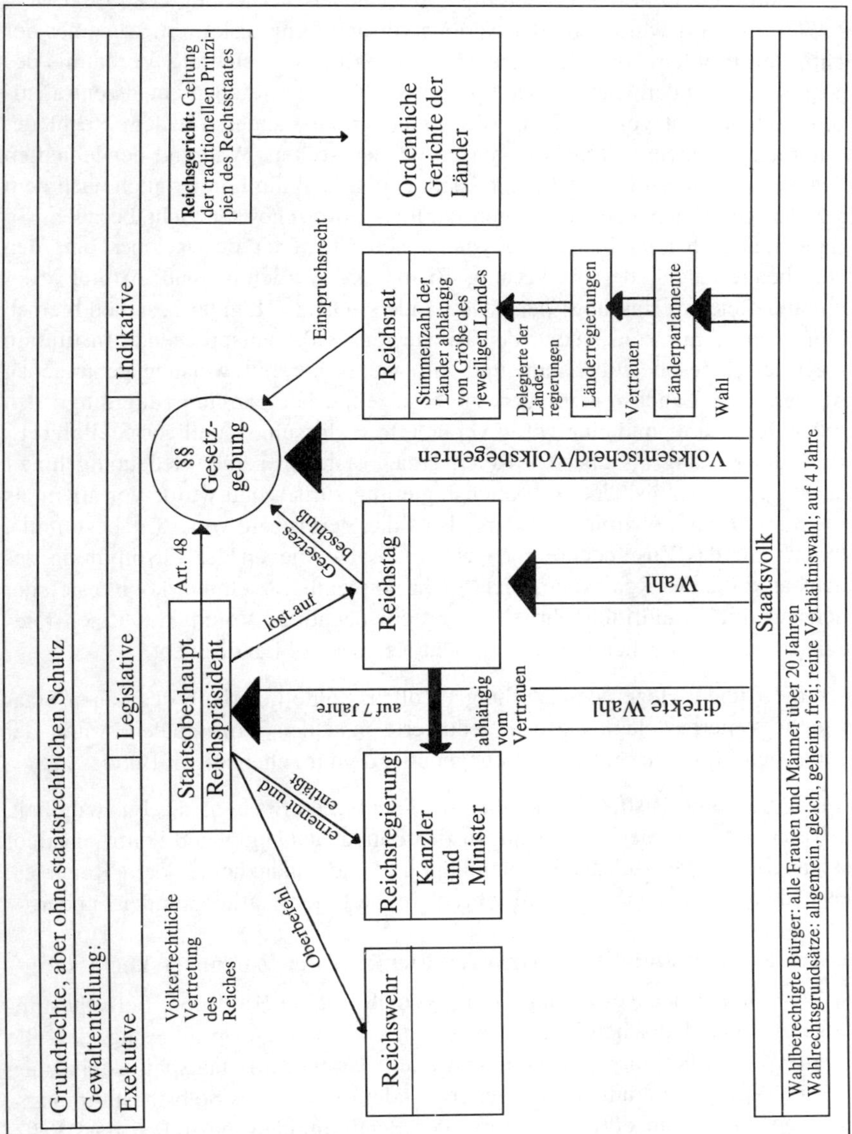

Eigene Darstellung

Bereits im November 1918 war der Staatsrechtler *Hugo Preuß* vom Rat der Volksbeauftragten mit der Vorbereitung einer neuen Verfassung beauftragt worden. Sein Entwurf wurde von der Nationalversammlung diskutiert. Als eines der wichtigsten Probleme der Verfassungsberatungen erwies sich das Verhältnis des Gesamtstaates zu den Einzelstaaten. Preuß sah im wesentlichen einen zentralistischen Einheitsstaat vor, in dem etwa gleich große Länder mit dem Recht der autonomen Selbstverwaltung geschaffen werden sollten. Während der lebhaften Debatten über diesen Entwurf zeigte sich jedoch, daß die Länder auch nach dem Sturz der Dynastien noch ein eigenständiges politisches Gewicht besaßen. So einigte man sich auf einen bundesstaatlichen Charakter des Reiches; aus den "deutschen Staaten" der Verfassung Bismarcks wurden gemäß Artikel 2 der Weimarer Reichsverfassung "deutsche Länder". Da also Länder bestehen bleiben sollten, war es nur konsequent, den Bundesrat als die entsprechende Institution des Kaiserreiches beizubehalten und ihn wie bisher mit weisungsgebundenen Vertretern der Landesregierungen zu besetzen. Man gab ihm allerdings den Namen "Reichsrat" und eine völlig veränderte verfassungsrechtliche Stellung: Er verlor seinen Rang als oberstes Reichsorgan, stand in seiner Bedeutung hinter Reichstag, Reichspräsident und Reichsregierung zurück und wurde vor allem als beratendes Organ konzipiert. Anders als es die Verfassung von 1871 bestimmte, war jetzt für das Zustandekommen eines Gesetzes neben der Zustimmung des Reichstages die des Reichsrates nicht mehr notwendig. Vielmehr konnte sich der Reichstag mit Zweidrittelmehrheit gegen ein negatives Votum des Reichsrates durchsetzen. Entsprechend brach nunmehr Reichsrecht Landesrecht.

Auch die frühere Hegemonialstellung Preußens sollte innerhalb des neuen Staates nicht weiterbestehen. Deshalb reduzierte man den prozentualen Anteil der preußischen Stimmen im Reichsrat gegenüber dem im ehemaligen Bundesrat.

In der Verfassung Bismarcks besaßen die "deutschen Staaten" die Finanzhoheit, das Reich war von den Zuweisungen der Länder abhängig und somit "lästiger Kostgänger" der Einzelstaaten. Nunmehr fiel die Finanzhoheit dem Reich zu. Dies bedeutete einen gewaltigen Einbruch in die Eigenstaatlichkeit der Länder.

Das Wahlsystem und die plebiszitären Elemente der Weimarer Verfassung

Die Weimarer Reichsverfassung beruht gemäß Artikel 1 auf dem Selbstbestimmungsrecht des deutschen Volkes. Allerdings wurde die Formulierung, daß alle Gewalt vom Volke ausgehe, nicht von allen Parteien im staatsphilosophischen Sinne als Volkssouveränität interpretiert. Zudem war dieses Selbstbestimmungsrecht von vornherein durch die Versailler Bestimmungen bezüglich der Wehr-

hoheit und durch das Verbot des Anschlusses Österreichs eingeschränkt. Nach dem Willen des Verfassungsschöpfers sollte der Reichstag den politischen Willen der Nation verkörpern. Deswegen erstreckten sich seine Kompetenzen auf die Gesetzgebung, das Budgetrecht und auf die Ratifizierung von Staatsverträgen, waren Kanzler und Minister von seinem Vertrauen abhängig. Der Reichstag als beherrschendes Organ des Reiches wurde für jeweils vier Jahre aufgrund des allgemeinen, gleichen, unmittelbaren und geheimen Wahlrechts von allen über 20 Jahre alten Männern und Frauen nach den Grundsätzen der absoluten Verhältniswahl gewählt.
An diesem reinen **Verhältniswahlrecht,** mit dem man den Willen des Volkes so genau wie möglich zur Geltung bringen wollte, wurde von Anfang an scharfe Kritik geübt; es sollte sich auch im nachhinein als eine sehr fragwürdige Neuerung erweisen. Die Bevölkerung wählte statt Personen Parteien und fand so keinen Kontakt zu den Abgeordneten. Zudem gab es keine "Prozentklausel", so wie die Fünf-Prozent-Klausel heute. Folglich wurde die **Zersplitterung in zahlreiche Parteien** begünstigt. Dies mußte bei mangelndem Konsens der Parteien die Funktionstüchtigkeit des Reichstags stark mindern und die Regierungsbildung erschweren. Die tatsächliche Folge waren häufig wechselnde Koalitionen.
Diese Zersplitterung sollte sich auch insofern als folgenreich erweisen, als dadurch die traditionelle Abneigung zahlreicher Deutscher gegen das Parteienwesen bestätigt schien, so daß am Ende der Weimarer Republik und zu Beginn des "Dritten Reiches" die Nationalsozialisten mit ihrer programmatischen Forderung nach "Volksgemeinschaft" und damit nach dem "inneren Frieden" starken Widerhall fanden. Man versäumte in der Verfassung auch, die Parteien auf den demokratischen Parlamentarismus zu verpflichten, wie es im Bonner Grundgesetz der Fall ist. Dies erwies sich später als ein gravierender Mangel, denn dadurch fehlte der Weimarer Republik ein verfassungsrechtlicher Schutz gegen antidemokratische Parteien.
Das **plebiszitäre Element,** also die Möglichkeit, wichtige politische Entscheidungen durch eine Volksabstimmung herbeizuführen, war dagegen in der Weimarer Verfassung sehr stark ausgeprägt. So wurde der Reichspräsident direkt vom Volk gewählt und er konnte gemäß Artikel 73 ein vom Reichstag beschlossenes Gesetz vor seiner Verkündigung noch zum Volksentscheid bringen und damit die Nation selber zur letzten Instanz der Gesetzgebung erheben. Außerdem genügte ein Zehntel der Stimmberechtigten, um mittels eines Volksbegehrens einen Gesetzesvorschlag in den Reichstag zu bringen, und falls dieser ablehnte, darüber einen Volksentscheid herbeizuführen. So war die Kompetenz

des Reichstags sowohl durch die starke Stellung des Reichspräsidenten als auch durch die Möglichkeit des Volksentscheids stark eingeschränkt. Derartige Volksentscheide erhielten zwar später nie die erforderliche Mehrheit, wurden aber zur Agitation gegen die Republik mißbraucht. Das Bonner Grundgesetz sieht aus diesem Grunde das Plebiszit nur noch in einem Falle vor, nämlich bei der Neugliederung von Bundesländern.

Reichspräsident und Reichsregierung

Der Reichspräsident besaß innerhalb des Verfassungsgefüges eine starke Position. Er wurde vom Volk unmittelbar auf sieben Jahre gewählt. Entsprechend der früheren Stellung des Monarchen sollte er als "personale Reichsspitze" eine über den gesellschaftlichen Gegensätzen stehende Institution sein. Insofern war er als eine Art "Ersatzkaiser" gedacht.
Der Reichspräsident übte sehr weitreichende Befugnisse aus. Einerseits besaß er die traditionellen Rechte eines Staatsoberhauptes: Die völkerrechtliche Vertretung des Reiches, die Ernennung der Beamten und Offiziere, das Begnadigungsrecht. Andererseits aber hatte er auch wesentliche politische Funktionen: Er ernannte den Reichskanzler und auf dessen Vorschlag die Reichsminister. Die Reichsregierung war zwar zu ihrer Amtsführung an das Vertrauen des Reichstages gebunden, aber die Initiative zur Ernennung des Reichskanzlers lag allein beim Reichspräsidenten und nicht beim Reichstag, der auch keine Vorschläge unterbreiten durfte. Der Reichspräsident hatte weiterhin den Oberbefehl über die Reichswehr. Dies blieb vor allem unter der Amtszeit Hindenburgs kein rein formales Recht, denn gerade dieser Mann stellte aufgrund des "Frontsoldaten-Mythos" für alle Befehlshaber eine hohe militärische Autorität dar.
Gemäß **Artikel 48** der Verfassung besaß der Reichspräsident die sogenannte "Diktaturgewalt". Er konnte, "wenn die öffentliche Sicherheit und Ordnung gestört oder gefährdet" war, die zu deren Wiederherstellung notwendigen Maßnahmen treffen und notfalls auch mit der Reichswehr einschreiten. Für solche Fälle durfte er auch die Grundrechte ganz oder zum Teil außer Kraft setzen. Näheres sollte ein Reichsgesetz bestimmen, das allerdings nie zustande kam. Der Rechtsbegriff der "öffentlichen Ordnung und Sicherheit" wurde in der Weimarer Zeit sehr weit ausgelegt. In den Jahren 1919 bis 1925 hat der damalige Reichspräsident Ebert 163 solcher Notverordnungen erlassen, zum großen Teil, um wirtschaftspolitische Maßnahmen durchzusetzen, die den Parteien des Reichstages zu unpopulär waren. Nach diesem Artikel konnte der Reichspräsident ferner mit Hilfe der Reichswehr gegen ein Land vorgehen, falls es seinen Pflichten gemäß der Reichsverfassung oder den Reichsgesetzen nicht nachkam. Auch die-

ses Recht nahm Ebert in der Anfangsphase der Republik bei Umsturzversuchen in Mittel- und Süddeutschland mehrmals in Anspruch. Der Reichstag konnte allerdings gegen solche Maßnahmen sein Veto einlegen und sie damit rückgängig machen.
Gefährlich wurde dieser Artikel für die Weimarer Republik in Verbindung mit Artikel 53, dem Recht des Reichspräsidenten, den Kanzler zu ernennen und zu entlassen, und in Verbindung mit Artikel 25, dem Recht des Präsidenten, den Reichstag aufzulösen, denn dadurch konnte der Artikel 48 leicht zum Instrument einer präsidialen Reichsführung werden. Dann lagen die Regierungsgeschäfte der Weimarer Republik nicht mehr in den Händen einer vom Reichstag bestimmten Regierung, sondern direkt oder indirekt in denen des Reichspräsidenten. Die Väter des Bonner Grundgesetzes haben diese Mängel aus der Erfahrung der Weimarer Republik beseitigt und die Kompetenz des Bundespräsidenten im wesentlichen auf repräsentative Funktionen beschränkt. Auch die sogenannte Notstandsverfassung gibt in unserem Staat keinem Verfassungsorgan die umfangreichen Befugnisse des Artikels 48.
Dem Reichskanzler, durch alleinige Entscheidungsbefugnis des Reichspräsidenten ins Amt gebracht, sprach die Verfassung vor allem die Kompetenz zu, die Richtlinien der Politik zu bestimmen. Dazu gehörte folgerichtig das Recht, dem Reichspräsidenten die Minister zur Ernennung vorzuschlagen. Reichskanzler und Reichsminister brauchten aber zu ihrer Amtsführung das Vertrauen des Reichstages. Ein Mißtrauensvotum gegen den Kanzler hatte den Sturz der ganzen Regierung zur Folge, aber auch eines gegen einen einzelnen Minister führte in der Regel zum Rücktritt der Gesamtregierung, da dadurch meist das Gleichgewicht der Regierungskoalition gestört war. Danach mußte der Reichspräsident erst eine neue Regierung benennen. Die Regelung des Bonner Grundgesetzes, wonach der Bundeskanzler nur bei gleichzeitiger Wahl eines Nachfolgers gestürzt werden kann, so daß stets eine parlamentarisch legitimierte Regierung besteht, das sogenannte "konstruktive" Mißtrauensvotum, sah die Weimarer Verfassung nicht vor. Insgesamt also hatte der Reichskanzler, verglichen mit dem heutigen Bundeskanzler, eine verfassungsmäßig schwache Position.

Grundrechte und Grundpflichten

Die Weimarer Nationalversammlung betrachtete die Ausarbeitung der Grundrechte von vornherein nicht als ihre zentrale Aufgabe. So setzte sich der zweite Hauptteil der Verfassung aus sehr unterschiedlichen verfassungsrechtlichen Bestandteilen zusammen. Die ersten Abschnitte greifen im wesentlichen auf die traditionellen liberalen Grundrechte zurück: Die Gleichheit aller vor dem Gesetz,

Freizügigkeit, Freiheit der Person, das Recht der freien Meinungsäußerung, die Glaubens- und Gewissensfreiheit, das Recht der freien Religionsausübung, das Petitionsrecht, die Vereins- und Versammlungsfreiheit, die Unverletzlichkeit der Wohnung und des Briefgeheimnisses werden hier garantiert.
Ferner stellte die Verfassung bürgerliche Gesellschaftseinrichtungen wie Familie, Vereine, Gemeinden und das Berufsbeamtentum unter den besonderen Schutz des Staates.
Diesen Grundrechten stehen aber Grundpflichten gegenüber. So hatte jeder Deutsche "nach Maßgabe der Gesetze die Pflicht zur Übernahme ehrenamtlicher Tätigkeiten". Ferner wurden alle Staatsbürger verpflichtet, für den Staat "persönliche Dienste" zu leisten. Dazu gehörte auch der Wehrdienst. Die allgemeine Wehrpflicht widersprach allerdings den Bestimmungen des Versailler Vertrags, wonach es in Deutschland nur noch ein Berufsheer mit 100000 Mann geben sollte. Nach Maßgabe der Gesetze hatten alle Staatsbürger ohne Unterschied "im Verhältnis ihrer Mittel zu allen öffentlichen Lasten" beizutragen.
Der Abschnitt über das "Wirtschaftsleben" kam in der Nationalversammlung als hart umkämpfter Kompromiß zwischen den verschiedenen wirtschafts- und gesellschaftspolitischen Interessengruppen zustande. Ein liberales Element stellte vor allem die Gewährleistung der "wirtschaftlichen Freiheit des einzelnen" dar. Das Eigentum wurde geschützt, zugleich aber der Sozialbindung unterworfen: "Eigentum verpflichtet. Sein Gebrauch soll zugleich Dienst sein für das gemeine Beste." Zudem war es grundsätzlich möglich, geeignete wirtschaftliche Unternehmen zu verstaatlichen. Insofern enthielt die Verfassung auch sozialistische Grundforderungen.
Die Weimarer Reichsverfassung stellte in ihrem Grundrechtsteil also einen Kompromiß zwischen neuen sozialen Forderungen des 20. Jahrhunderts und den traditionellen liberalen und demokratischen Rechten dar. Dabei hatten viele der Grundrechte und -pflichten nur deklamatorischen Charakter, das heißt, die Schwächen dieses Teils der Verfassung lagen vornehmlich darin, daß die Grundrechte mehr Programm als geltendes Recht darstellten. So waren Gesetzgeber und Verwaltung nicht ausdrücklich an sie gebunden, ihre Einhaltung war nicht einklagbar. Diese Konsequenz zogen erst die Schöpfer des Bonner Grundgesetzes. Heute sind die Grundrechte positives, also unmittelbares Recht, das jeder einklagen kann. Damit bieten sie dem einzelnen Bürger Schutz vor staatlicher Willkür.
Die Verfassung wurde am 11. August 1919 von der Nationalversammlung verabschiedet und trat noch am selben Tag mit der Unterzeichnung durch den Reichspräsidenten in Kraft.

Damit stand der deutsche Staat, nachdem die Verfassung von 1849 nie Gültigkeit erlangte, zum erstenmal in seiner Geschichte auf der Grundlage freiheitlich-demokratischer und rechtsstaatlicher Prinzipien.

3.2.3 Die Entwicklung in Bayern

Wie überall in Deutschland griff im Jahre 1918 in der bayerischen Bevölkerung die Kriegsmüdigkeit immer mehr um sich. Als sich im Oktober die Waffenstillstandsverhandlungen unerwartet lange hinzogen, überlegten in München kleine politische Zirkel, wie man dem sinnlosen Blutvergießen ein Ende bereiten könne. Ihre Führung übernahm *Kurt Eisner,* der Vorsitzende der USPD in Bayern. Seit dem 2. November propagierte er in aller Öffentlichkeit eine Revolution. In den konservativen und bürgerlichen Kreise machte sich angesichts des sich abzeichnenden militärischen Zusammenbruchs tiefe Resignation breit. Die Münchner Polizei unternahm nichts gegen Eisner. Am 7. November hielten MSPD und USPD gemeinsam eine Friedenskundgebung auf der Theresienwiese in München ab. Beide Parteien forderten auf dieser Massenveranstaltung die Abdankung Kaiser Wilhelms II. und einen unverzüglichen Abschluß des Waffenstillstands. Doch dann trennten sich ihre Wege.

Erhard Auer, der Vorsitzende der MSPD, zog mit der großen Mehrheit der Kundgebungsteilnehmer in einem friedlichen Protestmarsch durch München. Eisner hingegen begab sich mit etwa 1000 Linksradikalen zu den Kasernen der Landeshauptstadt, um die Soldaten für seine Revolution zu gewinnen. Dies gelang ihm in vollem Umfang. Hierauf bildete er einen provisorischen Arbeiter- und Soldatenrat, dessen Vorsitz er selbst übernahm. Anschließend proklamierte er den "Freien Volksstaat Bayern", d. h. die Republik, und setzte damit der über 700jährigen Herrschaft der Wittelsbacher ein Ende. So hatte innerhalb weniger Stunden ein bislang wenig beachteter Journalist ohne Blutvergießen die Macht in Bayern gewonnen. Er wußte jedoch genau, daß er sie allein nicht behaupten konnte.

Daher nahm er unverzüglich mit der MSPD und dem linksorientierten Bayerischen Bauernbund Verbindung auf. Die MSPD fühlte sich einerseits durch Eisners überraschenden Zug zu den Kasernen nach der gemeinsamen Kundgebung am 7. November hintergangen. Andererseits hielt sie es angesichts der nunmehr vollendeten Tatsachen für notwendig, durch ihren Eintritt in die Revolutionsregierung dafür zu sorgen, daß in Bayern Ruhe und Ordnung einigermaßen aufrechterhalten werden konnten.

Männer und Frauen Münchens!

Es besteht Gefahr, daß dieser uns aufgedrungene Krieg mit einem Frieden endigt, der unser Volk aufs schwerste schädigt. Alle Opfer wären dann für nichts gebracht, alle Siege vergebens gewesen.

Das darf nicht geschehen

Um dies zu verhindern, ist der große Volksbund,

die deutsche Vaterlandspartei

ins Leben getreten.

Die Vaterlandspartei will keine Wiederholung von Friedensangeboten. Diese werden nur als Schwäche ausgelegt. So verlängern sie den Krieg, statt ihn zu beenden.

Der ganze Verlauf des Weltkrieges rechtfertigt den Glauben an einen baldigen endgültigen Sieg Deutschlands.

Deshalb will die Vaterlandspartei keinen Verzichtfrieden,

bei dem alles so bleibt, wie es vor dem Kriege war, denn unter solchen Bedingungen könnte sich Deutschland nie wieder von seinen Wunden erholen. Wir wären ärmer an Gütern im Werte von hunderten von Milliarden und ärmer um hunderttausende der Besten unseres Volkes. Die Verelendung weitester Volkskreise wäre die Folge.

Die Vaterlandspartei erstrebt einen Frieden, der den uns zugefügten Schaden soweit als möglich wieder gutmacht,

einen Frieden, der durch sichere Grenzen die Freiheit unserer Arbeit und das Gedeihen Deutschlands verbürgt. Nur ein kraftvoller, auf unseren Waffenerfolgen ruhender Friede vermag dies.

Die Vaterlandspartei ist ein Volksbund,

der Angehörige aller Parteien vereint. Keines ihrer Mitglieder braucht seiner Partei untreu zu werden. In Fragen der inneren Politik ist jedem vollste Freiheit belassen.

Wer mit uns ein baldiges Kriegsende und einen guten dauernden Frieden will, der trete unserem Bunde bei.

Ortsgruppe München
der deutschen Vaterlandspartei

Die Vorstandschaft:

1. Vorsitzender: von **Hertwig**, Universitätsprofessor, Geh. Rat
2. Vorsitzender: Einhauser, Reg.-Rat, Synd. d. Universität
Schriftführer und **Schatzmstr.: Dr. Müller-Jürgens**

Arbeitsausschuß:

Schreiner **Behrens**, Dr. **Oskar Blank**, Amtsrichter **Hans Dittrich**, Werkzeugmacher **Ant. Drexler**, Kunstmaler Prof. **Fritz Erler**, Geschäftsführer **Robert Fedisch**, Rechtsanwalt **Dr. Friedrich Goldschmit**, Stadtpfarr. Dek. **Hermann Lembert**, Justizrat u. Gemeindebevollm. **August Rumpf**, Landtagsabgeord. **Karl Scharnagel**, **Leonhard Schmidbauer**, **Friedrich v. Schoen**, Oberinspektor u. Diplomingenieur **Ludw. Stindt**, Schriftsteller **Dr. Ludw. Thoma**, Kunstmaler **Karl Vinnen**, Glasermeister **Andr. Wagner**, Frau **v. Bartels**, Frau **von Hertwig**.

Zuschriften: An die Geschäftsstelle der Ortsgruppe München: Neuhauserstraße 23/III
Mitgliederbeitrag jährl. 1 Mark. Geldsendungen ausschließlich a. d. Postscheckkonto München 8985, Dr. Wilhelm Müller-Jürgens.

Die Reaktion der Deutschen Vaterlandspartei auf die Friedensresolution des Reichstages im Sommer 1917 (aus dem Gründungsaufruf der Ortsgruppe München); aus: Friedrich Arnold: Politische Plakate in Deutschland 1900–1979. Frankfurt, Wien, Zürich 1972, S. 11.

In der Revolutionsregierung kam es wie im Berliner Rat der Volksbeauftragten zu Meinungsverschiedenheiten über die Frage, ob die Arbeiter- und Soldatenräte oder ein vom ganzen Volk gewähltes Parlament über die Gestaltung von Staat und Gesellschaft entscheiden sollten. Gegen Eisners hinhaltenden Widerstand setzten MSPD und bürgerliche Parteien durch, daß am 12. Januar 1919 Wahlen zu einem neuen Landtag stattfanden. Sie brachten den bürgerlichen Parteien über 55 Prozent, der MSPD 33 Prozent und der USPD knapp 3 Prozent der Stimmen. Die MSPD war zu einer Koalition mit bürgerlichen Parteien bereit. Ihre Landeskonferenz sprach sich dafür aus, die legislative Gewalt dem Landtag zu übergeben und die Arbeiter- und Soldatenräte lediglich auf eine beratende Funktion zu beschränken.

So schien Eisner zur politischen Bedeutungslosigkeit verurteilt. Doch kurz nach der Wahl kam es zu einer rasch anwachsenden Radikalisierung. Da die Revolutionsregierung sich die gesamte Exekutive und Legislative bis zum Zusammentritt des Landtags vorbehalten hatte, konnte Eisner die Macht auch weiterhin behaupten, wenn er dessen Zusammenkunft verhinderte. In heftigen Auseinandersetzungen innerhalb der Revolutionsregierung setzte die MSPD durch, daß die Einberufung des Landtags für den 21. März angekündigt wurde. Darauf kam es zu einer Massendemonstration in München gegen die Übertragung der legislativen Gewalt an den Landtag. Diese Vorgänge gaben Anlaß zu der Befürchtung, Eisner könne die eingeleitete Verwirklichung der parlamentarischen Demokratie mit Hilfe radikaler Kräfte rückgängig machen.

In dieser gespannten und undurchsichtigen Lage wurde Eisner am 21. Februar auf dem Weg zum Landtag, wo er seinen Rücktritt erklären wollte, von *Graf Arco-Valley* ermordet. Aus Erbitterung darüber drangen Linksradikale in den Sitzungssaal ein, verletzten Auer schwer und trieben das Parlament auseinander.

Unter dem Eindruck dieses Vorganges einigten sich die Vertreter aller Parteien darauf, eine fast ausschließlich von MSPD und USPD gebildete Regierung zu tolerieren, an deren Spitze *Johannes Hoffmann* stand, der dem linken Flügel der MSPD angehörte. Der bayerische Landtag bestätigte Mitte März das Kabinett. Ein weiterer Zusammentritt des Parlaments wurde von dem nach Eisners Ermordung eingesetzten Räteausschuß verhindert.

Am 7. April riefen Anhänger der USPD die **Räterepublik** aus, am gleichen Tag zogen sich die Regierung und die meisten Landtagsabgeordneten nach Bamberg zurück. Ein Putschversuch eines Teils der Münchener Garnison zugunsten der Regierung Hoffmann wurde von Arbeitern niedergeworfen. Im Vertrauen auf diesen Erfolg setzten die Kommunisten die Räteregierung ab und übernahmen selbst die Macht. Sie entwaffneten das Bürgertum, stellten eine "Rote Armee" auf und nahmen Geiseln. Hierauf ließ die Regierung Hoffmann bayerische, preußische und württembergische Truppen gegen München vorrücken. Diese eroberten Anfang Mai die Landeshauptstadt. Während der Kämpfe und unmittelbar danach erschossen die Kommunisten 10 Geiseln, die siegreichen Truppen aus Erbitterung über heimtückische Überfälle etwa 1000 gefangene Gegner, aber auch Unbeteiligte.

Einige Tage nach dem Ende der Kämpfe ging die Entscheidung über die gefangenen Anhänger der Räterepublik auf die zivile Justiz über, womit die Massenerschießungen ein Ende nahmen. Trotzdem waren die Strafen drakonisch, vor allem wenn man sie mit denen vergleicht, welche damals und später gegen rechtsradikale politische Gewalttäter verhängt wurden. Dies vertiefte die Kluft zwischen Arbeiterschaft und Bürgertum.

Die Revolutionsereignisse in München, die ein halbes Jahr dauerten, bewirkten einen Stimmungsumschwung. In dieser turbulenten Zeit litt die Bevölkerung unter Versorgungsschwierigkeiten und Rechtsunsicherheit. Nach den Landtagswahlen regierten in Bayern Politiker, die nicht die Mehrheit der Wähler hinter sich hatten. Als sich einige Zeit nach dem Ende der Räterepublik die Verhältnisse wieder normalisierten, sympathisierten große Teile des Volkes mit weit rechts stehenden Politikern. Da auffallend viele Münchener revolutionäre Juden waren, breitete sich ein scharfer Antisemitismus aus. Dies war ein günstiger Nährboden für Republikfeinde und Antisemiten nichtbayerischer Herkunft, z. B. Hitler und Ludendorff.

3.3 Die Pariser Vorortverträge

	Friedensverträge für Deutschland und Österreich
28. 6. 1919	Friedensvertrag von Versailles (mit dem Deutschen Reich)
10. 9. 1919	Friedensvertrag von St. Germain-en-Laye (mit Österreich)
	Die Kriegsschuldfrage
Herbst 1919	Entstehen der Dolchstoßlegende
1919	Kriegsschuldparagraph des Versailler Vertrags, von deutscher Seite bestritten

3.3.1 Territoriale Bestimmungen für Deutschland und Österreich

Die Friedenskonferenz, auf der 32 Staaten vertreten waren, trat am 18. Januar 1919, dem Gedenktag der deutschen Kaiserproklamation von 1871, in Paris unter französischem Vorsitz zusammen. Die wichtigsten Entscheidungen dieser Konferenz wurden im exklusiven Rat der "Großen Drei", den Vertretern der USA, Großbritanniens und Frankreichs, gefällt.

Nach den Plänen des US-Präsidenten Wilson sollte die Konferenz nicht nur Friedensverträge ausarbeiten, sondern der Welt eine neue Ordnung geben, um die anstehenden politischen, wirtschaftlichen und territorialen Probleme friedlich und dauerhaft zu lösen. Ein Krieg, wie ihn die Welt gerade erlebt hatte, sollte durch eine kollektive Friedenssicherung in Zukunft unmöglich gemacht werden. Deshalb drängte er auf die Errichtung eines **Völkerbundes,** von dem er sich die friedliche Beilegung der internationalen Streitigkeiten erhoffte.

Frankreichs wichtigstes Ziel war, sich in Zukunft vor einer erneuten Bedrohung durch Deutschland zu schützen. Deshalb drängte es unter dem Stichwort "Sicherheit am Rhein" auf die Rückgewinnung Elsaß-Lothringens, auf die Angliederung des Saargebietes und auf eine Autonomie der restlichen linksrheinischen Gebiete Deutschlands.

Großbritannien bewegte sich auf der Konferenz in den alten Bahnen der europäischen Gleichgewichtspolitik und wollte somit eine Vorherrschaft Frankreichs auf dem Kontinent nicht akzeptieren. Damit aber mußte Deutschlands politische Selbständigkeit und wirtschaftliche Lebensfähigkeit erhalten werden. Angesichts solch unterschiedlicher Standpunkte kam es zwischen den Alliierten zu einem zähen Ringen, das schließlich in Kompromissen endete.

Der **Vertrag von St. Germain** zwischen den Siegermächten und Österreich sah die Aufteilung der alten österreichisch-ungarischen Monarchie in drei selbständige Staaten vor: Österreich, Ungarn und die Tschechoslowakei. Aus ihren südslawischen Gebieten, dem westlichen Banat und der Südsteiermark wurde zusammen mit Serbien der neue Staat Jugoslawien gebildet. Damit aber war das verbleibende Österreich mit nur noch 6,5 Millionen Einwohnern kaum lebensfähig. Den Anschluß an das Deutsche Reich, den die Nationalversammlung der Republik Deutsch-Österreich bereits im November 1918 beschlossen hatte, verbot der Friedensvertrag.

Für Deutschland kam es vor allem darauf an, daß die im Entstehen begriffene Demokratie nicht zu sehr durch zu harte Vertragsbestimmungen belastet würde. Da es im Oktober 1918 auf der Grundlage der 14 Punkte Wilsons um Frieden bei den Alliierten gebeten hatte, hoffte es auf einen Frieden nach dem Grundsatz des Selbstbestimmungsrechtes der Völker. Aber die deutsche Delegation durfte im Gegensatz zu früheren Gepflogenheiten nicht an den Verhandlungen teilnehmen. Daher bezeichnete man den Friedensvertrag in Deutschland als "Diktat".

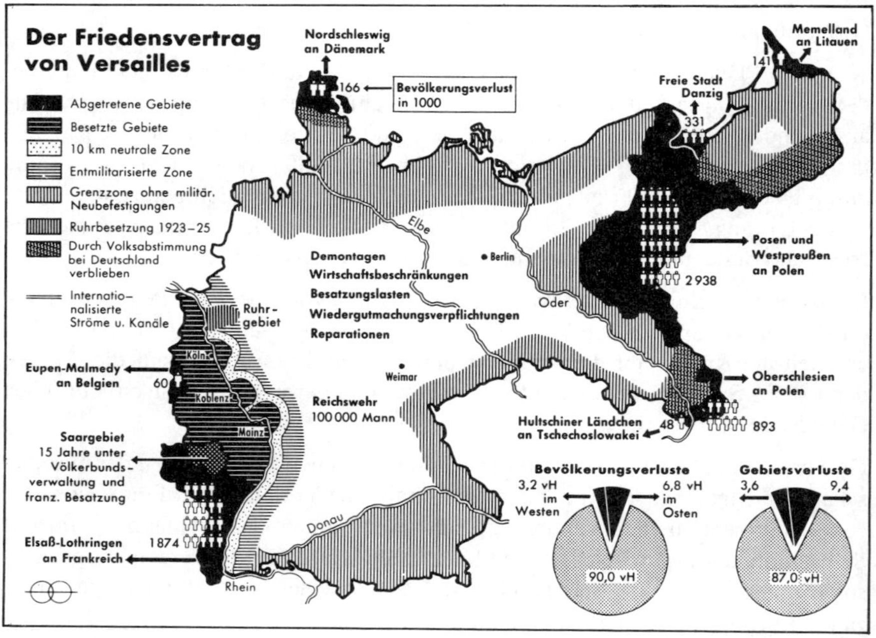

Aus: Eberhard Aleff: Das Dritte Reich. Hannover 1982, S. 134

Der **Vertrag von Versailles** legte folgende territoriale Veränderungen fest: Im Westen verlor das Reich über eine allerdings nicht ganz korrekte Volksabstimmung Eupen-Malmédy an Belgien. Ohne Abstimmung fiel Elsaß-Lothringen an Frankreich. Das Saargebiet unterstellte man 15 Jahre lang dem Völkerbund, wobei Frankreich seine Kohlengruben ausbeuten durfte. Anschließend sollte die saarländische Bevölkerung über eine Rückkehr ins Deutsche Reich entscheiden. An der Nordgrenze fiel durch eine Abstimmung Nordschleswig an Dänemark.

Im Osten des Reiches gingen der größte Teil Posens und Westpreußens und Teile von Ostpreußen und Hinterpommern ohne Abstimmung an Polen, wodurch Ostpreußen durch einen polnischen "Korridor" vom Reich getrennt war. In Abstimmungsgebieten Ost- und Westpreußens, Oberschlesiens und Südschleswigs wählte die Mehrheit der Bevölkerung den Verbleib im Reich. Allerdings fiel gemäß einem Gutachten des Völkerbundes der Osten Oberschlesiens mit dem größten Teil der Kohlelagerstätten und der Industrie nachträglich an Polen. Das Memelgebiet kam ohne Abstimmung an die Alliierten, wurde später von Litauen annektiert und erhielt im Jahre 1924 einen Autonomiestatus.

Danzig mit dem Mündungsgebiet der Weichsel übergaben die Sieger als Freie Stadt der Aufsicht des Völkerbundes, wobei man Polen weitreichende Rechte zugestand. Ohne Abstimmung fiel das Hultschiner Ländchen an die neugebildete Tschechoslowakei. Auch die Deutschen des Sudetenlandes gliederte man gegen ihren Willen in den tschechoslowakischen Staatsverband ein. Abzutreten hatte das Deutsche Reich ferner sämtliche Kolonien, die der Völkerbund als Mandatsgebiete an alliierte Staaten weitergab.

3.3.2 Neue Staaten und Grenzen in Ostmittel- und Südosteuropa

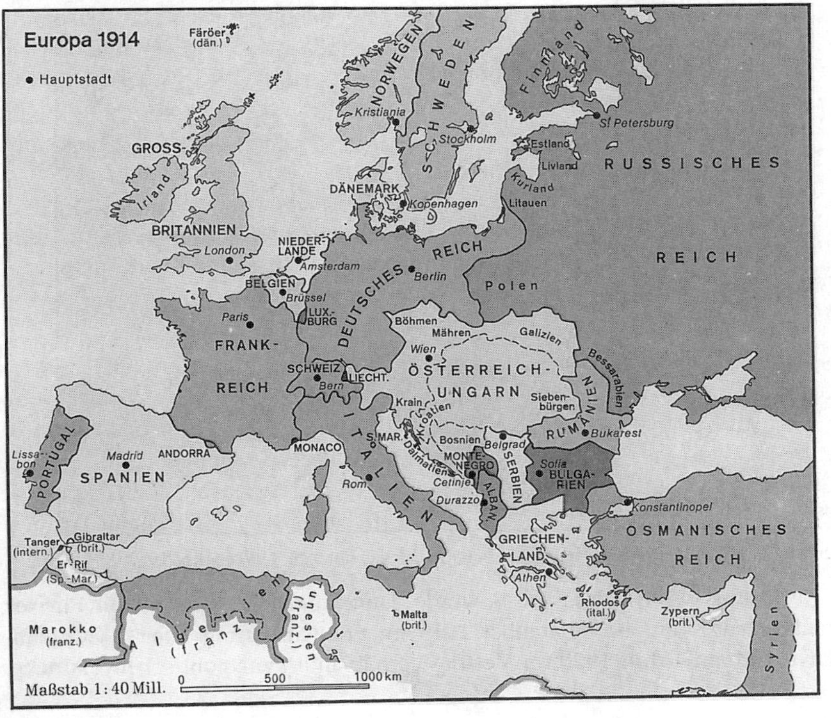

Die seit 1867 bestehende Doppelmonarchie Österreich-Ungarn, auf deren Staatsgebiet 16 verschiedene Völker beheimatet waren, verlor mit dem Tod Kaiser *Franz Josephs* 1916 die Integrationsfigur für diese verschiedenen Nationalitäten. Nun traten bislang nur latent vorhandene innenpolitische Spannungen zutage: Sowohl Tschechen und Polen als auch Rumänen und Slowaken wandten sich gegen die Vormachtstellung der Ungarn. Der Forderung der slawischen Bevölkerungsteile nach der Errichtung eines Bundesstaates, in dem alle Nationalitäten die gleichen Rechte besitzen sollten, konnte der neue Kaiser *Karl I.* nicht nachgeben. So bemühten sich die Tschechen um die Anerkennung der Tschechoslowakischen Republik durch die Alliierten, die am 28. Oktober 1918 in Prag ausgerufen wurde.

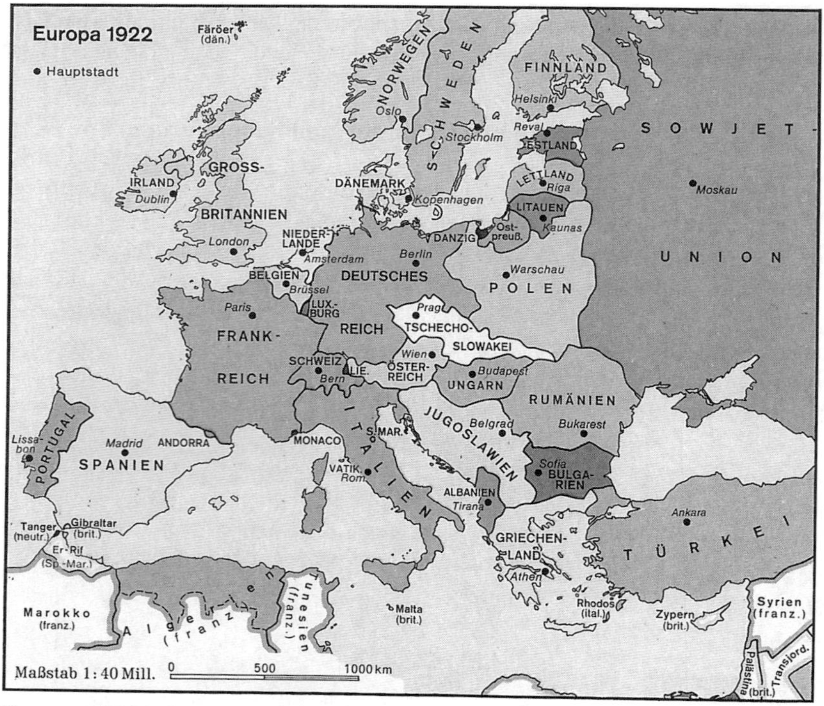

Karten aus: Heinloth, Bernhard (Hrsg.). Geschichte Bd. 4. München: Oldenbourg 1982, S. 61

Die Auflösung Österreich-Ungarns wurde dann durch die sogenannten **Pariser Vorortverträge** (am 10. September 1919 im Friedensvertrag von St. Germain-en-Laye und am 4. Juli 1920 im Vertrag von Trianon) zur politischen Tatsache.

An die Stelle der Doppelmonarchie traten neue Staaten, die das Gesicht Ostmittel- und Südosteuropas entscheidend veränderten: Österreich-Ungarn zerfiel in Deutsch-Österreich, Ungarn, Tschechoslowakei, Jugoslawien und Rumänien. Serbien und Montenegro hörten auf, als selbständige Staaten zu bestehen. Rumänien konnte sein Staatsgebiet vergrößern, ebenso Griechenland. Gebietsverluste mußte auch Rußland hinnehmen: Estland, Lettland und Litauen wurden unabhängig, ebenso Polen und Finnland.

3.3.3 "Diktatfrieden" und Kriegsschuldfrage

Am 28. Juni 1919 wurde im **Spiegelsaal des Schlosses von Versailles,** wo 1871 das Deutsche Reich proklamiert worden war, der Friedensvertrag unterzeichnet. Er trat im Januar 1920, nachdem er von den meisten Unterzeichnerstaaten ratifiziert worden war, in Kraft. Sofort nach Unterzeichnung des Versailler Vertrages setzte in Deutschland ein erbitterter Kampf um die Frage ein, wer die Niederlage im Krieg verschuldet hat.

Die extremen Rechten, welche die demokratische Ordnung der Weimarer Republik ablehnten, stellten sich auf den Standpunkt, Deutschland sei "im Felde unbesiegt" geblieben, aber die Heimat mit ihren Streiks und schließlich der Revolution sei der kämpfenden Truppe in den Rücken gefallen und habe sie gleichsam von hinten erdolcht. Sie benutzten diese **"Dolchstoßlegende"** bei ihren Angriffen gegen die Politiker und Parteien, die den aus der Revolution geborenen demokratischen Staat trugen. In gleicher Weise lehnten sie die Annahme des Versailler Vertrages als einen **"Diktatfrieden"** ab und beschimpften seine Unterzeichner als **"Erfüllungspolitiker".** Damit schoben sie ihnen die Verantwortung für ein Kriegsergebnis zu, das weite Kreise der Bevölkerung empörte. Vor allem der Kriegsschuldartikel und die damit verbundene Diffamierung des deutschen Volkes gab ihnen eine starke propagandistische Waffe in die Hand. Insofern wurde der Friedensvertrag zum Ausgangspunkt heftigster innerer Auseinandersetzungen, die nie ganz zum Erliegen kamen und die junge deutsche Republik schwer belasteten.

Der Versailler Vertrag hatte aber nicht nur für die innere Stabilität der Weimarer Republik gefährliche Auswirkungen, sondern auch für die internationale Politik bedeutsame Konsequenzen. Der amerikanische Senat lehnte Wilsons Friedenskonzept ab, das neben den Verträgen mit den unterlegenen Staaten und der Gründung des Völkerbundes auch einen Beistandsvertrag zwischen Frankreich und den USA umschloß. Die Vereinigten Staaten kehrten zur traditionellen **Iso-**

lationspolitik zurück. Damit blieb das Versailler Vertragssystem Stückwerk. Frankreich fürchtete zusehends um seine Sicherheit und ging davon aus, daß das Deutsche Reich, das im Augenblick zwar abgerüstet, aber doch nach Volkszahl und wirtschaftlicher Potenz überlegen war, auf Dauer eine Revision des Versailler Systems anstreben werde. Deshalb suchte es alle Möglichkeiten des Versailler Vertrages gegenüber dem Deutschen Reich auszuschöpfen. Die deutsche Politik dagegen strebte nach einer Revision der Versailler Bestimmungen. So entstand ein unüberbrückbarer Gegensatz. Die wesentlichen Probleme der deutschen Außenpolitik der Nachkriegszeit sind auf diese Ausgangslage zurückzuführen.

Der Erste Weltkrieg übertraf an Menschenverlusten und Zerstörungen alle vorangegangenen Kriege. Nach dem Sieg forderten die Völker der Alliierten, die von der alleinigen Kriegsschuld der Mittelmächte überzeugt waren, Ersatz aller Schäden durch Deutschland als deren Führungsmacht.

Daher spielte beim Versailler Vertrag, der 1919 unterzeichnet wurde, die **Kriegsschuld** eine wichtige Rolle. Formuliert wurde sie in Artikel 231, dem sogenannten "Kriegsschuldparagraph": "... Deutschland erkennt an, daß Deutschland und seine Verbündeten als Urheber für alle Verluste und Schäden verantwortlich sind, die die alliierten und assoziierten Regierungen und ihre Staatsangehörigen infolge des Kriegs, der ihnen durch den Angriff Deutschlands und seiner Verbündeten aufgezwungen wurde, erlitten haben." Schärfer war die Formulierung der sogenannten "Mantelnote", welche die leitenden Gesichtspunkte des Vertrags zusammenfaßt. Sie unterstellt der deutschen Vorkriegsregierung, Ziel ihrer Politik sei es gewesen, "sich dazu fähig zu machen, ein unterjochtes Europa zu beherrschen und zu tyrannisieren, so wie die Machthaber Preußens ein unterjochtes Deutschland beherrschten und tyrannisierten".

Deutschland bestritt die Richtigkeit dieser Schuldzuweisung durch die Siegermächte und beantragte die Untersuchung der Kriegsschuldfrage durch eine neutrale Kommission, denn niemand könne gleichzeitig Kläger und Richter sein. Diese Kommission solle die Berechtigung erhalten, die Archive aller kriegführenden Länder einzusehen und alle maßgeblichen Personen zu vernehmen.

Dieser Vorschlag fand in Versailles kein Gehör. Bis zuletzt versuchte Deutschland, wenigstens die Herausnahme des Artikels 231 zu erreichen, doch die Siegermächte lehnten ab und kündigten bei Nichtunterzeichnung des Vertrags die Wiederaufnahme des nunmehr für Deutschland völlig aussichtslosen Krieges an. Da in diesem Fall eine Zerstückelung Deutschlands drohte, ließ die deutsche Reichsregierung nach Genehmigung durch die Mehrheit des Reichstags den ganzen Vertrag unterzeichnen, "der übermächtigen Gewalt weichend und ohne damit ihre Auffassung über die unerhörte Ungerechtigkeit der Friedensbedingungen aufzugeben".

Die Kriegsschuldfrage in der Geschichtsforschung

Positionen bis zum deutsch-französischen Historikertreffen 1951

Bei Kriegsausbruch ging es den Regierungen darum, ihre Völker durch die Überzeugung, ohne triftigen Grund angegriffen worden zu sein, zu höchster Opferbereitschaft zu veranlassen. Beim Versailler Vertrag galt es für die Siegermächte, die ungeheuren Reparationsforderungen an Deutschland juristisch zu begründen. Für die Geschichtsforschung aber waren die Ursachen des Ersten Weltkriegs deshalb außerordentlich wichtig, weil er eine neue Epoche einleitete. In Rußland, Deutschland und Österreich-Ungarn brachte er den Sturz der Monarchien mit sich, die beiden Vielvölkerstaaten Österreich-Ungarn und Türkei brachen auseinander, Rußlands Randgebiete machten sich selbständig. In diesem Land führte der Krieg zur Einführung des Sowjetsystems, dem nach einer schwierigen Konsolidierungsphase ein gewaltiger wirtschaftlicher Aufschwung und der Aufstieg zur Weltmacht gelang.

Aufgeputschte und nicht zufriedengestellte nationale Leidenschaften und die Bedrohung durch den Kommunismus ließen viele Länder Europas nicht zur Ruhe kommen und trugen zur Errichtung von Diktaturen bei, vor allem zum Faschismus und zum Nationalsozialismus mit all seinen Folgen. Neben diesen Strukturveränderungen brachte der Erste Weltkrieg für Europa als Ganzes einen starken Machtverfall. Durch die ungeheure finanzielle Überbeanspruchung aller kriegführenden Länder verlagerte sich der Schwerpunkt der Weltwirtschaft von Europa nach den USA. Schließlich gab Europas Selbstzerfleischung der antikolonialen Bewegung, die vorher nur in Ansätzen existiert hatte, gewaltigen Auftrieb.

In der Zeit zwischen den beiden Weltkriegen bestritten deutsche Historiker durch umfangreiche Dokumentationen die Alleinschuld der Mittelmächte. In den Siegerstaaten hielt ein Teil der Historiker zunächst daran fest, doch gab es auch dort namhafte Vertreter des Faches, welche diese These anfochten. Kurz nach dem Zweiten Weltkrieg schrieb der auf diesem Gebiet wohl kompetenteste französische Geschichtswissenschaftler *Pierre Renouvin,* die meisten seiner französischen Kollegen seien nicht mehr der Ansicht, die Mittelmächte trügen allein die Verantwortung für den Ersten Weltkrieg. Auch die russische Politik sei unklug gewesen. Beim deutsch-französischen Historikertreffen 1951 bestand Einigkeit darin, daß keine Regierung und kein Volk den "bewußten Willen zu einem europäischen Krieg" gehabt habe. Man erzielte auch Übereinstimmung über die weiter zurückliegenden Ursachen. Damit schien die Kontroverse über die Kriegsschuldfrage im wesentlichen beigelegt.

Fischers These von der deutschen Kriegsschuld

Doch lebte die Kontroverse 1961 wieder auf, als der Hamburger Historiker *Fritz Fischer* in seinem Werk "Griff nach der Weltmacht" behauptete, die deutsche Staatsführung habe die Krise nach dem Mord von Sarajewo mit vollem Bewußtsein dazu benutzt, einen europäischen Krieg herbeizuführen, um die Machtverhältnisse zugunsten Deutschlands zu verändern. Später verlegte er Deutschlands Entschluß zum Krieg in das Jahr 1913 zurück. Dazu sei die Staatsführung von einflußreichen expansionslüsternen Gruppen gedrängt worden. Bethmann Hollweg habe mit seinem Versuch, am 30. Juli 1914 Österreich-Ungarn zum Einlenken zu veranlassen, keinesfalls den Frieden retten sollen. Vielmehr sei es ihm darum gegangen, durch geheuchelte Verhandlungsbereitschaft die Neutralität Englands im bevorstehenden Krieg mit Rußland und Frankreich zu erreichen, zumindest aber in den Augen des deutschen Volkes die Schuld am Kriegsausbruch Rußland zuzuschieben.
Damit löste Fischer eine breite, intensive und zum Teil polemisch geführte Kontroverse aus. Durch sie rückte die Bedeutung innenpolitischer Ereignisse und gesellschaftlicher Bewegungen für die Krise des europäischen Staatensystems und den Kriegsausbruch wesentlich stärker in den Blickpunkt als vorher. Außerdem sprachen aufgrund des inzwischen veröffentlichten Materials namhafte Historiker der deutschen Staatsführung einen größeren Anteil am Ausbruch des Ersten Weltkriegs zu als vorher.

Andere Auffassungen

Dennoch wurde Fischers Hauptthese, die deutsche Staatsführung habe bewußt den Krieg herbeigeführt, von den meisten deutschen und ausländischen Fachkollegen nicht akzeptiert. Als entscheidende Schwäche seiner Werke hoben sie hervor, daß er bei kriegslüsternen Äußerungen und konfliktverschärfenden Vorkommnissen den Vergleich mit dem Ausland vernachlässigt habe. Ferner habe er nicht immer genügend berücksichtigt, daß man Äußerungen von Politikern nicht auf die Goldwaage legen dürfe.
Deutlich wird dies u. a. bei dem deutschen Historiker *Egmont Zechlin,* der sich intensiv mit den Ursachen des Ersten Weltkriegs befaßte. Nach seiner Ansicht befürchtete der deutsche Reichskanzler Bethmann Hollweg angesichts der äußerst bedrohten Lage der Mittelmächte, daß Deutschland, nach Abschluß der

forcierten russischen Aufrüstung von 1916/17 an, seine politische Handlungsfreiheit und damit den Status als Großmacht verliere. Deshalb habe er Rußland vor die Alternative stellen wollen, entweder Serbien preiszugeben und die Vorherrschaft der Mittelmächte auf dem Balkan hinzunehmen oder es vor Abschluß seiner Aufrüstung zum Krieg kommen zu lassen. Er habe sogar die Chance gesehen, daß auch Rußland, von Frankreich und England zum Nachgeben veranlaßt, aus Enttäuschung die Entente verlassen werden. Damit habe er den Krieg zwar riskiert, ihn aber nicht gewünscht. So falle "Deutschland gewiß der größte Anteil an der Auslösung des Krieges zu – ein Kriterium der moralischen Verantwortlichkeit, aber nicht der moralischen Schuld".

Der deutsche Historiker *Wolfgang Schieder,* der einen Sammelband über die internationalen Forschungsergebnisse zum Ausbruch des Ersten Weltkriegs herausgab, betonte im Vorwort den Zusammenhang zwischen innerer Struktur und Außenpolitik der Staaten, die am Ausbruch des Kriegs beteiligt waren. Rußland, Deutschland und Österreich-Ungarn hätten an der überholten Tradition festgehalten, daß der Monarch und nicht das Parlament die Grundzüge der Politik bestimmt. Da durch die gesellschaftliche Entwicklung die politische Bedeutung des Bürgertums und der Arbeiterschaft erheblich zugenommen hätte, seien starke innere Spannungen entstanden. Diese hätten die Regierungen zu einer Außenpolitik veranlaßt, die mehr durch kurzsichtige Machtdemonstrationen als durch besonnene Verfolgung politischer Ziele gekennzeichnet sei. Diese Staaten seien "hauptverantwortlich für die zum Krieg führenden Ereignisse vom Juli 1914, wie immer man im einzelnen die Gewichte verteilen will."

Auf den Zusammenhang zwischen Innen- und Außenpolitik geht auch der sowjetische Historiker *Igor Bestuschew* ein. Er faßte 1966 die Ergebnisse der sowjetischen Geschichtsforschung über den Kriegsausbruch zusammen. In Rußland sei vor dem Krieg die revolutionäre Welle nach der gescheiterten Erhebung von 1905 erneut angestiegen. Dies habe die Regierung veranlaßt, eine aktivere Außenpolitik zur Stabilisierung der inneren Lage zu betreiben. In den Kreisen der Führungsschicht sei es zu einer wachsenden Ausbreitung der antideutschen und antiösterreichischen Kampagne gekommen. Typisch hierfür sei die Schwenkung eines führenden konservativen Politikers, der früher für ein gutes Einvernehmen mit Deutschland und der Donaumonarchie eingetreten sei. Während der Spannungen nach dem 1. Balkankrieg 1912 habe er in der Duma erklärt: "Die Stunde der Abrechnung mit unserem historischen Feind, jener Flickwerk-Monarchie Österreich-Ungarn, ist gekommen". In der Julikrise seien alle Großmächte davon ausgegangen, der Krieg sei auf die Dauer unvermeidlich. Die russische Regierung habe jedoch gewünscht, den Ausbruch bis mindestens 1916/17 hin-

auszuschieben. Die imperialistische Politik aller Großmächte habe objektiv zum Weltkrieg geführt. Die Regierungen Deutschlands und Österreichs hätten dabei größere Aktivitäten an den Tag gelegt als die anderen.
Für diese Haltung zeigte der britische Historiker *Herbert Butterfield* Verständnis. Vor dem Ersten Weltkrieg habe es nur eine einzige wirklich aggressive Bewegung in Europa gegeben, die serbo-russischen Aktivitäten auf dem Balkan, die auf den Zusammenbruch Österreich-Ungarns abzielten. Österreichs Entschluß, seinen Niedergang durch einen Präventivkrieg zu stoppen, sei keine ungewöhnliche Reaktion. Nicht nur bei diesem Vielvölkerstaat, sondern auch bei allen anderen europäischen Großmächten habe vor dem Kriegsausbruch die Furcht eine bedeutende Rolle gespielt. Dies werde häufig übersehen, da sie oft ihr scheinbares Gegenteil, nämlich aggressives Verhalten, hervorrufe. Für England z. B. sei der erschreckendste Gedanke gewesen, daß die Kontinentalmächte ihre Streitigkeiten beenden und sich gemeinsam gegen das britische Empire wenden könnten. Der britische Außenminister Grey habe alles getan, um den Ausbruch eines Krieges zwischen den Großmächten zu verhindern, soweit es nicht den Fortbestand der Entente in Frage stellte. Seine Politik in der Julikrise gebe keinen Anlaß zu ernsthafter Kritik, wohl aber sein Handeln zu jener Zeit, als er "seinen Teil zu einer Spaltung Europas in zwei unversöhnliche Blöcke beitrug".
Die Darlegung verhängnisvoller Weichenstellungen lange vor dem Ersten Weltkrieg spielt auch in der deutschen Geschichtsschreibung eine große Rolle. Die bedrohliche und fast ausweglos erscheinende außenpolitische Situation Deutschlands kurz vor dem Ersten Weltkrieg sei vorwiegend selbstverschuldet gewesen. Die Staatsführung nach Bismarck habe nicht erkannt, daß Deutschland sich an machtpolitischem Gewicht keinesfalls mit Rußland und dem britischen Empire messen konnte. Es hätte bei einer der beiden Mächte Anlehnung suchen müssen, wie es Frankreich bei beiden getan habe. Mit dem Ausbau einer für England gefährlichen Hochseeflotte und dem gleichzeitigen Streben nach entscheidendem wirtschaftlichen und politischen Einfluß in der Türkei habe es "zwei Ziele zugleich verfolgt, die mit unbedingter Notwendigkeit einander ausschlossen" (Franz Schnabel).
Innenpolitisch habe die Beibehaltung der Verfassung von 1871, vor allem aber des Dreiklassenwahlrechts in Preußen, nicht den gesellschaftlichen Veränderungen entsprochen, die durch die Hochindustrialisierung eingetreten seien. Durch den unterbliebenen Übergang zum Parlamentarismus seien die wichtigsten Positionen im Staat nicht von Leuten besetzt worden, die in einem intensiven Ausleseprozeß ihre politischen Fähigkeiten entwickelt hätten. Die Bismarcksche Verfassung habe das weitaus wichtigste Amt, nämlich das des Kaisers, in die Hand

eines Mannes gelegt, der durch den Zufall der Erstgeburt bestimmt wurde. In dem Vierteljahrhundert vor dem Ersten Weltkrieg sei es Wilhelm II. gewesen, der bei aller Intelligenz und Aufgeschlossenheit durch Mangel an Selbstzucht und Konsequenz seiner Aufgabe nicht gewachsen war, ohne sich darüber klar zu sein. Sein Onkel Eduard VII. von England habe ihn als "the most brilliant failure in history" bezeichnet. Dieser Kaiser habe in die deutsche Staatsführung eine Atmosphäre gebracht, die in den Jahren entscheidender außenpolitischer Festlegungen die umfassende und einfühlsame Gedankenarbeit Bismarcks durch naßforsche Naivität ersetzte.
Einige Historiker hielten die Gefährdung Österreich-Ungarns durch den Nationalismus für eine der wichtigsten Ursachen des Ersten Weltkriegs. In diesem Zusammenhang sahen sie zwei Prinzipien einander gegenüberstehen: das Ordnungsprinzip eines historisch gewachsenen Staates und das Prinzip des Selbstbestimmungsrecht der Völker. Unter diesem Blickpunkt erinnerte der britische Historiker *George Gooch* an das Hegelwort, daß die Tragödie ein Konflikt sei, in dem nicht Recht gegen Unrecht, sondern Recht gegen Recht stehe.

3.4 Krisenjahre und Konsolidierung der Weimarer Republik

	Innere Kämpfe
März 1920	Kapp-Putsch
1920–1922	politische Morde, ungleiche Sühne
1920–1923	Kommunistische Aufstände im Ruhrgebiet, in Sachsen, Thüringen, separatistische Bestrebungen im Rheinland, der Pfalz
9. 11. 1923	Hitler-Putsch in München
	Wirtschaftliche Schwierigkeiten
nach 1919	Reparationsverpflichtungen
Jan. – Sept. 1923	Ruhrbesetzung und Ruhrkampf
Jan. – Nov. 1923	Hochinflation
1924	Dawes-Plan

	Außenpolitische Veränderungen
1922	Vertrag von Rapallo
1924–1929	Gustav Stresemann Außenminister: Rückführung Deutschlands in den Kreis der Großmächte durch Revision des Versailler Vertrages mittels Verhandlungen und Verständigung
1925	Locarno-Verträge
1926	Berliner Vertrag Eintritt Deutschlands in den Völkerbund mit Sitz im Völkerbundsrat
1928	Beitritt Deutschlands zum Briand-Kellogg-Pakt

Die öffentliche Meinung in der zweiten Hälfte des Jahres 1919 war weithin geprägt von der Empörung über die Bestimmungen des Versailler Vertrages, die jetzt durchgeführt werden mußten. Vielen wurde erst jetzt bewußt, daß das Deutsche Reich durch die Niederlage und deren Folgen seine frühere Macht gänzlich verloren hatte und außenpolitisch von den Siegermächten abhängig war, die nun sogar die Auslieferung des abgedankten Kaisers und seiner führenden Militärs verlangten. Dies alles erzeugte in Deutschland tiefe Enttäuschung, Verbitterung und Niedergeschlagenheit.

Vor diesem Hintergrund verschärften sich die innenpolitischen Spannungen. Die Angriffe der rechtsextremen Kreise richteten sich vor allem gegen die Führungskräfte der SPD. Sie wurden im Sinne der **Dolchstoßlegende** in erster Linie verantwortlich gemacht für die militärische Niederlage, sie hatten mitgewirkt am Sturz der Monarchie, sie waren an der Spitze der stärksten Partei in der Nationalversammlung für die Unterzeichnung des Versailler Vertrages eingetreten, und aus ihren Reihen kamen der erste Reichspräsident und der erste Ministerpräsident jener parlamentarischen Republik, die aus einer Revolution gegen das Kaiserreich hervorgegangen war. Im letztgenannten Sinne bekämpfte die politische Rechte alle Politiker und Parteien der Weimarer Koalition und die demokratische Ordnung ganz allgemein. Die Verfechter der Republik aber wehrten sich gegen die Gefahr von rechts innerhalb und außerhalb der Nationalversammlung, die den Bestand ihres Staates bedrohte.

3.4.1 Putschbewegungen und separatistische Bestrebungen 1920 bis 1923

Spannungen traten auch innerhalb der Reichswehr auf. Große Teile der Armee, vor allem ältere Offiziere, waren noch monarchisch gesinnt und standen deshalb der Republik distanziert gegenüber. Nur ein kleiner Teil des Offizierskorps wollte die Reichswehr wirklich in die Republik integrieren. Zudem wurden durch den Versailler Vertrag Offiziere und Soldaten besonders schwer getroffen. Die Beschränkung der Reichswehr auf 100000 Mann bedeutete, daß mehrere hunderttausend Berufssoldaten und über 20000 Offiziere entlassen werden mußten. Diese hatten aber kaum Aussicht, anderswo unterzukommen. Überdies geriet durch den Verlust ihrer Stellung ihr bisheriges Sozialprestige in Gefahr. Die entlassenen Soldaten schlossen sich häufig zu **Freikorps** zusammen, die sich gegen ihre Auflösung wehrten. Die überwiegend rechtsradikal orientierten Führer dieser Freiwilligenverbände fanden vor allem bei der Deutschnationalen Volkspartei politische Unterstützung.

Seit Jahresbeginn 1920 verstärkten sich die Anzeichen, daß rechte politische Kreise mit den Freikorpsführern und einigen Reichswehrkommandeuren eine Verschwörung vorbereiteten. Der führende Politiker dieser Kreise war der ostpreußische Generallandschaftsdirektor *Kapp,* ein militanter Deutschnationaler. Zusammen mit General *von Lüttwitz* plante er zum 13. März einen Umsturz. Dabei konnte er sich auf die **Marinebrigade Erhardt** stützen, in der eine besonders aggressive Stimmung gegen die Regierung herrschte, weil auch sie aufgelöst werden sollte. Als die Regierung in Berlin vom Anmarsch der rebellierenden Truppen erfuhr, rief sie die Führung der Reichswehr zusammen, um über das Vorgehen gegen die Putschisten zu beraten. Die meisten hohen Offiziere, an ihrer Spitze General *Hans von Seeckt,* der Chef des Truppenamtes, weigerten sich jedoch, den Aufstand mit militärischer Gewalt niederzuwerfen und versagten unter dem Einwand **"Reichswehr schießt nicht auf Reichswehr"** der Regierung den Gehorsam. Diese flüchtete daraufhin nach Dresden und anschließend nach Stuttgart. Vorher aber rief sie die Arbeiter zu einem Generalstreik gegen die Putschisten auf.

Die Brigade Erhardt rückte am 13. März 1920 in Berlin ein, und Kapp wurde zum Reichskanzler ausgerufen. Da jedoch die Arbeiter und die Ministerialbürokratie den Generalstreik strikt befolgten, war es Kapp nicht möglich, die Regierungsgeschäfte wirkungsvoll wahrzunehmen. Nach vier Tagen sahen die Putschisten ein, daß ihr Vorhaben gescheitert war. Kapp trat zurück und flüchtete nach Schweden. Die Marinebrigade Erhardt zog aus Berlin ab, und die Reichsregierung kehrte in die Hauptstadt zurück.

Im **Kapp-Putsch** zeigte sich das zwiespältige Verhältnis der Reichswehr zur Weimarer Republik. Bisher war die bewaffnete Macht nur gegen Aufstände Linksradikaler eingesetzt worden. Als nunmehr der Staat von rechts bedroht war, versagte sie ihm ihre Unterstützung. *Noske,* inzwischen Reichswehrminister, mußte daraufhin unter dem Druck der Gewerkschaften sein Amt niederlegen. Von seinen Parteifreunden in der SPD war niemand zur Nachfolge bereit. SPD und Gewerkschaften fanden bis zum Ende der Weimarer Republik kein vertrauensvolles Verhältnis zur Reichswehr. Zum Chef der Heeresleitung und damit zum wichtigsten Mann in der Reichswehr aber rückte General *Seeckt* auf. Innerlich ein "Feind der Republik" (von Rabenau) leitete er zielstrebig die Entpolitisierung der Reichswehr ein. Sie sollte sich aus der Politik heraushalten. Die Offiziersauslese blieb ausschließlich Sache der Generalität. So wurde die Reichswehr zum "Staat im Staate", eine Entwicklung, die sich verhängnisvoll für die Weimarer Republik auswirken sollte.

Der Kapp-Putsch führte zur Auflösung der Verfassunggebenden Nationalversammlung und zur Wahl des ersten ordentlichen Reichstages. Das Wahlergebnis machte deutlich, wie sehr die Radikalisierung fortgeschritten war. Hauptgewinner waren die radikalen Flügelparteien, rechts vor allem die Deutschnationale Volkspartei und die Deutsche Volkspartei, links die Unabhängige Sozialdemokratische Partei und die Kommunistische Partei Deutschlands, Verlierer die Weimarer Koalition.

Der Kapp-Putsch zog also eine erhebliche Schwächung der staatstragenden Mitte nach sich. Die Weimarer Koalition besaß im Parlament keine Mehrheit mehr und konnte sie nicht wieder gewinnen. Aber auch die beiden Rechtsparteien DNVP und DVP verfügten nicht über die nötige Parlamentsmehrheit. So blieben für die Zukunft nur die Möglichkeiten der großen Koalition oder von Minderheitsregierungen, die der Reichstag tolerieren mußte.

Auch die extreme Linke lehnte die parlamentarisch-demokratische Ordnung der Weimarer Republik ab. Nach dem gescheiterten Versuch, in Deutschland eine Räterepublik zu errichten, richtete sie ihre heftigen Angriffe nicht nur gegen die politische Rechte, sondern verstärkt auch gegen die MSPD, der sie "Verrat an den Interessen der Arbeiterschaft" vorwarf. Sie verweigerte die Zusammenarbeit im Reichstag und nahm jede Gelegenheit wahr, den Umsturz zu versuchen und die Rätediktatur doch noch zu verwirklichen. So versuchte sie auch die Empörung, welche der Kapp-Putsch in der Arbeiterschaft hervorgerufen hatte, für ihre Zwecke auszunutzen.

Im Ruhrgebiet ging der Generalstreik in einen Aufstand gegen die Reichsregierung über, als die "Rote Armee", die sich spontan zur Sicherung der Republik gegen weitere rechtsradikale Anschläge gebildet hatte, teilweise unter die Führung von Kommunisten geriet. Die Regierung setzte gegen sie Reichswehr und Freikorps ein. Obwohl sie nicht straff durchorganisert war, konnte die etwa 50000 Mann starke linksradikale Truppe den einrückenden Verbänden erhebliche Verlust zufügen. Um eine weitere Gewaltanwendung zu vermeiden, ging die Reichsregierung auf die Forderungen der Arbeiter ein und versprach ihnen, im Ruhrgebiet eine Arbeiterregierung zu errichten. Als daraufhin die gewerkschaftlich und sozialdemokratisch orientierten Aufständischen die Waffen niederlegten, rief die KPD-Führung zur Fortsetzung des Kampfes auf. Ihr Widerstand wurde aber unter schweren Kämpfen und Ausschreitungen von beiden Seiten im April gebrochen.

Zu einer Gefährdung der Republik von links kam es 1920 auch in **Sachsen und Thüringen,** wo marxistische Anarchisten ebenfalls eine "Rote Armee" aufstellten und die Räterepublik ausriefen. Auch hier mußte die Regierung Reichswehreinheiten und daneben studentische Freiwilligenverbände einsetzen, um die republikanische Ordnung wieder herzustellen, und auch hier gingen beide Seiten hart und grausam vor.

Der **Bürgerkrieg im Ruhrgebiet und in Mitteldeutschland** war für die weitere Zukunft der Weimarer Republik insofern von Bedeutung, als er eine Radikalisierung der Arbeiter nach sich zog und die Gegensätze zwischen Gewerkschaften und Reichswehr verschärfte. Denn es schien offenkundig, daß die Reichswehr nur gegen Aufstände von links vorging, aber nichts unternahm, wenn die Verschwörung gegen die Republik von rechts erfolgte.

Im März 1921 kam es erneut zu einem linksradikalen Aufstand in diesen beiden deutschen Ländern. 1920 hatten sich Teile der USPD mit der KPD zusammengeschlossen. Daraus entstand die revolutionäre "Vereinigte Kommunistische Partei Deutschlands", welche unter den Arbeitern des mitteldeutschen Industriegebietes eine große und entschlossene Anhängerschaft gewann. Daraufhin bereitete sie, in Überschätzung dieses Potentials und gedrängt durch die Kommunistische Internationale in Moskau, einen Umsturz vor. Aber die preußische Sicherheitspolizei schlug die Erhebung rasch nieder. Als die Arbeiterschaft Gesamtdeutschlands den Aufruf zum Generalstreik als letzten revolutionären Versuch nicht befolgte, war auch die März-Erhebung gescheitert.

Trotz der Niederlage von 1921 verfolgten die Kommunisten in Thüringen und Sachsen unter der Direktive der Kommunistischen Internationale ihre revolutionären Ziele weiter. So bildeten sie im Oktober 1923, als die Republik durch die Folgen des Ruhrkampfes und die Putsch-Absichten in Bayern erschüttert war, in beiden Ländern Koalitionsregierungen mit der SPD in der Absicht, die Erfolgsaussichten eines erneuten Umsturzversuches zu erhöhen. Gleichzeitig begannen sie mit der Aufstellung bewaffneter Einheiten, sogenannter "Proletarischer Hundertschaften". Als diese paramilitärischen Verbände von der Reichsregierung verboten wurden, weigerte sich die sächsische Regierung, diese Entscheidung anzuerkennen. Daraufhin besetzten Einheiten der Reichswehr Sachsen und Thüringen. In beiden Ländern mußten die kommunistischen Minister die Regierung verlassen. Damit war auch der "Deutsche Oktober" fehlgeschlagen, die marxistische Revolution fand nicht statt.

Nach der Niederschlagung der Räterepublik waren in Bayern Regierungen im Amt, die den Rechtsradikalismus in seinen verschiedenen Ausprägungen und Organisationen tolerierten. Unter diesen Voraussetzungen gewann *Adolf Hitler* zwischen 1920 und 1923 eine rasch wachsende Zahl von Mitgliedern für seine Nationalsozialistische Deutsche Arbeiterpartei, die **NSDAP.** Neben der Partei hatte Hitler für seinen Kampf einen eigenen paramilitärischen Verband, die "Sturmabteilungen" (SA), geschaffen.

Nachdem die Reichsregierung den Ruhrkampf abgebrochen hatte, verhängte im September 1923 die bayerische Regierung aus Protest gegen diese Maßnahme den Ausnahmezustand über das Land und übertrug dem Regierungspräsidenten von Oberbayern, *Gustav von Kahr,* als "Generalstaatskommissar" die Regierungsgewalt mit diktatorischen Vollmachten. Kahr wollte in Bayern die Monarchie wieder einführen und möglicherweise das Land vom Reich abtrennen.

Reichspräsident *Ebert* antwortete mit dem Ausnahmezustand für das ganze Reich und übertrug dem Reichswehrminister die vollziehende Gewalt. Auf dieser rechtlichen Grundlage wollte dieser die Parteizeitung der NSDAP, den "Völkischen Beobachter", verbieten lassen, nachdem darin die Reichsregierung beleidigend angegriffen worden war. Aber der dafür in Bayern zuständige Reichswehrkommandeur *von Lossow* befolgte den Befehl nicht, sondern unterstellte sich eigenmächtig dem Generalstaatskommissar von Kahr. Daraufhin enthob die Reichsregierung Lossow seines Amtes. Kahr aber setzte ihn wieder ein und vereidigte die in Bayern stehenden Einheiten der Reichswehr kurzerhand auf die bayerische Staatsregierung. Dies bedeutete Meuterei und Hochverrat. Gleichzeitig diskutierten politische Kreise in München Umsturzpläne. Man sprach sogar offen vom **"Marsch nach Berlin".** Gegen diese aus Bayern drohende Gefahr beauftragte der Reichspräsident den Chef der Heeresleitung der Reichswehr, General von Seeckt, die Reichswehr einzusetzen. Doch dieser weigerte sich, die Weisungen durchzuführen, zeigte sogar Verständnis für Kahrs Vorgehen und erwog selbst einen Staatsstreich. Die Reichsregierung konnte also nicht mit einer Unterstützung der Reichswehr rechnen.

Hitler glaubte, in dieser verworrenen Situation Lossow und Kahr für seine Ziele einspannen zu können. Als dies nicht gelang, versuchte er, die beiden durch einen Putsch zu überrumpeln. Während Kahr am Abend des 8. November 1923 im Münchner Bürgerbräu-Keller auf einer Versammlung sprach, bei der viele namhafte rechtsgerichtete Politiker Bayerns anwesend waren, zog er alle verfügbaren Verbände der SA in der Umgebung des Versammlungslokals zusammen, betrat in Begleitung eines Maschinengewehrtrupps den Saal, drang zur Bühne vor, verschaffte sich durch einen Schuß in die Decke Gehör und rief die "Nationale Revolution" aus. Anschließend nötigte er unter Androhung von Waffengewalt Kahr und Lossow in den Nebenraum und übertrug ihnen Ämter, die sie nach dem Putsch bekleiden sollten. In den Saal zurückgekehrt, stellte Hitler der Versammlung seine neue "Reichsregierung" vor.

Nachdem es Kahr und Lossow gelungen war, den Raum zu verlassen, sagten sie sich sofort von Hitler los, erklärten, erpreßt worden zu sein und alarmierten Reichswehr und Landespolizei. Als Hitler davon erfuhr, wollte er zusammen mit Ludendorff durch eine öffentliche Demonstration in München das Volk auf seine Seite bringen. Am Vormittag des nächsten Tages, des 9. November, wurde ein Demonstrationszug improvisiert, an dem sich etwa 2000 Leute beteiligten und den Ludendorff und Hitler anführten. Vor der Feldherrnhalle brachte Polizei die Kolonne durch Gewehrfeuer zum Stehen, worauf sie sich schnell auflöste. Nur Ludendorff ging weiter und ließ sich an Ort und Stelle verhaften. Hitler floh zunächst, wurde aber zwei Tage später entdeckt und in Untersuchungshaft nach Landsberg am Lech gebracht. Damit war Hitlers "Nationale Revolution" gescheitert.

Daß sich die national-konservativen Kreise vom revolutionären Nationalismus Hitlers distanzierten, bedeutete für die Weimarer Republik für die nächsten Jahre eine große innenpolitische Entlastung, da sie nicht mehr durch Umsturzpläne einer geschlossenen nationalen Front gefährdet war. Als unmittelbare Folge der Ereignisse in Bayern mußte jedoch die Regierung der "Großen Koalition" unter Stresemann zurücktreten, da ihr die Sozialdemokraten angesichts des unterschiedlichen Verhaltens in Bayern, Sachsen und Thüringen das Vertrauen entzogen.

3.4.2 Genese, Höhepunkt und Überwindung der Inflation

Die politische Krise der Weimarer Republik fand in der Wirtschaft durch die beginnende Inflation ihre Entsprechung. Zur Inflation, d. h. zu einer Geldentwertung, kann es kommen, wenn in einer Volkswirtschaft die kaufkraftmäßige Nachfrage das Angebot an Gütern und Dienstleistungen übersteigt; dies hat ein Ansteigen der Preise und damit ein Sinken der Kaufkraft des Geldes zur Folge. Im einzelnen kann eine solche inflationäre Entwicklung auf einer fortgesetzten Verknappung der Güter, auf der Deckung der Staatsausgaben durch eine höhere Geldmenge oder auf einer ungedeckten Aufblähung des Kreditvolumens beruhen. Eine Inflation ist ferner in der Regel gekennzeichnet durch steigende Einfuhren und rückläufige Ausfuhren, rasch aufeinanderfolgende Preis- bzw. Lohnerhöhungen und Flucht in die Sachwerte, um der Geldentwertung zu entgehen.

Solche inflationären Tendenzen zeigten sich in Deutschland schon während des Ersten Weltkrieges, denn die ungeheuren Kriegsausgaben wurden fast ausschließlich durch Anleihen und den Druck zusätzlichen Papiergeldes gedeckt. So war das Deutsche Reich Ende 1918 bereits hoch verschuldet, der Geldumlauf gegenüber dem Stand von 1914 mehr als verzehnfacht. Dieser stark erhöhten Geldmenge stand aber nur ein knappes Warenangebot gegenüber. Folglich kam es zu einer allgemeinen Preissteigerung.

Auch nach dem Krieg stand die Notenpresse nicht still. Die Umstellung auf die Friedensproduktion, die Unterstützung der entlassenen Soldaten, der Flüchtlinge und Arbeitslosen sowie die Kriegsopferfürsorge erforderten riesige Geldmengen und beschleunigten die **Entwertung der Mark.** Zudem zehrten die in Goldmark berechneten Reparationszahlungen die Gold- und Devisenbestände auf. Obwohl von seiten der Regierung einschneidende Maßnahmen notwendig gewesen wären, um den Geldüberhang zu beseitigen, betrieb man zwischen 1920 und 1922 eine Währungspolitik, die darauf hinauslief, durch Kreditaufnahme bei der Reichsbank und durch die Vermehrung des Geldumlaufs den Staatshaushalt auszugleichen. Dieser war 1923 nur noch zu 19 Prozent aus ordentlichen Einnahmen gedeckt. Nunmehr arbeiteten dreihundert Papierfabriken und einhundertfünfzig Druckereien für die Herstellung des Papiergeldes. Im September 1923 kostete in Hamburg ein Ei 3,8 Millionen und 1 Pfund Butter 60 Millionen Mark. Auf dem Höhepunkt der Inflation im November hatte ein Dollar, der im Juli 1914 noch bei 4,2 Mark stand, einen Wert von 4,2 Billionen Papiermark.

Die Lasten der Inflation trugen im wesentlichen zwei gesellschaftliche Gruppen: die Arbeitnehmer und der Mittelstand. Die Lohn- und Gehaltsempfänger waren insofern empfindlich getroffen, als der Reallohn dauernd absank, denn die Löhne hinkten stets hinter den Preisen her. Im Oktober 1923 mußte zum Beispiel ein qualifizierter Facharbeiter für ein Pfund Butter zwei Tage arbeiten. Der Mittelstand und die Rentner wurden in fast noch höherem Maße Opfer der Geldentwertung, denn dieser Teil der Bevölkerung hatte Rücklagen in Form von Sparguthaben, Hypotheken und Kriegsanleihen gebildet, die nunmehr alle verloren waren.

Da Geldentwertung an sich keinen Verlust an Volksvermögen darstellt, standen den gewaltigen Einbußen auf der einen Seite riesige Gewinne auf der anderen Seite gegenüber. Einen Profit aus der Inflation zogen vornehmlich die Unternehmer der verarbeitenden deutschen Industrie, die aufgrund der sinkenden Reallöhne ihre Waren zu niedrigen Preisen auf dem Weltmarkt anbieten und mit dem Erlös ausländische Werte erstehen konnten. Zu den Gewinnern zählten ferner verschuldete Sachwertbesitzer, also etwa Landwirte, denn ihnen bot sich die Möglichkeit, ihre Schulden mit wertlosem Geld abzuzahlen. Doch auch das Deutsche Reich wurde mit seiner inflationären Politik die Schulden aus den Kriegsanleihen bei seinen Bürgern leicht los.

Somit war eine Situation gegeben, die zu gewaltigen Spekulationen ausgenutzt werden konnte. Einer der bekanntesten Spekulanten war der Ruhrindustrielle *Hugo Stinnes,* der sich ein regelrechtes Industrieimperium aufbaute, indem er an Sachwerten aufkaufte, was sich bot, darauf Kredite aufnahm, damit neue Unternehmen erwarb und die Schulden schließlich mit Papiergeld tilgte. Natürlich hatten solche Spekulanten ein großes Interesse daran, daß die Regierung nichts gegen die galoppierende Inflation unternahm. Insofern wird die deutsche Inflation nach dem Ersten Weltkrieg auch als "eine der größten Räubereien der Weltgeschichte" (Arthur Rosenberg) bezeichnet.

Stresemann hatte sich bei der Übernahme der Kanzlerschaft nicht nur vorgenommen, den **Ruhrkampf** zu beenden, sondern auch versprochen, die Währung in Ordnung zu bringen. Zwischen diesen beiden Zielsetzungen bestand ein unmittelbarer Zusammenhang, denn durch die Kosten des passiven Widerstandes war die Inflation enorm beschleunigt worden. Insofern stellte der Abbruch des Ruhrkampfes auch eine notwendige Voraussetzung für die Stabilisierung der Mark dar.

Nach vorbereitenden Maßnahmen ermächtigte der Reichstag die Regierung, ohne seine Zustimmung wirtschaftliche Gesetze zu erlassen. Im Oktober 1923 wurde die sogenannte "Rentenbank" geschaffen, die eine neue Mark, die **"Rentenmark"**, als Zwischenwährung ausgeben sollte. Das Deutsche Reich belastete zur Deckung der Rentenmark Grundbesitz, Handel und Industrie mit einer verzinslichen Grundschuld im Wert von 3,2 Milliarden Mark der neuen Währung. Davon gab die Rentenbank 2,4 Milliarden in Geld aus. Eine Hälfte davon ging an die Regierung für Staatsausgaben und die andere an die Banken, die ihrerseits das knappe Geld an die Wirtschaft weitergaben. Anschließend wurde das Kursverhältnis der Rentenmark zur alten Papiermark festgelegt: Eine Rentenmark oder Goldmark entsprach hinfort einer Billion Papiermark.

Aus dieser Währungsreform ergaben sich folgende Konsequenzen: Da die neue Regierung beharrlich an der Beschränkung der Geldmenge festhielt, also Deflationspolitik betrieb, mußten einerseits neue Steuern erhoben und andererseits rigorose Sparmaßnahmen in Kauf genommen werden. Das Geld war äußerst knapp, der Lebensstandard niedrig, aber es gab keine Geldentwertung mehr, und das Wirtschaftsleben normalisierte sich zusehends. Schon im Jahr darauf setzte ein allgemeiner wirtschaftlicher Aufschwung ein. Ferner sollte die Rentenmark von einer "Reichsmark" abgelöst werden, die bereits wieder durch Geld und Devisen gedeckt war.

Stresemann selbst konnte die Früchte seiner Arbeit als Reichskanzler nicht mehr ernten. Er trat noch im November zurück und führte nur das Amt des Außenministers weiter. Er schuf jedoch mit dem **"Wunder der Rentenmark"** die Voraussetzungen für den wirtschaftlichen Aufstieg der folgenden Jahre in Deutschland. Insgesamt war mit seiner Hilfe das Schicksalsjahr der Republik bewältigt worden, in dem Krisen wie die Ruhrbesetzung, kommunistische Aufstände, der Hitler-Putsch, separatistische Bewegungen im Rheinland und eine extreme Wirtschaftskrise den Staat aufs schwerste erschütterten.

3.4.3 Außenpolitische Beziehungen mit Ost und West

Der Vertrag von Rapallo

Außenpolitisch war das Deutsche Reich nach dem Ersten Weltkrieg zunächst völlig isoliert, das Verhältnis zu den westlichen Staaten Europas wegen der harten Versailler Bestimmungen und der unnachgiebigen Haltung Frankreichs gespannt. Verbesserungen schienen in absehbarer Zeit nicht möglich. Deshalb stellte man sich im Reich ernsthaft die Frage, ob nicht vielleicht eine engere Anlehnung an Sowjetrußland aus dieser Sackgasse herausführe.

Eine solche Politik war jedoch von vornherein zwiespältig, denn einerseits gehörte Deutschland mit seiner parlamentarisch-demokratischen Grundordnung eindeutig ins westliche Lager, andererseits bot sich angesichts der prekären außenpolitischen Lage eine Verständigung mit dieser osteuropäischen Macht an.

Aber auch das Verhältnis des Sowjetstaates zum Deutschen Reich war ambivalent. *Lenin* ging es nach der proletarischen Revolution in seinem Land um die Ausweitung zur Weltrevolution. Dabei sollte ein Umsturz in Deutschland eine bedeutende Rolle spielen. Daher erschien es ihm wichtig, daß sich die Spannungen zwischen den kapitalistischen Ländern fortsetzten und daß Deutschland nicht ins westliche Lager einbezogen wurde. So kam es in den ersten Jahren der Weimarer Republik zwar zu keinen offiziellen diplomatischen, wohl aber zu wirtschaftlichen und militärischen Beziehungen zwischen Deutschland und Sowjetrußland, die beiden Seiten nützten.
1922 fand in Genua eine große Wirtschaftskonferenz statt, auf der auch Sowjetrußland vertreten war. England, Frankreich und die USA wollten bei der sowjetischen Delegation erreichen, daß sie ihre Kriegschuldforderungen aus der Zarenzeit anerkenne und zur Begleichung Reparationsansprüche an Deutschland richte. Diese lehnte ab und befürchtete in der Folge eine antisowjetische westliche Allianz. Die deutsche Delegation ihrerseits war besorgt, Rußland könnte sich der Front der westalliierten Reparationsgläubiger anschließen. So lag es im deutschen und sowjetischen Interesse, schnell zu einer gegenseitigen Verständigung zu kommen. Dies geschah in Rapallo, einem Kurort nahe Genua.
Im **"Rapallo-Vertrag"** von 1922 beschlossen das Deutsche Reich und Sowjetrußland den gegenseitigen Verzicht auf Ersatz von Kriegskosten und Kriegsschäden, die Wiederaufnahme diplomatischer und konsularischer Beziehungen und den handelspolitischen Grundsatz der Meistbegünstigung, d. h., daß keiner von beiden einen dritten Staat günstiger stellt als den Vertragspartner.
Mit dem Vertrag waren keine politischen und militärischen Geheimabkommen verbunden. Dennoch knüpfte man in den Rechtsparteien Deutschlands und in der Reichswehr übertriebenste Hoffnungen an Rapallo. Durch ein Bündnis mit Rußland sollte das Reich die Fesseln von Versailles abstreifen und seine alte Macht zurückgewinnen. Die meisten demokratischen Parteien hatten gegen den Vertrag große Vorbehalte. Sie wollten ihn aber letzten Endes dann doch nicht ablehnen und ratifizierten ihn. Die Reichswehr betrieb unter dem Deckmantel von Rapallo ihre eigene Ostpolitik mit dem Ziel, militärische Bestimmungen des Versailler Vertrages zu umgehen. Sie half beim Aufbau der russischen Rüstungsindustrie und bei der Ausbildung der Roten Armee und erhielt dafür die Möglichkeit, verbotene Waffen wie Militärflugzeuge, Giftgas und Panzer in der Sowjetunion herzustellen, zu erproben und Soldaten entsprechend auszubilden. Wichtiger als die militärische Zusammenarbeit war jedoch die wirtschaftliche. 1925 wurde auf der Grundlage von Rapallo ein Handelsvertrag abgeschlossen, der beiden Seiten großen wirtschaftlichen Nutzen brachte.

Das Deutsche Reich konnte durch den Rapallo-Vertrag seine außenpolitische Isolation überwinden. Für die Weltöffentlichkeit stellte er eine Sensation dar, denn Deutschland erkannte mit ihm das sowjetische Rußland an und durchbrach so den allgemeinen Boykott gegen den ersten sozialistischen Staat.
Bei den westeuropäischen Siegermächten bewirkte er erhöhtes Mißtrauen. Manche ihrer Politiker sahen in ihm sogar den Grund für das verschärfte Vorgehen der Westmächte gegen Deutschland in der Reparationsfrage, das zum Ruhrkampf führte.

Die Locarno-Verträge

Die Kernprobleme der deutschen Außenpolitik nach dem Ersten Weltkrieg aber lagen im Westen, sie konnten daher nur über eine Verbesserung der Beziehungen zu den Westmächten gelöst werden. Darin, vor allem in der Überwindung der "Erbfeindschaft" mit Frankreich, sah *Stresemann* seine Hauptaufgabe als Außenminister. Von 1923 bis 1929 blieb dieser Staatsmann in wechselnden Kabinetten für die Außenpolitik verantwortlich und verschaffte der Weimarer Republik internationales Ansehen. Dabei fand er vor allem Rückhalt bei den Parteien der früheren Weimarer Koalition.
Als nüchterner Realpolitiker ging er von den französischen Sicherheitswünschen aus. Diese suchte er mit einer Räumung der besetzten linksrheinischen Gebiete zu verbinden, um auf diese Weise die Souveränität des Reiches wiederherzustellen. Angst hatte Stresemann vor einer britisch-französischen Entente und vor einem möglichen Zusammengehen Frankreichs mit Rußland gegen Deutschland, also vor einer außenpolitischen Konstellation, wie sie vor dem Ersten Weltkrieg bestanden hatte. Deshalb strebte er im Westen Sicherheitsverträge für den Gebietsstand des Deutschen Reiches und im Osten Neutralitätsabkommen an, die ihm möglichst eine Revision der Grenzen offenhielten. Zugleich jedoch erkannte Stresemann die sich abzeichnende Weltmachtrolle der USA und versuchte eine Annäherung.
Im Sinne dieser Grundkonzeption unternahm er Anfang 1925 durch ein Memorandum einen Vorstoß, indem er Frankreich und England vorschlug, den territorialen Status quo im Westen durch ein Abkommen festzuschreiben. Daraufhin kam es in der kleinen Schweizer Stadt Locarno am Lago Maggiore zwischen den Vertretern Frankreichs, Großbritanniens, des Deutschen Reiches, Italiens, Polens, Belgiens und der Tschechoslowakei zu Verhandlungen, die sich allerdings sehr schwierig gestalteten, weil Deutschland zwar den Status quo im Westen, nicht aber den im Osten anerkennen wollte. Sie verliefen dennoch erfolgreich. Am 16. Oktober wurden die **Locarno-Verträge** abgeschlossen:

Im Westen sollte der Status quo zwischen Deutschland, Frankreich und Belgien garantiert werden. Dabei verzichteten die Vertragspartner auf einen Angriffskrieg und verpflichteten sich, alle Streitfragen durch Schiedsgerichte auf friedlichem Wege beizulegen. Im Osten verzichtete Deutschland gegenüber Polen und der Tschechoslowakei auf die gewaltsame Revision der beiderseitigen Grenzen. Schließlich wurde der Beitritt Deutschlands zum Völkerbund vereinbart. Frankreich und Belgien garantierten in Beistandspakten mit Polen und der Tschechoslowakei deren Sicherheit für den Fall eines deutschen Angriffes.
Im Vertragswerk von Locarno anerkannte Deutschland einerseits ausdrücklich die Entmilitarisierung der rechtsrheinischen Zone und den Verlust von Elsaß-Lothringen sowie von Eupen und Malmédy, andererseits aber verwehrte es Frankreich ein Vordringen ins Rheinland. Außerdem schuf es ein Klima der Sicherheit und des Vertrauens, unter dem sich Frankreich bereit fand, seine Besatzungstruppen aus den linksrheinischen deutschen Gebieten abzuziehen. Demnach räumte es nacheinander die drei besetzten Zonen.
Stresemann sah den Erfolg seiner Locarno-Politik darin, daß sie dem Deutschen Reich die linksrheinischen Gebiete erhalten hatte, daß über dem gewonnenen gegenseitigen Vertrauen ein Ausbau der Beziehungen zu den Westmächten auf der Basis einer Partnerschaft möglich schien und daß sie eine Revision der Grenzen im Osten nicht ausschloß. In rechtsgerichteten Kreisen allerdings stieß seine Versöhnungspolitik auf heftige Ablehnung.

Der Berliner Vertrag

Nun galt es, den Verdacht der Sowjetunion zu zerstreuen, der Locarnopakt und der deutsche Eintritt in den Völkerbund liefen auf eine antisowjetische Politik Deutschlands hinaus. Deshalb verhandelte Stresemann zugleich mit der Sowjetunion über einen Neutralitätsvertrag.
Im April 1926 ergänzte das Reich die Abmachungen von Locarno durch einen **Freundschaftsvertrag mit der Sowjetunion.** Dieser bestätigte den Rapallo-Vertrag von 1922 als Grundlage des deutsch-russischen Verhältnisses und sah vor, daß beide Vertragspartner im Falle eines Angriffs von dritter Seite gegenseitig Neutralität wahren würden.
Der Zweck dieses "Berliner Vertrages" lag einerseits in einer betonten Bestätigung der Rapallo-Politik, andererseits war er als eine nützliche Ergänzung zu Locarno und als Sicherung des guten deutsch-sowjetischen Verhältnisses beim Eintritt Deutschlands in den Völkerbund zu verstehen.

Eintritt in den Völkerbund

1926 trat das Deutsche Reich gemäß der Vereinbarung von Locarno in den Völkerbund ein. Damit war es in jener internationalen Staatenvereinigung vertreten, die auf der Pariser Friedenskonferenz im Februar 1919 auf Initiative des damaligen amerikanischen Präsidenten Wilson gegründet worden war und deren Sinn und Zweck es sein sollte, den Weltfrieden dauerhaft zu sichern und auf allen Ebenen die internationale Zusammenarbeit zu fördern. Das Reich bekam einen ständigen Sitz im Völkerbundsrat, also im eigentlichen Entscheidungsorgan. Dies dokumentierte vor aller Welt seine **Rückkehr in den Kreis der Großmächte.**
Locarno wäre nicht möglich gewesen, hätte Stresemann auf französischer Seite in *Aristide Briand* nicht einen maßgeblichen Politiker gefunden, dem die Aussöhnung zwischen Deutschland und Frankreich in gleicher Weise am Herzen lag. 1926 erfuhren die Verdienste der beiden Männer durch die Verleihung des Friedensnobelpreises eine besondere Würdigung.
Der letzte bedeutende außenpolitische Schritt Stresemanns war in konsequenter Fortsetzung seiner Politik der Beitritt Deutschland zu einem Kriegsächtungspakt, dem sich eine große Anzahl von Staaten anschloß. Dieser **"Kellogg-Pakt"** von 1928 war eine allgemeine Erklärung, die den Krieg feierlich verurteilte und die ihre Mitglieder auf die Beilegung aller zwischenstaatlichen Konflikte ausschließlich mit friedlichen Mitteln verpflichtete.
Stresemann starb im Oktober 1929, aufgerieben von den Anstrengungen seines Amtes und zermürbt von den vielen innenpolitischen Schwierigkeiten, die vor allem von den Rechtsparteien kamen.

3.4.4 Reparationsverpflichtungen und wirtschaftliche Entwicklung

Zwar legten die Siegermächte in Versailles die endgültige Höhe ihrer Reparationsforderungen noch nicht fest, aber sie bestimmten, daß Deutschland bis 1921 eine Teilleistung von 20 Milliarden Goldmark teils in bar und teils in Waren aufzubringen habe. Als sich die Reparationskommission 1921 schließlich auf 132 Milliarden Goldmark einigte, lehnte Deutschland dies als unerfüllbar ab. Das führte zum **"Londoner Ultimatum".** Die Siegermächte drohten in ultimativer Form mit der Besetzung des Ruhrgebietes und einer Blockade. Damit erzwangen sie die Annahme ihrer Forderung.

Mit der Unterzeichnung des Londoner Ultimatums durch die deutsche Regierung wurde der Begriff der "Erfüllungspolitik" geprägt. Obwohl die deutsche Regierung die Bestimmungen als unerfüllbar erachtete, versuchte sie, den entschlossenen Willen zu demonstrieren, den eingegangenen Verpflichtungen gerecht zu werden. So glaubte man, die Siegermächte zur Erkenntnis der Unerfüllbarkeit ihrer Reparationsforderungen zu bringen. Gegner dieser Politik gebrauchten fortan den Begriff "Erfüllungspolitiker" in ihren politischen Kampagnen als Schimpfwort. Bereits Ende 1921 war das Reich nicht mehr imstande, die fälligen Raten an die Gläubigermächte zu zahlen. Die deutsche Regierung mußte um ein Moratorium, das heißt einen Zahlungsaufschub, nachsuchen.

Als Deutschland die Barzahlungen nicht mehr fristgerecht fortsetzen konnte, wurde es zu Sachlieferungen gezwungen. Dabei geriet es in einen geringfügigen Rückstand bei Holz und Kohle. Gegen den Einspruch Englands setzten Frankreich, Belgien und Italien in der Reparationskommission den Beschluß durch, daß Deutschland vorsätzlich seinen vertraglichen Verpflichtungen nicht nachgekommen sei und daß deswegen das Ruhrgebiet als "produktives Pfand", d. h. zur wirtschaftlichen Auswertung, vorübergehend besetzt werden solle. So marschierten im Januar 1923 französische und belgische Truppen in das deutsche Industriezentrum ein.

In Wirklichkeit gingen die Überlegungen jedoch über das genannte Ziel hinaus. Die **Ruhrbesetzung** diente Frankreich zur Befriedigung seines militärischen Sicherheitsbedürfnisses, das sich aufgrund gescheiterter Bündnisverträge mit Amerika und England verstärkte. Andererseits standen auch tiefgreifende wirtschaftliche Gründe dahinter. Durch die Besetzung des Ruhrgebietes sollte ein engerer wirtschaftlicher Verbund der Erzvorkommen in Lothringen mit der Kohle an der Ruhr eingeleitet und damit Frankreichs Schwerindustrie erheblich gestärkt werden. Eine Ingenieurkommission hatte nun unter dem Schutz der Truppen die strikte Durchführung der festgelegten Lieferungen zu überwachen.

Die britische Regierung distanzierte sich von den Maßnahmen. Die Reichsregierung protestierte gegen das Vorgehen, stellte alle Reparationslieferungen ein und forderte die Bevölkerung zum **passiven Widerstand** auf. Den Beamten wurde es untersagt, Anordnungen der Besatzungsmächte auszuführen, die Arbeiter der besetzten Gruben- und Industriebetriebe stellten ihre Arbeit ein, Eisenbahner und Hafenarbeiter fertigten Transporte nach Frankreich und Belgien nicht mehr ab. Die Besatzungsmächte reagierten, indem sie die Betriebe selbst übernahmen, Steuern und Zölle beschlagnahmten und Beamte, Unternehmer und Arbeiterführer, die sich ihren Anordnungen widersetzten, verhafteten oder auswiesen.

In Deutschland breitete sich eine nationale Hochstimmung aus. Jedoch mußten die streikende Ruhrbevölkerung und die Ausgewiesenen unterstützt werden, während zur gleichen Zeit die Einnahmen aus diesem Industriegebiet entfielen.

Da man das notwendige Geld nur durch die Vermehrung der Geldmenge beschaffen konnte, sank der Wert der Mark ins Bodenlose. Der Ruhrkampf war nicht mehr finanzierbar. Zusätzlich nahm gegen den Willen der deutschen Regierung der passive Widerstand teilweise die Form von Sabotageakten an. Nationale Fanatiker sprengten Schienen und Brücken und verübten Angriffe auf französische Soldaten. Darauf verhängten französische Kriegsgerichte hohe Zuchthausstrafen und Todesurteile.

Seit dem Sommer 1923 wurde die Lage bedrohlich. Unter der Bevölkerung des Ruhrgebietes herrschten Hunger und Elend. Der Gesamtschaden an der deutschen Volkswirtschaft hatte einen bedenklichen Umfang erreicht. Im Herbst drohte das Reich auseinanderzubrechen. Von den Besatzungsmächten eifrig unterstützt, erhoben sich im französischen und belgischen Besatzungsgebiet separatistische Gruppen, riefen die "Rheinische Republik" und die "Pfälzische Republik" aus und strebten deren Loslösung vom Reich an. Da die Besatzungstruppen die deutsche Polizei am Eingreifen hinderten, bewaffneten sich reichstreue Bürger und besiegten die Separatisten.

Um das Inflationsproblem zu lösen und das Verhältnis zu den Siegermächten nicht weiteren Belastungen auszusetzen, wollte Stresemann den passiven Widerstand beenden. Als die Regierung ihren unpopulären Schritt im September verkündete, setzte in den Rechtsparteien eine Hetze gegen diese "Kapitulation" und die "Judenrepublik" ganz allgemein ein. Die um sich greifende Republikfeindlichkeit fand ihre Höhepunkte im Oktober in Sachsen und Thüringen und im November in Bayern.

Das Jahr 1924 brachte neben der wirtschaftlichen Beruhigung auch eine äußere Entspannung. Nachdem Stresemann als Kanzler im Ruhrkampf eingelenkt hatte, bemühte er sich nun als Außenminister um eine neue Regelung der deutschen Reparationsverpflichtungen. Schließlich beteiligten sich auch die Vereinigten Staaten an den Verhandlungen. Sie waren an einer deutschen Zahlungsfähigkeit sehr interessiert, weil ihre europäischen Kriegsverbündeten nur mit den deutschen Reparationsleistungen ihre eigenen Kriegsschulden an Amerika zurückzahlen konnten.

Nach eingehender Prüfung der Finanzen und der Zahlungsfähigkeit Deutschlands legte der amerikanische Finanzexperte *Charles G. Dawes* einen Plan vor, den man nach ihm **"Dawes-Plan"** nannte. Grundlegend neu war, daß Art und Höhe der deutschen Reparationsleistungen nicht mehr unter politischen, sondern unter wirtschaftlichen Gesichtspunkten festgesetzt wurden. Demnach sollten die deutschen Zahlungen aus ordentlichen Haushaltsmitteln des Reichs erfolgen sowie durch Tilgung einer Schuld, die der nun in eine Gesellschaft umgewandelten Reichsbahn in Höhe von 11 Milliarden und der deutschen Industrie in Höhe von 5 Milliarden auferlegt wurde. Außerdem legte der Dawes-Plan eine Steigerung der jährlichen Zahlungen Deutschlands in den ersten 5 Jahren von 1 Milliarde Goldmark auf 2,5 Milliarden Goldmark fest. Eine zeitliche Begrenzung oder eine Endsumme nannte er allerdings nicht.

Schließlich sah er vor, daß die Alliierten zur Beobachtung der deutschen Finanzentwicklung und zur Überwachung der Zahlungsfähigkeit eigene Vertreter in den Aufsichtsrat der Reichsbahn entsenden und den Transfer, das heißt die Übertragung der Zahlungen in ausländische Währungen, durch einen Reparationsagenten wahrnehmen durften. Beides bedeutete Eingriffe in deutsches Hoheitsrecht. Die rechten Kreise in Deutschland sprachen daher von einer "dauernden Versklavung" und einem "neuen Versailles" und protestierten heftig gegen diese Vertrag.

Insgesamt aber brachte der Dawes-Plan doch wesentliche Erleichterungen für Deutschland. Er sah nicht nur geringere jährliche Reparationsraten als früher vor, sondern erschwerte auch mögliche Sanktionen der Alliierten, die nun als politisches Druckmittel entfielen. Zudem erhielt das Reich eine Anleihe von 800 Millionen Goldmark, um die Zahlungen des ersten Jahres finanzieren zu können. Schließlich erreichte Stresemann als Preis für die deutsche Zustimmung die **Räumung des Ruhrgebietes,** die Frankreich für 1925 zusicherte und dann auch durchführte.

Mit der Unterzeichnung des Dawes-Plans 1924 erhielt Deutschland amerikanische Kredite, die sich bis 1929 auf etwa 21 Milliarden beliefen. Diese bedeuteten eine entscheidende Hilfe für den Wiederaufbau und die Modernisierung der Industrie, so daß die Produktion in den folgenden Jahren sprunghaft anstieg.

3.4.5 Die "goldenen Zwanziger": soziale und kulturelle Leistungen

Deutschlands Wirtschaft hatte, bedingt und gefördert durch den Dawes-Plan, den Anschluß an die Weltwirtschaft wiedererlangt. Doch die ausländischen Kredite waren oft nur kurzfristig vergeben worden und bedeuteten somit ein erhöhtes Risiko. Der wirtschaftliche Aufschwung in den Jahren 1924 bis 1929 war daher nicht abgesichert, man spricht auch von einer "Konjunktur auf Pump".

Nichtsdestotrotz fallen in diese Jahre sozialpolitische Fortschritte, die den Lebensstandard und die Arbeitsbedingungen der Arbeiterschaft und des Kleinbürgertums entscheidend verbesserten. So wurden Interessenvereine der Arbeitnehmer und Arbeitgeber zugelassen, Betriebsräte installiert und der 8-Stunden-Tag gesetzlich festgeschrieben. Zudem lösten Kollektivverträge die bislang üblichen Einzelarbeitsverträge ab; dies stärkte die Position der organisierten Arbeiter entscheidend.

Auch der Lebensstandard der übrigen Bevölkerung stieg an. Insbesondere Handwerker und Kaufleute, nicht aber Angestellte und Arbeiter erzielten ein wesentlich höheres Durchschnittseinkommen als in der Zeit vor dem Krieg.

Das Jahrfünft nach 1924 war auch eine **Blütezeit der kulturellen Entwicklung**. Waren die Künste noch im Kaiserreich vielfachen Beschränkungen unterworfen, so konnten sich nun verschiedene literarische und künstlerische Richtungen entfalten und sogar nebeneinander bestehen. So findet man in der Malerei noch Vertreter des Impressionismus (Max Liebermann), aber auch schon Vertreter des Kubismus, des Futurismus und des Dadaismus. Große Bedeutung erlangte der Expressionismus: Künstlervereinigungen wie das "Bauhaus" in Dessau (Architektur), der "Blaue Reiter" und "Die Brücke" (Malerei) sowie der Stefan-George-Kreis (Literatur) entstanden nun. Doch die Künstler standen dem Staat wenig positiv gegenüber; vielfach wurden kritische Stimmen laut, die – ähnlich den politischen Bewegungen – Kritik von links (Bertolt Brecht, Kurt Tucholsky) und von rechts (Oswald Spengler, Ernst Jünger) übten.

Wenn es nach 1924 auch deutliche Verbesserungen in der Sozialpolitik und auch einen Aufschwung in der künstlerischen Entwicklung gab, wenn auch ein Großteil der Bevölkerung in Deutschland das Gefühl hatte, es könnte mit der Republik nur noch aufwärtsgehen und die schwersten Krisen seien überwunden, so täuschte diese Einschätzung doch. Von den "goldenen Zwanzigern" zu sprechen, trifft also nur Teilaspekte des politischen, gesellschaftlichen und kulturellen Lebens.

3.4.6 Das innenpolitische Klima

Auch in den sogenannten ruhigen Jahren schwankte das innenpolitische Klima zwischen radikaler Ablehnung der Republik und dem Bekenntnis zu ihr. Dies wird deutlich, betrachtet man das Abschneiden der extremen Parteien in den Jahren zwischen 1924 und 1929:

Reichstagswahl 4. 5. 1924: 472 Abgeordnete (A)

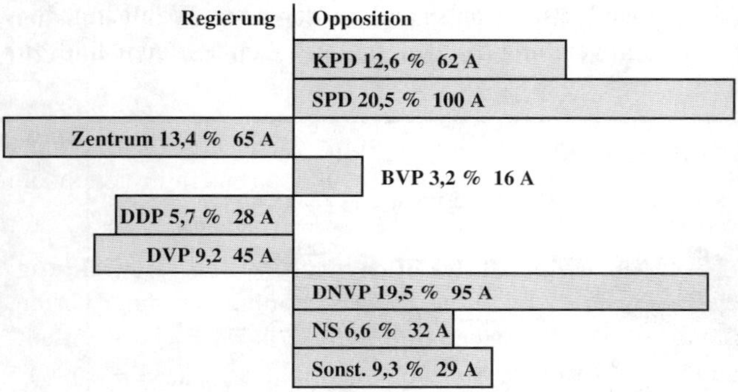

Reichstagswahl 7.12.1924: 493 Abgeordnete (A)

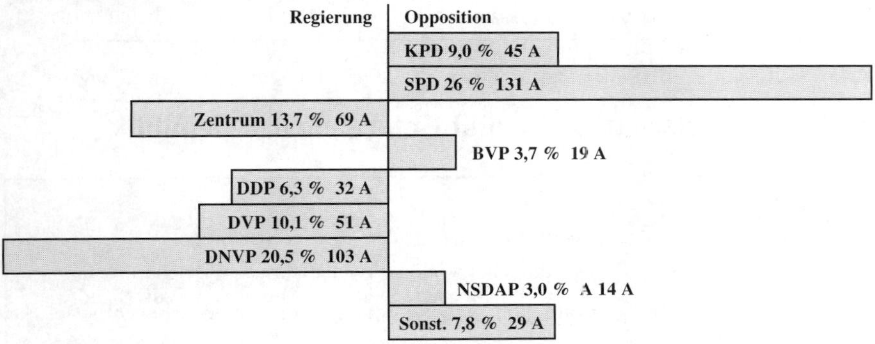

Reichstagswahl 20. 5. 1928: 491 Abgeordnete (A)

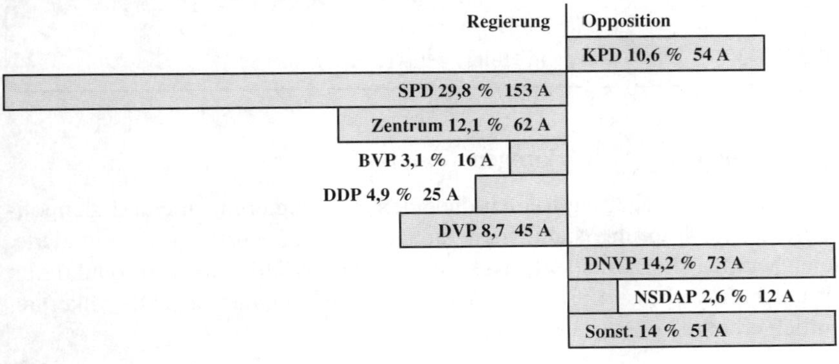

Ablehnend verhielten sich vor allem extreme Parteien wie KPD und NSDAP. Auch die Reichspräsidentenwahl 1925, insbesondere der erste Wahlgang vom 29. März 1925, zeigt eine Hinwendung zu den bürgerlichen Parteien und zur SPD:

Die Reichspräsidentenwahl

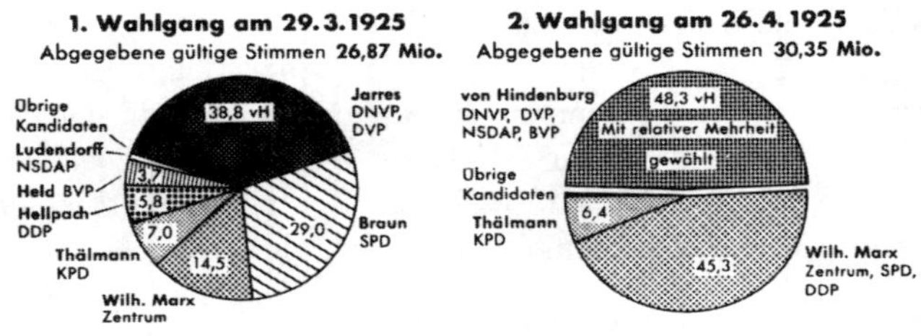

© Erich Schmidt Verlag (Zahlenbilder)

3.5 Weltwirtschaftskrise und Untergang der Republik

7. 6. 1929	Young-Plan
25. 10. 1929	"Schwarzer Freitag" an der New Yorker Börse
ab 1929	Auswirkungen der Weltwirtschaftskrise: Wirtschaftszusammenbrüche, steigende Arbeitslosigkeit, Existenznot breiter Bevölkerungskreise
März 1930	Scheitern der Großen Koalition
1930–1932	Anwachsen der radikalen Parteien Präsidialkabinette: Brüning, v. Papen, v. Schleicher Entwicklung zur Präsidialdiktatur
30. 1. 1933	Ernennung Hitlers zum Reichskanzler

3.5.1 Ursachen und Auswirkungen der Krise

Seit dem Krisenjahr 1923 verfolgten die deutschen Regierungen eine Innenpolitik, welche die Währung stabilisierte und eine erneute Inflation verhinderte. Zugleich wurden die Arbeitsprozesse rationalisiert und damit die Produktivität der Wirtschaft verbessert, so daß sich der Lebensstandard der Bevölkerung wesentlich erhöhte.

Trotzdem blieb die Wirtschaft krisenanfällig. Die Landwirtschaft war kaum konkurrenzfähig und verschuldete sich zusehends. Die Investitionen der Industrie erfolgten zum großen Teil mit Hilfe ausländischer Kredite, die vor allem aus den USA kamen und etwa zur Hälfte kurzfristig gekündigt werden konnten. Im besonderen Maße vom Kapital des Auslandes waren die deutschen Banken abhängig, deren Eigenkapital immer geringer wurde. Bei einer Krise des Finanzsystems drohte deshalb eine Zahlungsunfähigkeit. Ein großer Teil der kurzfristigen ausländischen Kredite wurde von der öffentlichen Hand, besonders von den Gemeinden, in Anspruch genommen. Diese verwendeten die Gelder nicht für "produktive Zwecke", sondern zur Errichtung von Schulen, Theatern, Krankenhäusern oder Repräsentativbauten. Aufgrund des hohen Verschuldungsgrades gegenüber dem Ausland, vor allem den USA, war das Deutsche Reich sehr stark vom internationalen Finanz- und Wirtschaftssystem und damit auch von der wirtschaftlichen Entwicklung in den Kreditgeberländern abhängig.

Bereits 1927 zeichnete sich ein Rückgang der Weltkonjunktur ab. Stresemann erkannte die Gefahr für die deutsche Wirtschaft und strebte eine Revision des Dawes-Planes, das heißt der geltenden Reparationsbestimmungen, an. Er traf damit auf das Verständnis vor allem englischer und amerikanischer Politiker.

Anfang 1929 trat eine internationale Sachverständigenkonferenz unter dem Vorsitz des Amerikaners *Owen D. Young* zur Lösung der drängenden Reparationsfrage zusammen. Der nach ihm benannte Plan bestimmte, daß Deutschland, auf 59 Jahre befristet, durchschnittlich im Jahr 2,05 Milliarden an die Alliierten zu zahlen hatte. Dies stellte nach der Lage von 1929 3,5 Prozent des Volkseinkommens dar, eine immer noch erhebliche, aber doch nicht untragbare Belastung für das Deutsche Reich.

Mit dem **Young-Plan** gelang es Stresemann, die Lasten des Dawes-Planes für die nächste Zukunft wesentlich zu reduzieren und durch die friedliche Verständigung den Weg für eine spätere Revision und schließlich für die vollständige Beseitigung der Reparationen zu ebnen. Außerdem wurde die Räumung der noch besetzten Teile des Rheinlandes auf den 30. Juni 1930 festgesetzt und auch eingehalten.

Bereits einen Monat nach der Unterzeichnung des Young-Plans kam es zu einem riesigen Kurssturz an der New Yorker Effektenbörse. Die starke Aufblähung des Kreditmarktes hatte in den Vereinigten Staaten zu einer gewaltigen Spekulationswelle in Börsenpapieren geführt, der nunmehr angesichts des Konjunkturrückganges Panikverkäufe von Aktien folgten. Dies führte zu schweren Kurseinbußen an der Börse. So verloren am 25. Oktober 1929, dem **"Schwarzen Freitag"**, vor allem Kleinaktionäre rund 30 Milliarden Dollar auf dem New Yorker Börsenmarkt. Die Wirtschaftskrise in den USA war offensichtlich. Die Geldinstitute reagierten mit dem Rückruf der kurzfristig gewährten Kredite aus dem Ausland und die Regierung mit einer Schutzzollpolitik. Damit griff die amerikanische Krise auf die ganze Welt über und weitete sich somit zur **"Weltwirtschaftskrise"** aus.

Dies traf Deutschland besonders hart. Infolge der protektionistischen Maßnahmen der USA und der fehlenden Nachfrage in der übrigen Welt gingen die deutschen Exporte stark zurück. In Deutschland wurde das Geld knapp. So kam es zu Bank- und Unternehmenszusammenbrüchen. Gleichzeitig schwand die Nachfrage bei Konsum- und Investitionsgütern. Die Produktionsanlagen waren nicht mehr genügend ausgelastet, Konkurse und Zwangsversteigerungen vor allem bei verschuldeten Kleinbetrieben und Bauern häuften sich. Die Arbeitslosenziffer kletterte von 0,8 Millionen im Jahre 1928 auf 6,1 Millionen 1933.
Die Wirtschaftskrise zog somit eine soziale Krise nach sich. Die politische Krise folgte.

3.5.2 Politische Entwicklung bis Januar 1933

Die Jahre des wirtschaftlichen Aufschwungs und der außenpolitischen Erfolge von 1924 bis 1928 brachten gleichzeitig eine Beruhigung der innenpolitischen Lage. Die Regierungen dieser Zeit wurden von den bürgerlichen Parteien getragen, indem Zentrum, DDP, DVP und auch DNVP Koalitionen in verschiedenen Zusammensetzungen bildeten. Wenngleich auch nicht mit in der Regierungsverantwortung, so unterstützten die Sozialdemokraten doch die wichtigsten politischen Entscheidungen im Reichstag. Eine Gefährdung durch die radikalen Flügelparteien erfolgte nicht. Die NSDAP war nach dem mißlungenen Putschversuch Hitlers bedeutungslos geworden, die Kommunisten konnten sich lediglich auf eine Wählerbasis von etwa 10 Prozent stützen. Als sich schließlich im Sommer 1928 auch die SPD nach ihrem großen Stimmenzuwachs bei den Reichstagswahlen an einer Regierung der Großen Koalition beteiligte, schien für viele die politische Stabilität durch die Zusammenarbeit aller gemäßigten Parteien auch in wirtschaftlich schwierigen Zeiten gewährleistet.

Dennoch setzten extrem rechte politische Kreise im Herbst 1929 ein Signal zur Radikalisierung, als in Deutschland der Young-Plan diskutiert wurde. Der neue Vorsitzende der DNVP, *Alfred Hugenberg,* der mit seinen Verlagen eine überragende Stellung im deutschen Pressewesen einnahm, stellte die Verbindung der Rechtsopposition zu den Nationalsozialisten her. Gemeinsam mit Hitler, der als "Trommler" auf die Massen einwirken sollte, und dem rechtsgerichteten Frontkämpferbund "Stahlhelm" setzte er ein Volksbegehren gegen die "Versklavung des deutschen Volkes" durch. Der beantragte Gesetzesentwurf bedrohte die verantwortlichen Politiker mit Zuchthausstrafen, falls sie diesen Plan unterzeichneten.

Wenngleich der anschließende Volksentscheid bei weitem nicht die erforderliche Mehrheit brachte, war Hitler im Zuge der Kampagne bei Millionen Menschen bekannt geworden. Die hemmungslose Propaganda, mit der die Nationalsozialisten gegen den Reparationsplan als "Zinsknechtschaft" des deutschen Volkes hetzten, vermittelte einen Eindruck von der maßlosen Demagogie und der gefährlichen Radikalisierung des politischen Klimas, die von der NSDAP ausgingen.

Dies bestätigte sich auch im Wahlkampf zu den Reichstagswahlen im September 1930. Die NS-Propaganda bemühte sich angesichts der wirtschaftlichen Notlage breiter Bevölkerungskreise, die Unzufriedenen aller Bevölkerungsschichten für ihre Partei zu gewinnen. Auf zahlreichen Kundgebungen schob Hitler auf verhetzende Weise die Schuld am Elend des deutschen Volkes vornehmlich auf den Versailler "Schandvertrag" und die "korrupten" Politiker des Weimarer "Systems".

Die NSDAP war schließlich auch der Gewinner der "Erbitterungswahlen" und wurde zweitstärkste Partei nach der SPD. Die Zahl ihrer Abgeordneten im Reichstag schnellte von 12 auf 107 empor. Parallel dazu konnte auf dem linken Flügel die KPD ihre Mandate von 54 auf 77 erhöhen. Damit verfügten die radikalen republikfeindlichen Kräfte im Reichstag über fast ein Drittel der Mandate. Die bürgerlichen Parteien und die SPD hingegen mußten zum Teil erhebliche Stimmenverluste hinnehmen. Da sie sich auf eine gemeinsame Regierungspolitik nicht einigen konnten, kam im Reichstag fortan eine positive Mehrheit nicht mehr zustande.

Damit begann die "Agonie des deutschen Parlaments" (Albert Schwarz). Sie war gekennzeichnet von einer Flut nationalsozialistischer Gesetzesanträgen und von Tumulten, welche die Abgeordneten der NSDAP und der KPD im Sitzungssaal inszenierten, um die parlamentarische Arbeit zum Erliegen zu bringen. Mit der gleichen Absicht votierten die Vertreter der beiden extremistischen Parteien vielfach sogar gemeinsam. So sah sich die SPD genötigt, zusammen mit den gemäßigten bürgerlichen Parteien die Anträge der radikalen Parteien abzulehnen und die Gesetzesvorlagen der Regierung zu billigen, um eine Auflösung des Reichstages und einen mit Neuwahlen verbundenen weiteren Zuwachs bei den radikalen Parteien zu verhindern.

Außerhalb der destruktiven Zielsetzung bekämpften sich Kommunisten und Nationalsozialisten erbittert, wobei sich ihre politischen Auseinandersetzungen mehr und mehr auf die Straße verlagerten. Vor allem in Großstädten gehörten blutige Saal- und Straßenschlachten zwischen den nationalsozialistischen Sturmabteilungen (SA) und dem kommunistischen "Roten Frontkämpferbund" zu den alltäglichen Erscheinungen während der nächsten zwei Jahre. Die Polizei war meistens zu schwach, um solche Ausschreitungen zu verhindern. Ein kurzfristiges Verbot der SA 1932 wurde schließlich aus parteipolitischen Gründen wieder aufgehoben.

Die derben antisemitischen und demokratiefeindlichen Parolen der nationalsozialistischen Kampflieder sowie die Agitation der Kommunisten waren Zeugnis einer zunehmenden Verrohung und einer Radikalisierung des politischen Klimas in Deutschland von 1930 bis 1933. Sie fanden auch darin ihren Ausdruck, daß sich die Nationalsozialisten öffentlich zu ihren Gewalt- und Greueltaten gegenüber politischen Gegnern bekannten.

Darüber hinaus benutzte Hitler jede Gelegenheit, um im Bündnis mit den konservativen nationalistischen Kräften eine Änderung der politischen Verhältnisse voranzutreiben. So schlossen sich im Oktober 1931 die Nationalsozialisten, die Deutschnationalen, welche sich immer stärker nach rechts orientierten, und der ihr nahestehende "Stahlhelm" zur **"Harzburger Front"** zusammen. In Bad Harzburg "rechneten" sie auf Großkundgebungen in unsachlichen, verleumderischen Angriffen mit der Regierung und der republikanischen Staatsform "ab". Konstruktive Vorschläge, wie die Notsituation im Reich behoben werden könnte, bot die Rechtsopposition indes nicht an. Die Wirkung auf die deutsche Bevölkerung zeigte sich deutlich bei den Wahlen des Jahres 1932.

Die Handlungsunfähigkeit des Parlaments, welche mit seiner Selbstausschaltung 1930 und durch die folgenden Präsidialkabinette immer deutlicher hervortrat, ließ vielen deutschen Bürgern den schroffen Antiparlamentarismus der Nationalsozialisten als verständlich erscheinen. Zudem stellten sich Hitler und die NSDAP mit ihren pauschalen Versprechungen als "letzte Hoffnung" im Kampf gegen die Massenarbeitslosigkeit und die allgemeine Notlage dar.

Bei den Reichspräsidentenwahlen im Frühjahr 1932 konnte sich der populäre Hindenburg erst im zweiten Wahlgang mit 19,4 Millionen Stimmen gegen Hitler durchsetzen, obwohl das bisherige Staatsoberhaupt von allen konservativ-bürgerlichen Parteien und sogar von den Sozialdemokraten unterstützt wurde. Für Hitler votierten 13,4 Millionen Wähler, für den kommunistischen Bewerber *Ernst Thälmann* immerhin noch 3,7 Millionen.

Die politische Polarisierung bestätigten auch die beiden Wahlen zum Reichstag in jenem Jahr. Mit 230 Sitzen konnten die Nationalsozialisten im Juli ihre Abgeordnetenzahl gegenüber 1930 mehr als verdoppeln und wurden zur stärksten Partei. Auch der KPD gelang es, die Zahl ihrer Mandate zu erhöhen und zwar von 77 auf 89. Bei den bürgerlichen Parteien der Mitte erzielte lediglich das Zentrum leichte Gewinne. Die Deutsche Staatspartei als die Nachfolgerin der DDP, DVP und die DNVP erlitten ebenso Verluste wie die SPD.

Insgesamt erhielten Kommunisten und Nationalsozialisten bei dieser ersten Wahl des Jahres 1932 einen Stimmenanteil von über 50 Prozent. Damit war selbst im Falle einer Koalition sämtlicher demokratiebejahender Parteien keine parlamentarische Mehrheit mehr möglich.

Die Reichstagswahlen im November änderten trotz erheblicher Verluste der NSDAP kaum etwas an der Lage im Parlament, denn die radiaklen Flügelparteien behaupteten durch Stimmengewinne der KPD immer noch fast 50 Prozent der Sitze. Bemühungen, die Nationalsozialisten in die Regierungsverantwortung einzubeziehen und sie so zur konstruktiven Mitarbeit im Reichstag zu bewegen, scheiterten an der Haltung Hitlers. Er forderte seit dem Sommer 1932 die "gesamte Staatsgewalt in vollem Umfang" für sich und die NSDAP.

3.5.3 Die Bedeutung der Präsidialkabinette

Je mehr die Parteien auseinanderstrebten und je unfähiger somit das Parlament war, eine konstruktive Regierungspolitik zu betreiben, desto stärker wurde die Stellung des Reichspräsidenten, der nunmehr in den Mittelpunkt des politischen Handelns rückte. Die Verfassung erlaubte es ihm, einen Kanzler zu ernennen, der keine Mehrheit des Reichstages hinter sich hatte, sondern allein von seinem Vertrauen abhängig war, diesen Kanzler mit Notverordnungen regieren zu lassen und schließlich auch den Reichstag aufzulösen, falls dieser den Gesetzesvorlagen nicht zustimmte.

Obwohl Hindenburg, der seit dem Tod Eberts im Jahre 1925 an der Spitze des Deutschen Reiches stand, von einer tiefen Abneigung gegen zivile und republikanische Politik erfüllt war, übte er sein Amt zunächst loyal aus. Seit Ausbruch der Regierungskrise im Frühjahr 1930 aber geriet der 83jährige, dessen politische Urteilsfähigkeit mit zunehmendem Alter stark nachließ, zusehends unter den Einfluß seiner persönlichen außerparlamentarischen Ratgeber. So bestimmten von nun an sein Sohn *Oskar von Hindenburg,* Staatssekretär *Otto Meißner* und Reichswehrgeneral *Kurt von Schleicher* seine politischen Entscheidungen in steigendem Maße mit. Und er ließ sich von ihnen zunehmend auf die Linie autoritärer Regierungspläne drängen. Eine neue Regierung, ein sogenanntes **Hindenburg-Kabinett,** wollte antiparlamentarisch, das heißt ohne Koalitionsvereinbarungen, zustandekommen und auch nicht von einer Mehrheit des Reichstages, sondern allein vom Vertrauen des Präsidenten abhängig, und schließlich antimarxistisch ausgerichtet sein, das heißt auf jede Mitwirkung oder Unterstützung der SPD verzichten. Von dieser "Kamarilla" wurden von jetzt an auch die Kanzler vorgeschlagen und schließlich in verhängnisvollem Intrigenspiel wieder gestürzt.

Die Kabinette Brüning

Auf der Basis dieser Vorstellungen ernannte Hindenburg nach dem Auseinanderbrechen der Großen Koalition im März 1930 auffallend schnell den Vorsitzenden der Zentrumspartei, *Heinrich Brüning*, zum neuen Kanzler. Dessen Kabinett bestand aus Politikern der bürgerlichen Parteien der Mitte und hatte keine Mehrheit im Reichstag. Es war von vornherein als Präsidialkabinett gedacht.

Brüning befürwortete angesichts der Krise des Parteienstaates eine autoritäre Regierungsform. Er galt als ausgezeichneter Fachmann in Wirtschafts- und Finanzfragen. Erfüllt von einem hohen Pflichtbewußtsein sah er sich als "Staatsdiener". So ging er mit großen Arbeitseinsatz daran, die anstehenden Probleme zu lösen. Um eine neue Inflation zu verhindern, bemühte sich Brüning vor allem um einen Ausgleich des Reichshaushaltes. Dabei wählte er den Weg der **Deflationspolitik,** das heißt, er wollte einerseits die Staatsausgaben kürzen und andererseits die Steuern erhöhen. Als erste Regierungsvorlage brachte er ein Sonderbesteuerungsprogramm im Reichstag ein. Es sah neben allgemeinen Ausgabenkürzungen insbesondere vor, die Löhne und Gehälter der Beschäftigten im öffentlichen Dienst zu senken und höhere Einkommen stärker zu besteuern.

Als diese Vorlage nicht die Zustimmung des Reichstages fand, setzte er sie auf dem Wege einer Notverordnung in Kraft. Daraufhin lehnte die oppositionelle

Mehrheit im Parlament die Gesetze ab. Kanzler und Reichspräsident antworteten mit der Auflösung des Reichstages. Diese Verbindung von Notverordnungspraxis und Auflösung des Reichstages war neu in der Verfassungswirklichkeit der Weimarer Republik. Sie zeigte, daß sich die Regierungsarbeit der Kontrolle der Volksvertretung entzog und auf den Reichspräsidenten überging. Brüning hoffte, mit den Neuwahlen seine parlamentarische Position stärken zu können. Doch genau das Gegenteil trat ein. Die Parteien der bürgerlichen Mitte, die seine Regierung tragen sollten, erlitten im September Verluste. Der Stimmenzuwachs der radikalen Flügelparteien machte eine Mehrheitsfindung unmöglich. Sein zweites Kabinett, auf Hindenburgs Wunsch "ohne parteimäßige Bindung" und "noch unabhängiger" vom Reichstag als bisher gebildet, war somit noch stärker an das Vertrauen des Reichspräsidenten gebunden.
Bei den Bürgern aber stieß Brüning auf wenig Verständnis. Vor allem seine Sparpolitik fand angesichts einer rapiden Verschlechterung der Wirtschaftslage und der steigenden Arbeitslosigkeit immer mehr Feinde. Er wurde als **"Hungerkanzler"** kritisiert. Dennoch hielt er an seinem Deflationskonzept fest, für das er im Reichstag die Zustimmung der SPD und damit eine Mehrheit fand. So konnte er bis zum Frühjahr 1931 den Staatshaushalt ausgleichen.
Das Verhalten der SPD-Abgeordneten erklärt sich aus ihrer Sorge, eine erneute Auflösung des Reichstages mit anschließenden Neuwahlen würde zu einem noch stärkeren Anwachsen der radikalen Parteien und einem weiteren Machtverlust des Reichstages führen. Die notleidende Bevölkerung dagegen wurde immer empfänglicher für die demagogischen Parolen der rechts- und linksradikalen Propaganda.
Die Regierung Brüning sah das rigorose Sparprogramm insbesondere auch unter dem "Primat der Außenpolitik". Der Kanzler benutzte die wirtschaftliche Notlage Deutschlands als Argument, um bei den Alliierten eine entscheidende Herabsetzung der Reparationsforderungen zu erreichen. Einen ersten Erfolg erzielte er durch das Entgegenkommen des amerikanischen Präsidenten *Hoover,* der bei den Gläubigermächten einen einjährigen Aufschub der Reparationszahlungen durchsetzte. Eine Gesamtbereinigung des Reparationsproblems aber gelang ihm nicht mehr, da er während erfolgreicher Vorverhandlungen "hundert Meter vor dem Ziel" gestürzt wurde.
So ernteten seine Nachfolger die Früchte seiner unermüdlichen Bemühungen, als die Gläubigermächte im Sommer 1932 in Lausanne die deutschen Reparationsschulden bis auf eine Restzahlung von 3 Milliarden als getilgt erklärten und schließlich die Großmächte im Dezember die grundsätzliche militärische Gleichberechtigung Deutschlands anerkannten.

Der Sturz Brünings

Bei der Wahl des Reichspräsidenten im Frühjahr 1932 hatte sich Brüning unermüdlich für Hindenburg eingesetzt und wesentlich zu dessen Wiederwahl beigetragen. Als er überdies unmittelbar danach ein Verbot der nationalsozialistischen Verbände SA und SS, denen eine entscheidende Schuld bei der Verrohung der politischen Auseinandersetzung zufiel, reichsweit durchsetzen konnte, schien Brünings innenpolitische Stellung gefestigt.
Doch war das Vertrauensverhältnis zwischen dem Staatsoberhaupt und seinem Kanzler bereits stark belastet. Der greise Reichspräsident machte Brüning dafür verantwortlich, daß er seine Wiederwahl so eindeutig den sozialdemokratischen katholischen Wählern verdankte. Ein zweites belastendes Moment ergab sich aus einem landwirtschaftlichen Sanierungsplan Brünings. Nach diesem Plan sollte der Staat überschuldete Güter ostelbischer Großgrundbesitzer aufkaufen und darauf arbeitslose Landarbeiter ansiedeln. Die Betroffenen erhoben gegenüber Brüning den Vorwurf des "Agrarbolschewismus" und fanden damit bei Hindenburg Gehör, der selbst ein großes Gut in Ostpreußen besaß.
Schließlich hatte Hindenburg Bedenken gegen das einseitige Verbot der nationalsozialistischen Kampfverbände SA und SS, da man allgemein hoffte, Hitler werde eine neue Rechtsregierung unterstützen, falls das Verbot aufgehoben würde. Brüning bestand auf dem Verbot, das im April 1932 erlassen worden war, weil diesen Verbänden Bürgerkriegsvorbereitungen nachgewiesen werden konnten. Da stellte sich General von Schleicher gegen ihn. Er wollte SA und SS in die Reichswehr integrieren und über einen neuen und schwächeren Kanzler mehr Einfluß auf die Politik gewinnen.
Am 30. Mai 1932 ließ Hindenburg Brüning plötzlich fallen. Durch die schnelle Entlassung nahm er dem Reichstag gleichzeitig die Möglichkeit, dem Kanzler angesichts einer nun drohenden noch stärker nach rechts orientierten Regierung das Vertrauen auszusprechen. Der Sturz Brünings bedeutete den Übergang von der parlamentarisch tolerierten zur reinen Präsidialregierung. Diese trug den Charakter einer **"Präsidialdiktatur"**, da alle politischen Entscheidungen der Mitwirkung des Reichstages entzogen und ausschließlich durch den Reichspräsidenten getroffen wurden.

Die Kabinette Papen und Schleicher

Auf Vorschlag Schleichers, der in der neuen Regierung das Amt des Reichswehrministers übernahm, berief Hindenburg *Franz von Papen* zum Kanzler.
Weite Kreise schätzten die politischen Fähigkeiten des überzeugten Monarchisten als gering ein, so daß seine Ernennung mit Erstaunen aufgenommen wurde.

Sein **"Kabinett der Barone"**, das überwiegend aus deutschnational gesinnten Adeligen bestand, hatte im Reichstag mit Ausnahme der DNVP sämtliche Parteien gegen sich. Aber Papen hoffte, die Nationalsozialisten für seine Politik gewinnen zu können. Aus diesem Grunde löste er die Zusagen Schleichers an Hitler ein. Er hob mit Zustimmung des Reichspräsidenten das SA- und SS-Verbot auf, außerdem erreichte er bei ihm die Auflösung des Reichstages und die Ausschreibung von Neuwahlen.
Die NS-Kampfverbände marschierten wieder durch die Straßen. Vor allem in Berlin kam es erneut zu blutigen Zusammenstößen mit den Kommunisten. Diese bürgerkriegsähnlichen Zustände nahm Papen zum Anlaß, noch vor den Wahlen im Juli die preußische Regierung in einem Staatsstreich abzusetzen. Sie stützte sich auf die Parteien der Weimarer Koalition unter dem SPD-Ministerpräsidenten Otto Braun, hatte aber bei den Landtagswahlen im Frühjahr 1932 angesichts der Stimmengewinne der NSDAP ihre parlamentarische Mehrheit verloren und war seither nur noch geschäftsführend im Amt. Nun nahm Papen in Preußen als Reichskommissar selbst die vollziehende Gewalt in die Hand.
Aus den Wahlen im Juli ging die NSDAP mit 230 Mandaten als stärkste Partei hervor. Daraufhin versuchte Papen, die Nationalsozialisten für eine Koalitionsregierung mit den Deutschnationalen zu gewinnen. Hitler hingegen forderte das Amt des Reichskanzlers mit Präsidialvollmachten. Der Reichspräsident weigerte sich jedoch, den Nationalsozialisten die gesamte Regierungsgewalt zu übertragen. Papen hatte folglich im Reichstag wieder keine Mehrheit. Noch ehe er am ersten Sitzungstag sein Regierungsprogramm vortragen konnte, sprachen ihm die Abgeordneten in einer Abstimmung das Mißtrauen aus. Daraufhin löste Hindenburg das Parlament unverzüglich auf, ein zweites Mal im Jahre 1932.
Als die Wahlen im November wieder keine Änderung der Mehrheitsverhältnisse im Parlament brachten, faßte von Papen den Plan, den Reichstag zu eliminieren und einen neuen autoritären Staat zu schaffen, indem er alle Parteien, die Gewerkschaften und die Wirtschaftsverbände durch Notverordnungen ausschaltete. Um dem zu erwartenden Widerstand begegnen zu können, brauchte er die Reichswehr als Rückhalt. Doch General von Schleicher versagte ihm seine Unterstützung, und sein Plan scheiterte. Hindenburg mußte seinen Lieblingskanzler Anfang Dezember entlassen und ernannte Kurt von Schleicher zu dessen Nachfolger.
Als **"sozialer General"** sah er seine vordringlichste Aufgabe darin, Arbeit zu schaffen. Entgegen den Vorstellungen seines Vorgängers suchte er zunächst eine möglichst breite parlamentarische Basis für seine Politik. Dabei hoffte er, die NSDAP, die sich nach dem Rückschlag in den Novemberwahlen in einer Krise

befand und finanzielle Schwierigkeiten hatte, zu spalten und einen Teil für sich zu gewinnen. Außerdem bemühte er sich, mit Hilfe eines staatlichen Arbeitsbeschaffungsprogrammes die Unterstützung der Gewerkschaften und der SPD zu gewinnen. Letztlich jedoch erwies sich seine Beurteilung der parlamentarischen Möglichkeiten als falsch, die Zusammenarbeit kam nicht zustande. Daraufhin verlangte er von Hindenburg Vollmachten, die auf die Errichtung einer Militärdiktatur hinausliefen. Hindenburg verweigerte aber seine Zustimmung, nicht zuletzt, weil ihm Papen eine neue parlamentarische Lösung anbot.

Über den Kölner Bankier *Kurt von Schröder* hatte Papen inzwischen mit Hitler Verbindung aufgenommen. In einer Unterredung erklärte sich dieser bereit, mit den Deutschnationalen und mit parteilosen Konservativen eine Koalitionsregierung zu bilden. Gleichzeitig knüpfte Papen Kontakte zwischen Hitler und den Beratern Hindenburgs. Zusammen mit ihnen überwand er die Bedenken des Reichspräsidenten gegen den "böhmischen Gefreiten", zumal Hitler nun beteuerte, nicht die Alleinherrschaft anzustreben.

Am 28. Januar trat Schleicher zurück. Am 30. Januar 1933 ernannte Hindenburg Hitler zum Reichskanzler.

Zusammenfassung

Die Ereignisse des Ersten Weltkriegs gingen in zwei europäischen Staaten unmittelbar in eine Revolution über: in Rußland und in Deutschland. Doch während sich in Rußland unter Lenin ein kommunistisches System etablieren konnte, wurden in Deutschland die Weichen anders gestellt. Statt einer "sozialistischen Republik", wie Liebknecht sie wollte, errichteten bürgerliche Kräfte im Einklang mit der SPD eine "demokratische Republik"; diese wurde durch Philipp Scheidemann am 9. November 1918 ausgerufen.

Die Verfassung dieser ersten deutschen Republik war äußerst liberal gestaltet: Sie sah das gleiche, geheime, direkte und allgemeine Wahlrecht vor, erstmals erhielten Frauen das Wahlrecht, außerdem wurde das Wahlalter auf 20 Jahre herabgesetzt. Das zentrale Organ der Reichsgewalt war der Reichstag, die Stellung des Reichsrats wurde geschwächt. Der Reichspräsident, der die Position eines "Ersatzkaisers" einnahm, wurde direkt vom Volk gewählt.

Die Pariser Vorortverträge zeigten dann, daß der Übergang in einen Zustand des Friedens nicht leicht werden sollte. Indem Deutschland die alleinige Kriegsschuld zugewiesen wurde, mußte die junge Republik Reparationsleistungen in Milliardenhöhe aufbringen. Zudem eröffnete sich für reaktionäre Kreise die Möglichkeit der ungehinderten Diffamierung ("Diktatfrieden", "Dolchstoßlegende"), die sich für die demokratischen Bestrebungen in der Weimarer Republik belastend auswirken sollte. Hinzu kamen wirtschaftliche Schwierigkeiten, die sich nie völlig beheben ließen und schon 1929, bedingt durch die Weltwirtschaftskrise, auch in Deutschland verheerend auswirkten.

Die politische Verunsicherung der Bevölkerung, angeheizt durch Agitation von rechts und links, führte letztlich mittels der Präsidialkabinette zu einer Abkehr von demokratischen Strukturen und bahnte den Nationalsozialisten entscheidend den Weg.

4 Die Entstehung totalitärer und autoritärer Systeme in Europa

4.1 Rußland unter Lenin

27. Februar 1917	Beginn der Februarrevolution (bürgerliche Revolution)
15. März 1917	Abdankung des Zaren
25. Oktober 1917	Beginn der Oktoberrevolution (sozialistische Revolution): die Bolschewiki übernehmen die Macht
3. März 1918	Friede von Brest-Litowsk
1918–1921	Bürgerkrieg
ab Februar 1921	Kronstädter Aufstand
1921–1927	Phase der "Neuen ökonomischen Politik" (NEP)
1922	Gründung der UdSSR

4.1.1 Die kommunistische Ideologie und die ökonomisch-soziale Realität in Rußland

Das Marxsche Stufenmodell, das den Weg zur klassenlosen Gesellschaft darlegt, sieht die Phase der Industrialisierung als unabdingbare Voraussetzung für die sozialistische Revolution an. Marx betont, daß Industrialisierung und Kapitalismus die Voraussetzungen für den Klassenkampf bilden; nur sie können das Heer von Proletariern hervorbringen, das als Träger der Revolution vorgesehen ist.

In Rußland waren die Verhältnisse aber gänzlich anders: Nicht ganz 20 % der Bevölkerung arbeiteten in Fabriken, die Industrie war im Aufbau befindlich und regional verstreut, kurz: Rußland war um die Wende zum 20. Jahrhundert ein Entwicklungsland.

Lenin glaubte aber, die Revolution herbeiführen zu müssen, obwohl die optimalen ökonomischen Bedingungen noch nicht gegeben waren. In seiner Schrift "Was tun?" trennt er die Interessenlagen von Arbeitern und Intellektuellen: Während die Arbeiter immer nur ihr eigenes materielles Wohl (kurzfristig) anvisieren und so nie in die Lage kommen, eine Revolution zu organisieren, besteht nach Lenin die Aufgabe der Intellektuellen darin, sich an die Spitze der Arbeiterbewegung zu stellen, um diese langfristig zum gemeinsamen Ziel, dem Klassenkampf, zu führen. Diese Vision Lenins von einer revolutionären Partei wird den realen gesellschaftlichen Verhältnissen in Rußland um 1900 gerecht.

4.1.2 Die innere und territoriale Entwicklung Rußlands

Der Generalstreik vom Februar 1917 – zunächst Ausdruck des Unmuts der Arbeiter über die immer schlechter werdenden Lebensbedingungen – wuchs sich zu einer revolutionären Bewegung aus, in deren Verlauf sich **Arbeiter- und Soldatenräte** bildeten und die Forderungen nicht nur nach Brot, sondern vor allem nach Beseitigung der Zarenherrschaft und Beendigung des Krieges immer lauter wurden. Die Regierung verfügte schon bald über keine verläßlichen Truppen mehr, die in der Lage waren, die alte Ordnung wiederherzustellen.

Aus dem Fortschrittlichen Block der Duma, dem russischen Parlament, bildete sich eine **Provisorische Regierung** unter Fürst *Lwow*, die zwar über die notwendige Erfahrungen in Regierungs- und Verwaltungsaufgaben, aber nicht über die Macht verfügte. Faktisch lag diese beim **Sowjet,** der revolutionären Organisation der Arbeiter- und Soldatenräte, der eine eigene bewaffnete Miliz aufstellte und die Versorgung der Hauptstadt organisierte. Somit standen sich am Ende der **Februar-Revolution** zwei miteinander konkurrierende Institutionen gegenüber: die Provisorische Regierung, die zu einem Großteil aus Vertretern des Bürgertums bestand, und der Sowjet, der sich zu etwa 70 % aus Soldaten (meist Bauern in Uniform) und zu 30 % aus Arbeitern rekrutierte.

Diese **Doppelherrschaft** war durch unterschiedliche Interessen gekennzeichnet: Zum einen forderten die Bauern den Boden der Staatsgüter und die Arbeiter die Kontrolle über die Betriebe sowie Lohnerhöhungen, was nicht im Interesse der Provisorischen Regierung als Vertreterin des Großgrundbesitzes und der Banken lag; zum anderen waren die Arbeiter und Bauern für die Beendigung des Krieges, während die Provisorische Regierung bis zum Sieg an der Seite der Alliierten weiterkämpfen wollte.

Am 14. März verkündete der Sowjet einen Frieden ohne Annexionen als sein außenpolitisches Programm, während eine Note der Provisorischen Regierung an die Alliierten bekannt wurde, in der diese ihre bisherigen Kriegsziele noch einmal bekräftigte. Dies führte zur Regierungsumbildung, bei der sich die im Sowjet vertretenen Sozialisten nun doch genötigt sahen, die Regierungsverantwortung mit den Bürgerlichen zu teilen. Sie mußten somit eine Politik betreiben, die sie vorher bekämpft hatten.

In dieser Situation wurde Lenin, der im April aus dem Exil zurückgekehrt war, zur treibenden Kraft einer Entwicklung, deren Ziel ein sozialistischer Umsturz bolschewistischer Prägung war. Mit seinen **"April-Thesen"** ging er auf harten Konfrontationskurs mit der Provisorischen Regierung, also mit den bürgerlich-demokratischen Kräften ebenso wie mit den gemäßigten Sozialisten, und proklamierte unerbittlich die Erfüllung der Forderungen der Arbeiter und Bauern. Noch blieben die Bolschewiki zahlenmäßig in der Minderheit, wie der Erste Gesamtrussische Parteitag im Juni zeigte, doch ihr Führungsanspruch und die Bereitschaft zur Übernahme der Macht war nicht mehr zu überhören.

So kam es nach der **Kerenski-Offensive** Mitte Juni, die das Festalten der Provisorischen Regierung am Krieg offenbarte, aber gleichzeitig auch die militärische Schwäche der russischen Armee nicht mehr verhehlen konnte, zu Massendemonstrationen und Auseinandersetzungen mit bewaffneten Arbeitern, die die bürgerliche Regierung als bolschewistischen Aufstand interpretierte und Lenin dafür verantwortlich machte. *Kerenski* löste Lwow als Ministerpräsidenten ab, die bürgerlichen und reformwilligen Vertreter der alten Gesellschaft, die bis dahin von der Provisorischen Regierung repräsentiert worden waren, schieden aus. Die Regierung wurde nun von jenen gebildet, die auch im Sowjet die Mehrheit verkörperten, den Menschewiki und Sozialrevolutionären.

Als im August General *Kornilov* gegen die Regierung putschte, wurde offenbar, daß die Provisorische Regierung angesichts der noch immer ungelösten Probleme über keine eigenständige soziale Basis verfügte. Nur mit Hilfe der Bolschewiki konnte sich Kerenski noch an der Macht halten. Ihr Einfluß bei der Armee und den Arbeitern wurde nach diesem Einsatz für die Revolution, als deren Garant sie nun galten, immer größer.

Lenin hielt nun die Zeit für gekommen, die bolschewistische Herrschaft zu errichten. Im Laufe des 25. Oktober besetzten die Roten Garden alle strategisch wichtigen Punkte Petrograds. Noch am gleichen Abend begann der Zweite Gesamtrussische Kongreß der Arbeiter- und Soldatenräte, der die Aktion der Bolschewiki im nachhinein billigen sollte. Um die neugewonnene Macht zu etablieren, mußten vor allem noch die Bauern auf die Seite der Bolschewiki gebracht werden, was mit der Verabschiedung des "Dekrets über den Grund und Boden", das die entschädigungslose Enteignung des Großgrundbesitzes vorsah und alles Land zu Staatseigentum erklärte, gelang. Weiterhin beschloß der Kongreß eine sofortige Beendigung des Krieges und erfüllte damit eine weitere wesentliche Forderung der Massen.

Nach dem Waffenstillstand mit den Mittelmächten vom 24. November kam es bereits am 3. März 1918 zum **Frieden von Brest-Litowsk.** Seine weitreichendsten Bestimmungen waren die Abtretung von Gebieten, in denen fast ein Drittel der Bevölkerung Sowjetrußlands lebte und über 80 % seiner Eisen- und Kohlevorkommen lagen. Rußland verzichtet auf territoriale Ansprüche in Litauen, Kurland und Polen und erkannte Finnland und die Ukraine – die Kornkammer Rußlands – als unabhängige Staaten an. 1918 erklärten sich auch Armenien, Georgien und Aserbajdschan für unabhängig.

Im Sommer 1918 begann der **Bürgerkrieg** (bis 1921), in dem Teile der alten Armee unter Mitwirkung ehemaliger zaristischer Generäle (die "Weißen") versuchten, die vorrevolutuionären Zustände wieder herzustellen und die bolschewistische Herrschaft im Kampf mit der aus Arbeitern und Bauern rekrutierten Armee zu stürzen. Untersützt wurden sie dabei anfangs von den ehemaligen Kriegsverbündeten Rußlands (England, Frankreich, USA) und Japan. Die Gegner der Bolschewiki hatten jedoch keine ideologische Alternative, die an Attraktivität für die Bauern der bolschewistischen gleichzusetzen gewesen wäre. Auch unterschied sich der "weiße" vom "roten Terror" der Roten Armee in keiner Weise. Im November 1920 eroberte die Rote Armee die Krim und entschied damit den Ausgang des Bürgerkriegs. Es war den Bolschewiki somit gelungen, ihre Herrschaft in Rußland zu festigen.

Doch die wirtschaftliche und Versorgungslage der Bevölkerung war katastrophaler denn je. Die gesamte Produktion war seit Jahren unter den Primat des Krieges gestellt (Kriegskommunismus): Der Staat übernahm alle wesentlichen Produktions- und Verteilungsfunktionen selbst, die Geldwirtschaft wurde vollkommen auf Naturalwirtschaft umgestellt, was einen rapiden Verfall des Lebensstandardes nach sich zog. Im ganzen Land kam es zu Aufständen und Unruhen, in denen Bauern wie Arbeiter ihren Unmut über diese Zustände kundtaten und der im März 1921 im **Kronstädter Aufstand** gipfelte.

4.1.3 Die Neue ökonomische Politik (NEP)

Streiks und Bauernunruhen hatten gezeigt, daß die Bevölkerungsmassen in Rußland von den Ergebnissen der Revolution tief enttäuscht waren. Bei der Demonstration in Petersburg (1921) stellten sich die Matrosen von Kronstadt, die bolschewistische Vorzeigetruppe, auf die Seite der hungernden Arbeiter. Ein provisorisches Revolutionskomitee forderte eine "dritte Revolution", zudem Rede- und Versammlungsfreiheit für Arbeiter und Bauern.

Dieser "Kronstädter Aufstand", der am 18. März mit äußerster Härte von Truppen der Roten Armee niedergeschlagen wurde, richtete sich gegen die Herrschaft einer bolschewistischen Minderheit und ihre Parteidiktatur. Der Aufstand hatte Signalwirkung: Auf dem seit dem 8. März tagenden X. Parteikongreß verkündete Lenin Maßnahmen, die zu einer Umstrukturierung der russischen Wirtschaft führten und das Ende des Kriegskommunismus markierten. Diese "Neue ökonomische Politik" (NEP) sah vor, daß die Bauern verpflichtet waren, nur noch einen Teil ihrer Erträge abzuliefern, über die Überschüsse aber frei verfügen konnten. Damit sollten die Bauern zu einer bedarfs- und marktgerechteren Produktion angeregt werden.

Auch eine Abkehr von der Tendenz zur Verstaatlichung wurde deutlich: Privates Unternehmertum wurde wieder zugelassen, jedoch nur in kleineren und mittleren Industriebetrieben.

Insgesamt diente die Wiederzulassung von Privatkapital in Handel und Industrie jedoch einzig zur Sicherstellung der Versorung der Bevölkerung sowie zur Beschwichtigung oppositioneller Kräfte und sollte zeitlich begrenzt sein; sie bedeutete aber keinswegs eine grundlegende Abkehr von marxistisch-leninistischen Dogmen.

4.1.4 Anfänge des Zwangsstaats

Tendenzen hin zu einer Parteidikatur zeigten sich schon im Januar 1918, als Lenin nach den Ereignissen der Oktoberrevolution die Konstituierende Versammlung – ursprünglich eine Hauptforderung der Bolschewiki –, die am 18. Januar zum ersten Mal zusammentrat, schon am zweiten Tag durch Soldaten auflösen ließ. Die Mehrheit aus Sozialrevolutionären, Menschewiki und anderen Splittergruppen lehnten die neugeschaffenen Verhältnisse und die Macht des Sowjet ab. Dieser ließ sich vier Tage später vom Dritten Gesamtrussischen Kongreß der Arbeiter- und Soldatenräte bestätigen. Doch dieser so legitimierten Räteregierung fehlte die Verankerung in der breiten Bevölkerung. Die enormen wirtschaftlichen und politischen Probleme während und nach dem Bürgerkrieg führten dazu, daß der Parteiapparat immer mehr Gewicht im Verhältnis zur Parteibasis gewann. Um jegliche Gefährdung der bolschwistischen Herrschaft zu verhindern, wurden alle oppositionellen Parteien verboten (Menschewiki 1921, Sozialrevolutionäre 1922). Ein weiteres Mittel zur Sicherung der Macht war u. a. die Geheimpolizei der Bolschewiki, die ins Leben gerufene "Außerordentliche Kommission zur Bekämpfung der Konterrevolution", Tscheka genannt.

Aus: Informationen zur politischen Bildung, Ostmitteleuropa und Südosteuropa, Nr. 225, 1989

4.2 Die UdSSR unter Stalin

ab 1924	Stalins These vom "Sozialismus in einem Land"
1925	Entmachtung Trotzkis
ab 1925	Ausschaltung der "linken Opposition"
Dezember 1927	Verbannung Trotzkis
ab 1928	1. Fünfjahresplan, Beginn der Zwangskollektivierungen
1929	Ausschaltung der "rechten Opposition"
1936–1938	"Große Säuberung"
23. August 1939	Hitler-Stalin-Pakt
1953	Tod Stalins

4.2.1 Politisch-ideologische, wirtschaftliche und gesellschaftliche Neuerungen

Nach Lenins Tod 1924 entbrannte in Rußland ein Machtkampf um die Führung im Staat, der hinter ideologischen Divergenzen der verschiedenen politischen Gruppierungen verborgen werden sollte.

Stalin verkündete schon 1924 seine Theorie vom Aufbau des "Sozialismus in einem Land". Er sprach sich darin für die Einrichtung des sozialistischen Wirtschafts- und Gesellschaftssystems in der Sowjetunion aus und orientierte sich damit an den besonderen russischen Verhältnissen. Von den Zeitgenossen wurde dieses sozialistische Modell zum Teil heftig begrüßt, kam damit Rußland doch eine Vorbildfunktion für andere Staaten zu. Doch die Forderung nach "Sozialismus in einem Land" stand sowohl im Widerspruch zur Marxschen Lehre, als auch zu den davon abgeleiteten Vorstellungen *Leo Trotzkis,* eines politischen Rivalen Stalins. Dieser sprach schon seit 1905 von einer "permanenten Revolution", was bedeutet, daß die revolutionäre Bewegung Rußlands – wollte sie Erfolg haben – eingebettet sein müsse in eine internationale Bewegung. Ohne den Gedanken der Weltrevolution werde, so Trotzki, die russische Revolution von den konservativen Mächten zum Scheitern gebracht.

Doch schon ab 1925 gelang es Stalin, Trotzki aus wichtigen Parteiämtern zu verdrängen: Auf dem XV. Parteikongreß der KPdSU (Dezember 1927) wurde er aus der Partei ausgeschlossen und im folgenden Jahr nach Alma-Ata verbannt. 1929 mußte Trotzki die Sowjetunion verlassen, 1940 wurde er in Mexiko von einem Agenten Stalins ermordet.

Auf dem XV. Parteitag 1927 wurde das Ende der NEP besiegelt. Der Kern der stalinistischen Wirtschaftspolitik wurde die Industrialisierung der Sowjetunion als unabdingbare Voraussetzung für den Sieg des Sozialismus. Der Schwerpunkt lag dabei auf der vorrangigen Entwicklung der Schwerindustrie. Da ausländische Investoren jedoch ausblieben, blieb das Land auf seine eigenen Möglichkeiten beschränkt. Die Landwirtschaft sollte daher auf zweifache Weise zur Industrialisierung des Landes beitragen: einmal durch eine möglichst hohe Produktionsquote von Getreide, das ins Ausland verkauft werden konnte, um dort wiederum notwendige Anlagen zur Förderung des Industrialisierungsprozesses zu erstehen. Zum anderen sollten die noch verbleibenden Überschüsse verkauft und der Erlös in Industrieprodukte umgesetzt werden. Hier war jedoch die Nachfrage vor allem nach Dingen des täglichen Bedarfs wesentlich höher als das Warenangebot, was Ende der 20er Jahre dazu führte, daß immer mehr Bauern immer weniger Getreide verkaufen wollten.

Die Sowjetführung reagierte darauf mit Zwangsmaßnahmen, um die Getreideversorgung sicherzustellen, und trieb die Überschüsse mit Gewalt ein. Vordergründig waren davon nur **Kulaken**, die selbständig wirtschaftenden Großbauern betroffen, die – zahlenmäßig zwar eine Minderheit – die größten Überschüsse produzierten, faktisch jedoch betraf es auch die zahlreicheren Mittelbauern, da diese in der Gesamtheit über die größten Vorräte verfügten. Parallel zur Requisition der Getreidevorräte und zur Vernichtung der Großbauern sollte sich die **Kollektivierung der Landwirtschaft** vollziehen. Die Reaktion der betroffenen Bauern war verheerend: Sie schlachteten ihr Vieh ab und verbrannten die Ernte. So wurde die **Vernichtung des Kulakentums** ab 1929 zu Stalins erklärtem Ziel. Mehrere Millionen Bauern und ihre Familien fielen den nun einsetzenden Verfolgungen und Deportationen nach Sibirien zum Opfer.
Hungerkatastrophen, die sich als eine Folge des schlechten Funktionierens der Kollektive ausbreiteten, kosteten im Winter 1931/32 und 1932/33 etwa 10 Millionen Menschen das Leben.

4.2.2 Ausbau des totalitären Herrschaftssystems in den 30er Jahren

Die Nachfolge Lenins war nicht klar geregelt; zwar hatte dieser in seinem Testament angeblich vor Stalin gewarnt, ihn als machtbesessen und politisch gefährlich gebrandmarkt, doch konnte Stalin die Veröffentlichung dieses Schriftstückes verhindern und sich schrittweise an die Spitze von Staat und Partei vorarbeiten. 1922 übernahm er das Amt des Generalsekretärs des ZK der Kommunistischen Partei. Mitglieder des Politbüros, die sich gegen die Verbannung Trotzkis ausgesprochen hatten, *Sinowjew* und *Kamenjew,* wurden als "linke Opposition" mit Hilfe des XIV. Parteitags 1925 aus der Politik entfernt. Als Erfüllungsgehilfen Stalins erwiesen sich dabei *Bucharin*, der Gewerkschaftsführer *Tomski* und *Rykow,* der Vorsitzende des Rates der Volkskommissare. Sie wiederum wurden nach der Erledigung der "linken Opposition" als "rechte Opposition" diffamiert, die es ab 1929 auszuschalten galt. Ab 1929 regierte Stalin in der Sowjetunion als Alleinherrscher und hatte damit sein Ziel erreicht.

4.2.3 Charakter und Ausmaß der stalinistischen Verbrechen

Stalin sicherte seine Herrschaft durch Terror. Der Höhepunkt seiner Maßnahmen zur Ausschaltung politischer oder persönlicher Gegner war im Jahr 1934 erreicht: Nach dem Mord an *Kirow,* den Stalin inszeniert hatte, überrollte eine Welle von Schauprozessen das Land. Zwischen 1936 und 1938 wurden über 8 Millionen Menschen in Lager deportiert **("Archipel Gulag"),** wobei die Rote Armee von den "Säuberungen" besonders schwer betroffen wurde. Hohe Militärs (Marschalle, Admiräle, Kommandeure) wurden in großer Zahl zum Tode verurteilt; der Oberste Kriegsrat verlor so drei Viertel seiner Mitglieder. Während des Zweiten Weltkriegs sollte sich zeigen, daß Stalin mit seinen Gewaltaktionen zwar seine Herrschaft festigen konnte, jedoch die Schlagkraft der Armee gefährlich geschwächt hatte.

4.3 Faschismus in Italien

1919	Mussolini gründet die "fasci di combattimento"
ab 1920	Terror der faschistischen Trupps
1922	"Marsch auf Rom"
1926	Neustrukturierung der Wirtschaft durch die "Carta del Lavoro"
1929	Lateranverträge mit dem Vatikan
1934	"Römische Protokolle"
ab 1. 11. 1936	"Achse" Berlin – Rom
22. 5. 1939	"Stahlpakt"
25. 7. 1943	Absetzung und Verhaftung Mussolinis
28. 4. 1945	Ermordung Mussolinis

4.3.1 Aufkommen und Selbstverständnis der Bewegung

Der Erste Weltkrieg brachte auch für Italien nicht die erhofften Ergebnisse, ganz im Gegenteil: Die Bevölkerung litt unter der Kriegszerstörung und vermißte die von den Entente-Mächten in den Friedensverträgen zugesagten territorialen Kriegsgewinne, die den Einspruch des amerikanischen Präsidenten Wilson hervorriefen. So erhielt Italien, obwohl es in der Schlacht bei Vittorio Veneto entscheidend zum Sieg der Entente beigetragen hatte, statt der dalmatischen Küste lediglich Triest und Norditalien bis zum Brenner. Dies – und die verheerende wirtschaftliche Lage nach dem Krieg – führte gerade in Italien zu Unruhen im linken wie auch im rechten politischen Spektrum.

Benito Mussolini (1883–1945), zuerst Volksschullehrer, dann Herausgeber des sozialistischen Parteiorgans "Avanti", war ursprünglich ein führendes Mitglied der sozialistischen Partei gewesen. Schon 1915 hatte man ihn aus der Partei ausgeschlossen, weil er den Kriegseintritt Italiens in den Ersten Weltkrieg befürwortet hatte. Mussolini gründete daraufhin die Zeitschrift "Popolo d'Italia" und im Jahr 1919 die "fasci di combattimento" – Kampfverbände, die unter dem Schlagwort "Revolution und Vaterland" ihren Kampf für die nationale Größe Italiens und gegen die kommunistische Bewegung führen wollten. Symbol der Bewegung wurden die "fasces", also Rutenbündel, aus denen ein Richtbeil ragte, die mit roten Lederriemen umschnürt waren. Sie waren im alten Rom Herrschaftszeichen der Liktoren, also der Amtsdiener, die den römischen Oberbeamten, die Macht und Ordnung verkörperten und über Leben und Tod entschieden, vorangingen.

Die Faschisten oder "Schwarzhemden", wie sie aufgrund ihrer Kleidung genannt wurden, waren national und konservativ, zudem antiparlamentarisch, antidemokratisch und antiliberal gesinnt. Die Bewegung wurde vor allem von jungen Menschen und Intellektuellen aus Oberitalien getragen, von Studenten, Gymnasiasten und Soldaten, die sich für die neuen Werte Disziplin, Ordnung und Hierarchie begeistern konnten. Materielle Unterstützung erhielt die Gruppe um Mussolini aus dem Besitzbürgertum und dem Mittelstand, von Großgrundbesitzern und Fabrikanten, die sich von den Sozialisten bedroht fühlten.

Die "squadre d'azione" waren Stoßtrupps, die die Aufgabe hatten, die faschistische Macht in ganz Italien zu demonstrieren. Dazu terrorisierten sie – ähnlich wie die SA in der Weimarer Republik – ganze Landstriche und Städte. Sie gingen bei ihren Aktionen vor allem gegen die Inhaber politischer Ämter (z. B. Bürgermeister) und gegen Sozialisten und ihre Einrichtungen (Presse, Parteigebäude) vor.

4.3.2 Griff nach der Regierungsmacht

Mussolini und seine "Schwarzhemden" taten alles, um sozialistische Kräfte zu terrorisieren, einzuschüchtern und von der politischen Macht fernzuhalten. Die Sozialisten reagierten auf diese Angriffe, indem sie 1922 den Generalstreik ausriefen; dieser sollte die Bevölkerung aufrütteln und den Faschisten die Grenzen ihrer Macht zeigen. Das erklärte Ziel der Sozialisten war es, die Partei Mussolinis von der Regierung fernzuhalten. 1921 hatte Mussolini die faschistische Bewegung in eine Partei, die **Partito Nazionale Fascista (PNF),** umgewandelt. Die liberale und die katholische Partei erkannten lange nicht die Gefahren für das parlamentarisch-demokratische System, die von den Faschisten ausgingen. So konnten sie sich auch auf keine antifaschistische Politik einigen, was deren Spielraum vergrößerte und es ihnen ermöglichte, ihre Agitation nun auch im Parlament zu betreiben.

Am 28. Oktober 1922 zogen etwa 20000 schlecht bewaffnete Anhänger Mussolinis nach Rom; ihr Ziel war die Ausschaltung der Parteien und die Erringung der ungeteilten Regierungsmacht. König *Viktor Emanuel III.* weigerte sich aus Furcht vor den Kommunisten, den Ausnahmezustand über die Stadt zu verhängen – ein rechtliches Vorgehen gegen die "Schwarzhemden" war damit unmöglich geworden. Der König beauftragte Mussolini sogar mit der Bildung eines Kabinetts, in dem Faschisten und der Partei nahestehende Politiker vertreten waren.

"Sicurezza Nationale", die "freiwillige Sicherheitsmiliz", wurde ins Leben gerufen. Dies bedeutete eine Institutionalisierung der Parteigewalt. Italien hatte aufgehört ein Rechtsstaat zu sein.

Ein **neues Wahlgesetz,** dem die Liberalen zustimmten, ermöglichte es den Faschisten, die volle Macht zu erringen; es schrieb fest, daß der stärksten Partei, wenn sie mehr als 25 % der abgegebenen Stimmen erhielt, 2/3 der Parlamentssitze zufallen sollten. In der Wahl von 1924 zeigte dieses Gesetz erstmals Wirkung: Die Faschisten, die im "Nationalen Block" organisiert waren, erhielten 60 % der Stimmen und kamen damit – ohne daß sie die Verfassung außer Kraft setzten – auf 403 von insgesamt 508 Mandaten.

4.3.3 Umgestaltung von Staat und Gesellschaft und Diktatur der Partei

Ab Dezember 1925 hatten sich die inneren Verhältnisse Italiens grundlegend gewandelt: Als Regierungschef war der "Duce del Fascimo" neben den König getreten, die Presse-, Versammlungs- und Koalitionsfreiheit wurden aufgehoben, oppositionelle Parteien verboten (1926) und neue Parteien durften nicht mehr gegründet werden. Ab 1928 herrschte ein generelles Parteienverbot – Italien war damit zum Einparteienstaat geworden.

Da das Ansehen des "Duce" ungeschmälert blieb, gelang es ihm in den nun folgenden **Säuberungsaktionen** die politischen Gegner (vor allem Sozialisten) auszuschalten und die eigene Machtbasis weiter zu stärken: Der sozialistische Abgeordnete *Matteotti*, der sich gegen die Herrschaftspraxis der Faschisten aussprach und die Wahlen von 1924 für ungültig erklären lassen wollte, wurde kurz nach seiner Rede von Mussolini-Anhängern ermordet.

Auch das Rechtswesen wurde der Parteidiktatur unterstellt: Die Richter mußten Mitglieder der faschistischen Partei sein, in **Sondergerichten,** gegen deren Urteile keine Rechtsmittel eingelegt werden konnten, verfolgten sie politische Gegner. Viele Oppositionelle mußten emigrieren, manche wurden zum Tode verurteilt.

Mussolini erklärte ab 1929 die Parteiabzeichen zu Staatssymbolen, die Parteihymne zur Nationalhymne. Er strebte eine Renaissance des "Imperio Romano" an, indem er die faschistischen Werte (bis hin zu den imperialistischen Tendenzen) erstmals verwirklicht glaubte.

Eine besondere Stellung in der politischen und gesellschaftlichen Landschaft Italiens kam der **katholischen Kirche** zu: Die zwischen der Kurie und dem faschistischen Regime abgeschlossenen **Lateran-Verträge** (1929) klärten die seit 1870 unklare rechtliche Stellung des Vatikans. Die "Citta del Vaticano" wurde zum souveränen Staat erklärt, das im Zuge der italienischen Einigung vom Staat annektierte Gebiet wurde mit 4 Milliarden Lire finanziell entschädigt.

Der Faschismus griff auch ins wirtschaftliche Leben nachhaltig ein. Durch die **"Carta del Lavoro"** (1926) wurden die Arbeitnehmer in sog. "Syndikaten" zusammengefaßt, was die Zerschlagung der Gewerkschaften ebenso bedeutete, wie die zunehmenden Einschränkungen der Rechte der Arbeitnehmer (Verlust des Streikrechts). Aufgelöst wurden auch die Arbeitgeberverbände. Durch die Neuordnung der Wirtschaft durch die Faschisten sollte dem Staat mehr Einfluß verschafft werden.

4.3.4 Außenpolitik bis zum Zweiten Weltkrieg

Bezugnehmend auf die Tradition des Römischen Imperiums versuchten die Faschisten in den 30er Jahren, Großmachtpolitik zu betreiben. Schon im Zeitalter des Imperialismus hatte Italien Gebiete in Afrika (Libyen, Eritrea) und im Mittelmeer (Dodekanes) erworben. Mussolini versuchte nun mit der Forderung nach Vorherrschaft im Mittelmeerraum und der angestrebten Erweiterung der afrikanischen Kolonien diese Politik fortzusetzen. Die europäische Mächtekonstellation und die Friedensverträge von 1919/20 ließen dies jedoch nicht zu; Italien mußte also das Prinzip der kollektiven Sicherheit im Völkerbund mittragen.

Noch 1934 stand Italien auf der Seite Englands und Frankreichs, als es um die Unabhängigkeit Österreichs ging. Dieses Dreierbündnis richtete sich gegen den sich abzeichnenden Anschluß an das Deutsche Reich. Italien gab darüber hinaus im März eine indirekte Garantie für Österreich, als es in den **"Römischen Protokollen"** mit Österreich und Ungarn für den gegenwärtigen Besitzstand im südosteuropäischen Donauraum bürgte.

1935 änderte sich die Situation grundlegend, als Hitler gegen die Bestimmungen des Versailler Vertrags die allgemeine Wehrpflicht einführte. In der Konferenz von Stresa gaben die europäischen Großmächte Frankreich, England und Italien **(Stresa-Front)** Hitler unmißverständlich zu verstehen, daß ein weiterer Vertragsbruch nicht hingenommen werden würde. Als trotzdem eine Annäherung Hitler-Deutschlands an England folgte (Flottenabkommen), wurde Italien für Frankreich aus sicherheitspolitischen Überlegungen zu einem begehrten Bündnispartner.

Ein halbes Jahr später hielt auch Mussolini den Zeitpunkt für ein expansionistisches Vorgehen für gekommen: Im Oktober 1935 fielen italienische Truppen unter *Marschall de Bono* von Somalia und Eritrea nach Abessinien ein und annektierten es. Der italienische König nahm den Titel des Kaisers von Äthiopien an. Obwohl Abessinien Mitglied im Völkerbund war, verhängt dieser nur wirtschaftliche Sanktionen über Italien; der Suez-Kanal wurde jedoch nicht gesperrt. Die Nationalsozialisten nützten die Gelegenheit der Isolation Italiens, um mit Hilfe von Nachschublieferungen (Kohle) erste Kontakte zu knüpfen, die durch das gemeinsame Eingreifen im Spanischen Bürgerkrieg (1936–1939) auf der Seite General Francos gefestigt wurden und zur **"Achse" Berlin–Rom** führten. Dieses Abkommen vom 1. November 1936 beinhaltet die deutsche Anerkennung der Annexion Abessiniens durch Italien sowie die gemeinsame Anerkennung der faschistischen Regierung Francos.

Am 22. Mai 1939 schloß Mussolini mit Hitler den **"Stahlpakt"**, ein Bündnis, das beide Staaten im Kriegsfall zu unbedingter militärischer Unterstützung zwang. Glaubte Mussolini noch immer, seine Bündnisse frei wählen zu können, so hatte er sich inzwischen doch in die fast restlose Abhängigkeit Hitlers begeben; spätestens beim Angriff deutscher Truppen auf Polen mußte er dies klar erkennen. Nachdem Versuche des Außenministers *Ciano,* Deutschland zu beschwichtigen, fehlgeschlagen waren, trat Italien im Juni 1940 an der Seite Deutschlands in den Krieg ein. Der erfolglose Feldzug gegen Griechenland, das dann von deutschen Truppen 1941 unterworfen wurde, zeigt die wahren Machtverhältnisse zwischen Deutschland und Italien.

Die militärischen Niederlagen Italiens in den Jahren 1940–1943 bereiteten den Boden für ein Mißtrauensvotum, das konservativ und monarchistisch gesonnene Faschisten im Juli 1943 im "Faschistischen Großrat" einbrachten. Der König entließ daraufhin Mussolini, der bis zu seiner Befreiung durch einen deutschen Handstreich in Haft genommen wurde. Am 28. April 1945 wurde Mussolini von Partisanen erschossen.

Das italienische Kolonialreich in seiner größten Ausdehnung 1936

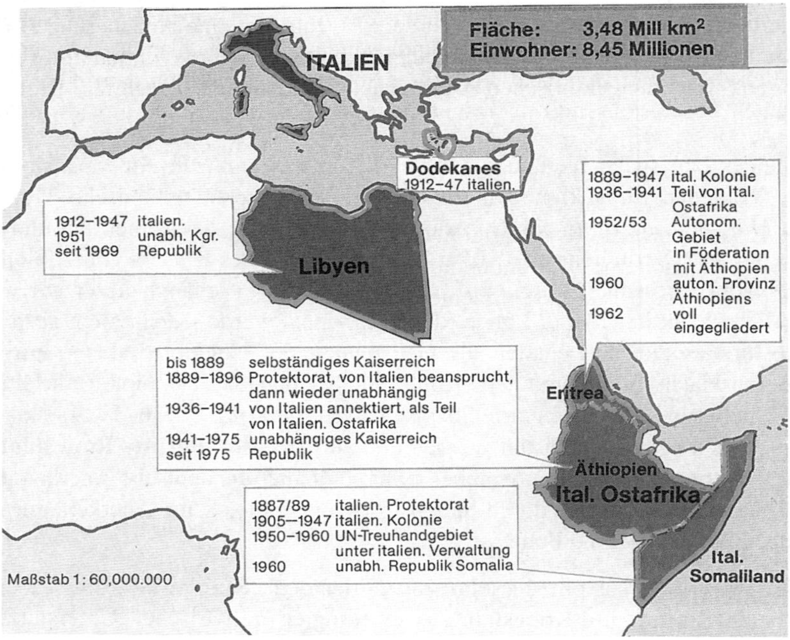

Aus: Informationen zur poltischen Bildung, Italien, Nr. 195, 1982

Zusammenfassung

Innenpolitische und wirtschaftliche Schwierigkeiten führen in Rußland 1917 zur sozialistischen Revolution. Der Zar wird entmachtet, an die Stelle der monarchischen Gewalt tritt das Sowjetsystem. Lenin, der die Revolution ideologisch vorbereitet hatte, kehrt aus seinem Schweizer Exil nach Rußland zurück, um den Staat in seinem Sinne umzugestalten.

Nach dem Tod Lenins 1924 reißt nach parteiinternen Machtkämpfen Stalin die Führung der Sowjetunion an sich; seine Gegner fallen seinen "Säuberungsaktionen" zum Opfer oder flüchten wie Trotzki ins Exil. Nach 1924 errichtet Stalin ein totalitäres System, das sich trotz aller ideologischer Gegensätzlichkeiten an Hitler-Deutschland annähert (Hitler-Stalin-Pakt vom 23. August 1939).

In den 30er Jahren konnte sich auch in Italien das totalitäre Regime der Faschisten unter Mussolini etablieren. Der Berliner Historiker Ernst Nolte wies als einer der ersten auf grundlegende Gemeinsamkeiten zwischen allen totalitären Herrschaftsformen, insbesondere zwischen dem italienischen Faschismus und dem deutschen Nationalsozialismus hin; es sind dies:

- übersteigerter Nationalismus,
- staatlicher Zentralismus,
- Existenz einer Einheitspartei mit straffem Parteiapparat,
- Einsatz moderner Kommunikationsmittel und eine
- pseudolegale Taktik der Machtergreifung.

5 Deutschland unter dem Nationalsozialismus

5.1 Entwicklung Deutschlands zur Diktatur

	Aneignung der Macht
30. 1. 1933	Kanzlerschaft Hitlers
28. 2. 1933	Reichstagsbrandnotverordnung
23. 3. 1933	Ermächtigungsgesetz
7. 4. 1933	"Arier-Paragraph"
2. 5. 1933	Zerschlagung der Gewerkschaften
Juni/Juli 1933	Parteienverbot, Selbstauflösung der bürgerlichen Parteien
1. 12. 1933	NSDAP einziger politischer Willensträger im Reich
Febr. 1934	Auflösung des Reichsrates: letzter Schritt zur Beseitigung des Föderalismus
Juni 1934	Röhm-Putsch
2. 8. 1934	Amtsgewalt des Reichspräsidenten an Hitler

5.1.1 Regierungsübernahme der NSDAP

Als Hitler am 30. Januar 1933 zum Kanzler bestellt wurde, versuchte die nationalsozialistische Propaganda mit dem Schlagwort "Tag der Machtergreifung" den Eindruck zu vermitteln, Hitler und die NSDAP hätten aus eigener Kraft die entscheidenden Machtpositionen im Staat errungen. Doch es handelte sich weder um einen "revolutionären" Akt der Nationalsozialisten, noch erhielt Hitler uneingeschränkte Machtbefugnisse. Er wurde vielmehr vom Reichspräsidenten Hindenburg nach den Bestimmungen der Verfassung zum Reichskanzler ernannt und trat lediglich an die Spitze einer Koalitionsregierung.

In dieser **Regierung der "Nationalen Erhebung"** besaßen die konservativen Minister zahlenmäßig eindeutig das Übergewicht. Neben Hitler gehörten ihr nur zwei weitere Nationalsozialisten an: *Wilhelm Frick* als Innenminister, dem ein großer Teil der Verwaltung unterstand, und *Hermann Göring* als Reichsminister ohne Geschäftsbereich und Reichskommissar für den Luftverkehr. Göring übte gleichzeitig das Amt eines kommissarischen preußischen Innenministers aus. Damit befehligte er die Polizei des größten deutschen Landes und der Reichshauptstadt. Wenige Monate später rückte er zum Ministerpräsident in Preußen auf. Selbst als *Joseph Goebbels* im März 1933 an die Spitze des neugeschaffenen "Ministeriums für Volksaufklärung und Propaganda" trat, verschoben sich die Gewichte äußerlich kaum, denn acht konservativ-nationale Minister sollten die Gewähr dafür bieten, die Nationalsozialisten in der Regierung "einzurahmen" und im konservativen Sinne zu kontrollieren. Dieses "Zähmungskonzept" des Vizekanzlers von Papen schien zunächst aufzugehen. "Wir haben ihn uns engagiert", gab er sich zuversichtlich, "in zwei Monaten haben wir Hitler in die Ecke gedrückt, daß er quietscht."

Aber kurz vor der Vereidigung des Kabinetts am 30. Januar errang Hitler einen entscheidenden Sieg über die konservativen Minister. Entgegen einer Koalitionsvereinbarung setzte er im Kabinett die Forderung durch, den erst im November gewählten Reichstag aufzulösen und Neuwahlen auszuschreiben. Hitler hoffte, als Reichskanzler für seine Partei die absolute Mehrheit zu gewinnen. Da plötzlich die Regierungsbildung gefährdet schien und man den Reichspräsidenten nicht länger warten lassen wollte, stimmte die Mehrheit des Kabinetts zu. Anschließend ließ Hitler Koalitionsverhandlungen mit dem Zentrum scheitern, um Hindenburg zu überzeugen, daß nur über Neuwahlen eine arbeitsfähige Reichstagsmehrheit zustande kommen könne. Daraufhin löste der Reichspräsident den Reichstag auf, die Neuwahlen wurden auf den 5. März festgesetzt.

Die Nationalsozialisten, welche in den Novemberwahlen lediglich 33 Prozent der Stimmen erhalten hatten, entfalteten im nunmehr einsetzenden Wahlkampf eine gewaltige Propaganda mit doppelter Taktik. Der bürgerlichen Öffentlichkeit versuchten sie einen neuen, vertrauenerweckenden Eindruck ihrer Partei zu vermitteln. Anstelle des Bildes einer radikalen Kampfpartei sollte das einer in Sorge um Deutschlands Zukunft tätigen Volkspartei treten. Man sprach nicht mehr von einer NS-Revolution, sondern von einem "nationalen Aufbruch". Hitlers Pläne klangen somit maßvoll und entsprachen wie seine offiziellen Versprechen den Vorstellungen der Mehrheit des Volkes. Ihre politischen Gegner aber, vor allem Kommunisten und Sozialdemokraten, bekämpfte die NSDAP mit allen Mitteln bis hin zum offenen Terror, der durch die Kanzlerschaft Hitlers staatlich gedeckt werden konnte.

So setzte die sich stufenweise vollziehende Eroberung der Macht ein, bei der terroristische und legale Maßnahmen oft ineinander übergingen. Dabei erwies sich die Tatsache als entscheidend, daß die Nationalsozialisten im Reich und in Preußen jeweils das Innenministerium besaßen und somit über die Polizeigewalt verfügten. Göring an der Spitze der preußischen Polizeiorgane ließ sogar eine Hilfspolizei von 50000 Mann, darunter 40000 SA- und SS-Leute, aufstellen und ermunterte die Beamten zum "eifrigen Gebrauch der Schußwaffe".

Ein anderes Mittel waren sogenannte "Enthüllungsberichte". Sie sollten Skandale vornehmlich in den sozialistischen Parteien aufdecken und somit bei der Bevölkerung Verständnis für Behinderungen im Wahlkampf und für Verhaftungen wecken.

Der Druck setzte bereits in den ersten Februartagen ein. Die neuen Machthaber nutzten dabei das Notverordnungsrecht des Reichspräsidenten und erreichten eine Einschränkung der Versammlungs- und Pressefreiheit.

Im Kampf um die uneingeschränkte Macht brachte Hitler der **Brand des Reichstagsgebäudes** in Berlin am 27. Februar einen entscheidenden Schritt voran. Das Feuer hatte wahrscheinlich ein Einzelgänger, der Holländer Marinus van der Lubbe, gelegt, der sich als Kommunist bezeichnete. Hitler schlachtete die Brandstiftung sofort propagandistisch aus, indem er sie als Signal zu einem kommunistischen Aufstand hochspielte und das Ereignis nutzte, um den Terror gegen politische Gegner zu verstärken und seine diktatorischen Vollmachten auszubauen. Noch in derselben Nacht begann eine Verfolgungswelle, die sich vor allem gegen kommunistische Funktionäre richtete, aber auch Abgeordnete der SPD und Gewerkschaftsführer traf. Die einen Tag später erlassene "Verordnung zum Schutz von Volk und Staat", auch **"Reichstagsbrandnotverordnung"** genannt, und weitere Notverordnungen setzten praktisch alle in der Weimarer Verfassung garantierten Grundrechte außer Kraft. Und zur "Abwehr kommunistischer und staatsgefährdender Gewaltakte" erhielt die Regierung umfassende Vollmachten, um die öffentliche Sicherheit und Ordnung wiederherzustellen. Damit waren Beschränkungen der persönlichen Freiheit, der freien Meinungsäußerung einschließlich der Pressefreiheit, des Vereins- und Versammlungsrechts, Eingriffe in das Brief-, Post-, Fernsprechgeheimnis, Anordnungen von Hausdurchsuchungen und Verhaftungen ohne Anweisung eines Richters zulässig.

Mit dem Außerkraftsetzen der Grundrechte wurde das rechtsstaatliche Prinzip abgeschafft. Allein die Reichstagsbrandnotverordnung, auch als "Verfassungsurkunde des Dritten Reiches" (Hofer) bezeichnet, versetzte Deutschland in den permanenten Ausnahmezustand. Damit konnte die Regierung politische Gegner unter dem Schein der Legalität verfolgen und ausschalten. Diese Verordnung blieb bis 1945 in Kraft.

Den letzten Schritt zur Sicherung der absoluten Macht vollzog Hitler ein Jahr später. Am 2. August 1934 starb Reichspräsident Hindenburg. Nach seinem Tod vereinigte Hitler die Amtsgewalt des Reichspräsidenten mit der des Reichskanzlers auf seine Person. Von nun an gab es im politischen Bereich neben dem "Führer und Reichskanzler" keine konkurrierende oder kontrollierende Institution und Persönlichkeit mehr. Kurz darauf wurde die Reichswehr auf Hitler vereidigt. Diese persönliche Bindung der Soldaten an den Führer beinhaltete auch jene Problematik, die später den Offizieren der Widerstandsbewegung schwere Gewissenskonflikte bereiten sollte.

5.1.2 Stationen der politischen Gleichschaltung

Die letzten freien Wahlen vor dem Beginn des NS-Regimes fanden am 5. März in einem Klima der Rechtsunsicherheit und unter bürgerkriegsähnlichen Zuständen statt. Straßenschlachten forderten 51 Todesopfer, über viele KPD- und SPD-Funktionäre wurde ohne richterliche Kontrolle von seiten der Geheimen Staatspolizei, einer politischen Polizei Hitlers, "Schutzhaft" verhängt, was häufig eine Einlieferung in die eigens für diesen Zweck von der SA errichteten und überwachten Konzentrationslager bedeutete.

Der "haushohe" Sieg, den Goebbels vorhergesagt hatte, stellte sich jedoch am 5. März nicht ein, die NSDAP erreichte lediglich 43,9 Prozent der Stimmen. Sie ist folglich nie in einer freien Wahl von der Mehrheit des deutschen Volkes gewählt worden. Die späteren Plebiszite im Dritten Reich, die Hitler regelmäßig über 90 Prozent Zustimmung einbrachten, waren vor allem auf fehlende Alternativen zurückzuführen. Darüber hinaus sind sie in der Folgezeit vor dem Hintergrund der totalitären Diktatur zu sehen, in der solche Ergebnisse als "normal" gelten. Zusammen mit der DNVP allerdings, der ihr nahestehenden zweiten Rechtspartei, kam die NSDAP auf eine Mehrheit von 51,9 Prozent. Hitler hätte demnach im Sinne der Verfassung unter der Kontrolle des Reichstages in einer Koalition regieren können.

Doch über die Vollmachten der Reichstagsbrandnotverordnung hinaus zielte Hitler mit Hilfe eines pauschalen **"Ermächtigungsgesetzes"** darauf ab, das Parlament und die verfassungsmäßigen Kontrollorgane endgültig auszuschalten. Die Gesetzesvorlage, die der Zustimmung einer Zweidrittelmehrheit im Reichstag bedurfte, sah vor, der Regierung vier Jahre lang das Recht einzuräumen, Gesetze ohne Mitwirkung des Reichstages und des Reichsrates zu erlassen, darunter auch solche Gesetze, die von der Verfassung abwichen.

Die bürgerlichen Parteien, deren Votum Hitler bei den gegebenen Mehrheitsverhältnissen im Reichstag für die Durchsetzung dieses verfassungsändernden Gesetzes benötigte, standen somit vor der Frage, ob sie ihrer Selbstentmachtung zustimmen sollten. Die Bedenken, vor allem des Zentrums, versuchte Hitler auszuräumen, indem er mündlich versprach, die verfassungsmäßigen Kontrollorgane wie Reichsrat und Reichspräsident zu respektieren und das Gesetz lediglich im Rahmen der "lebensnotwendigen Maßnahmen" zu gebrauchen.

Zudem dokumentierte die NS-Propaganda zwei Tage vor der Verabschiedung des Gesetzes durch eine geschickte Demonstration die Einheit zwischen Hitlers neuem Deutschland und der preußischen Tradition. Indem der nationalsozialistische Kanzler dem Reichspräsidenten Hindenburg, der konservativen Symbolfigur, während des Staatsaktes anläßlich der feierlichen Eröffnung des neugewählten Reichstages in der Potsdamer Garnisonskirche seine Ehrfurcht erwies, versuchten die Nationalsozialisten der deutschen Öffentlichkeit die Versöhnung ihrer "jungen Bewegung" mit dem "alten Preußen" vorzutäuschen. Dem konservativ-bürgerlichen Deutschland schien ein Ausgleich mit der Partei des Reichskanzlers gelungen zu sein, es ahnte jedoch nicht, daß das Schauspiel des **"Tages von Potsdam"** von Goebbels als "Rührkomödie" inszeniert worden war, um die konservativen Partner Hitlers im Hinblick auf das Ermächtigungsgesetz in Sicherheit zu wiegen und die Seriosität des Führers zu unterstreichen.

Als die bürgerlichen Parteien noch vor der Abstimmung im Reichstag einwilligten, ließen sie sich auch von der Überlegung leiten, daß man nicht durch Ablehnung und Verweigerung, sondern allenfalls durch Zustimmung und Mitarbeit Einfluß auf die Regierung nehmen und somit Schlimmeres verhindern könne.

Allein die SPD unter ihrem Vorsitzenden *Otto Wels* stimmte am 23. März – trotz der massiven Drohungen Hitlers und der vor der Berliner Krolloper, dem provisorischen Tagungsort des Parlaments, aufmarschierenden SA-Einheiten – mutig gegen das Ermächtigungsgesetz, das der Reichstag dennoch mit Zweidrittelmehrheit annahm. Den Widerstand der Sozialdemokraten – die kommunistischen Abgeordneten waren unter Anwendung der Ausnahmegesetze schon vorher ausgeschlossen worden – verstanden die bürgerlichen und konservativen Kräfte als Bestätigung, daß man auf der richtigen Seite, nämlich der Front aller "nicht marxistischen Kräfte", stand.

Es scheint allerdings, als seien sich die Abgeordneten dieser Parteien nicht der vollen Konsequenzen ihrer Zustimmung bewußt gewesen. Der Reichstag machte sich selbst überflüssig, denn das Ermächtigungsgesetz beseitigte die Trennung von gesetzgebender und ausführender Gewalt, das heißt, es setzte dem parlamentarischen Leben in Deutschland nun auch formell ein Ende. Hitler hatte diktatorische Vollmachten ohne irgendeinen Staatsstreich erreicht.

Daraus ergibt sich die Frage, ob die Machtübernahme "legal" oder von vornherein "ungesetzlich" war. Zweifellos wurden die Bestimmungen der Verfassung formal eingehalten. Deren Bewahrung hatte Hitler seit seinem Legalitätseid 1930 auch ausdrücklich beteuert, die eigentliche Zielsetzung seiner Bewegung, den Sturz der Weimarer Demokratie, hingegen nie geleugnet und aufgegeben. Insofern war das Vorgehen der Nationalsozialisten eine "rein taktische Manipulation mit dem Prinzip der Legalität" (Hofer), um auf einem "Marsch durch die Institutionen" (Goebbels) den bestehenden Staat mit "seinen eigenen Mitteln" zu schlagen. Legal vollzog sich der Machtergreifungsprozeß nur im rein äußerlichen Sinn, es handelte sich also um "Scheinlegalität" (Erdmann).

Die Ausschaltung von politischen Gegnern

Hitler und seine Partei hatten oft verkündet, daß sie die Macht mit niemandem teilen würden. So benützten sie die Vollmachten der Reichstagsbrandnotverordnung und die Befugnisse des Ermächtigungsgesetzes, um ihre Gegner und die Kontrollinstanzen des demokratischen Staates systematisch zu beseitigen und alle Institutionen und gesellschaftlichen Organisationen unter ihre Kontrolle zu bringen.

Die Säuberung des Beamtenapparates

Gleich nach den Wahlen gingen die Nationalsozialisten daran, sich vor allem die Spitzenpositionen im Beamtenapparat durch "Säuberungen" verfügbar zu machen. Dieser Prozeß gipfelte im "Gesetz zur Wiederherstellung des Berufsbeamtentums" vom 7. April 1933, auch **"Arier-Paragraph"** genannt. Es gab der Regierung die uneingeschränkte Macht über mißliebige Beamte, da jeder willkürlich entlassen werden konnte, der nicht "rückhaltlos für den nationalen Staat" eintrat. Mit diesem Angriff auf die Unabhängigkeit des Beamtentums wurde ein weiteres Fundament des Rechtsstaates zerstört.

Die Beseitigung des Föderalismus

Ganz systematisch betrieb Hitler in den ersten Monaten nach dem Regierungsantritt die Gleichschaltung der Länder. Zwei Gesetze bestimmten, daß die Landtage den Ergebnissen der Reichstagswahlen vom März entsprechend neu zusammengesetzt werden müssen, wobei die Sitze der KPD wegfielen. Außerdem setzte das Reich in den Ländern **Reichsstatthalter** ein, die für die Beachtung der vom

Reichskanzler aufgestellten Richtlinien der Politik zu sorgen hatten und das Recht erhielten, die Länderregierungen zu ernennen und abzusetzen. Die Länder verloren somit im Widerspruch zur Weimarer Verfassung ihren Rang als selbständige politische Körperschaften und wurden in Verwaltungsbezirke umgewandelt. Der Zentralismus ersetzte fortan die bundesstaatliche Ordnung. Die Entmachtung der Länder vollendete sich im "Gesetz über den Neubau des Reiches" vom Januar 1934 mit der **Beseitigung der Landtage.** Der somit überflüssig gewordene Reichsrat wurde anschließend durch ein weiteres Gesetz aufgelöst. Diese Gleichschaltung fand 1935 schließlich eine Ausdehnung auf die kommunale Ebene, als eine neue Gemeindeordnung das Selbstverwaltungsrecht der Gemeinden aufhob.

Die Zerschlagung der Gewerkschaften

Seit Terror, Reichstagsbrandnotverordnung und Ermächtigungsgesetz die Parteien lähmten, waren die Gewerkschaften die mächtigsten nichtnationalsozialistischen Organisationen im Deutschen Reich. Sie vertraten noch immer den größten Teil der Arbeitnehmerschaft, die Zahl der Hitler-Anhänger in ihnen betrug nur etwa ein Viertel. Hitler vermied daher eine offene Konfrontation mit dem Allgemeinen Deutschen Gewerkschaftsbund (ADGB) und den Arbeitern und wählte auch hier eine doppelte Strategie, derzufolge eindrucksvolle Demonstrationen und freundschaftliche Gesten der Verfolgung vorausgingen: So wurde der 1. Mai zum nunmehr bezahlten "Feiertag der nationalen Arbeit" erklärt und im Zusammenwirken mit den Gewerkschaften in Massenveranstaltungen aufwendig begangen. Der ADGB war darum bemüht, die Organisation der Gewerkschaften durch Anpassung zu retten. Er versicherte, sich aus politischen Fragen herauszuhalten und die Arbeit der Gewerkschaften rein auf den sozialen Bereich zu beschränken. Diese Hoffnung erwies sich bald als Illusion. Den Feiern des 1. Mai 1933 folgte nämlich, einem geheimen und festliegenden Plan zufolge, am 2. Mai die gewaltsame Besetzung der Gewerkschaftshäuser und die Verhaftung führender Gewerkschaftsvertreter. Danach wurden die Gewerkschaften jedoch nicht in die entsprechende Organisation der NSDAP, die NS-Betriebszellenorganisation, übergeführt, sondern in die **Deutsche Arbeitsfront (DAF).** Die DAF war eine Zwangsvereinigung, die Unternehmer, Arbeiter und Angestellte, alle "im Arbeitsleben stehenden Menschen ohne Unterschied ihrer wirtschaftlichen und sozialen Stellung", zusammenfaßte.

Mit der Zerschlagung der Gewerkschaften endete auch die Tarifautonomie der Sozialpartner, eine der sozialpolitischen Errungenschaften der Weimarer Republik.

Das Verbot der Parteien

Der nächste Schritt brachte die Auflösung der Parteien und politischen Organisationen außerhalb der NSDAP. Die KPD, von Anfang an am stärksten verfolgt, konnte seit dem Reichstagsbrand nach dem Verbot ihrer Versammlungen und der Verhaftung vieler Funktionäre nur noch unter großem Risiko aktiv arbeiten.
Die Aktionen gegen die SPD – Verhaftungen von Parlamentariern und Beschlagnahmung des Parteivermögens – fanden ihren Abschluß mit dem offiziellen Verbot der Partei Ende Juni 1933. Die Vorgänge der vorangegangenen Zeit, vor allem aber die Aufrufe der bereits nach Prag emigrierten Parteileitung zum Widerstand und zum Sturz Hitlers, nahmen die Nationalsozialisten als Beweis, "daß die deutsche Sozialdemokratie vor hoch- und landesverräterischen Unternehmungen gegen Deutschland und seine rechtmäßige Regierung nicht zurückschreckt". Die bürgerlichen Parteien lösten sich von Ende Juni bis Anfang Juli selbst auf und beugten sich somit dem Monopolanspruch der neuen Machthaber, die bereits im April den **"Einparteienstaat"** verkündet hatten.
Mit dem "Gesetz gegen die Neubildung von Parteien" vom 14. Juli 1933 zog Hitler den Schlußstrich. Er erklärte die NSDAP zur einzigen politischen Partei und bedrohte jede Wieder- oder Neugründung mit Zuchthausstrafen. Dem Parteienpluralismus, einer notwendigen Voraussetzung für eine parlamentarische Demokratie, wurde somit ein Ende gesetzt, der Reichstag zu einem Zustimmungsorgan herabgedrückt.

Die Ausschaltung innerparteilicher Rivalen

Nach der Festigung der Diktatur durch die Beherrschung der politischen Schaltstellen und der Auflösung der anderen Parteien erklärte Hitler die Revolution im Juli 1933 für beendet. Allerdings mußte der Diktator noch mit einem herausfordernden Machtfaktor im Lager seiner eigenen Bewegung fertig werden. Es stellte sich ihm nämlich immer dringender die Frage, was mit jenen nun beschäftigungslosen Sturmabteilungen (SA) werden sollte, die als eine treu ergebene Kampftruppe erheblich mitgeholfen hatten, politische Gegner auf den Straßen zu bekämpfen und so den Weg zur Macht zu ebnen. Sie forderten jetzt ihren Tribut und verlangten immer dringender die zweite, "soziale" Revolution, in der sie ihre gesellschaftsverändernden sozialistischen Vorstellungen verwirklichen wollten. Dabei sollten der SA, entsprechend ihren Verdiensten, entscheidende Führungspositionen zugestanden werden. Hitlers Ziel jedoch war die politische Macht, nicht aber eine Umwälzung der sozialen und wirtschaftlichen Verhältnisse, welche die Leistungsfähigkeit der deutschen Wirtschaft vorübergehend vermindert und somit Hitlers Kriegspläne empfindlich verzögert hätte.

Die Führer der SA, vor allem ihr Stabschef *Ernst Röhm,* forderten außerdem den Oberbefehl über eine aus der revolutionären SA und der konservativ eingestellten Reichswehr zu bildende Volksmiliz. Dabei sollte der "graue Fels" der Reichswehr in der "braunen Flut" der Parteitruppe untergehen. Dieser Plan konkurrierte mit dem Wehrpflichtgedanken der Reichswehr, dessen Offizierskorps unter General *von Blomberg* solchen Vorstellungen ablehnend gegenüberstand.
Im Hinblick auf eine möglichst frühzeitige Kriegsbereitschaft des deutschen Reiches entschied sich Hitler für die Zusammenarbeit mit den konservativen Offizieren und gegen die Konzeption der SA. Er ließ Röhm fallen und nahm angebliche Putschpläne sowie die homosexuelle Veranlagung Röhms zum Vorwand, um einen großen Teil der SA-Führung in einer von der SS reichsweit inszenierten Mordaktion zwischen dem 30. Juni und 2. Juli 1934 zu beseitigen. Gleichzeitig ließ er konservative Regimegegner und -kritiker töten, unter ihnen *General von Schleicher.* Die Reichswehr ging scheinbar gestärkt aus den Ereignissen hervor, da sie sich als einziger Waffenträger der Nation bestätigt sah. In Wirklichkeit waren die eigentlichen Sieger in erster Linie Hitler und die SS Himmlers. Hitler hatte einen mächtigen Rivalen aus den eigenen Reihen ausgeschaltet und sich die vermeintlichen Sieger zu Dankbarkeit und Treue verpflichtet.
Für *Heinrich Himmler* und seine Schutzstaffeln (SS) leitete der **Röhm-Putsch** einen kontinuierlichen Aufstieg ein. Die SS war bis dahin eine Untergliederung der SA. Nunmehr entwickelte sie sich zu einer mächtigen selbständigen Parteiorganisation. Wie die Aufstellung bewaffneter SS-Verbände zeigen sollte, wuchs sie auch zu einem gefährlichen Rivalen der Reichswehr heran.
Die Reichsregierung löste die juristische Problematik der Mordaktionen, indem sie am 3. Juli 1934 das "Gesetz über Maßnahmen der Staatsnotwehr" erließ. Darin wurden die begangenen Verbrechen schlicht als Staatsnotwehr für rechtens erklärt. Hitler selbst bezeichnete sich in seiner Rechtfertigung vor dem Reichstag als obersten Gerichtsherrn. Carl Schmitt, ein führender Staatsrechtler, verteidigte sein Verhalten mit der Losung: "Der Führer schützt das Recht." Er bestätigte "dem wahren Führer" die Aufgabe des Richtertums und gestand ihm zu, im Augenblick der Gefahr "kraft seines Führertums als oberster Gerichtsherr unmittelbares Recht schaffen zu können".
Die Willkür des Diktators wurde damit zum Gesetz erhoben, Rechtsgleichheit und Rechtssicherheit in Deutschland, ohnehin durch Sondergerichte und Terrormaßnahmen auf der Notverordnungsbasis bereits erheblich eingeschränkt, waren endgültig beseitigt. An die Stelle des Rechtsstaates trat das NS-Rechtsdenken, in dem der Führerwille als identisch mit dem Recht galt. Dessen Maßstäbe lagen jedoch außerhalb aller objektiven Rechtsnormen und entsprachen lediglich den

Grundsätzen seiner Weltanschauung, wenngleich sie häufig als "gesundes Volksempfinden" gedeutet wurden. Mit dem Übergriff auf die judikative Gewalt war Hitlers Macht nunmehr fast unumschränkt.

5.2 NS-Ideologie und Herrschaftstechniken

Nationalismus	Aufgreifen des Gedankengutes und der Ziele nationalistischer Strömungen der zwanziger Jahre in Deutschland
Geschichtsdarwinismus	Rassegedanke als Zentrum von Hitlers Weltanschauung
Antisemitismus	Juden als Inbegriff alles Negativen, Gegenbild zu Ariern, extreme Forderung der Ausrottung
Führerprinzip und Volksgemeinschaft	• Führer mit uneingeschränkten Vollmachten • Vollzug des Führerwillens durch die Einheitspartei nach dem Prinzip der Kontrolle "von oben" und Verantwortung "nach oben" • Aufgabe der Individualansprüche und des politisch-gesellschaftlichen Pluralismus zugunsten einer Gemeinschaft von Volksgenossen • uneingeschränkte Gefolgschaftspflicht
Antimarxismus und Antiliberalismus	Kampf gegen Bolschewismus und parlamentarische Demokratie aus ideologischer Konsequenz
	Gleichschaltungsprozeß
1933/34	Erfassen und ideologische Ausrichtung der Bevölkerung, Kontrolle und Gleichschaltung der Medien, Propaganda
	Kirchenpolitik
Juli 1933	Konkordat mit der katholischen Kirche, dennoch Kirchenkampf
1933/34	Unterstützung der Bewegung der "Deutschen Christen", Entstehung der oppositionellen "Bekennenden Kirche", Kirchenkampf

5.2.1 Wurzeln der nationalsozialistischen Ideologie

Der nationalsozialistischen Bewegung lag keine vollständige Ideologie im Sinne eines rational geschlossenen Gedankengebäudes zugrunde, wie etwa dem Kommunismus. Sie versuchte vielmehr mit ihren weltanschaulichen Ansätzen auf die

Interessen und Wünsche all jener einzugehen, die mit den Verhältnissen in der Weimarer Republik unzufrieden waren, um sie zu solidarisieren und der Machtergreifung dienstbar zu machen. Ihre Vorstellungen blieben vage und verschwommen, gaben aber gerade dadurch der NS-Führung die Möglichkeit, allen alles zu versprechen.

Faßt man die Ideen und Ziele der NSDAP und Hitlers zusammen, so gibt das 1920 verkündete Parteiprogramm – eine politisch wirksame, aber willkürliche Zusammenstellung von nationalistischen, antisemitischen und antidemokratischen Forderungen mit verworrenen wirtschaftspolitischen Theorien – nur beschränkt Auskunft. Wichtiger und aufschlußreicher als Quelle für die Erfassung der Ideen Hitlers, da richtungsweisend für die gesamte Periode des Nationalsozialismus, ist die 1924 in der Festungshaft begonnene Rechtfertigungs- und Programmschrift Hitlers "Mein Kampf". Darin fügte Hitler eine Reihe von Ideen zum philosophisch kaum erfaßbaren Gebilde der NS-Weltanschauung in "Bewältigungsformeln" (J. C. Fest) zusammen, basierend auf Schlagworten wie "Rassismus", "Antisemitismus", "Führerprinzip" und "Volksgemeinschaft".

Den Boden für die meist positive Aufnahme von Hitlers Ideen in der Bevölkerung bildete der im 19. Jahrhundert aufkommende Nationalismus, der durch die Reichsgründung 1871 eine erste Erfüllung fand. Doch der nationale Gedanke wirkt noch ins 20. Jahrhundert weiter: Als Grundlage für das Hervortreten eines gesteigerten rückwärts gewandten **Nationalismus** in Deutschland zur Zeit der Weimarer Republik galt der verlorene Erste Weltkrieg mit den Konsequenzen, die die Siegermächte im Vertrag von Versailles festlegten: vor allem die These von der alleinigen Kriegsschuld Deutschlands und seiner Verbündeten und die daraus abgeleiteten Reparationsansprüche, aber auch die territorialen und militärischen Bestimmungen. Mit der Forderung nach Wiederherstellung der "nationalen Ehre" und einer Revision des Versailler Vertrages verband sich eine Frontstellung gegen die Weimarer Politiker und die demokratischen Parteien, die aufgrund ihrer unvermeidbaren "Erfüllungspolitik" als "nationale Verräter" abgestempelt wurden, und schließlich gegen die parlamentarische Demokratie allgemein.

Die nationale Idee entfaltete in dieser Phase auch deshalb eine so tiefgreifende Wirkung, weil die Zerrissenheit des Volkes in vielfach widerstreitende politische Parteien und Klassen in ihr bedrückender erschien als je zuvor. Beim mittleren und Kleinbürgertum bedeutete diese Einstellung einen Versuch, den gesellschaftlichen und politischen Wandel im 19. und 20. Jahrhundert rückgängig zu machen und so die verlorene Vormachtstellung zurückzugewinnen, allerdings unter Verleugnung der liberalen Ideen, mit denen es groß geworden war. So wurde der deutsche Nationalismus zum "Arsenal des antidemokratischen Denkens" (Kurt Sontheimer).

In den Kreisen des gehobenen Bürgertums, des Adels und des Militärs war eine politische Gesinnung verbreitet, die man als Deutschnationalismus bezeichnete. Seine Anhänger organisierten sich in der DNVP, die sich seit 1918 zum Sammelbecken der konservativen Kräfte entwickelte. Ihr Blick war rückwärts gewandt auf die Glanzzeit des Wilhelminischen Reiches und seines imperialistischen Nationalismus. Daneben kennzeichnete sie besonders der **Antisemitismus.**

Zu diesem "revisionistischen Nationalismus" in teilweise sehr starkem Gegensatz stand der "Neo-Nationalismus" der jungen Generation, geprägt vom Geist der Frontkämpfer und der Freikorps. Er stellte dem Ziel der Wiedererrichtung des zerstörten "Zweiten" Reiches den Entwurf eines neuen nationalen Staates, eines "Dritten Reiches", entgegen und wurde von einer starken Publizistik unterstützt. Ihn charakterisierte Edgar Jung, einer seiner Wortführer, folgendermaßen: "An Stelle der Gleichheit tritt die innere Wertigkeit, an Stelle der sozialen Gesinnung der gerechte Einbau in die gestufte Gesellschaft, an Stelle der mechanischen Wahl das organische Führerwachstum ..., an Stelle des Massenglücks das Recht der Volksgemeinschaft." Die Formel "Nation als Gemeinschaft", das heißt die Gemeinschaft aller Deutschen im Glauben an die innere blutmäßige Zusammengehörigkeit, erschien den Vertretern des Neo-Nationalismus als die Lösung aller politischen und sozialen Probleme.

Eine dritte Richtung stellte die Volkstumsideologie der "Deutsch-Völkischen" dar. Sie traten für die Reinerhaltung der deutschen Rasse ein, lehnten internationale Wirtschaftsverbindungen ab, verherrlichten rein deutsche Kunst und forderten eine Konzentration auf deutsches Denken. Eine ausgeprägte Rassenidee und ein militanter Antisemitismus standen im Mittelpunkt dieser ideologischen Vorstellungen und fanden ihren Ausdruck in der Zeitschrift "Völkischer Beobachter", in dessen Vokabular "Deutschtum", "Volk", "Jude" zentrale Begriffe waren.

Die NS-Bewegung stand zunächst den Deutsch-Völkischen nahe, wie die Übernahme des "Völkischen Beobachters" als Parteiorgan zeigt. Sie weitete sich aber zusehends zum Sammelbecken aller Ideen, die in den 20er Jahren im nationalen Lager entwickelt und verbreitet wurden, ohne daß sie sich dabei definitiv auf eine bestimmte Richtung festlegte oder ein klares Programm formulierte. Gerade die ideologische Elastizität war ein Kennzeichen der NS-Sammlung, so daß sie die Erfüllungen der Erwartungen aller, die eine Umwälzung wünschten, in Aussicht stellen konnte. In emotionalen patriotischen Schlagwörtern feierte die NS-Propaganda die Nation als letzten und höchsten Wert und kompensierte mit ihrer Forderung nach Revision des Versailler Vertrages in einer Epoche nationaler Not die Minderwertigkeitsgefühle vieler Deutscher. Später allerdings bekannte Hitler im vertraulichen Gespräch, daß das deutsche Volk für ihn kein Wert an sich gewesen sei, sondern nur Instrument im Kampf um die Macht, wobei auch zum Ausdruck kam, daß der Nationalsozialismus seine "wissenschaftliche" Rechtfertigung in der Rassenlehre sah: "Sollte das deutsche Volk versagen, dann wird es untergehen. Ja, dann soll es untergehen, dann soll es krepieren; denn die Besten des Volkes werden im Kampf gefallen sein, und der Rest soll den biologisch Stärkeren Platz machen. Versagt das deutsche Volk, dann wird das Ende für Deutschland grausam sein. Aber mehr hat es dann nicht verdient".

5.2.2 Hitlers "Weltanschauung"

Der **Rassegedanke** war der Ausgangspunkt von Hitlers Weltanschauung: "Die Sünde wider Blut und Rasse ist die Erbsünde dieser Welt und das Ende einer sich ihr ergebenden Menschheit ... Dem gegenüber erkennt die völkische Weltanschauung die Bedeutung der Menschheit in deren rassischen Urelementen. Sie sieht im Staat prinzipiell nur ein Mittel zum Zweck und faßt als seinen Zweck die Erhaltung des rassischen Daseins der Menschen auf" (Mein Kampf).

Die Rasse also, die biologische Zuordnung der Menschen, die angeblich nicht nur seine körperlichen Merkmale, sondern auch seine geistigen und seelischen Anlagen bestimmt, wurde zum höchsten Wert und zur bewegenden Kraft der Geschichte erhoben. Zwischen den Rassen und zwischen den einzelnen Menschen herrscht nach Hitlers Ansicht ein unerbittlicher Kampf um das Dasein: "Die Natur kennt keine politischen Grenzen. Sie setzt die Lebewesen zunächst auf diesen Erdball und sieht dem freien Spiel der Kräfte zu. Der Stärkste an Mut und Fleiß erhält dann als ihr liebstes Kind das Herrenrecht des Daseins zugesprochen ... Am Ende siegt nur die Sucht der Selbsterhaltung. Unter ihr schmilzt die sogenannte Humanität als Ausdruck einer Mischung von Dummheit, Feigheit und eingebildetem Besserwissen wie Schnee in der Märzensonne. Im ewigen Kampf ist die Menschheit groß geworden, im ewigen Frieden geht sie zugrunde" (Mein Kampf).

Die Herkunft dieser Gedanken ist unschwer zu erkennen. Darwins biologische Lehre von der Entstehung der Arten durch natürliche Zuchtwahl wird auf Geschichte, Politik und Gesellschaft übertragen und findet seit dem 19. Jahrhundert als **"Sozialdarwinismus"** Verbreitung. Der Sozialdarwinismus sieht den Menschen und seine Geschichte ausschließlich durch biologische Gesetze bestimmt, die Existenz und die Wirksamkeit geistiger und sittlicher Maßstäbe und Werte leugnet er.

Für Hitler gliederte sich die Menschheit in höher- und minderwertige Rassen. Im dauernden Auslesekampf der Völker setzt sich das Stärkere durch, er darf die Schwächeren unterdrücken bzw. beherrschen. Von allen Rassen war nach Ansicht Hitlers die "arische Rasse" die wertvollste, im Grunde die einzig wertvolle und schöpferische. Alles, was die Menschheit an Kultur, an Kunst, Wissenschaft und Technik hervorgebracht hat, wertete er nahezu ausschließlich als schöpferisches Produkt des Ariers. Ihm sprach er daher das Recht der Herrschaft über die Erde naturgesetzlich zu. Unter den Ariern wiederum galten ihm die Deutschen als das wertvollste Volk. Daß "arisch" ein Begriff der Sprachwissenschaft ist und daß es eine arische Rasse im wissenschaftlichen Sinne nicht gibt, interessierte ihn wenig. Ihm gab der Begriff die Möglichkeit, sein eigenes Machtdenken "wissenschaftlich" zu rechtfertigen.

Die Rassenlehre bot für die Propaganda große Möglichkeiten, konnte doch auf diese Art auch dem machtlosen "arischen" Individuum klargemacht werden, daß es zu den Auserwählten gehöre. Der Anspruch auf das Recht des Stärkeren legte nicht nur radikale Maßnahmen gegen andersartige und andersdenkende Menschen im Staatsinnern nahe, sondern rechtfertigte auch Gewaltanwendungen nach außen hin. Der Rassegedanke war schließlich so auch die ideologische Grundlage für eine gewaltsame expansive Politik.

Antisemitismus

In den Juden sah Hitler das Gegenbild zu den Ariern. Wie der Arier die Verkörperung alles Guten und Edlen in der Welt sein sollte, so stellte der Jude alles Negative dar. Er war der Feind, der den Herrschaftsanspruch der arischen Führungsrasse bedrohte, den es ununterbrochen zu bekämpfen galt und der für alle Niederlagen im persönlichen wie im politischen Leben verantwortlich gemacht werden konnte. Der Antisemitismus wurde zu einem der beherrschenden, niemals geleugneten Antriebe im politischen Handeln Hitlers. Hitler lernte diese Theorie in Wien kennen. Hier waren es besonders die Schriften von Adolf Lanz, eines wegen seiner antisemitischen Anschauung ausgestoßenen Mönches, die ihn beeinflußten. Lanz versuchte, den Antisemitismus zu einer Art Religion zu "vertiefen", indem er etwa im Christentum einen Künder der Rassenreinheit sah und das Jüngste Gericht als Endkampf zwischen Rassereinen und "Tiermenschen", das heißt Minderwertigen, deutete.

Bei Hitler aber gewann der traditionelle Antisemitismus eine extreme Ausformung, wie schon das Vokabular verdeutlicht. "Made im faulenden Leib", "Parasit" und "Volksvampir" waren gängige Verleumdungen. Dem Juden wurde damit nicht nur jeder menschliche und geschichtliche Wert abgestritten, er wurde zum Unwert schlechthin, zum"Ungeziefer" der Menschheit, das es "auszurotten" galt.
Die Frage jedoch war, was als "jüdisch" zu bekämpfen sei. In zunehmendem Maße faßte Hitler darin seine Gegner pauschal zusammen: Jüdisches Werk war die Revolution von 1918, die Demokratie, der Pazifismus, alle linken Parteien, insbesondere aber der Marxismus.
Für die Nationalsozialisten war der Antisemitismus gleichzeitig die Begründung und ein Instrument im fanatischen Kampf um die Macht: "Die Propaganda des Antisemitismus ist in allen Ländern das geradezu unentbehrliche Hilfsmittel für die Verbreitung unseres Kampfes." Der Jude durfte keinesfalls völlig ausgerottet werden, denn "dann müßten wir ihn erfinden. Man braucht einen sichtbaren Feind, nicht einen unsichtbaren" (Hitler). Jede totalitäre Ideologie muß den Emotionen und Aggressionen ihrer Anhänger ein konkretes Ziel bieten, einen Feind, der für alle Mißstände verantwortlich gemacht und somit moralisch diskreditiert werden kann, so daß seine Bekämpfung die eigene Sache rechtfertigt. Hitler teilte den Juden die Rolle des Sündenbocks zu, gegen den sich Haß und Fanatismus lenken ließen.
Schließlich gab der ständige Hinweis auf die "Gefahr des Weltjudentums" Hitler auch eine Begründung für den Krieg, der zum Kampf auf Leben und Tod mit dem Judentum hochstilisiert wurde.

Führerprinzip und "Volksgemeinschaft"

Der Kampf um die Macht, der Aufstieg der arischen Rasse und ihres wertvollsten Teils, des deutschen Volkes, zum "Herrenvolk der Erde" (Hitler) erforderte die Unterordnung aller unter den Willen eines einzelnen. In einer "wahrhaftigen germanischen Demokratie", so folgerte Hitler, gibt es demnach keine Übertragung von staatlicher Autorität durch demokratische Mehrheitsbeschlüsse. "Immer wird der Führer von oben eingesetzt und gleichzeitig mit unbeschränkter Vollmacht und Autorität bekleidet" (Mein Kampf).
Der oberste Führer, das heißt Hitler selbst, ist also "der ausschließliche Führer der Bewegung. Sämtliche Ausschüsse unterstehen ihm und nicht er den Ausschüssen. Er bestimmt und trägt damit auf seinen Schultern die Verantwortung".
Dieses Prinzip zieht eine absolut uneingeschränkte, niemandem verantwortliche Stellung des Führers nach sich. Innerhalb des "besten Volkes" wurde er so

gleichsam zu einem Übermenschen, gegen den jede Opposition als Verbrechen galt. Jeder "Volksgenosse" hatte sich ihm daher in bedingungslosem Gehorsam zu unterwerfen. Die Partei erhielt als Organisation der Volkselite die Aufgabe, seinen Willen zu vollziehen und erfaßte die Bürger bis in den Privatbereich hinein. Das Endziel dieser Grundsätze war, Staat und Volk zu einem Werkzeug in der Hand des Führers zu machen. So lautete eine NS-Parole: "Führer befiehl, wir folgen". Die Nationalsozialisten rechtfertigten diesen absoluten Machtanspruch damit, daß der Führer "in allen politischen und sonstigen Dingen, die das nationale und soziale Interesse des Volkes angehen, glattweg unfehlbar" sei (Hermann Göring) und formten schließlich das Schlagwort: "Der Führer hat immer recht." Diese Umkehrung des demokratischen Grundgedankens wurde dem Volk durch einen systematisch verbreiteten Führerkult nahegebracht, der im Mythos eines vom Schicksal dem deutschen Volk gesandten Retters gipfelte. Diesen Kult zu fördern, war Hauptaufgabe der NS-Propaganda. Dem Begriff "Volksgemeinschaft" lagen zwei in der deutschen Geschichte geprägte nationalistische Denkansätze zugrunde: zum einen der preußisch-autoritäre, der die staatliche Ordnung über das Individuum und das freie Spiel politischer Kräfte stellte, zum anderen eine aus dem ehemaligen Vielvölkerstaat Österreich stammende Überbetonung des "Deutschen".

Hitler verband diese beiden Denkansätze in einem Geschichtsmythos, in dem er sein "Drittes Reich" als die Vollendung der deutschen Nation interpretierte, mit dem er das sogenannte "Germanische Reich Deutscher Nation" verwirklichen werde.

Sein völkischer Staat wurde dem verzerrten Bild einer handlungsunfähigen parlamentarischen Demokratie gegenübergestellt, die "Volksgemeinschaft" dem Prinzip des Individualismus und der Parteienpluralität. "Das Primäre ist für uns nicht der einzelne, sondern die Gemeinschaft der Volksgenossen. Deshalb nennen wir uns Sozialisten" (Göring).

Die liberalen Wertvorstellungen der Menschenrechte, einer der Volksvertretung verantwortlichen Regierung und des Rechtsstaates verwarf man zugunsten dieses Volksgemeinschaftsgedankens. Damit konnten nicht nur Klassengegensätze und soziale Konflikte aufgehoben, sondern gleichzeitig auch die einzelnen Gruppen an der Einsicht in ihre eigenen Interessen gehindert werden. Wenn aber das Volk eine Schicksals- und Lebensgemeinschaft war, dann mußten alle bedingungslos zusammenstehen, individuelle Rechtsansprüche, Kritik und Opposition wurden destruktiv, volksfeindlich und somit auch kriminell. Formeln wie "Recht ist, was dem Volke nützt" bedeuteten somit nichts anderes als eine Preisgabe des rechtsstaatlichen Denkens.

Zu erkennen, was dem Volke nützt, nahmen aber der "Führer" und seine Partei für sich in Anspruch. Indem sich mit ihr die verbreiteten Forderungen nach Aufhebung von Klassengegensätzen und von Ausbeutung verbanden, fand die Idee der Volksgemeinschaft weithin Widerhall, und schließlich konnte Hitler auf dieser Grundlage dem Volk harte Arbeit und größte Opfer zumuten, wenn es galt, seine Ziele zu erreichen.

Antimarxistische und antiliberale Ausrichtung

Hitlers antimarxistische Grundhaltung resultierte nicht aus einer Auseinandersetzung mit der marxistischen Ideologie. Vielmehr entstand diese Einstellung aus seiner in der Rassenlehre begründeten Überzeugung, daß der Marxismus und vor allem der russische Bolschewismus mit dem gefürchteten Ziel der proletarischen Weltrevolution Teil einer zersetzenden jüdischen Weltverschwörung sei. So verbanden sich ihm die Bekämpfung von Judentum und Marxismus sowie die Rettung Europas vor dem Bolschewismus und die Eroberung von Lebensraum für das deutsche Volk im Osten zur Einheit.
"Mit der Machtergreifung wird das Jahr 1789 aus der Geschichte gestrichen", verkündete Joseph Goebbels 1933. Er meinte damit die praktische Durchsetzung liberaler Ansprüche im Zuge der Französischen Revolution und dokumentierte deutlich das antiliberale Prinzip der nationalsozialistischen Staatsvorstellungen. Auch dieses Prinzip ergab sich zwingend aus der NS-Ideologie, denn Rassegedanke, Führerprinzip und selbst die Vorstellung der Volksgemeinschaft widersprachen den Menschen- und Bürgerrechten und damit den Grundlagen des demokratisch-liberalen Rechtsstaates. Die Gewaltenteilung wurde verneint, die Verantwortlichkeit der Regierung gegenüber dem Parlament verworfen und damit schließlich das Prinzip der Volkssouveränität preisgegeben. Die Grundrechte waren nicht mehr gewährleistet, parlamentarische Opposition nicht mehr möglich. An die Stelle von Individualität und Pluralismus trat die Uniformierung von Denken und Handeln.

5.2.3 Die NSDAP und ihr Verhältnis zu Gesellschaft und Staat

Die NS-Ideologie verstand das Dritte Reich als "Führerstaat", in dem nur der Wille des unfehlbaren Führers galt, der alle Macht auf sich vereinigte und weder an Mehrheiten noch an rechtsstaatliche Normen gebunden war. Der Führerwille verkörperte auch den Willen des Volkes. Folglich fiel dem Volk die Rolle der gehorsamen Gefolgschaft zu. Um seinen Willen in die politische Wirklichkeit umzusetzen, bediente sich Hitler der staatlichen Regierungsstellen und des Parteiapparates. Seit durch das Gesetz zur "Sicherung der Einheit von Partei und Staat" am 1. Dezember 1933 die NSDAP zum einzigen "politischen Willensträger" im Reich erhoben worden war, konnte die Partei ihren uneingeschränkten Führungsanspruch im Staat bzw. gegenüber den staatlichen Institutionen durchsetzen. Staat und Partei galten miteinander als "unlöslich verbunden".

Das hatte zum einen die Folge, daß alle wichtigen Stellen in Regierung und Verwaltung mit verdienten Parteimitgliedern besetzt sowie neben den bestehenden staatlichen Einrichtungen neue geschaffen und dem Nationalsozialismus verfügbar gemacht wurden. Zum anderen war die NSDAP keine Partei im herkömmlichen Sinne des Wortes mehr, sondern ein Machtinstrument zur Erziehung des Volkes und zur Erfassung und Beherrschung der gesamten Gesellschaft. Sie war hierarchisch nach dem Führerprinzip geordnet, d. h. die Einsetzung der Unterführer erfolgte immer durch den nächsthöheren Führer, dem sie auch Rechenschaft ablegen und Gehorsam leisten mußten. Der antiparlamentarische Charakter des NS-Staates wurde auch hier offenkundig. Mitbestimmung war ausgeschlossen, der Befehl ersetzte die Beschlußfassung durch Abstimmung.

Der bei der Besetzung von Führungspositionen entstandene Dualismus zwischen Staat und Partei führte zu einem Kompetenzwirrwarr, da in vielen Bereichen der Verwaltung Ämter des Staates und Parteiinstanzen miteinander konkurrierten. So gab es zum Beispiel für die Außenpolitik neben dem weiterhin bestehenden Auswärtigen Amt unter dem bisherigen konservativen Außenminister von Neurath das halbprivate "Büro Ribbentrop", eines Vertrauten Hitlers, das parteioffizielle "Amt Rosenberg", die Auslandsorganisation der NSDAP, und eine SS-Stelle für die Verbindung zu den nordischen Ländern.

So bot der Führerstaat zwar nach außen hin das Bild einer straffen Organisation, in Wirklichkeit aber stellte er sich aufgrund der Machtkämpfe in der Führungsschicht als "organisiertes Chaos" (Aleff) dar. Durch die Rivalitäten der Verantwortlichen, deren Befugnisse sich überschnitten, wurde der Führer, welcher im Zweifelsfall die Entscheidungen fällte, zur uneingeschränkten und unangreifbaren letzten Instanz und konnte so seine Machtbasis erhalten und ausbauen.

5.2.4 Gleichschaltung der Bevölkerung und Auflösung des traditionellen Milieus

Vor dem Hintergrund des "scheinlegalen" Machtergreifungsprozesses ging für die Mehrheit der Bürger das Leben normal weiter und lief nicht selten weniger gehindert ab als in den stürmischen Zeiten gegen Ende der Weimarer Republik.

Der Preis für Ruhe und Ordnung war freilich hoch, da im politischen Bereich der Terror an die Stelle des Rechts trat, der demokratische Pluralismus durch den diktatorischen Unitarismus ersetzt wurde. Der auf totale Herrschaft abzielende Staat begnügt sich aber im Unterschied zur Diktatur nicht mit der Kontrolle der politischen Machtpositionen. Er versucht, den einzelnen Bürger für die Verwirklichung seiner weltanschaulichen Ziele zu aktivieren und sich durch Mitarbeit in seinen Organisationen verfügbar zu machen. Dieser Anspruch auf Gefolgschaft der Bürger bewirkt, daß der totalitäre Staat auch einen Einfluß auf die Bereiche beansprucht, die normalerweise der Kontrolle des Staates entzogen sind. Familie, Berufsorganisationen, Freizeit. Um diese Zielsetzung zu verwirklichen, mußten Hitler und seine Partei über das Volk ein ideologisch orientiertes Organisationsnetz auswerfen, das jeden einzelnen einfing.

Die NSDAP begann folglich damit, eine Vielzahl von Parteigliederungen und Verbänden zu schaffen, die vorerst noch mit den bestehenden Organisationen in Konkurrenz standen, sich dann aber mehr und mehr durchsetzten und diese verdrängten. In ihnen konnten die Nationalsozialisten mit der Erziehung der breiten Bevölkerung beginnen, um so die "geistige Willenseinheit des deutschen Volkes" im Sinne ihrer Weltanschauung herzustellen und die "Volksgemeinschaft" zu verwirklichen.

Diese Erziehungsarbeit setzte bereits bei der jungen Generation gezielt ein. Ab dem 10. Lebensjahr nahm man die Kinder ins "Deutsche Jungvolk" (DJ) bzw. bei den "Jungmädeln" (JM) auf und machte sie über die Schule hinaus mit dem nationalsozialistischen Gedankengut vertraut. Die 17- bis 18jährigen mußten sich ab 1936 der "Hitlerjugend" (HJ) oder dem "Bund Deutscher Mädchen" (BDM) anschließen. Vorrangig galt es dabei, die gesamte deutsche Jugend körperlich und weltanschaulich im Geiste der nationalsozialistischen Ideale zum "Dienst am Volk" zu erziehen, um sie letztlich zu einem Werkzeug des Führers zu machen. Die geistige Bildung spielte eine untergeordnete Rolle. In eigenen NS-Erziehungsanstalten wollten die Machthaber überdies eine spätere Führungsschicht heranzüchten. Die Abschlußjahrgänge von HJ und BDM wurden direkt als Mitglieder in die Partei übergeführt.

Gleichzeitig zielte die NSDAP darauf ab, möglichst viele der bereits erwachsenen Bürger in weiteren, auf den ersten Blick oft unpolitisch erscheinenden Parteigliederungen zu erfassen und für ihre weltanschaulichen Vorstellungen zu gewinnen. So sollten alle Mütter der NS-Frauenschaft beitreten und das nationalsozialistische Idealbild der Frau als "Erhalterin des Volkes" verwirklichen. Für Motorbegeisterte war die Mitgliedschaft im NS-Kraftfahrerkorps, für Flugsportanhänger das NS-Fliegerkorps gedacht. Neben der deutschen Arbeitsfront, der alle Werktätigen beitreten mußten, boten die der NSDAP angeschlossenen Berufsverbände der Partei die Möglichkeit, weitere große Teile der Bevölkerung zu erfassen. Für jede Bevölkerungsgruppe gab es eine Organisation.

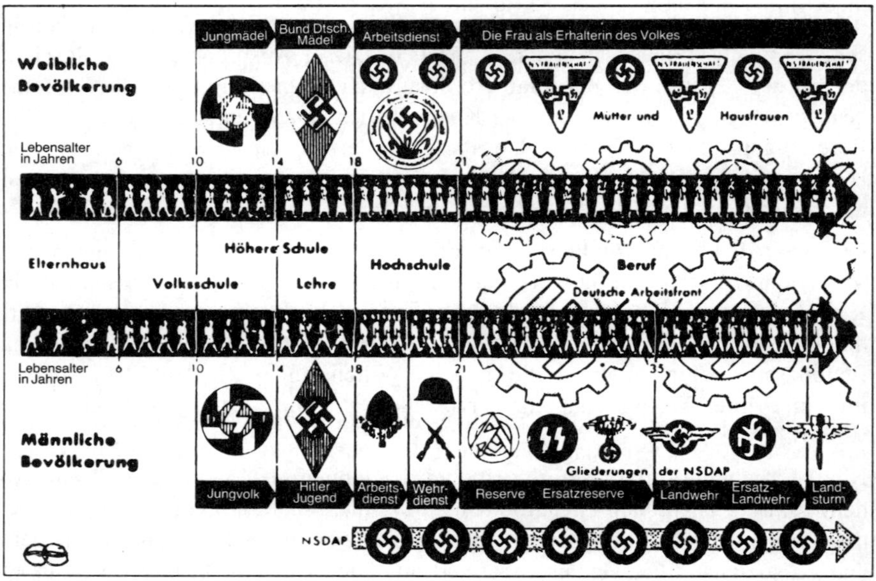

Der Weg des "gleichgeschalteten" Volksgenossen © Erich Schmidt Verlag (Zahlenbilder)

Der Eintritt in diese Verbände erfolgte häufig über jenen "freiwilligen Zwang", der für totalitäre Staaten kennzeichnend ist. Viele vollzogen diesen Schritt, weil sie so ihren Beruf ausüben oder Karriere machen konnten, andere hielten dem Druck der Propaganda oder der Parteifunktionäre nicht stand. Obwohl der politische Charakter der Verbände vielfach nicht erkannt wurde und die ideologische Beeinflussung nicht im Vordergrund zu stehen schien, gelang es den Nationalsozialisten, einen Teil der Mitglieder für den Nationalsozialismus zu gewinnen, alle aber zum Mitwirken nach außen hin.

Eine integrierende Wirkung erzielte auch der Reichsarbeitsdienst (RAD), der seit 1935 alle arbeitsfähigen Männer und Frauen zwischen dem 18. und 25. Lebensjahr grundsätzlich für sechs Monate zu Hilfsdiensten unterschiedlicher Art verpflichtete. Die NS-Gemeinschaft "Kraft durch Freude" (KdF) schließlich "betreute" die Arbeiter in der Freizeit und ermöglichte vielen Berufstätigen billige Urlaubsreisen. Damit erhielt man nicht nur ihre Arbeitskraft, sondern begeisterte auch eine große Anzahl für nationalsozialistische Ideen.

Viele dieser Einrichtungen dienten dem gesellschaftlichen Leben im herkömmlichen Sinne, machten Angebote für die Freizeitgestaltung, nahmen soziale Aufgaben wahr und erschienen vielen Bürgern von daher als sinnvoll und unbedenklich. Vor allem erweckten sie den lange vermißten Eindruck einer festen und durchgehenden Ordnung. Letztendlich aber versuchte die Partei mit ihnen die gesamte deutsche Bevölkerung einer Kontrolle und ideologischen Gleichschaltung zu unterwerfen.

5.2.5 Propaganda und Indoktrination

Die Art und Weise, in der die Nationalsozialisten ihre Propaganda entfalteten, ist charakteristisch für totalitäre Regime. Im Mittelpunkt steht dabei die Absicht, sich selbst darzustellen und die Massen zu beeinflussen.

Als Regierungspartei und schließlich alles beherrschende Staatspartei konnte die NSDAP nach 1933 alle Möglichkeiten ausschöpfen, um diese Zielsetzung zu verwirklichen. Zur Grundlage dienten Hitlers massenpsychologische Einsichten. Demnach hatte die Propaganda ihr Niveau auf die Aufnahmefähigkeit des Beschränktesten einzustellen, sich auf wenige Punkte zu konzentrieren und diese immer zu wiederholen. Daneben sollte sie weniger den Verstand ansprechen als vielmehr Emotionen wecken, nicht differenzieren, sondern positiv oder negativ entscheiden, Idole oder Feindbilder anbieten. Schließlich galt es, eine rückhaltlos fanatische Einstellung zu zeigen, nicht Objektivität, die als Schwäche ausgelegt werden konnte, sondern Willen und Kraft.

Folglich bediente man sich der demagogischen Vereinfachung der Probleme, Versprechungen waren so pauschal und umfassend wie möglich. Argumente wurden nicht genannt, der Appell an das Gefühl ersetzte das Bemühen zu überzeugen. Auf diese Weise gelang es Hitler in seinen Reden, die Massen zu faszinieren, zu fanatisieren und lenkbar zu machen. Namentlich der Hitler treu ergebene Propagandaminister *Joseph Goebbels* prägte den Propagandastil des Dritten Reiches. Gemäß seinen Grundsätzen "Es kommt nicht darauf an, daß Propaganda Niveau hat, sondern daß sie zum Ziel führt" und "Propaganda hat mit Wahrheit gar nichts zu tun" gelang es dem redebegabten und einfallsreichen Minister, das Volk zu überzeugen, daß Hitler angesichts seiner bisherigen Leistungen und Erfolge blindes Vertrauen und bedingungslose Gefolgschaft verdiene. Auf dieser

Grundlage versuchte er, den breiten Massen ihre Willensfreiheit zu nehmen und sie schließlich uneingeschränkt dem Führer verfügbar zu machen. Als Voraussetzung dafür verstand es Goebbels, viele Deutsche zu aktivieren, sie zu einer gemeinsamen Handlungs- und Opferbereitschaft zusammenzuführen, an die immer größere Ansprüche gestellt werden konnten. So bewirkte er eine Art "freiwilligen Zwang" als Motiv zum Mitmachen in einer verschworenen Gemeinschaft und eine Aufbruchstimmung, die den größten Teil des Volkes erfaßte.

5.2.6 Kontrolle und Lenkung der Massenmedien

Um einer möglichst umfassenden Wirkung willen erfolgte binnen kurzer Zeit die Gleichschaltung und Kontrolle der Massenmedien. Die Presse wurde fortan gelenkt und überwacht und über tägliche Pressekonferenzen in der Berichterstattung auf die Parteilinie festgelegt. Nur wenigen Zeitungen gelang es dabei, eine gewisse Selbständigkeit zu wahren und zwischen den Zeilen Kritik zu üben. Durch Verbot und Resignation vieler Journalisten gingen Zahl und Auflagen von Zeitungen und Zeitschriften, die sich dem Regime nicht unterwerfen wollten, stark zurück. Schließlich war die Publizistik kein Instrument einer sich frei bildenden öffentlichen Meinung mehr, sondern ein manipuliertes Organ im Dienst der politischen Führung. Als besonders wirksames Mittel der Massenbeeinflussung erkannte Goebbels den Rundfunk, dessen Wirkung er erheblich ausweitete, indem er mit dem billigen **"Volksempfänger"** den meisten Familien den Kauf eines Radiogerätes ermöglichte.

Der Propaganda dienten auch sorgfältig organisierte soziale Sammelaktionen und Massenveranstaltungen aller Art, die den Bürger aus seiner Gleichgültigkeit herausreißen und zum Mitmachen bewegen sollten. Militärisch geordnete Aufmärsche, Paraden, Fackelzüge mit Fahnenwäldern und Marschmusik, dazu überschwengliche Reden zogen viele Zuschauer in ihren Bann, vermittelten ein beeindruckendes Bild von der nationalsozialistischen Bewegung, regten zum Mitwirken an und förderten das Bewußtsein, daß jeder Bürger seinen Beitrag zum Aufbau eines neuen Deutschland und für eine bessere Zukunft leisten könne.

Gute Möglichkeiten einer solchen Selbstdarstellung boten vor allem bedeutende parteiinterne Anlässe. Groß gefeiert in diesem Sinne wurde der Geburtstag Hitlers am 20. April. Am 9. November gedachten die Nationalsozialisten vor nächtlicher Kulisse im Fackellicht nach festgelegtem, feierlichen Ritual ihrer Toten vom gescheiterten Putsch 1923 als den "Blutzeugen der Bewegung". Höhepunkt des Jahres aber war der in Nürnberg stattfindende **"Reichsparteitag"**, eine gigantische Heerschau mit Hunderttausenden von Teilnehmern aus allen Partei- und Volksgruppierungen, die den Glanz und die mitreißende Kraft der nationalsozialistischen Idee, aber auch die Ergebenheit des Volkes seinem Führer gegenüber dokumentieren sollte.

Im Mittelpunkt aller Propaganda stand die Pflege des Führerkults. Es galt, beim Volk den Glauben an die Unfehlbarkeit des Diktators sowie an seinen Sendungsauftrag als Retter Deutschlands zu erwecken und ständig zu stärken. Mit Formeln wie "Er ist die Wahrheit, er hat die Gabe, das zu sehen, was den Augen anderer Menschen verborgen bleibt" gab der Propagandaminister der Führerverehrung einen pseudoreligiösen Charakter und versuchte, die Massen zur totalen Hingabe zu motivieren.

5.2.7 Einflußnahme auf kulturelles und kirchliches Leben

Die NSDAP betrieb die Gleichschaltungspolitik im Bereich des kulturellen Lebens mit besonderer Intensität. Anfänglich erfaßte sie lediglich Presse und Rundfunk als wichtigste Massenmedien, schließlich erstreckte sich die Kontrolle auf alle Bereiche des wissenschaftlichen und kulturellen Lebens. Es ist kennzeichnend für die Einschätzung der Kunst und Publizistik durch den Hitlerstaat, daß sie der Zuständigkeit des Propagandaministers Goebbels übertragen wurden. Dieser verband die gesamte Kultur bewußt mit der politisch-weltanschaulichen Propaganda und unterwarf sie somit dem nationalsozialistischen Herrschaftsanspruch.

Das Instrument zur Steuerung dieser Bereiche war die durch Gesetz im September 1933 geschaffene **"Reichskulturkammer"** mit ihren jeweils zuständigen Unterabteilungen. Neben den "Kulturschaffenden" gehörten ihnen alle Berufe und Wirtschaftszweige an, die "bei der Erzeugung, der Wiedergabe, der geistigen und technischen Verarbeitung, der Verbreitung, der Erhaltung oder am Absatz oder der Vermittlung des Absatzes von Kulturgut" mitwirkten. Die "ständische Ordnung des Kulturlebens" (Goebbels) hatte jedoch nichts mit kooperativer Selbstverwaltung zu tun, das ausschlaggebende Motiv war die ideologische Gleichschaltung. Eine Nichtaufnahme kam einem Berufsverbot gleich. Für die Aufnahme war "arische" Abstammung Voraussetzung, mit Tätigkeitsverbot belegte man also alle jüdischen Künstler, aber auch solche, deren Schaffen vom liberalen und demokratischen Gedankengut geprägt war.

Alle modernen Kunstrichtungen wurden als "entartet", "undeutsch" oder "volksfremd" bezeichnet und folglich verboten. Hitler berief sich beim Kunstverständnis des Dritten Reiches irrational auf "einen allgemein gültigen Maßstab für das richtige, weil dem Lebensgesetz unseres Volkes entsprechende Wesen unserer Kunst". Hinter dieser vagen Aussage verbarg sich eine an der NS-Gedankenwelt orientierte Kunstvorstellung. Die Nationalsozialisten paßten sich dem Führergeschmack an und lehnten die Kunstrichtung der Moderne ab, die auch in Deutschland immer mehr Verbreitung gefunden hatte.

Kulturpolitik

Die Entwicklung der modernen Welt im 20. Jahrhundert hatte bis dahin anerkannte Lebensformen und Lebensnormen zerstört, ohne sie durch neue zu ersetzen. Dies veränderte auch die Kunst entscheidend. Inhaltlich erhielt der Zweifel am Sinn der Lebensverhältnisse große Bedeutung, formal lösten sich führende Künstler von der Überlieferung. So rückte man z. B. in der bildenden Kunst von der Perspektive und vom Gegenständlichen ab und bevorzugte eine expressionistischen Darstellungsweise. Zu diesem Kunstverständnis hatte jedoch nur ein kleiner Kreis Zugang. Demgegenüber forderten die Nationalsozialisten von der Kunst eine optimistische Grundeinstellung, den Rückgriff auf überkommene Formen und allgemeine Verständlichkeit.
In der **Literatur** und in der **bildenden Kunst** bevorzugte man detaillierte und heroisierende Darstellungen des nationalsozialistisch geprägten Alltages. Im Mittelpunkt standen erdverbundene, freudig schaffende Menschen, mutige Kämpfer, treusorgende Mütter mit einer großen Kinderschar. Die Charakterisierung der Personen entsprach dabei dem nordischen Ideal. In der Architektur war die Anlehnung an die Antike unverkennbar. Die monumentalen öffentlichen Bauten für Partei und Staat sollten die Größe des "Tausendjährigen Reiches" dokumentieren. Dabei symbolisierte die massive Bauweise dessen Unvergänglichkeit, die einheitliche Gestaltung der Fassaden die Geschlossenheit des nationalsozialistischen Staates.
Auf dem Gebiet der **Filmkunst** wurden solche Werke besonders gefördert, deren Thematik in idealisierter Form das selbstlose und opferbereite Eintreten für eine gute Sache in den Mittelpunkt stellte und betonten Individualismus ablehnte. Doch nahm man es hin, daß sich ein großer Teil der Werke in unpolitischer Weise mit allgemein menschlichen Problemen befaßte, solange sie nicht in direktem Gegensatz zu den Zielen der nationalsozialistischen Politik standen. Schließlich waren sich die Machthaber bewußt, daß eine allzu starke Politisierung der Kunst auf Ablehnung bei der Bevölkerung stoßen würde.

Das verhängte Verbot betraf Tausende von Künstlern, die noch vor kurzem Deutschland als führende Kulturnation ausgewiesen hatten, darunter die Schriftsteller *Bertolt Brecht, Alfred Döblin, Franz Kafka, Thomas Mann, Franz Werfel, Carl Zuckmayer, Stefan Zweig,* die Komponisten *Paul Hindemith, Arnold Schönberg,* die Architekten *Walter Gropius, Mies van der Rohe*, die Maler und bildenden Künstler *Ernst Barlach, Max Beckmann, Otto Dix, Paul Klee, Käthe Kollwitz, Oskar Kokoschka, Emil Nolde,* die Wissenschaftler *Albert Einstein, Otto Hahn, Lise Meitner*. Geduldet wurden unpolitische Schriftsteller wie *Hans Carossa* und *Gerhart Hauptmann*. Öffentlich förderte man nunmehr jene Maler, Bildhauer und Schriftsteller, die den vom Regime propagierten Richtungen des heroischen Monumentalismus und des "arteigenen und rassebewußten Kunstschaffens" folgten. Zunehmend gerieten auch die Hochschulen unter den Einfluß "gesinnungsgetreuer" Professoren. Viele Ordinarien, die den "neuen Geist" nicht akzeptierten, mußten ihre Lehrstühle verlassen. 45 Prozent aller wissenschaftlichen Stellen an den Universitäten wurden neu- oder umbesetzt.

"Arteigenes Kunstschaffen": Arno Breker: Bereitschaft (Plastik 1937)

Insgesamt waren die Folgen für das deutsche Kulturleben verheerend. Durch das Verbot des gestalterischen Problematisierens und des Experimentierens, wovon wirkliche Kunst lebt, sowie des freien wissenschaftlichen Diskurses ging das internationale Niveau verloren. Vielen Künstlern und Gelehrten blieb als einziger Ausweg die Emigration. So verließen bis 1939 allein 1500 Wissenschaftler Deutschland.

Weitere Beispiele für "arteigenes Kunstschaffen"

Richard Müller: Zum Erntedank des deutschen Volkes (1937)

Fritz Klimsch: Woge (Plastik 1942)

Beispiele für "entartete" Kunst

Abbildungen:
oben: Oskar Kokoschka: Der Große Schmerz
rechts: Max Beckmann: Fastnacht
unten: Erich Heckel: Fränzli liegend

Kirchenpolitik

Eine Partei, die wie die NSDAP in ihrer Herrschaftsauffassung den ganzen Menschen beansprucht, um ihn für ihre Ziele verfügbar zu machen, mußte die christlichen Kirchen als störende Konkurrenz ansehen. Anfangs gab es darüber bei den Kirchen wie bei den Nationalsozialisten noch Illusionen. Die NS-Propaganda versuchte nachzuweisen, daß Nationalsozialismus und Christentum keine Gegensätze seien. Sie gab sich betont kirchenfreundlich und dokumentierte diese Haltung durch Feldgottesdienste und kirchliche Massentrauungen von SA-Männern. Aber von Anfang an erhoben sich in den Kirchen auch kritische Stimmen, die sich seit 1930 verstärkten. Einzelne katholische Bischöfe nahmen in scharfen Erklärungen gegen den Nationalsozialismus Stellung. Sie erklärten die NS-Weltanschauung als unvereinbar mit der kirchlichen Lehre und verurteilten vor allem die Rassenideologie und den Totalitätsanspruch. Im Rahmen der Verhandlungen um die Zustimmung der Zentrumspartei zum Ermächtigungsgesetz veranlaßten die großzügigen Versprechungen Hitlers und die Gefahr einer nationalen Diskriminierung angesichts der allgemeinen Aufbruchstimmung und der gegebenen Machtlage die Bischöfe zu einem Kurswechsel. Die Fuldaer Bischofskonferenz stellte die bisherigen Bedenken zurück, verwies auf die Treue gegenüber der "legalen staatlichen Obrigkeit" und forderte die Gläubigen zur "gewissenhaften Erfüllung der staatsbürgerlichen Pflichten" auf, wie es in der Kirche Tradition war.

Katholiken, welche der nunmehr wohlwollend neutralen Haltung skeptisch gegenüberstanden, schienen zunächst durch den Abschluß des **Konkordates** zwischen der Hitlerregierung und dem Heiligen Stuhl am 20. Juli 1933 widerlegt. Ein solcher Vertrag war nämlich in der Zeit der Weimarer Republik nie erreicht worden. Hitler gewährte im Konkordat Freiheit in der Organisation des kirchlich-religiösen Bereichs, die Konfessionsschule und die Aufrechterhaltung des katholischen Vereinswesens. Die Kirche verzichtete auf die politische Betätigung des Klerus.

Doch mißachteten die Nationalsozialisten bald die Schutzbestimmungen für die katholische Jugendarbeit, indem sie die Jugendverbände der Kirche auflösten und die Bekenntnisschulen abschafften. Priester, die sich öffentlich gegen die Verletzungen des Konkordats wandten, inhaftierte man, oder man brachte sie in Konzentrationslager. Der Versuch der katholischen Kirche, sich mit den neuen Machthabern zu arrangieren, scheiterte also. So kehrten sie zu ihrer ablehnenden Haltung zurück. Dies führte zu kritischer Distanz der katholischen Bevölkerung gegenüber dem Regime, bedeutete aber keine Gefährdung für die nationalsozialistische Machtposition. Als 1937 Papst Pius XI. in seiner Enzyklika "Mit bren-

nender Sorge" die Verletzung der Konkordatsbestimmungen durch die Nationalsozialisten anprangerte und den Rassismus verurteilte, faßten dies die Machthaber als Kampfansage auf und leiteten eine Verfolgungskampagne ein, die sich vor allem gegen Pfarrer und Ordensleute richtete. Dagegen verschonte die Gestapo die hohen Geistlichen wegen ihres Ansehens in der Bevölkerung.
Die von Hitler vorgesehene Ausrottung des Christentums "mit Stumpf und Stiel" sollte mit Rücksicht auf den starken katholischen Bevölkerungsanteil und auf den geplanten Krieg erst nach dem "Endsieg" erfolgen.
Während die katholische Kirche die Auseinandersetzung mit dem nationalsozialistischen Staat geschlossen aufnehmen konnte, war die evangelische Kirche durch ihre lockere Organisation in 28 Landeskirchen und in Anhänger verschiedener theologischer Richtungen gespalten. Ein Teil strebte ein Bekenntnis ohne ideologischen Einfluß und eine politisch unabhängige Kirche an. Das Ziel der nationalsozialistisch orientierten **"Deutschen Christen"** hingegen war eine gleichgeschaltete "Reichskirche". Sie identifizierten sich mit der NS-Weltanschauung und forderten sogar den Ausschluß der Pfarrer jüdischer Abstammung.
Hier setzten die Nationalsozialisten im Kampf gegen die evangelische Kirche den Hebel an. Hitler stellte sich im April 1933 öffentlich hinter die Bewegung der "Deutschen Christen" und berief den Königsberger Wehrkreispfarrer Ludwig Müller zu seinem "Bevollmächtigten für Angelegenheiten der evangelischen Kirchen". Nach massiver Unterstützung der NSDAP für die "Deutschen Christen" im Wahlkampf für die Kirchenwahlen im Juli 1933 wählte eine von den "Deutschen Christen" weitgehend beherrschte Nationalsynode Müller zum Reichsbischof.
Von da an aber verstärkte sich der Kirchenkampf zusehends. Gegen die neuen Kirchenbehörden und die "Deutschen Christen" organisierte sich nämlich der kirchliche Widerstand im Rahmen des von *Pfarrer Niemöller* im September 1933 in Berlin-Dahlem gegründeten **"Pfarrernotbundes".** Aus ihm ging 1934 die **"Bekennende Kirche"** hervor. Ihre Mitglieder bekannten sich zu den Grundsätzen der Bibel und verwarfen die "Irrlehren" der "Deutschen Christen", indem sie deren Zusammenarbeit mit dem NS-Staat, die Billigung der Rassenpolitik sowie den Totalitätsanspruch des Regimes verurteilten. Man rief Gemeinden und Pfarrer auf, dem Reichsbischof den Gehorsam zu verweigern und der von einer Bekenntnissynode eingesetzten Kirchenleitung zu folgen. Reichsbischof Müller und die "Deutschen Christen" verloren schnell an Einfluß. Die Gleichschaltung war mißlungen.

5.3 Unterdrückung und Verfolgung

20. 4. 1934	Himmler als Chef der Gestapo in Preußen
13. 7. 1934	Hitler als oberster Richter
17. 6. 1936	Himmler wird "Reichsführer SS und Chef der deutschen Polizei"
	Rassenpolitik
ab 1933	Maßnahmen zur Rein- und Gesunderhaltung der "arischen Rasse" Maßnahmen gegen "lebensunwertes Leben" Judenverfolgung in vier Phasen:
1933–1935	scheinlegaler Unterdrückungsprozeß
1935–1938	Nürnberger Gesetze
1938–1941	Verfolgung und Deportation
1941–1945	physische Massenvernichtung

5.3.1 Polizei- und Justizapparat, "Schutzhaft" und Konzentrationslager

Im Juni 1936 gelang es Heinrich Himmler, zu seinem Amt als Reichsführer der SS zusätzlich das Amt des deutschen Polizeichefs zu übernehmen. Die Polizei –bislang Sache der Länder – wurde damit einer Reichsbehörde unterstellt und ihre Spitzenpositionen mit SS-Leuten besetzt. Dies war ein weiteres Element zur Sicherung der totalitären Herrschaft.

Die Justiz hatte die Aufgabe, politische Gegner auszuschalten. Nicht Rechtsprechung war gewünscht, sondern unbedingte Orientierung am Willen des "Führers" und an der nationalsozialistischen Weltanschauung. "Rechtsgrundsätze" waren: "Recht ist, was dem Volk nützt!" und "Das Recht und der Wille des Führers sind eins". Der Berliner Professor *Carl Schmitt* fungierte als Rechtstheoretiker des NS-Regimes, *Hans Frank* wurde "Reichsrechtsführer".

Politisch Andersdenkende wurden in "Schutzhaft" genommen, um sie vor dem Zorn der Volksgenossen zu schützen. Als die Gefängnisse nicht mehr ausreichten, wurden ab 1933 durch die SA Konzentrationslager (Vernichtungslager) errichtet, die ursprünglich als Arbeitslager gedacht waren. 1934 übernahm die SS die Lager und baute neue hinzu. Nun wurden auch vermehrt Juden, Zigeuner und Homosexuelle statt der bislang fast ausschließlich politischen Häftlinge interniert. Ab 1939 wurden besonders in Osteuropa vermehrt Konzentrationslager errichtet.

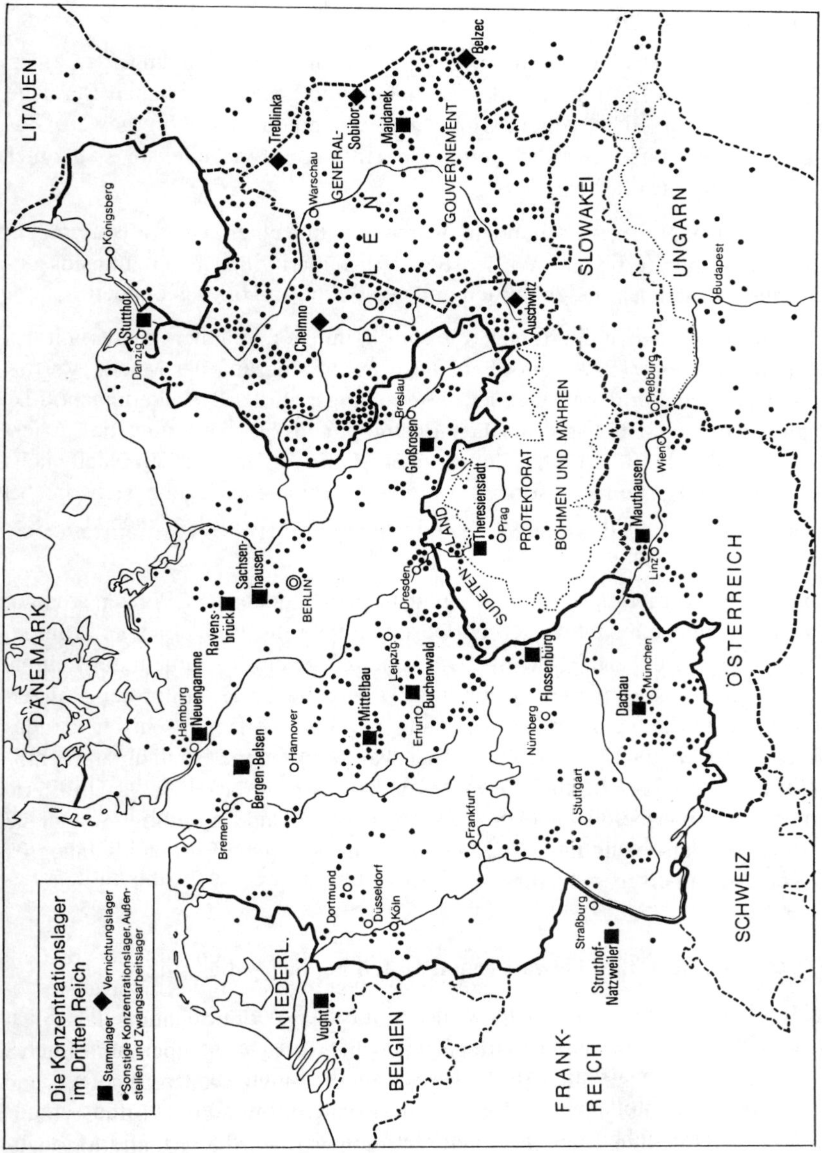

Aus: Gerhart Binder: Die Zeit der Weltkriege. Bd. 1. Stuttgart 1977, S. 783

5.3.2 Die Rolle der SS

Hitler stand mit der SS ein willfähriges Instrument zur Verfügung, das einen ständig wachsenden Einfluß auf alle staatlichen und gesellschaftlichen Bereiche gewann. Sie entsprach in vollem Sinne dem Anspruch der Führergewalt. Zunächst als Schutzstaffel nur die Leibgarde Hitlers, entwickelte sie sich unter Himmler zur Führerexekutive.

Aller staatlichen Normen entbunden, waren die einzelnen Untergliederungen, von der Leibstandarte bis zur Waffen-SS, dem Führerwillen bedingungslos unterstellt, ihre Mitglieder ausschließlich und persönlich an Hitler gebunden.

Ihr wurden die Aufgaben übertragen, die für die innere und äußere Sicherheit des "Maßnahmenstaates" (Hofer) entscheidend waren: Sicherung der Macht, Verfolgung und Ausschaltung von Gegnern, Besatzungspolitik, Bevölkerungspolitik. Im Rahmen der rassistisch-politischen Bestrebungen zur Förderung des Ariertums galt die SS als Elite, die als "nordischer Männerorden" für den Nachwuchs der zukünftigen Herrenrasse sorgen sollte. Insgesamt entwickelte sich die SS zum eigentlichen Machtträger im Führerstaat, der demzufolge auch als "SS-Staat" (E. Kogon) bezeichnet wird.

Himmler, 1936 zum Reichsführer SS und Chef der deutschen Polizei ernannt, stieg zum mächtigsten Mann nach Hitler auf. Indem die Polizei seiner Kompetenz unterstellt wurde, erfuhr sie eine Umwandlung in ein Instrument der Führergewalt. Hitler konnte über seinen direkten Untergebenen Himmler den Polizeiapparat für seine Ziele einspannen. Die Geheime Staatspolizei als entscheidendes Organ zur Ausschaltung politischer Gegner war befugt, ohne Bindung an rechtliche Normen brutalste Methoden anzuwenden. Mit ihrer Hilfe kontrollierte Himmler alle Lebensbereiche des Staates, sogar Partei und Regierung. So galt sie mit der SS in Deutschland und während des Krieges in ganz Europa als Inbegriff des nationalsozialistischen Terrors.

5.3.3 Rassenpolitik und Gewalt gegen Juden bis Kriegsbeginn

Nach Hitlers Überzeugung betrachtete die "völkische" Weltanschauung den Staat grundsätzlich als Zweck "zur Erhaltung des rassischen Daseins des Menschen". Daher zielte die nationalsozialistische Rassenpolitik darauf ab, die eigenen Rasse sowie das deutsche Volk rein und gesund zu erhalten, um so die Voraussetzungen für die Überlegenheit der "arischen Herrenrasse" zu schaffen. Die Maßnahmen der "Auslese" bzw. "Ausmerze" richteten sich folglich gegen "unwertes

Leben" überhaupt. Dieser schon früher in der deutschen Psychiatrie geprägte Begriff umfaßte in der NS-Vorstellungswelt schließlich alles, was dem Bild vom arischen Menschen widersprach: das "Erbkranke", "Schwache", "Asoziale", "Unnütze", "Rassenfremde".

Die rassefördernden Maßnahmen der Nationalsozialisten begannen bereits 1933 mit dem "Gesetz zur Verhütung erbkranken Nachwuchses", das eine Zwangssterilisation bei Verdacht auf unheilbare Erberkrankungen vorsah. In der Konsequenz solchen Denkens und Handelns lag schließlich die Tötung Erbkranker und letztlich die Beseitigung aller als "lebensunwert" empfundenen Menschen.

Die Voraussetzungen dafür schuf man noch im Frieden mit der sogenannten "Kinderaktion", in der Ärzte und Hebammen auf Führererlaß hin ohne gesetzliche Grundlage veranlaßt wurden, geistig behinderte und mißgebildete Neugeborene zu melden. Nach einem entsprechenden Urteil von "Gutachtern" erfolgte dann die Tötung der Kinder. Diese Aktion, der über 5000 Kinder zum Opfer fielen, war gleichsam die Überleitung zu der mit Kriegsbeginn einsetzenden Massentötung im Rahmen des sogenannten **"Euthanasieprogramms".**

Hitler ordnete an, "die Befugnisse bestimmter Ärzte so zu erweitern, daß nach menschlichem Ermessen unheilbar Kranken bei kritischer Beurteilung ihres Krankheitszustandes der Gnadentod gewährt werden kann". Zu den Kriterien zählten auch Arbeitsleistung und Rasse. Die Gesamtzahl der Opfer einschließlich der bei Menschenversuchen in Konzentrationslagern getöteten Häftlinge betrug annähernd 100000 als "unproduktiv" eingestufte Menschen: Geisteskranke, Altersschwache, Pflegebedürftige.

Die nationalsozialistische Rassenideologie bedeutete für die Menschen jüdischer Herkunft größte Gefährdung. Als "Volksverderber", "Rassenschänder" und "Weltverschwörer" waren sie bereits vor 1933 der Hetze der Nationalsozialisten ausgesetzt, die damit an jene Judenfeindlichkeit appellieren konnten, die auch in anderen europäischen Ländern bestand. Mit der Machtübernahme Hitlers erhielten die antisemitischen Parolen und Ideen den Charakter einer offiziellen Politik. Wie dringlich den Nationalsozialisten die "Lösung des Judenproblems" galt, ergibt sich aus der Eile, mit der sie ihre Aktionen nach der Machtergreifung begannen. Die NS-Judenpolitik verlief unter ständiger Verstärkung der Maßnahmen in vier Phasen:

(1) Nachdem sich die NS-Propaganda in der Endphase der Weimarer Republik mit antisemitischen Parolen eher zurückgehalten und den Kampf gegen den Kommunismus als für die konservative Seite überzeugendes Schlagwort be-

tont hatte, brach nunmehr die antijüdische Komponente der Weltanschauung Hitlers voll durch. Allerdings schien mit Rücksicht auf das Ausland und die Wirtschaftsbeziehungen der jüdischen Geschäftsleute eine sofortige Radikallösung nicht ratsam. Deshalb stellte die Führung radikale Ausschreitungen ab. Es blieb und wuchs zunächst die **Diffamierung.** Bereits am 1. April 1933 wurde als einmalige Aktion ein organisierter Boykott aller jüdischen Kaufleute, Ärzte und Rechtsanwälte ausgerufen. Systematisch schloß sich die **administrative Ausschaltung** der Juden aus den öffentlichen Lebensbereichen an, die sich durch wachsende Diskriminierung immer mehr an den Rand der Gesellschaft gedrängt sahen. Vornehmlich der "Arier-Paragraph" lieferte die gesetzlichen Grundlagen für Berufsverbote. Vor allem betrieb man die Ausschaltung jüdischer Rechtsanwälte, Notare, Ärzte, Beamter und Künstler.

(2) Erster Höhepunkt der scheinlegalen Unterdrückung und zugleich ein wesentlicher Schritt auf dem Weg zur Ausschaltung des etwa 500000 Menschen umfassenden jüdischen Bevölkerungsanteils war der **"Reichsparteitag" 1935 in Nürnberg,** der mit zwei neuen Rassegesetzen die zweite Phase der Judenverfolgung einleitete. Durch sie verloren die Juden ihre bürgerliche Gleichberechtigung. Das "Reichsbürgergesetz" unterschied bei der deutschen Bevölkerung "Reichsbürger" und "Staatsangehörige". Im Genuß der vollen politischen Rechte standen fortan allein die Reichsbürger. Diese mußten deutschen Blutes sein. Die Juden galten nur noch als "Staatsangehörige" und wurden zu Bürgern minderen Rechts abqualifiziert. Durch das gleichzeitig erlassene "Gesetz zum Schutz des deutschen Blutes und der deutschen Ehre" wurden rassische Mischehen und der außereheliche Verkehr zwischen Juden und Staatsangehörigen "deutschen oder artverwandten Blutes" verboten. Parallel zu dieser Entrechtung durch die **"Nürnberger Gesetze"** eröffnete die Partei mit ihren Presseorganen eine Verleumdungs- und Diffamierungskampagne größten Stils und Ausmaßes gegen die Juden. Das NS-Blatt "Der Stürmer" formulierte über seine brutalen Verleumdungen hinaus mit Schlagworten wie "Juda verrecke" auch bereits den Auftakt des "Krieges bis zur Vernichtung".

(3) Mit den Ereignissen des Jahres 1938 trat die Judenpolitik in ihre dritte Phase. Die rigorose Verfolgung und der systematische Ausschluß der Juden aus allen Bereichen der Gesellschaft begann schlagartig mit der sogenannten **"Reichskristallnacht".** Die Nationalsozialisten nahmen das Attentat eines jungen polnischen Juden auf einen deutschen Botschaftsanhörigen in Paris

zum Anlaß, in der Nacht vom 8. auf den 9. November 1938 in größtem Ausmaß gewaltsam gegen jüdische Bürger und ihr Eigentum vorzugehen. Synagogen gingen in Flammen auf, SA und SS in Zivil demolierten jüdische Geschäfte, 25000 Juden wurden verhaftet. Das Reich forderte anschließend von den Betroffenen 1 Milliarde Reichsmark Entschädigung, wobei diese keinen Anspruch auf Versicherungsleistungen hatten, und verfügte eine "Zwangsarisierung" der jüdischen Geschäfte. Tausende jüdischer Familien waren wirtschaftlich ruiniert. Alle Juden blieben fortan aus dem Geschäftsleben ausgeschlossen. Die antisemitischen Maßnahmen der Verantwortlichen in der Partei gingen sogar so weit, den Juden die Benützung von öffentlichen Verkehrsmitteln zu verbieten und den jüdischen Kindern den Zugang zu den Schulen zu verwehren.

Unter dem Druck des Regimes verließen bis 1941 etwa 170000 Juden Deutschland. Daß sich nicht mehr zu diesem Schritt entschlossen, lag zum einen an den überaus harten Auswanderungsbestimmungen, zu denen der Verlust von Besitz und Vermögen sowie die Finanzierung der Auswanderung durch ausländische Freunde oder Verwandte zählten. Zum andern spielte die Hoffnung auf eine positive Wende in Deutschland eine Rolle, von der man sich eine gesicherte Existenz und eine Verbesserung der Lebensbedingungen erhoffte. Doch Tausende kehrten wieder aus der Emigration zurück, da sie in den Zufluchtsländern nicht willkommen waren.

(4) 1941 wurde die Auswanderung verboten und die letzte Phase der Judenverfolgung eingeleitet, die man **"Endlösung"** nannte und die auf die Ausrottung der Juden abzielte. Damit erübrigten sich alle vorher erwogenen Projekte, zu denen auch eine Massendeportation nach Madagaskar gehörte. Als äußeres Zeichen der Diffamierung mußten die Juden von jetzt an den Judenstern tragen.

Die Eroberung osteuropäischer Gebiete in der Kriegszeit machte den Rassenideologen der SS die Inangriffnahme der Endlösung möglich, die Hitler vor dem Reichstag schon am 30. Januar 1939 angedeutet hatte, als er als Ergebnis eines kommenden Krieges "die Vernichtung der jüdischen Rasse in Europa" verkündete. Gleich nach dem Polen-Feldzug begannen in den eroberten Gebieten die Gewalttaten und Mordaktionen gegen die Juden von seiten der SS-Formationen, die der kämpfenden Truppe folgten und in deren Zuständigkeitsbereich Teile der Verwaltung und die Polizeibefugnisse in den eroberten Ländern fielen. Dabei wurde die jüdische Bevölkerung zunächst in größere Städte wie Warschau und Lodz gebracht, dort in Gettos zusammengepfercht und nicht einmal mit dem Nötigsten versorgt.

Um nicht zuviel Aufmerksamkeit durch die Massenerschießungen in den besetzten Ostgebieten zu erregen, ließ *Reinhard Heydrich,* der Chef des Sicherheitsdienstes, im Januar 1942 in Berlin auf der **"Wannsee-Konferenz",** die sich mit der Vernichtung der Juden im deutschen Machtbereich befaßte, unauffälligere Ausrottungsmethoden entwickeln. Sie reichten vom gesundheitszerstörenden Arbeitseinsatz bei Hungerrationen bis zur Tötung in den Gaskammern der Konzentrationslager. Bei dieser Besprechung entwickelte und koordinierte die SS das Programm zur endgültigen Vernichtung des europäischen Judentums, bei dessen Durchführung die beherrschten Gebiete Europas systematisch von Westen nach Osten durchkämmt wurden. Eine Gegenwehr der Juden des Warschauer Gettos im April 1943 schlugen die Besatzer grausam nieder. Insgesamt wird die Zahl der Opfer auf 4 bis 6 Millionen geschätzt.

Hitlers Völkermord war keine Terrormaßnahme gegen politische Gegner, wie sie etwa im Verlauf von Revolutionen vorkommt. Es war die "mit unheimlicher Konsequenz in die Praxis umgesetzte NS-Theorie des biologischen Materialismus" (Erdmann), zu dem sich Hitler von seinen politischen Anfängen bis zum Tod kontinuierlich bekannte.

5.4 Wirtschafts- und Sozialpolitik im Dritten Reich

2. 5. 1933	Verbot der Gewerkschaften Gründung der "Deutschen Arbeitsfront" (DAF)
1. 6. 1933	Gesetz zur Verminderung der Arbeitslosigkeit
13. 9. 1933	Reichsnährstandsgesetz
29. 9. 1933	Reichserbhofgesetz
27. 11. 1933	"Kraft durch Freude" (KdF) wird ins Leben gerufen
20. 1. 1934	Gesetz zur Ordnung der nationalen Arbeit: Einschränkung der freien Arbeitsplatzwahl von Arbeitnehmern
16. 3. 1935	Einführung der allgemeinen Wehrpflicht
26. 6. 1935	Einführung der Arbeitsdienstpflicht
9. 9. 1936	Vierjahresplan für die Wirtschaft (Ziel: Autarkie Deutschlands)
5. 11. 1937	Rücktritt H. Schachts als Wirtschaftsminister
22. 6. 1938	Arbeitspflichtverordnung für alle Bürger

Der Beginn der Herrschaft der Nationalsozialisten fällt mit dem Abflauen der Weltwirtschaftskrise zusammen. Die Wirtschaftskrise der 20er und frühen 30er Jahre brachte der NSDAP eine Vielzahl von Wählerstimmen; Hitler erschien einer breiten Öffentlichkeit als der Mann, der in der Lage war, der Wirtschaft zu einem Aufschwung zu verhelfen. Betrug die Arbeitslosenzahl in den Jahren 1930 3 Millionen, 1931 4,5 Millionen und hatte sie im Jahr 1932 ihren Höchststand von 5,6 Millionen erreicht, so fiel sie auf 4,8 Millionen (1933), 2,7 Millionen (1934), 2,1 Millionen (1935), 1,6 Millionen (1936) und erreichte 1937 mit 900000 erstmals einen Wert unter der Millionen-Grenze.

Diese Zahlen könnten – isoliert betrachtet – die Legende vom Talent Hitlers als Wirtschaftspolitiker stützen. Hitler haftete bald der Ruf an, ein Wirtschaftsfachmann zu sein, doch betrachtet man die genannten Leistungen vor ihrem gesellschaftlichen und wirtschaftlichen Hintergrund, so muß man zu einem anderen Ergebnis kommen. Es gilt zu bedenken, daß die Konjunktur weltweit einen Aufschwung nahm und in ihrem Gefolge die Arbeitslosigkeit fiel. Deutschland befand sich nicht einmal an der Spitze der Entwicklung – in den USA vollzog sich der Aufschwung noch rascher. Auch staatliche Maßnahmen trugen zur Bereinigung der Arbeitslosenstatistik bei. Im Jahr 1935 wurde der halbjährige **Reichsarbeitsdienst (RAD),** der bislang eine freiwillige Leistung darstellte, für alle 18- bis 21jährigen verbindlich eingeführt. Zusätzlich wurden dem Arbeitsmarkt durch die Einführung der allgemeinen Wehrpflicht die 18- bis 25jährigen Männer entzogen und somit die Statistiken verfälscht.

Auch Staatsaufträge (Autobahnen, Kasernen, Flugplätze) trugen dazu bei, die Zahlen der Beschäftigungslosen zu senken. Versuchte die NS-Propaganda stets, gerade den Autobahnbau als "Leistung des Führers" darzustellen, so konnte davon keine Rede sein, da die Planungsarbeiten für den Bau von Autobahnen schon seit 1927 liefen. Hitler kam auch hier eindeutig in den Genuß von Vorleistungen aus der Weimarer Zeit.

Insgesamt zielte Hitlers Wirtschaftspolitik allein auf den Krieg hin. Die Finanzpolitik, die bis 1938 *Hjalmar Schacht* oblag, sollte die Gelder für die Aufrüstung bereitstellen. Um die Währung nicht zu gefährden und die Inflation nicht anzutreiben, verzichtete Schacht darauf, Geld drucken zu lassen. Statt dessen versuchte er, Ersparnisse der Bevölkerung für die Industrie nutzbar zu machen. Er bediente sich dazu der sog. Mefo-Wechsel. Das Prinzip war folgendes: Auf staatliche Unternehmen wurden Wechsel ausgegeben, die jederzeit eingelöst werden konnten. Die reguläre Laufzeit betrug fünf Jahre, dann hätte sie die Reichsbank mit hoher Verzinsung zurückgenommen. Die damit aktivierten Gelder (im Jahr 1938 waren es 12 Millionen RM) halfen der Wirtschaft, Investitionen zu tätigen. Als die Mefo-Wechsel abgelaufen waren, dachte Hitler nicht daran, mit der Rückzahlung zu beginnen; er verlängerte die Wechsel, was zu einer enormen Verschuldung des Staates (42 Milliarden RM) führte.

Die Voraussetzung für das Funktionieren der NS-Wirtschaftspolitik war, daß Deutschland den bevorstehenden Krieg und die Vorherrschaft über Europa gewinnen würde. In jedem anderen Fall mußte sie in den Zusammenbruch führen. Schacht, der die verhängnisvolle Konsequenz dieser Politik, die er jahrelang selber entschieden mitgetragen hatte, erkannte, trat am 20. Januar 1939 von seinem Amt zurück.

Führende Nationalsozialisten sprachen sich für ein autarkes Deutschland aus. Hitler selbst verkündete im Herbst 1936 einen Vierjahresplan, der Deutschland innerhalb von vier Jahren von Einfuhren unabhängig machen sollte. So wurde ab nun versucht, durch intensivierten Anbau von Zuckerrüben den Zuckerimport einzuschränken. Auch Benzin, Textilien und Honig sollten künstlich produziert werden können. Ziel dieser Bemühungen war die Unabhängigkeit Hitler-Deutschlands im bevorstehenden Krieg, wodurch eine Situation, wie sie im Ersten Weltkrieg durch die Blockade der Seewege entstanden war, verhindert werden sollte.

Eine wesentliche Rolle in der NS-Ideologie kam den Bauern zu. Der Bauernstand wurde als "Reichsnährstand" idealisiert. Der "Reichsbauernführer" *Walter Darre* sprach sich für die Schaffung eines "Neuadels aus Blut und Boden" aus. Die Wirklichkeit sah für die Bauern anders aus: Das Familieneigentum zwischen 7,5 ha und 125 ha Größe war nach dem "Reichserbhofgesetz" sowohl unveräußerlich als auch "unbelastbar". Eine Kreditaufnahme – etwa zur Anschaffung von Maschinen – war damit unmöglich geworden. Zudem wurde den Bauern die Nutzung der Anbauflächen ebenso wie die zu erwirtschaftende Menge und der Verkaufspreis vorgeschrieben.

Zusammenfassung

Der Nationalsozialismus stieß zu Beginn der 30er Jahre bei vielen Deutschen auf Zustimmung. Die Handlungsunfähigkeit der Weimarer Präsidialkabinette bereitete dafür ebenso den Boden wie die Propaganda von rechts, die demokratische Politiker als "Novemberverbrecher" bezeichnete und die Dolchstoßlegende permanent wiederholte. Hinzu kamen reale wirtschaftliche Nöte weiter Bevölkerungskreise, die in den Jahren der Wirtschaftskrise Vermögen oder Arbeitsplatz verloren hatten. Diese gesellschaftliche Krisensituation nutzte Hitler aus, indem er sich am 30. Januar 1933 von Hindenburg zum Reichskanzler ernennen ließ. Über die Reichstagsbrandnotverordnung, das Ermächtigungsgesetz und das Verbot der Parteien festigte er seine Macht kontinuierlich, bis im Februar 1934 der Reichstag aufgelöst wurde.

In den Jahren bis zum Ausbruch des Zweiten Weltkriegs gelang Hitler die Gleichschaltung der Bevölkerung und die Kontrolle der Massenmedien, auch in das kulturelle und kirchliche Leben wurde massiv eingegriffen. Die Zusammenfassung von Polizei und SS bis 1936 unter Heinrich Himmler trug zudem dazu bei, dem Unrechtsstaat einen legalen Anstrich zu verleihen und die gesamte Staatsgewalt in nationalsozialistische Hand zu bringen. Die Aushöhlung des Rechtssystems ermöglichte die Durchführung einer menschenverachtenden Rassenpolitik, die sich gegen die Außenseiter der Gesellschaft, vor allem Juden, Zigeuner, Kommunisten und Homosexuelle richtete.

Hitlers Sozialpolitik war auf Disziplinierung und Entrechtung der Arbeiter ausgerichtet. Der erste Schritt dazu war das Verbot der Gewerkschaften und die gegenseitige Neutralisierung von Arbeitgebern und Arbeitnehmern in der "Deutschen Arbeitsfront" (DAF). Die Wirtschaftspolitik des NS-Regimes hatte zwei Aufgaben: Zum einen sollte sie propagandistisch dazu eingesetzt werden, durch Senkung der Arbeitslosenzahlen den Mythos vom genialen Wirtschaftspolitiker Hitler zu stabilisieren und zum anderen sollte sie den beabsichtigten Krieg vorbereiten.

Zeittafel: Geschichtliche Entwicklung zwischen 1750 und 1938

Zeit	Europäische Geschichte und Weltgeschichte	Politische Geschichte Deutschlands	Wirtschafts- und Sozialgeschichte Deutschlands
um 1750	Beginn des Bevölkerungswachstums in Europa; Beginn der Industrialisierung in England (Textilphase)		
um 1765			verstärkt einsetzende Bauernbefreiung
1769	Dampfmaschine des James Watt; Spinnmaschine Arkwrights		
1784	Übertragung der Dampfkraft auf ein Antriebsrad durch James Watt; Puddelverfahren durch Henry Cort		
1785	mechanischer Webstuhl Cartwrights		erste deutsche Dampfmaschine
1786		Friedrich Wilhelm II. König in Preußen (bis 1797)	
1789	Beginn der Französischen Revolution		
1792		Kaiser Franz II. (ab 1806 als Kaiser Franz I. Kaiser in Österreich bis 1835)	

Zeit	Europäische Geschichte und Weltgeschichte	Politische Geschichte Deutschlands	Wirtschafts- und Sozialgeschichte Deutschlands
1797		Friedrich Wilhelm III. König in Preußen (bis 1840)	
1798		Linksrheinische deutsche Gebiete werden französische Departements	
1799	Staatsstreich Napoleons und Konsulatsverfassung in Frankreich; Ende der Französischen Revolution	Maximilian IV. Joseph Kurfürst (ab 1806 König) in Bayern (bis 1825); Montgelas Minister in Bayern	
1801	Alexander I. Zar in Rußland (bis 1825)		
1802			Allgemeine Schulpflicht in Bayern
1803		Reichsdeputationshauptschluß; Beginn der Säkularisation	
1804	Kaisertum Napoleons Code civil in Frankreich		
1805		Bogenhausener Vertrag: Bayern auf der Seite Frankreichs	
1806	Kontinentalsperre	Rheinbund; Ende des Heiligen Römischen Reiches deutscher Nation; Beginn der Mediatisierung	

Zeit	Europäische Geschichte und Weltgeschichte	Politische Geschichte Deutschlands	Wirtschafts- und Sozialgeschichte Deutschlands
1807	Friede von Tilsit; Fultons Dampfschiff		Friede von Tilsit; Beginn der Stein-Hardenbergschen Reformen in Preußen
1808		Bayerische Konstitution	
1809	Höhepunkt der französischen Hegemonie (größte Ausdehnung des Einflußbereiches)	Metternich Außenminister in Österreich (ab 1821 Kanzler)	
1811			Gußstahlfabrik Krupp in Essen
1813		Vertrag von Ried: Bayern als Gegner Frankreichs	
1814	Dampflokomotive Stephensons; Rückkehr der Bourbonen auf den französischen Thron (Ludwig XVIII. König bis 1824)		
1814/15		Wiener Kongreß; Beginn des Restaurationszeitalters und des Vormärz	
1815	(Endgültige) Abdankung Napoleons	Heilige Allianz; Deutscher Bund; Deutsche Burschenschaft in Jena	
1816			Erstes deutsches Dampfschiff
1817		Wartburgfest	

Zeit	Europäische Geschichte und Weltgeschichte	Politische Geschichte Deutschlands	Wirtschafts- und Sozialgeschichte Deutschlands
1818		Bayerische Verfassung	Bayerische Landesgewerbeausstellung als erste deutsche Gewerbeausstellung
1819		Karlsbader Beschlüsse; Demagogenverfolgung (vor allem in Preußen)	Mechanische Werkstätte Friedrich Harkorts in Wetter an der Ruhr
1820			Erste deutsche Betriebskrankenkasse bei Harkort (Beginn der unternehmerischen Sozialfürsorge)
1820/21	Aufstände in Italien als Auftakt liberaler und nationaler Unruhen in Europa		
1824	Karl X. König in Frankreich (bis 1830)		
1825	Nikolaus I. Zar in Rußland (bis 1855)	Ludwig I. König in Bayern (bis 1848)	Erste höhere technische Lehranstalt in Karlsruhe (Anstoß zum Aufbau eines höheren technischen Schulwesens in ganz Deutschland)
1828			Bayerisch-württembergischer Zollverein
1830	Julirevolution in Frankreich; Louis Philippe König (bis 1848); Ende der Heiligen Allianz; Nationale Erhebungen in Polen und Belgien	Unruhen in Mittel- und Kleinstaaten	

Zeit	Europäische Geschichte und Weltgeschichte	Politische Geschichte Deutschlands	Wirtschafts- und Sozialgeschichte Deutschlands
1832		Hambacher Fest	
1834			Deutscher Zollverein
um 1835			Beginn der ersten Industrialisierungsphase; Wachsende Auswanderungsquoten
1835		Ferdinand I. Kaiser in Österreich (bis 1848)	Eisenbahn Nürnberg – Fürth; Bayerische Hypotheken- und Wechselbank; Franz von Baader fordert soziale Gerechtigkeit für die Proletarier
1837	Victoria Königin von England (bis 1901)	Göttinger Sieben	
1839			Erste deutsche Kinderschutzgesetze in Preußen
um 1840	Beginn der zweiten Industrialisierungsphase in England (Kohle-Eisen-Stahl-Phase)		
1840		Friedrich Wilhelm IV. König in Preußen (bis 1861)	Agrikulturchemie durch Liebig
1841			Erste deutsche Lokomotive
ab 1843			Lockerung des Aktienrechtes

Zeit	Europäische Geschichte und Weltgeschichte	Politische Geschichte Deutschlands	Wirtschafts- und Sozialgeschichte Deutschlands
1846			Feinmechanische Werkstätte Carl Zeiß in Jena
um 1847			Tiefpunkt im Realeinkommen der Arbeiter längste Wochenarbeitszeit
1847	Sonderbundskrieg in der Schweiz	Vereinigter Landtag in Preußen	
1848	Februarrevolution in Frankreich; Louis Napoleon Präsident der Republik, ab 1852 Kaiser in Frankreich (bis 1870); Kommunistisches Manifest	Rücktritt Metternichs und Berufung Schwarzenbergs als Kanzler in Österreich; Franz Joseph I. Kaiser in Österreich (bis 1916); Maximilian II. Joseph König in Bayern (bis 1864); Oktroyierte Verfassung in Preußen	Abschluß der Bauernbefreiung; Gründung der Inneren Mission als organisierte Sozialeinrichtung der evangelischen Kirche
1848/49		Deutsche Revolution; Ende des Vormärz	
1849		Deutsche Verfassung der Paulskirche; Oktroyierte Verfassung in Österreich; Gründung der Deutschen Union durch Preußen; Beginn der Reaktionszeit	
1850		Wiedererrichtung des Deutschen Bundes	
1851	Erste (Industrie-) Weltausstellung in London		

Zeit	Europäische Geschichte und Weltgeschichte	Politische Geschichte Deutschlands	Wirtschafts- und Sozialgeschichte Deutschlands
1852	Napoleon III. Kaiser der Franzosen (bis 1870)		
1853	Krimkrieg (bis 1856)		
1855	Nikolaus II. Zar in Rußland (bis 1889)		
1855/56			Bessemer-Verfahren
1858		"Neue Ära" in Preußen	Erste deutsche Arbeiterrente bei Krupp
1861	Aufhebung der Leibeigenschaft in Rußland; Sezessionskrieg in den USA (bis 1865); staatliche Einigung Italiens	Wilhelm I. König in Preußen (von 1871 bis 1888 Deutscher Kaiser)	Erste Arbeiterwohnsiedlung bei Krupp
1862		Bismarck preußischer Ministerpräsident (von 1871 bis 1890 deutscher Reichskanzler)	
1863			Allgemeiner Deutscher Arbeiterverein
1864	"Syllabus" des Papstes	Krieg Preußens und Österreichs gegen Dänemark; Ludwig II. König in Bayern (bis 1886)	Siemens-Martin-Verfahren
1865		Gasteiner Vertrag	Allgemeiner Deutscher Frauenverein; Entdeckung der Ringstruktur des Benzols: Grundlage für Kohlechemie

Zeit	Europäische Geschichte und Weltgeschichte	Politische Geschichte Deutschlands	Wirtschafts- und Sozialgeschichte Deutschlands
1866		Deutscher Krieg, Gründung des Norddeutschen Bundes, Indemnitätsgesetz	Dynamomaschine (W. von Siemens): Beginn der Starkstromtechnik
1867	Österreich-ungarischer Ausgleich	Nationalliberale Partei	
1868/69			Verwirklichung der Gewerbefreiheit in Bayern und Preußen
1869	Eröffnung des Suezkanals	Gründung der Sozialdemokratischen Arbeiterpartei (SDAP)	Soziale Forderungen des katholischen Bischofs Ketteler an den Staat
1870	Unfehlbarkeitsdogma	Zentrumspartei; Beginn des Kulturkampfes	
1870/71	Deutsch-französischer Krieg	Deutsch-französischer Krieg	
1871		Gründung des deutschen Reiches	ab 1871 "Gründerjahre" bis 1873
1873	Drei-Kaiser-Abkommen		"Gründerkrach", anschließend kurze Stagnation
1875	"Krieg-in-Sicht"-Krise	Sozialistische Arbeiterpartei	Beginn der industriellen Ausbauphase
1876			Viertaktmotor (Otto); Zentralverband dt. Industrieller
1877		Kissinger Diktat	Reichspatentamt
1878	Berliner Kongreß	Sozialistengesetz (gültig bis 1890)	Elektromotor (W. von Siemens)
1879	Zweibund		Beginn der Schutzzollpolitik

Zeit	Europäische Geschichte und Weltgeschichte	Politische Geschichte Deutschlands	Wirtschafts- und Sozialgeschichte Deutschlands
1881	Drei-Kaiser-Vertrag; Alexander III. Zar von Rußland (bis 1894)		
1882	Dreibund; Besetzung Ägyptens durch England: Beginn des "kolonialen Wettlaufs"		erste evangelische Arbeitervereine
1883			Krankenversicherungsgesetz
1884			koordinierte Gründung katholischer Arbeitervereine; Unfallversicherungsgesetz
1884/85		Kolonialerwerb in Afrika und der Südsee	
1886			erstes Automobil (Daimler)
1887	Mittelmeer-Entente; Rückversicherungsvertrag		
1888		Wilhelm II. Deutscher Kaiser (bis 1918)	
1889			Carl-Zeiß-Stiftung Ernst Abbes; Alters- und Invalidenversicherungsgesetz
1890	Nichterneuerung des Rückversicherungsvertrags	Bismarcks Sturz, Caprivi Reichskanzler (bis 1894)	
1891		Umbenennung der Sozialistischen Arbeiterpartei in Sozialdemokratische Partei Deutschlands (SPD)	Sozialenzyklika "Rerum novarum" Papst Leos XIII.

Zeit	Europäische Geschichte und Weltgeschichte	Politische Geschichte Deutschlands	Wirtschafts- und Sozialgeschichte Deutschlands
1893			Bund der Landwirte
1894	Inkrafttreten des französisch-russischen Bündnisses; Nikolaus II. Zar von Rußland (bis 1917)	Hohenlohe Reichskanzler (bis 1900)	Bund Deutscher Frauenvereine
1895			Bund der Industriellen
1896	"Krügerdepesche" Wilhelms II.; Nichterneuerung der Mittelmeer-Entente als Folge		
1897			Dieselmotor
1898	Faschoda-Krise; britisch-deutsche Vertrags-sondierungen (bis 1901); Burenkrieg (bis 1902)	"Pachtung" Kiautschous von China	
1899	Erste Haager Friedenskonferenz	Konzession an deutsche Gesellschaft für Bagdadbahn	
1900		2. Flottengesetz: Ziel: Verhältnis 2 : 3 zur britischen Flotte Bülow Reichskanzler (bis 1909)	
1901	Eduard VII. König von England (bis 1910)		
1904	Entente zwischen England und Frankreich (Entente cordiale)		

Zeit	Europäische Geschichte und Weltgeschichte	Politische Geschichte Deutschlands	Wirtschafts- und Sozialgeschichte Deutschlands
1904/05	Rußlands Niederlage gegen Japan; 1. Marokkokrise		
1907	Entente zwischen England und Rußland; Zweite Haager Friedenskonferenz		
1908/09	bosnische Annexionskrise		
1911	2. Marokkokrise		Angestelltenversicherung; Reichsversicherungsordnung
1912	1. Balkankrieg		
1913	2. Balkankrieg		
1914	Ausbruch des 1. Weltkrieges; Mittelmächte: Deutschland, Österreich-Ungarn, Türkei Alliierte: Rußland, Frankreich, England, Serbien	"Burgfriede" zwischen den Parteien	
1915	Kriegseintritt Italiens und Bulgariens; Erfolge der Mittelmächte in Rußland und Serbien		Verknappung der Lebensmittel und Rohstoffe durch britische Blockade
1916	Ergebnislose Materialschlachten in Frankreich	OHL Hindenburg/Ludendorff	Lenkung der Wirtschaft durch OHL
1917	uneingeschränkter deutscher U-Boot-Krieg; Kriegseintritt der USA; kommunistische Machtergreifung in Rußland	Gründung der USPD	ab 1917 wachsende Kriegsmüdigkeit

Zeit	Europäische Geschichte und Weltgeschichte	Politische Geschichte Deutschlands	Wirtschafts- und Sozialgeschichte Deutschlands
1918	**März** Friede von Brest-Litowsk **Frühjahr** deutsche Offensiven in Frankreich **Sommer** Offensiven der Alliierten **Herbst** Zusammenbruch der Mittelmächte **4. 10.** Deutsches Waffenstillstandsgesuch an Wilson **11. 11.** Unterzeichnung des Waffenstillstandes in Compiègne	**29. 9.** OHL verlangt Waffenstillstand und Parlamentarisierung des Reiches **3. 11.** Beginn der Revolution in Deutschland **9. 11.** Abdankung Wilhelms II.; Ausrufung der Republik; Ebert wird Reichskanzler **10. 11.** Regierung des Rats der Volksbeauftragten; Bündnis Ebert-Groener **16.–19. 12.** Reichskongreß der Arbeiter- und Soldatenräte in Berlin	Koalitionsfreiheit für Arbeitnehmer und Arbeitgeber; kollektive Arbeitsverträge; Tarifautonomie; Einführung des 8-Stundes-Tages
1919		**4.–11. 1.** Spartakusaufstand in Berlin; Ermordung Rosa Luxemburgs und Karl Liebknechts	

Zeit	Europäische Geschichte und Weltgeschichte	Politische Geschichte Deutschlands	Wirtschafts- und Sozialgeschichte Deutschlands
1919	**18. 1.** Friedenskonferenz in Versailles **16. 6.** Ultimatum zur Annahme des Versailler Vertrages **28. 6.** Unterzeichnung des Versailler Vertrages	**19. 1.** Wahl zur Nationalversammlung **Januar bis Mai** Unruhen, Streiks, Aufstände in vielen Teilen Deutschlands **11.8.** Unterzeichnung der Weimarer Reichsverfassung	
1920		**13.–16. 3.** Kapp-Putsch **März/April** Aufstände von links im Ruhrgebiet und in Mitteldeutschland **6. 6.** Erste Reichstagswahl. Erhebliche Verluste der Weimarer Koalition	Betriebsrätegesetz
1921	**5.5.** Londoner Ultimatum		
1922	**16. 4.** Vertrag von Rapallo	**24. 6.** Mord an Rathenau **ab August** Beschleunigung der Inflation	
1923	**1. 1.** Besetzung des Ruhrgebiets durch französische und belgische Truppen		

Zeit	Europäische Geschichte und Weltgeschichte	Politische Geschichte Deutschlands	Wirtschafts- und Sozialgeschichte Deutschlands
1923		**13. 1.** Verkündigung des passiven Widerstands im Ruhrgebiet **13. 8.** Regierung Stresemann (Große Koalition) **26. 9.** Beendigung des passiven Widerstands im Ruhrgebiet **Oktober/November** Separatistische Bestrebungen im Rheinland und in der Pfalz **21. 10.** Reichsexekution gegen die sächsische SPD-KPD-Regierung **8./9. 11.** Hitler-Putsch in München **15. 11.** Beginn der neuen Währungsordnung **23. 11.** Sturz der Regierung Stresemann	**Herbst** Höhepunkt der Inflation
1924	**Juli/August** Londoner Konferenz, Dawes-Abkommen	**August** Einsetzen der relativen Stabilisierung der Weimarer Republik	
1925	**1. 12.** Unterzeichnung der Locarno-Verträge	**28. 2.** Tod des Reichspräsidenten Ebert **26. 4.** Wahl Hindenburgs zum Reichspräsidenten	
1926	**24. 4.** Berliner Vertrag		

Zeit	Europäische Geschichte und Weltgeschichte	Politische Geschichte Deutschlands	Wirtschafts- und Sozialgeschichte Deutschlands
1926	**10. 9.** Aufnahme Deutschlands in den Völkerbund **10. 12.** Stresemann erhält den Friedensnobelpreis		
1927			Arbeitslosenversicherung
1928	**27. 8.** Unterzeichnung des Kellog-Paktes	**28. 6.** Große Koalition unter Hermann Müller als Reichskanzler	
1929	**7. 6.** Young-Plan **24. 10.** Börsenkrach in New York	**3. 10.** Tod Stresemanns	
1930	**30. 6.** Vorzeitige Räumung des Rheinlandes	**27. 3.** Rücktritt der Regierung Müller **29. 3.** Ernennung Brünings zum Kanzler **14. 9.** Reichstagswahlen mit Gewinnen der radikalen Parteien	
1931	**20. 6.** Hoover-Moratorium	**7. 10.** Zweites Kabinett Brüning **11. 10.** Treffen der nationalen Opposition in Bad Harzburg	
1932		**10. 4.** Wiederwahl Hindenburgs zum Reichspräsidenten **30. 5.** Rücktritt Brünings, Nachfolger: v. Papen	

Zeit	Europäische Geschichte und Weltgeschichte	Politische Geschichte Deutschlands	Wirtschafts- und Sozialgeschichte Deutschlands
1932	**16. 6.– 8. 7.** Konferenz von Lausanne. Ende der Reparationen	**31. 7. und 6. 11.** Reichstagswahlen: NSDAP stärkste Partei **2. 12.** Rücktritt Papens, Nachfolger: v. Schleicher	
1933	**28. 2.** "Verordnung zum Schutz von Volk und Staat" **20. 7.** Abschluß des Reichskonkordats mit dem Vatikan	**30. 1.** Hindenburg beruft Hitler zum Reichskanzler **27. 2.** Reichstagsbrand **5. 3.** Letzte Reichstagswahlen mit mehreren Parteien: NSDAP erhält 44 % der Stimmen **23. 3.** Ermächtigungsgesetz **1. 4.** Boykott jüdischer Geschäfte **2. 5.** Zerschlagung der Gewerkschaften **22. 6.** Verbot der SPD **27. 6.–5. 7.** Selbstauflösung der bürgerlichen Parteien **22. 9.** Reichskulturkammergesetz **27. 9.** Wahl eines Reichsbischofs der NS-orientierten Deutschen Evangelischen Kirche ("Deutsche Christen")	

Zeit	Europäische Geschichte und Weltgeschichte	Politische Geschichte Deutschlands	Wirtschafts- und Sozialgeschichte Deutschlands
1933	**14. 10.** Deutschlands Austritt aus der Abrüstungskonferenz in Genf **19. 10.** Austritt aus dem Völkerbund	**12. 11.** Reichstagswahl (92 % für die NSDAP) **1. 12.** NSDAP als Staatspartei	**29. 9.** "Reichserbhofgesetz"
1934	**26. 1.** Freundschaftsvertrag zwischen Deutschland und Polen	**30. 1.** Gesetz über den Neuaufbau des Reiches **29.–31. 5.** Barmer Bekenntnis-Synode der oppositionellen evangelischen Kirche **30. 6.–2. 7.** Niederschlagung des "Röhmputsches"; Mordaktionen der SS und Gestapo gegen politische Gegner **ab 20. 7.** Aufbau der SS als selbständige Organisation	**20. 1.** Gesetz zur Ordnung der nationalen Arbeit

Zeit	Europäische Geschichte und Weltgeschichte	Politische Geschichte Deutschlands	Wirtschafts- und Sozialgeschichte Deutschlands
1934	**25. 7.** Mißglückter Putschversuch der NSDAP in Wien, Ermordung des österreichischen Bundeskanzlers Dollfuß	**2. 8.** Tod Hindenburgs, Hitler Nachfolger als "Führer und Reichskanzler", Eid der Wehrmacht auf Hitler	
1934			**24. 10.** Deutsche Arbeitsfront (DAF) als Einheitsorganisation
1935	**11.–14. 4.** Eindämmungskonferenz in Stresa (England, Frankreich, Italien) **18. 6.** Deutsch-britisches Flottenabkommen **3. 10.** Italienischer Angriff auf Abessinien	**13. 1.** Volksabstimmung im Saargebiet: 91 % für Anschluß an Deutschland **16. 3.** Wiedereinführung der allgemeinen Wehrpflicht **15. 9.** Antisemitische "Nürnberger Gesetze"	
1936	**7. 3.** Deutsche Kündigung des Locarno-Vertrages, Einmarsch der Wehrmacht ins entmilitarisierte Rheinland		

Zeit	Europäische Geschichte und Weltgeschichte	Politische Geschichte Deutschlands	Wirtschafts- und Sozialgeschichte Deutschlands
1936	**16. 7.** Spanischer Bürgerkrieg (bis 28. 3. 1939)	**1. 8.** Beginn der Olympischen Spiele in Berlin	
1936	**25. 10.** "Achse" Berlin–Rom durch deutsch-italienischen Vertrag **25. 11.** Antikominternpakt zwischen Deutschland und Japan	**1. 12.** HJ wird Staatsjugend	
1937	**5. 11.** Hoßbachptrotokoll: Kriegspläne Hitlers **6. 11.** Italiens Beitritt zum Antikominternpakt		
1938	**12. 3.** Besetzung Österreichs durch Wehrmacht **13. 3.** Anschluß Österreichs an das Deutsche Reich **24. 4.** Karlsbader Beschlüsse der Sudentendeutschen Partei **29. 9.** Konferenz von München, Anschluß der sudetendeutschen Gebiete	**4. 2.** Entlassung oppositioneller Generäle: Hitler mit Oberkommandogewalt **9. 11.** Großer Judenpogrom in Deutschland ("Reichskristallnacht"); in der Folge: antijüdische Verordnungen	

Stichwortverzeichnis

Personenregister

Sachregister

Literaturverzeichnis

ALEFF, Eberhard: Das Dritte Reich, Hannover 1982 (Edition Zeitgeschehen 5).

AUBIN, Hermann und ZORN, Wolfgang (Hrsg.): Handbuch der deutschen Wirtschafts- und Sozialgeschichte, Band 2, Stuttgart 1976.

BERGHAHN, Volker: Der Tirpitzplan. Genesis und Verfall einer innenpolitischen Krisenstrategie unter Wilhelm II., Düsseldorf 1971.

BINDER, Gerhart: Geschichte im Zeitalter der Weltkriege, Band 1: 1870–1945, Stuttgart 1977.

BLAICH, Fritz: Staat und Verbände in Deutschland 1871–1945, Wiesbaden 1979.

BOLDT, Werner: Die Anfänge des deutschen Parteiwesens, Sammlung Schöningh zur Geschichte der Gegenwart, hrsg. von Kurt Kluxen, Paderborn 1971.

BORN, Karl Erich: Von der Reichsgründung bis zum Ersten Weltkrieg, in: Gebhardt, Handbuch der deutschen Geschichte (dtv 4216), Stuttgart 1970.

BOSL, Karl und SCHREIBMÜLLER, Hermann: Geschichte Bayern, München ^{3}1955.

BRACHER, Karl-Dietrich/Sauer, Wolfgang/Schulz, Günter: Die nationalsozialistische Machtergreifung. Studien zur Errichtung des totalitären Herrschaftssystems in Deutschland 1933/34, 3 Bde., Frankfurt 1979.

BRACHER, Karl-Dietrich: Die Auflösung der Weimarer Republik, Düsseldorf 1978 (Athenäum Droste – Geschichte 7216).

BRACHER, Karl-Dietrich: Die deutsche Diktatur. Entstehung, Struktur, Folgen des Nationalsozialismus. Köln 1970 (Kiepenheuer und Witsch, Studienbibliothek, Paperback).

BROSZAT, Martin: Der Staat Hitlers, Reihe: dtv-Weltgeschichte des 20. Jahrhunderts, München 1980 (dtv 4009).

BROSZAT, Martin: Die Machtergreifung. Der Aufstieg der NSDAP und die Zerstörung der Weimarer Republik, Reihe: Deutsche Geschichte der neuesten Zeit, München 1986 (dtv 4516).

BUCHHEIM, Karl: Ultramontanismus und Demokratie. Der Weg der deutschen Katholiken im 19. Jahrhundert, München 1963.

BUCHHEIM, Karl: Wirtschafts- und Sozialgeschichte des Deutschen Kaiserreichs, Stuttgart 1985.

BULLOCK, Alan: Hitler. Eine Studie über Tyrannei, Düsseldorf 1971 (Droste Paperback).

BUßMANN, Walter (Hrsg.): Europa von der Französischen Revolution zu den nationalstaatlichen Bewegungen des 19. Jahrhunderts, Band 5, von: Handbuch der europäischen Geschichte (Hrsg. Th. Schieder), Stuttgart 1981.

CIPOLLA, Carlo M. (Hrsg.): Die Entwicklung der industriellen Gesellschaften, Bd. 4, von: K. Borchardt (Hrsg.), Europäische Wirtschaftsgeschichte, Stuttgart/New York 1977.

CIPOLLA, Carlo M. (Hrsg.): Europäische Wirtschaftsgeschichte, 4 Bde., Deutsche Ausgabe hrsg. von K. Borchardt, Band 4: Die Entwicklung der industriellen Gesellschaften, Suttgart, New York 1977.

CRAIG, Gordon A.: Deutsche Geschichte 1866–1945, München 1980.

DEDERKE, Karl-Heinz: Reich und Republik. Deutschland 1917–1933, Stuttgart [5]1984 (Klett Studienbuch Paperback).

Der Große Ploetz, Auszug aus der Geschichte, hrsg. vom Verlag Ploetz, Freiburg, Würzburg [298]1980.

Der Nationalsozialismus, Reihe: Informationen zur politischen Bildung 123/126/127, hrsg. v. der Bundeszentrale für politische Bildung, Neudruck Bonn 1980.

Die Weimarer Republik, Reihe: Informationen zur politischen Bildung 109/110, hrsg. v. der Bundeszentrale für politische Bildung, Neudruck Bonn 1978.

dtv-Atlas zur Weltgeschichte, Band 2: Von der Französischen Revolution bis zur Gegenwart, München 1984 (dtv 3002).

ENGELS, Friedrich: Die Lage der arbeitenden Klasse in England. Nach eigener Anschauung und authentischen Quellen, hrsg. von Walter Kumpmann, München [2]1977 (dtv 6012).

ENGELSING, Rolf: Sozial- und Wirtschaftsgeschichte Deutschlands. Kleine Vandenhoeck-Reihe 1381, Göttingen [2]1976.

ERDMANN, Karl Dietrich: Der Erste Weltkrieg, Band 18, von: Gebhardt, Handbuch der deutschen Geschichte (dtv 4218), München [4]1983.

FEST, Joachim C.: Hitler. Eine Biographie, 2 Bde.: 1. Der Aufstieg; 2. Der Führer, Frankfurt 1978 (Ullstein-TB 3273, 3274).

FETSCHER, Iring: Von Marx zur Sowjetideologie. Darstellung, Kritik und Dokumentation des sowjetischen, jugoslawischen und chinesischen Marxismus, Frankfurt am Main [18]1973.

Fischer Weltgeschichte, Band 26, Das Zeitalter der europäischen Revolution 1780–1848, hrsg. und verfaßt von Louis Bergeron u. a., Frankfurt am Main 1976 (TB).

Fischer Weltgeschichte, Band 27, Das bürgerliche Zeitalter, hrsg. von Guy Palmade, Frankfurt am Main 1975 (TB).

FISCHER, Fritz: Griff nach der Weltmacht. Die Kriegszielpolitik des kaiserlichen Deutschland 1914/18, Kronberg/Ts. [3]1977.

FISCHER, Fritz: Krieg der Illusionen. Die deutsche Politik von 1911–1914 (ADTG 7208), Kronberg/Ts./Düsseldorf [3]1978.

Fischer-Kolleg: Geschichte, hrsg. von Friedrich Schultes, Frankfurt 1982 (Fischer TB 4519).

FUCHS, Konrad und RAAB, Heribert: dtv-Wörterbuch zur Geschichte, 2 Bände, München [5]1983, (dtv 3036 und 3037).

GALL, Lothar: Bismarck. Der weiße Revolutionär, Frankfurt/Berlin [5]1981.

GALL, Lothar: Europa auf dem Weg in die Moderne, Band 14, von: Bleicken, Jochen u. a. Grundriß der Geschichte, München/Wien 1984.

GEBHARDT Handbuch der deutschen Geschichte, hrsg. von Herbert Grundmann, Band 14: Max Braubach: Von der Französischen Revolution bis zum Wiener Kongreß, München [5]1982. (dtv 4214).

GEBHARDT Handbuch der deutschen Geschichte, hrsg. von Herbert Grundmann, Band 15: Theodor Schieder: Vom Deutschen Bund zum Deutschen Reich 1815–1871, München [7]1982 (dtv 4215).

GEBHARDT Handbuch der deutschen Geschichte, hrsg. von Herbert Grundmann, Band 17: Wilhelm Treue: Gesellschaft, Wirtschaft und Technik Deutschlands im 19. Jahrhundert, München [5]1981 (dtv 4217).

GEBHARDT, Bruno: Handbuch der deutschen Geschichte, hrsg. v. Herbert Grundmann; Karl-Dietrich Erdmann: Die Weimarer Republik, München 1983 (dtv 4219). Karl-Dietrich Erdmann: Deutschland unter der Herrschaft des Nationalsozialismus 1933–1939, München 1983 (dtv 4220). Karl-Dietrich Erdmann: Der Zweite Weltkrieg, München 1983 (dtv 4221).

GRAML, Hermann: Europa zwischen den Kriegen, Reihe: dtv-Weltgeschichte des 20. Jahrhunderts, München 1979 (dtv 4005).

GREBING, Helga: Arbeiterbewegung. Sozialer Protest und kollektive Interessenvertretung bis 1914 (dtv 4507), München [11]1985.

Großer Historischer Weltatlas, hrsg. vom Bayerischen Schulbuch-Verlag, 3 Teile, München 1957.

GRUCHMANN, Lothar: Der Zweite Weltkrieg, Reihe: dtv-Weltgeschichte des 20. Jahrhunderts, München 1982 (dtv 4010).

GRÜTTER, Werner und LOTTES, Günther: Die Industrielle Revolution, Zeiten und München, Ausgabe Q, hrsg. von Robert-Hermann Tenbrock u. a., Paderborn 1982.

GUTSCHE, Werner u. a.: Der Erste Weltkrieg. Ursachen und Verlauf. Herrschende Politik und Antikriegsbewegung in Deutschland, Köln 1985.

HAFFNER, Sebastian: Anmerkungen zu Hitler, Frankfurt 1981 (Fischer-TB 3489).

HEIBER, Helmut: Die Republik von Weimar, Reihe: dtv-Weltgeschichte des 20. Jahrhunderts, München 1982 (dtv 4003).

HENNING, Friedrich-Wilhelm: Wirtschafts- und Sozialgeschichte, Band 2: Die Industrialisierung in Deutschland 1800 bis 1914, Paderborn 1973 (UTB 145).

HENNING, Friedrich-Wilhelm: Wirtschafts- und Sozialgeschichte, Band 3: Das industrialisierte Deutschland 1914 bis 1976, Paderborn ^{4}1978,(UTB 337).

HENNING, Hansjoachim: Sozialgeschichtliche Entwicklungen in Deutschand von 1815 bis 1860, Sammlung Schöningh zur Geschichte und Gegenwart, Hrsg. Kurt Kluxen, Paderborn 1977.

HERZFELD, Hans: Der Erste Weltkrieg, Reihe: dtv-Weltgeschichte des 20. Jahrhunderts, München 1979 (dtv 4001).

HILDEBRAND, Klaus: Das Dritte Reich. Reihe: Oldenbourg Grundriß der Geschichte, Band 17, hrsg. von Jochen Bleicken u. a., München 1980.

HILDEBRAND, Klaus: Deutsche Außenpolitik 1933–1939. Kalkül oder Dogma? Stuttgart 1973 (Reihe Kohlhammer Paperback).

HILDEBRANDT, Horst: Die deutschen Verfassungen des 19. und 20. Jahrhunderts, Paderborn 1979 (UTB-TB).

HILLGRUBER, Andreas: Die gescheiterte Großmacht. Eine Skizze des Deutschen Reiches 1871–1945 Düsseldorf 1980, (Droste TB).

HOBSBAWM, Eric J.: Industrie und Empire 1, Britische Wirtschaftsgeschichte seit 1750, Frankfurt am Main ^{8}1979 (Edition Suhrkamp 315).

HOBSBAWM, Eric J.: Industrie und Empire 2, Britische Wirtschaftsgeschichte seit 1750, Frankfurt am Main ^{6}1979 (Edition Suhrkamp 316).

HOFER, Walther: Der Nationalsozialismus. Dokumente 1933–1945, Frankfurt 1977 (Fischer-TB 6084).

HOFER, Walther: Die Diktatur Hitlers 1933–1939, Konstanz 1971 (Sonderdruck des Handbuchs der Deutschen Geschichte, Band 4, Teil 4, hrsg. von Brandt-Meyer-Just) (Athenaion Paperback).

HUBENSTEINER, Benno: Bayerische Geschichte, Staat und Volk, Kunst und Kultur, München o. J., 3. Aufl.

JACOBSEN, Hans-Adolf: Der zweite Weltkrieg. Grundzüge der Politik und Strategie in Dokumenten, Frankfurt 1965 (Fischer-TB 645).

JESSEN, Hans (Hrsg.): Die Deutsche Revolution 1848/49 in Augenzeugenberichten, München ²1976 (dtv 927).

KELLENBENZ, Heinrich: Deutsche Wirtschaftsgeschichte, Band 2: Vom Ausgang des 18. Jahrhunderts bis zum Ende des Zweiten Weltkriegs, München 1981.

KIELMANNSEGG, Peter Graf: Deutschland und der Erste Weltkrieg, Stuttgart ²1980.

KINDER, Hermann und HILGEMANN, Werner: dtv-Atlas zur Weltgeschichte, Karten und chronologischer Abriß, Band II: Von der Französischen Revolution bis zur Gegenwart, München ¹⁹1984 (dtv 3002).

KOCKA, Jürgen: Die Angestellten in der deutschen Geschichte 1850–1980, Göttingen 1981.

KOCKA, Jürgen: Unternehmer in der deutschen Industrialisierung, Göttingen 1975.

KOGON, Eugen: Der SS-Staat, München 1977 (Heyne TB 7027).

KOLB, Eberhard: Die Weimarer Republik, Reihe: Oldenbourg Grundriß der Geschichte, Band 16, hrsg. von Jochen Bleicken u. a., München 1984.

KOLB, Eberhard: Vom Kaiserreich zur Weimarer Republik, Köln 1972.

KUCZYNSKI, Jürgen: Die Geschichte des deutschen Volkes, Band 4, 1871–1918, Köln 1982.

LANGEWIESCHE, Dieter (Hrsg.): Das deutsche Kaiserreich. Bilanz einer Epoche, Freiburg/Würzburg 1984.

LANGEWIESCHE, Dieter (Hrsg.): Die deutsche Revolution von 1848/49, Darmstadt 1983.

LOTH, Wilfried: Die Teilung der Welt, Reihe: dtv-Weltgeschichte des 20. Jahrhunderts, München 1982 (dtv 4012).

MAYER, Arno J.: Adelsmacht und Bürgertum. Die Krise der europäischen Gesellschaft 1848–1918, München 1984.

Meyers Taschenlexikon Geschichte, hrsg. vom Bibliographischen Institut Mannheim, 1982 (6 Bde. Paperback).

MICHALKA, Wolfgang: Das Dritte Reich, Dokumente zur Innen- und Außenpolitik, München 1984 (dtv 2925/2926) 2 Bde.

MICHALKA, Wolgang/NIDHART Gottfried: Die ungeliebte Republik. Dokumente zur Innen- und Außenpolitik Weimars 1919–1933, München 1981 (dtv 2918).

MÖLLER, Horst: Weimar. Die unvollendete Demokratie, Reihe: Deutsche Geschichte der neuesten Zeit, München 1986 (dtv 4512).

MOMMSEN, Wolfgang J. (Hrsg.): Der moderne Imperialismus, Stuttgart 1971.

MOMMSEN, Wolfgang J.: Das Zeitalter des Imperialismus (Fischer TB 60028), Frankfurt o. J.

MOMMSEN, Wolfgang J.: Imperialismustheorien. Ein Überblick über die neueren Imperialismusinterpretationen, Göttingen 1977.

NÄF, Werner: Die Epochen der neueren Geschichte, 2 Bde., Aarau 1945/46.

NOLTE, Ernst: Die faschistischen Bewegungen, Reihe: dtv-Weltgeschichte des 20. Jahrhunderts, München 1986 (dtv 4004).

PIPES, Robert: Rußland vor der Revolution. Staat und Gesellschaft im Zarenreich (dtv 4423), München o. J.

Ploetz: Raum und Bevölkerung in der Weltgeschichte, III. Teil, Bevölkerung und Raum in Neuerer und Neuester Zeit, Würzburg ^{2}1958.

PÖLS, Werner (Hrsg.): Deutsche Sozialgeschichte, Dokumente und Skizze, Band I: 1815–1870, München ^{2}1976.

Propyläen Weltgeschichte, Eine Universalgeschichte, hrsg. von Golo Mann u. a., Achter Band, 2. Halbband: Das neunzehnte Jahrhundert, Frankfurt/Main, Berlin, Wien 1976.

RITTER, Gerhart A.: Die deutschen Parteien 1830–1914 (Kleine Vandenhoeck-Reihe 1507), Göttingen 1985.

RITTER, Gerhart A.: Staatskunst und Kriegshandwerk. Das Problem des "Militarismus" in Deutschland, Band 2–4 (1890–1918), München 1960–1968.

ROSENBERG, Arthur: Die Entstehung der Weimarer Republik, Die Geschichte der Weimarer Republik, Stuttgart 1978 (Europäische Verlagsanstalt TB, 2 Bde.).

ROTHFELS, Hans: Die deutsche Opposion gegen Hitler, Frankfurt 1969 (Fischer-TB 1012).

SCHEURIG, Bodo von: Deutscher Widerstand 1938–1944, München 1976 (dtv 2943).

SCHIEDER, Theodor (Hrsg.): Europa im Zeitalter der Nationalstaaten und der europäischen Weltpolitik bis zum Ersten Weltkrieg, Band 6 von: Handbuch der europäischen Geschichte (Hrsg. Th. Schieder), Stuttgart 1968.

SCHIEDER, Theodor (Hrsg.): Handbuch der europäischen Geschichte, Band 5: Europa von der Französischen Revolution zu den nationalstaatlichen Bewegungen des 19. Jahrhunderts, hrsg. von Walter Bussmann, Stuttgart 1981.

SCHIEDER, Wolfgang (Hrsg.): Erster Weltkrieg. Ursachen, Entstehung und Kriegsziele, Köln/Berlin 1969.

SCHMOLZE, Gerhard (Hrsg.): Revolution und Räterepublik in München 1918/19 in Augenzeugenberichten, München 1978 (dtv 1365).

SCHNABEL, Franz: Deutsche Geschichte im neunzehnten Jahrhundert, 4 Bände, Freiburg im Breisgau 1934 ff.

SCHÖNHOVEN, Klaus: Deutsche Gewerkschaften 1860–1986 (edition suhrkamp 1287), Frankfurt 1987.

Schülerduden, Die Geschichte, hrsg. von den Fachredaktionen des Bibliographischen Instituts, bearb. von Wilfried Forstmann u. a., Mannheim, Wien, Zürich 1981.

SCHULTES, Friedrich (Hrsg.): Geschichte, Fischer Kolleg 10, Frankfurt am Main ^{3}1973.

SCHULZ, Gerhard: Revolutionen und Friedensschlüsse 1917–1920 (dtv 4002), München o. J.

SCHULZ, Gerhard: Deutschland seit dem Ersten Weltkrieg 1918–1945, Göttingen 1976, (Kleine Vandenhoeck Reihe Deutsche Geschichte 10, TB 1419).

SCHULZ, Gerhard: Revolution und Friedensschlüsse, Reihe dtv-Weltgeschichte des 20. Jahrhunderts, München 1980 (dtv 4002).

SCHWARZ, Albert: Die Weimarer Republik 1918–1933, Konstanz 1958 (Sonderdruck des Handbuchs der Deutschen Geschichte, Band 4, Teil 3 hrsg. von Brandt-Meyer-Just).

SELMEIER, Franz: Eisen, Kohle und Dampf. Die Schrittmacher der Industriellen Revolution, Reinbek 1980 (rororo 7712).

SONTHEIMER, Kurt: Antidemokratisches Denken in der Weimarer Republik, München 1968 (dtv 4312).

SPINDLER, Max (Hrsg.): Bayerischer Geschichtsatlas, München 1969.

SPINDLER, Max (Hrsg.): Handbuch der bayerischen Geschichte, 4. Band: Das neue Bayern von 1800–1970, zwei Teilbände, München 1974 und 1975.

STÜRMER, Michael (Hrsg.): Das kaiserliche Deutschland. Politik und Gesellschaft 1870–1918 (ADTG 7202), Kronberg/Ts. 1977.

STÜRMER, Michael: Die Reichsgründung. Deutscher Nationalstaat und europäisches Gleichgewicht im Zeitalter Bismarcks (dtv 4304), München ^{2}1986.

TADDEY, Gerhard (Hrsg.): Lexikon der deutschen Geschichte – Personen, Ereignisse, Institutionen – Von der Zeitenwende bis zum Ausgang des 2. Weltkriegs, Stuttgart 1979.

TORMIN, Walter: Die Weimarer Republik, Hannover 1982 (Edition Zeitgeschehen).

TREUE, Wilhelm: Gesellschaft, Wirtschaft und Technik Deutschlands im 19. Jahrhundert, in: Gebhardt, Handbuch der deutschen Geschichte (dtv 4217), München ^{6}1982.

TREUE, Wilhelm: Wirtschaftsgeschichte der Neuzeit, Das Zeitalter der technisch-industriellen Revolution 1700 bis 1966, Stuttgart ^{2}1966.

TROITZSCH, U. und WOHLAUF, G.: Technik-Geschichte (Suhrkamp Taschenbücher Wissenschaft 319), Frankfurt 1987.

ULLMAN, Hans-Peter: Deutsche Interessenverbände 1870–1986 (edition Suhrkamp 1283), Frankfurt 1987.

VOGELSANG, Thilo: Die nationalsozialisitsche Zeit. Deutschland 1933–1939 (Deutsche Geschichte 7, hrsg. von Walter Hubatsch) Frankfurt 1974 (Ullstein-TB 3847).

WEHLER, Hans-Ulrich (Hrsg.): Das Deutsche Kaiserreich1871–1918 (Kleine Vandenhoeck-Reihe 1380), Göttingen ^{5}1983.

WEHLER, Hans-Ulrich (Hrsg.): Imperialismus, Köln ^{3}1976.

WEHLER, Hans-Ulrich (Hrsg.): Moderne deutsche Sozialgeschichte, Köln ^{4}1973.

Ihre Meinung ist uns wichtig!

Ihre Anregungen sind uns immer willkommen. Bitte informieren Sie uns mit diesem Schein über Ihre Verbesserungsvorschläge!

Titel-Nr.	Seite	Vorschlag

Bitte hier abtrennen

Die echten Hilfen zum Lernen ... STARK

13-V1T

Bitte ausfüllen und im frankierten Umschlag an uns einsenden. Für Fensterkuverts geeignet.

Zutreffendes bitte ankreuzen!

Die Absenderin/der Absender ist:

- ☐ Lehrer/in in den Klassenstufen: ______
- ☐ Fachbetreuer/in
  Fächer: ______
- ☐ Seminarlehrer/in
  Fächer: ______
- ☐ Regierungsfachberater/in
  Fächer: ______
- ☐ Oberstufenbetreuer/in
- ☐ Schulleiter/in
- ☐ Referendar/in, Termin 2. Staatsexamen: ______
- ☐ Leiter/in Lehrerbibliothek
- ☐ Leiter/in Schülerbibliothek
- ☐ Sekretariat
- ☐ Eltern
- ☐ Schüler/in, Klasse: ______
- ☐ Sonstiges: ______

Unterrichtsfächer: (Bei Lehrkräften!)

STARK Verlag
Postfach 1852
85318 Freising

Kennen Sie Ihre Kundennummer?
Bitte hier eintragen.

Absender (Bitte in Druckbuchstaben!)

Name/Vorname

Straße/Nr.

PLZ/Ort

Telefon privat

Geburtsjahr

E-Mail-Adresse

Schule/Schulstempel (Bitte immer angeben!)

Sicher durch das Abitur!

Effektive Abitur-Vorbereitung für Schülerinnen und Schüler:
Klare Fakten, systematische Methoden, prägnante Beispiele sowie Übungsaufgaben auf Abiturniveau mit erklärenden Lösungen zur Selbstkontrolle.

Mathematik

Analysis I – (Pflichtteil) Baden-Württemberg
lieferbar ab ca. Jan. 04 .... Best.-Nr. 84001
Analysis II – (Wahlteil) Baden-Württemberg
lieferbar ab ca. Dez. 03 .... Best.-Nr. 84002
Analysis – LK .... Best.-Nr. 94002
Analysis – gk .... Best.-Nr. 94001
Analytische Geometrie Baden-Württemberg .... Best.-Nr. 84003
Analytische Geometrie und lineare Algebra 1 .... Best.-Nr. 94005
Analytische Geometrie und lineare Algebra 2 – gk/LK .... Best.-Nr. 54008
Stochastik – LK .... Best.-Nr. 94003
Stochastik – gk .... Best.-Nr. 94007
Kompakt-Wissen Abitur Analysis .... Best.-Nr. 900151
Kompakt-Wissen Abitur
Wahrscheinlichkeitsrechnung und Statistik .... Best.-Nr. 900351
Kompakt-Wissen Abitur Analytische Geometrie .... Best.-Nr. 900251
Kompakt-Wissen Algebra .... Best.-Nr. 90016
Kompakt-Wissen Geometrie .... Best.-Nr. 90026
Klassenarbeiten Mathematik 11. Klasse .... Best.-Nr. 900451

Physik

Elektrisches und magnetisches Feld – LK .... Best.-Nr. 94308
Elektromagnetische Schwingungen
und Wellen – LK .... Best.-Nr. 94309
Atom- und Quantenphysik – LK .... Best.-Nr. 943010
Kernphysik – LK .... Best.-Nr. 94305
Physik 1 – gk .... Best.-Nr. 94321
Physik 2 – gk .... Best.-Nr. 94322

Chemie

Chemie 1 Baden-Württemberg .... Best.-Nr. 84731
Chemie 2 Baden-Württemberg .... Best.-Nr. 84732
Chemie 1 – LK K12 .... Best.-Nr. 94731
Chemie 2 – LK K13 .... Best.-Nr. 94732
Chemie 1 – gk K12 .... Best.-Nr. 94741
Chemie 2 – gk K13 .... Best.-Nr. 94742
Rechnen in der Chemie .... Best.-Nr. 84735
Abitur-Wissen Protonen und Elektronen .... Best.-Nr. 947301
Abitur-Wissen
Stoffklassen organischer Verbindungen .... Best.-Nr. 947304
Abitur-Wissen Biomoleküle .... Best.-Nr. 947305
Abitur-Wissen Biokatalyse u. Stoffwechselwege .... Best.-Nr. 947306

Wirtschaft/Recht

Abitur-Wissen Betriebswirtschaft .... Best.-Nr. 94851
Abitur-Wissen Volkswirtschaft .... Best.-Nr. 94881
Abitur-Wissen Rechtslehre .... Best.-Nr. 94882

Biologie

Training Methoden Biologie
Grundlagen, Arbeitstechniken und Methoden .... Best.-Nr. 94710
Biologie 1 – Baden-Württemberg .... Best.-Nr. 84701
Biologie 2 – Baden-Württemberg .... Best.-Nr. 84702
Biologie 1 – LK K12 .... Best.-Nr. 94701
Biologie 2 – LK K13 .... Best.-Nr. 94702
Biologie 1 – gk K12 .... Best.-Nr. 94715
Biologie 2 – gk K13 .... Best.-Nr. 94716
Chemie für Biologen .... Best.-Nr. 54705
Abitur-Wissen Genetik .... Best.-Nr. 94703
Abitur-Wissen Neurobiologie .... Best.-Nr. 94705
Abitur-Wissen Verhaltensbiologie .... Best.-Nr. 94706
Abitur-Wissen Evolution .... Best.-Nr. 94707
Abitur-Wissen Ökologie .... Best.-Nr. 94708
Abitur-Wissen Zell- und Entwicklungsbiologie .... Best.-Nr. 94709
Lexikon Biologie .... Best.-Nr. 94711

Geschichte

Training Methoden Geschichte
Grundlagen, Arbeitstechniken und Methoden .... Best.-Nr. 94789
Geschichte 1 .... Best.-Nr. 84761
Geschichte 2 .... Best.-Nr. 84762
Geschichte – gk K 12 Bayern .... Best.-Nr. 94781
Geschichte – gk K 13 Bayern .... Best.-Nr. 94782
Abitur-Wissen Die Antike .... Best.-Nr. 94783
Abitur-Wissen Das Mittelalter .... Best.-Nr. 94788
Abitur-Wissen Die Französische Revolution .... Best.-Nr. 947810
Abitur-Wissen Die Ära Bismarck: Entstehung und
Entwicklung des deutschen Nationalstaats .... Best.-Nr. 94784
Abitur-Wissen
Imperialismus und Erster Weltkrieg .... Best.-Nr. 94785
Abitur-Wissen Die Weimarer Republik .... Best.-Nr. 47815
Abitur-Wissen
Nationalsozialismus und Zweiter Weltkrieg .... Best.-Nr. 94786
Abitur-Wissen
Deutschland von 1945 bis zur Gegenwart .... Best.-Nr. 947811
Lexikon Geschichte .... Best.-Nr. 94787

Politik

Abitur-Wissen
Internationale Beziehungen .... Best.-Nr. 94802
Abitur-Wissen Demokratie .... Best.-Nr. 94803
Abitur-Wissen Sozialpolitik .... Best.-Nr. 94804
Abitur-Wissen Die Europäische Einigung .... Best.-Nr. 94805
Kompakt-Wissen Abitur Politik/Sozialkunde .... Best.-Nr. 948001
Lexikon Politik/Sozialkunde .... Best.-Nr. 94801

(Bitte blättern Sie um)

Erdkunde

Training Methoden Erdkunde
Grundlagen, Arbeitstechniken und Methoden .... Best.-Nr. 94901
Erdkunde *lieferbar ab Frühjahr 04* .... Best.-Nr. 94909
Abitur-Wissen Entwicklungsländer .... Best.-Nr. 94902
Abitur-Wissen USA .... Best.-Nr. 94903
Abitur-Wissen Europa .... Best.-Nr. 94905
Abitur-Wissen Asiatisch-pazifischer Raum .... Best.-Nr. 94906
Lexikon Erdkunde .... Best.-Nr. 94904

Deutsch

Training Methoden Deutsch
Grundlagen, Arbeitstechniken und Methoden .. Best.-Nr. 944062
Deutsch 11. Klasse .... Best.-Nr. 90405
Aufsatz Oberstufe .... Best.-Nr. 84401
Abitur-Wissen
Erörtern und Sachtexte analysieren .... Best.-Nr. 944064
Abitur-Wissen
Textinterpretation Lyrik, Drama, Epik .... Best.-Nr. 944061
Abitur-Wissen Deutsche Literaturgeschichte .... Best.-Nr. 94405
Abitur-Wissen Prüfungswissen Oberstufe .... Best.-Nr. 94400
Lexikon Autoren und Werke .... Best.-Nr. 944081

Französisch

Landeskunde Frankreich .... Best.-Nr. 94501
Wortschatz .... Best.-Nr. 94503
Literatur .... Best.-Nr. 94502
Textarbeit Oberstufe .... Best.-Nr. 94504
Abitur-Wissen Literaturgeschichte .... Best.-Nr. 94506

Englisch

Textaufgaben *lieferbar ab ca. Jan. 04* .... Best.-Nr. 94468
Übersetzungsübung .... Best.-Nr. 82454
Grammatikübung Oberstufe .... Best.-Nr. 82452
Wortschatzübung Oberstufe .... Best.-Nr. 82451
Grundlagen der Textarbeit .... Best.-Nr. 94464
Grundfertigkeiten des Schreibens .... Best.-Nr. 94466
Sprechfertigkeit mit CD .... Best.-Nr. 94467
Textaufgaben zur Literatur .... Best.-Nr. 94462
Englisch – Übertritt in die Oberstufe .... Best.-Nr. 82453
Abitur-Wissen Landeskunde Großbritannien .... Best.-Nr. 94461
Abitur-Wissen Landeskunde USA .... Best.-Nr. 94463
Abitur-Wissen Literaturgeschichte .... Best.-Nr. 94465
Kompakt-Wissen Kurzgrammatik .... Best.-Nr. 90461
Kompakt-Wissen Wortschatz .... Best.-Nr. 90462

Latein

Kurzgrammatik .... Best.-Nr. 94601
Wortkunde .... Best.-Nr. 94603
Abitur-Wissen Lateinische Literaturgeschichte .... Best.-Nr. 94602

Religion

Katholische Religion 1 – gk .... Best.-Nr. 84991
Katholische Religion 2 – gk .... Best.-Nr. 84992
Abitur-Wissen gk ev. Religion
Der Mensch zwischen Gott und Welt .... Best.-Nr. 94973
Abitur-Wissen gk ev. Religion
Die Verantwortung des Christen in der Welt .... Best.-Nr. 94974
Abitur-Wissen Glaube und Naturwissenschaft .... Best.-Nr. 94977
Abitur-Wissen Jesus Christus .... Best.-Nr. 94978
Abitur-Wissen Die Frage nach dem Menschen .... Best.-Nr. 94990
Abitur-Wissen Die Bibel .... Best.-Nr. 94992
Abitur-Wissen Christliche Ethik .... Best.-Nr. 94993
Lexikon Ethik und Religion .... Best.-Nr. 94959

Ethik

Ethische Positionen
in historischer Entwicklung – gk .... Best.-Nr. 94951
Abitur-Wissen Philosophische Ethik .... Best.-Nr. 94952
Abitur-Wissen Glück und Sinnerfüllung .... Best.-Nr. 94953
Abitur-Wissen Freiheit und Determination .... Best.-Nr. 94954
Abitur-Wissen Recht und Gerechtigkeit .... Best.-Nr. 94955
Abitur-Wissen Religion und Weltanschauungen .. Best.-Nr. 94956
Abitur-Wissen
Wissenschaft – Technik – Verantwortung .... Best.-Nr. 94957
Abitur-Wissen Politische Ethik .... Best.-Nr. 94958
Lexikon Ethik und Religion .... Best.-Nr. 94959

Sport

Bewegungslehre – LK .... Best.-Nr. 94981
Trainingslehre – LK .... Best.-Nr. 94982

Kunst

Grundwissen Malerei – LK .... Best.-Nr. 94961
Analyse und Interpretation – LK .... Best.-Nr. 94962

Fachübergreifend

Richtig Lernen
Tipps und Lernstrategien für die Oberstufe .... Best.-Nr. 10483
Referate und Facharbeiten für die Oberstufe .... Best.-Nr. 10484
Training Methoden
Meinungen äußern, Ergebnisse präsentieren .... Best.-Nr. 10486

Natürlich führen wir noch mehr Titel für alle Schularten. Wir informieren Sie gerne!

Telefon: 0 81 61/179-0 **Internet: www.stark-verlag.de**

Telefax: 0 81 61/179-51 **E-Mail: info@stark-verlag.de**

Bestellungen bitte direkt an:

STARK Verlagsgesellschaft mbH & Co. KG · Postfach 1852 · 85318 Freising

STARK

13-VIT